Schriftenreihe Geschichte & Frieden – Bd. 52
Hg. von Wolfram Wette und Dieter Riesenberger (†)

In der *Schriftenreihe Geschichte & Frieden* erscheinen Darstellungen, Biografien, Dokumentationen, Streitschriften und Abhandlungen, die mit dem Problemfeld Krieg und Frieden zusammenhängen. Gegenstand der Veröffentlichungen sind bedeutende Pazifist/Innen, Friedensgruppen und -organisationen sowie übernationale Institutionen, deren Ziel es war, Krieg zu verhindern und Frieden zu fördern. Das Interesse gilt zugleich Kriegsursachen, Erscheinungsformen der Gewalt und des Militarismus, der Rolle des Militärs, den Problemen von Rüstung und Abrüstung in der Geschichte und innergesellschaftlichen Konflikten. *Geschichte & Frieden* möchte einen Beitrag zur historisch-politischen Aufklärungs- und Bildungsarbeit leisten und Autoren und Lesern ein Forum bieten, die eine wichtige Aufgabe darin sehen, die Probleme des Friedens in ihrer historischen Dimension begreifen zu lernen.

Hermann Theisen/
Helmut Donat (Hrsg.)

Bedrohter Diskurs

Deutsche Stimmen zum Ukrainekrieg

Donat Verlag

Bibliografische Information der Deutschen Bibliothek
Die Deutsche Bibliothek verzeichnet diese Publikation in der Deutschen Nationalbibliografie; detaillierte bibliografische Daten sind im Internet über http://dnb.ddb.de abrufbar.
ISBN 978-3-949116-21-6

Das Foto auf dem Umschlagtitel stammt von Hartmut Drewes (Bremen), dem wir für den Abdruck herzlich danken. Das Transparent ist bei der Friedensdemonstration in Berlin am Brandenburger Tor vom 25. November 2023 von Bremer Friedensfreunden gezeigt worden.

Borgfelder Heerstr. 29 D-28357 Bremen
Telefon: (0421) 1733107
E-Mail: info@donat-verlag.de
www.donat-verlag.de

Lektorat, Satz und Layout: Helmut Donat, Bremen
Umschlaggestaltung: Toni Horndasch, Bremen
Druck: Dardedze holografija GmbH, LV-1073-Riga

Inhalt

Den Opfern eines Krieges,
der verhinderbar war

Friedensfähig werden, nicht kriegstüchtig

Der nun fast zwei Jahre andauernde Krieg in der Ukraine und die am 27. Februar 2022 von Bundeskanzler Scholz ausgerufene „Zeitenwende" haben den größten Militarisierungsschub in Deutschland nach dem Zweiten Weltkrieg ausgelöst. Politische, militärische und wirtschaftliche Akteure gerieren sich hierzulande in einer Art und Weise, als ob sie sich selbst inmitten eines Krieges befänden. Dazu passend erklärte Bundesverteidigungsminister Boris Pistorius im Oktober 2023 in einem Interview in der ZDF-Sendung „Berlin direkt" unmissverständlich: *„Wir müssen uns wieder an den Gedanken gewöhnen, dass die Gefahr eines Krieges in Europa drohen könnte. Und das heißt: Wir müssen kriegstüchtig werden, wir müssen wehrhaft sein und die Bundeswehr und die Gesellschaft dafür aufstellen."* Solche Töne militaristischer Denkungsart verheißen nichts Gutes und lassen für das gesellschaftliche Klima in unserem Land nicht gerade Friedfertiges erahnen.

Offenbar hat es nur eines weiteren Krieges in Europa bedurft, dass viele sich eine Uniform übergestülpt haben. Andere sind schon seit langem dafür gewesen, mehr weltpolitische Verantwortung zu übernehmen und benutzen den Ukrainekrieg, um das Strammstehen vor dem Militär erneut zur politischen Leitlinie zu erheben. Selbst kritische Geister sind erschreckt und irritiert zurückgewichen, haben ihre einstmals pazifistischen Positionen aufgegeben und sich mehr oder minder dem neuen Denken in Gewaltkategorien angeschlossen. Und so werden wir wohl auf unabsehbare Zeit mit immer weiteren Forderungen nach Aufrüstung der Bundeswehr konfrontiert sein, anstatt Mittel für den Ausbau ziviler Friedenslösungen und Krisenpräventionen bereitgestellt zu bekommen.

Nach Angaben der Vereinten Nationen waren im Jahr 2022 mehr Menschen von Kriegen und gewaltsamen Konflikten betroffen als seit dem Ende des Zweiten Weltkrieges: Über 100 Millionen Menschen befanden sich weltweit auf der Flucht, und ein Viertel der Weltbevölkerung lebt in von gewaltsamen Konflikten und Kriegen erschütterten Regionen. Hinzu kommen weitere Krisenherde wie der Krieg zwischen Israel und der Hamas, der wie im Fall der Ukraine das Potential einer völligen Entgrenzung in sich birgt. Deshalb fordern die Vereinten Nationen von der Staatengemeinschaft mehr Geld für die Entwicklung präventiver und friedensfördernder Maßnahmen anstatt einer stetigen Steigerung ihrer Militärausgaben, auch wenn davon die politischen Entscheidungsträger hierzulande kaum etwas wissen wollen.

Es spricht für sich, dass die schwedische Schriftstellerin und Kinderbuchautorin Astrid Lindgren im Oktober 1978, als sie in der Frankfurter Paulskirche den Friedenspreis des Deutschen Buchhandels erhielt, gesagt hat: „*Müssen wir uns nach diesen Jahrtausenden ständiger Kriege nicht fragen, ob der Mensch nicht vielleicht schon in seiner Anlage fehlgeleitet ist? Und sind wir unserer Aggressionen wegen zum Untergang verurteilt? Wir alle wollen ja den Frieden. Gibt es da keine Möglichkeit, uns zu ändern, ehe es zu spät ist? Könnten wir nicht lernen, auf Gewalt zu verzichten? Könnten wir nicht versuchen, eine neue Art Mensch zu werden? Wie aber sollte das geschehen – und wo sollte man anfangen? Ich glaube, wir müssen von Grund auf beginnen. Bei den Kindern.*“

Ein Appell von bleibender Aktualität. Selbst in Europa ist es nicht gelungen, den Krieg als Mittel der Politik völlig auszuschließen. Dazu haben nach dem Ende des Kalten Krieges viele beigetragen, bewusst oder aus kurzsichtigem Egoismus, Machtgier, Hass und Gewaltglauben, aus Unachtsamkeit, Gleichgültigkeit und fehlender Willenskraft sowie dem Mangel an seelischer Bereitschaft, für alle Menschen auf der Welt, nicht zuletzt für die Kinder, ein Leben in Frieden, Freiheit und sozialer Gerechtigkeit zu schaffen.

Auch wir Deutsche sollten uns bewusst machen, welchen Anteil wir daran tragen. Das gilt nicht zuletzt für die schwerwiegende Frage: Inwieweit hat die deutsche Politik durch ihre Haltung, den Konflikt in der Ukraine sowie den des Westens mit Russland verschärft, ausgleichend gewirkt oder ist sie einfach nur dem gefolgt, was der „große Bruder“ von der anderen Seite des Atlantiks vorgegeben hat?

Die deutsche Debatte über den Ukrainekrieg ist geprägt von Kriegsbefürwortung und -propaganda, vermehrten Waffenlieferungen, Feindbilddenken, Russenfurcht und Schwertglauben. Ein offener Diskurs, der die unterschiedlichen Auffassungen und gegensätzlichen Argumente gleichberichtigt nebeneinander zur Sprache bringt, findet nicht statt. Andere Stimmen kommen kaum zu Wort, finden in den großen Zeitungen, im Rundfunk und im Fernsehen nur selten Gehör. Standpunkte, die Kritiker des Mainstreams in Vorträgen vertreten, werden von der Presse der Öffentlichkeit vorenthalten, als gäbe es sie nicht. Zu sehr schlägt eine Berichterstattung durch, die im transatlantischen Interesse liegt und so tut, als hätten deren Vertreter – wie der Volksmund sagt – „die Weisheit mit den Löffeln gefressen". Vorgebliche Allwissenheit bezichtigt abweichende Meinungen der Besserwisserei oder greift zu diffamierenden Umgangsformen. Dabei steht außer Frage, dass sich in Kriegszeiten *gerade die kritischen Stimmen* im Rückblick als wirklich tragfähig und zukunftsweisend erwiesen haben – im Unterschied zu jenen, die glaubten, den Teufel mit dem Beelzebub austreiben zu müssen, und die in ihrer Selbstüberschätzung übersahen, dass ihnen der Respekt vor dem Lebensrecht der anderen, die Scheu und die Ehrfurcht vor der Heiligkeit und dem Geheimnis allen Lebens verloren gegangen ist – und dass sie stattdessen dem Gott des Krieges verfallen sind.

Wären die seit dem 24. Februar 2022 bislang in die Zerstörung und Menschenfeindlichkeit gesteckten Mittel für friedliche Zwecke verwandt worden – und das ist nicht zuletzt auch Wladimir Putin vorzuhalten, der den Krieg ausgelöst hat – man hätte aus der Ukraine und wohl auch aus den angrenzenden Regionen ein soziales Paradies machen können: Ohne in Schutt und Asche gelegte Ortschaften, ohne Flüchtlingselend, Tote, Verstümmelte und ohne seelisch wie materiell aus der Bahn geworfenen Menschen. Man mag eine solche Betrachtungsweise als illusionär abtun, aber jedermann sollte klar sein, welche verheerenden Folgen damit verbunden sind, dem Krieg und einem „Siegfrieden" weiter das Wort zu reden, die Verhandlungen über dessen Ende weiter abzulehnen und ins Reich der Phantasie zu verbannen.

Allen Autorinnen und Autoren gebührt herzlicher Dank für Ihre Bereitschaft, an dem vorliegenden Band mitzuwirken. Ein besonderer Dank gilt dem Mitherausgeber und Autor, Lektor und Verleger Helmut Donat, ohne den es das Buch in der vorliegenden Form nicht gäbe.

Die Autorinnen und Autoren leisten einen wichtigen Beitrag zu einem Meinungsstreit, in dem es inzwischen um sehr viel mehr geht als den Ukrainekrieg. So unterschiedlich ihre Herangehensweise und Vorschläge auch im Einzelnen sein mögen, alle vereint das Ziel, den Frieden wiederherzustellen und den Krieg durch Verhandlungen zu beenden. Mit ihren Darlegungen machen sie Positionen zugänglich, die im bisherigen Diskurs zu kurz gekommen sind oder sich nicht artikulieren ließen. Zugleich schwebt den Autorinnen und Autoren nahezu ausnahmslos die Zukunftsvision vor, kriegerische Auseinandersetzungen künftig unmöglich zu machen und in Konfliktfällen zivile Lösungen anzustreben.

Es deutet vieles darauf hin, dass die Autorinnen und Autoren zum Ausdruck bringen, was viele ähnlich bewegt und denken. Jede/r spricht für sich und nicht im Namen einer Organisation. Sie berichten auch über ihre Erfahrungen, die sich ihnen nach dem 24. Februar 2022 in ihrem Umfeld aufgedrängt und wie diese auf sie gewirkt haben. Insofern ermutigen und rufen sie andere dazu auf, nicht zu schweigen, sondern öffentlich zu erklären, dass es mehr als an der Zeit ist, die Waffen zum Schweigen zu bringen, in Verhandlungen einzutreten und Frieden zu schließen.

Aus Meinungsumfragen in Deutschland von Beginn 2023 geht hervor, dass sich eine Mehrheit gegen mehr Waffenlieferungen ausgesprochen hat. Es ist daher keineswegs die Vermutung abwegig, dass diese Menschen ein Ende des Krieges durch Verhandlungen ausdrücklich wollen und sie das Potential für eine Politik darstellen, die sich am Friedensgebot des Grundgesetzes orientiert, für eine Rückkehr zur Entspannungspolitik plädiert und die der Befriedung Europas dient. Mag sein, dass unter den gegebenen Umständen eine solche Haltung noch nicht mehrheitsfähig und realisierbar ist, aber das braucht niemanden zu schrecken. Denn wie unsere Zukunft aussehen und wie sie gestaltet wird, hängt von jedem Einzelnen ab. Ob sich die deutsche Gesellschaft mehr in Richtung Krieg oder Frieden bewegt, wird sich in den nächsten Monaten und Jahren entscheiden. „Nie wieder Krieg!“ ist gerade heute aktueller denn je – wie Wolfgang Borcherts „Sag Nein!“ zu „Stahlhelm und Maschinengewehren“.

Hermann Theisen, im Januar 2024

Peter Brandt

Den Interessen Europas zuwider – Bemerkungen zu einem Stellvertreterkrieg

Es wird auch im günstigsten Fall einige Zeit dauern, bis die Ukrainer in ihrem Binnenverhältnis und, mehr noch, Ukrainer und Russen, die sich lange als Brudervölker ansahen, nach der hypothetischen Beendigung des Krieges zu einer Aussöhnung kommen können. Die erste und unumgängliche Voraussetzung dafür ist die Lösung der der Verfeindung zugrunde liegenden Probleme in einer für beide Seiten befriedigenden oder wenigstens als erträglich empfundenen Weise. Nur weil das zwischen Deutschland (West) und Frankreich in den 1950er Jahren gelang, ließ sich die „Erbfeindschaft" überwinden.

Isoliert man den am 24. Februar 2022 begonnenen russischen Angriffskrieg von seiner inneren und äußeren Vorgeschichte und von seinem weltpolitischen Zusammenhang, dann führt die Ukraine einen legitimen Verteidigungskrieg nach Artikel 51 der UNO-Charta. Das ist gewissermaßen die eine – reale – Dimension des Geschehens im Osten des Kontinents. Vor diesem Hintergrund ist es nachvollziehbar, dass sehr viele Menschen, darunter reflektierte, keineswegs unkritische die bedingungslose Unterstützung der Ukraine in ihrem Existenzkampf befürworten, in Russland eine Gefahr für die Freiheit ganz Europas zu erkennen meinen und skeptische oder konträre Positionen für eine Wiederkehr der Beschwichtigungspolitik Großbritanniens gegenüber Hitlerdeutschland in den 1930er Jahren halten – eine Politik, die, nebenbei gesagt, durchaus interessengeleitet war.

Die Kontroverse erschöpft sich – in Deutschland noch mehr als in anderen NATO-Staaten – weitgehend in Unterstellungen, die einen rationalen Diskurs fast unmöglich machen: Die Kritiker des vorherrschenden Narrativs strebten, so wird suggeriert, eine bedingungslose Kapitulation der Ukraine an und begünstigten oder unterstützten gar bewusst das in der Tat autoritäre, repressive und skrupellose Putin-Regime in Russland.

Wer alt genug ist, mag sich an das Klima auf dem Höhepunkt des Kalten Krieges zwischen den Machtblöcken in den 1950er und frühen 1960er Jahren erinnert fühlen. Gewiss lassen sich abweichende Analysen und Meinungen heute artikulieren, aber in den großen Medien werden sie in der Regel marginalisiert oder entstellt. Es sei eingeräumt, dass umgekehrt die Beschimpfung von Vertretern des Mainstreams als „Kriegshetzer" ebenfalls vergiftend wirkt und einen sachlichen Austausch behindert.

Man muss kein Radikal-Pazifist, man muss überhaupt kein Pazifist sein, um es befremdlich zu finden, eine wie geringe Rolle in der öffentlichen Behandlung des Ukraine-Krieges das massenhafte Sterben der Soldaten beider Seiten wie der einheimischen Zivilisten spielt; die humanitäre Katastrophe taugt allein als Anklagepunkt gegen Russland, dessen Kriegführung und Kriegsverbrechen. Dabei liefern die Gefallenen und Schwerverletzten neben den Ziviltoten und Verstümmelten sowie den verheerenden Zerstörungen doch das schlagende Argument dafür, ein möglichst baldiges Ende der bewaffneten Kämpfe, zunächst durch einen Waffenstillstand, anzustreben – sicher nicht unter allen denkbaren Bedingungen –, auch wenn die beiden unmittelbar Beteiligten zurzeit wenig Neigung erkennen lassen, zu einem Ende des Blutvergießens zu gelangen. Dabei kommen alle seit dem Frühjahr 2022 zu einer Friedenslösung angestellten Überlegungen im Kern immer wieder auf das zurück, was Verhandlungsführer Russlands und der Ukraine bereits Ende März 2022 in Istanbul vereinbart hatten: (bewaffnete) militärische Neutralität der Ukraine, garantiert von Staaten, die Kiew benennt; Autonomie der östlichen Oblaste innerhalb des ukrainischen Staatsverbands, eventuell nach einer Abstimmung über deren staatliche Zugehörigkeit; einvernehmliche Lösung der Krim-Frage binnen einer vereinbarten längeren Frist. (Auch für die in einer verdeckten Aktion von Russland 2014 annektierte Halbinsel, wo es ungeachtet des völkerrechtswidrigen Charakters des Vorgehens davor tatsächlich einen weit verbreiteten Irredentismus gab, wäre ein erneutes, jetzt international kontrolliertes Plebiszit sicher empfehlenswert.)

Russland wird die Vorstellung aufgeben müssen, die formelle Annexion der ostukrainischen Oblaste, gar vor Verhandlungsbeginn, anerkannt zu erhalten, die Ukraine wird darauf verzichten müssen, der NATO beizutreten (was seit 2019 in der Verfassung verankert ist), und ebenso auf das Ziel, das gesamte Territorium des 1991 infolge des Zerfalls der Sowjetunion unabhängig gewordenen Staates in den damaligen Grenzen, also einschließlich der Krim, zurückerobern zu können. Das wäre nur bei einem vollständigen militärischen Sieg möglich, der noch unwahrscheinlicher ist als ein Sieg Russlands, denn das

Hauptproblem der Ukraine, wichtiger als die Waffenlieferungen aus dem Westen, ist das begrenzte militärische Personal.

Der Krieg ist nicht aus heiterem Himmel im Februar 2022 über die Ukraine gekommen, und der Konflikt begann auch nicht erst mit dem Euro-Maidan, den gegenläufigen Erhebungen sowie der russischen Intervention im Donbas 2013/ 14, sondern beruht auf weiter zurückreichenden Bestrebungen hauptsächlich der USA, das Land ins westliche Lager hinüberzuziehen einerseits, dem Interesse des wieder erstarkten Russland, seinen Einfluss auf die benachbarte, ehedem sowjetische Republik, wirtschaftlich sowie geostrategisch bedeutend, nicht zu verlieren, andererseits. Diese konfligierenden Interessen konnten an muttersprachlich-kulturelle, auch konfessionelle Unterschiede und verschiedene politische Orientierungen der einheimischen Oligarchen-Cliquen anknüpfen, die sich auch bei Wahlen deutlich niederschlugen.

Die Wurzel des Übels liegt in dem Versäumnis der Staaten der nördlichen Hemisphäre, die Aufhebung des alten Ost-West-Gegensatzes in den Jahren um 1990, eingeleitet durch die kühnen Initiativen Michail Gorbatschows und von echter Abrüstung begleitet durch die Installation eines gesamteuropäischen Sicherheitssystem abzusichern, möglicherweise über eine längerfristige Verschmelzung der Strukturen von NATO und OSZE. Ohne allzu sehr zu vereinfachen, kann man sagen, dass die bestimmenden Kräfte in den USA dies nicht wollten: Schon beim Teilvorgang der deutschen Wiedervereinigung galt deren einzige wirkliche Sorge der eventuellen Schwächung der NATO, die u.a. ein Instrument der amerikanischen Hegemonie in Europa war und ist.

Dass die ostmitteleuropäischen und südosteuropäischen früheren Verbündeten der UdSSR angesichts ihrer historischen Erfahrungen schnell in die NATO strebten, war verständlich, aber für Russland – und das unter jeder denkbaren Regierung – ein zunehmend gravierendes Sicherheitsproblem. Die Entscheidung der Nordatlantischen Allianz von 2008, auch noch der Ukraine eine (auf Veranlassung Deutschlands und Frankreichs ins zeitlich Unbestimmte verschobene) Beitrittsperspektive zu eröffnen, löste daher in Russland Alarmsignale aus. Der NATO ebenbürtig war und ist das Land bis heute nur noch im Hinblick auf ihr Atomwaffen-Arsenal.

Und damit ist die zweite Dimension des Geschehens in der Ukraine angesprochen: der Stellvertreterkrieg, den die Ukrainer für die NATO, insbesondere für die USA, gegen Russland ausficht mit der Tendenz zur ständigen Eskalation und mit dem Potential eines Weltordnungskriegs, wobei der hauptsächlich wirtschaftlich begründete Konflikt zwischen den USA und China, der zweiten aufstrebenden Supermacht des 21. Jahrhunderts, im Hintergrund steht. Chinas Interessenlage im Hinblick auf die Ukraine ist widersprüchlich und sein Agieren nicht ganz eindeutig.

Unzweideutig ist hingegen die im Westen immer populärere Doktrin eines neuen Ost-West-Konflikts zwischen den Mächten der „Autokratie" einerseits, denen von „Freiheit und Demokratie" andererseits. Dabei unterscheidet sich nicht nur das chinesische System beträchtlich vom russischen, sondern auch die US-amerikanische Version der repräsentativen Demokratie mehr als graduell von der west- und mitteleuropäischen, so im Demokratie- und Menschenrechtsverständnis. Letztlich geht es stets um handfeste Interessen, auch wenn diese in ihren politischen Folgerungen nicht immer eindeutig sind.

Der preußische Offizier, Reformer und Militärwissenschaftler Carl von Clausewitz hat das berühmte Diktum geprägt: „Der Krieg ist nichts anderes als eine Fortsetzung der Politik mit anderen Mitteln." Im Zeitalter der Atombombe und der „gesicherten Zweitschlagskapazität" – wer zuerst zündet, stirbt als zweiter – der mit Abstand am stärksten atomar gerüsteten Staaten USA und Russland steht Clausewitzens nicht apologetisch zu verstehender Satz in Frage. Konkrete Politik kann, was die Atomwaffen betrifft, allenfalls noch mit der sehr riskanten Drohung eines Einsatzes gemacht werden. Vielmehr gebietet es das elementare gemeinsame Überlebensinteresse, die Gefahr des Einsatzes dieser Waffen, der sich aus der Eskalation eines regional begrenzten Krieges, doch auch aus (u. U. wechselseitiger) Fehlwahrnehmung der Konfliktparteien, auch aus einer technisch bedingten Falschmeldung ergeben kann, verlässlich zu minimieren.

Die wechselseitige Abschreckung hat zwischen den 1950er und den1980er Jahren funktioniert, aber mehrfach ist die Menschheit knapp dem Untergang entronnen. Im Herbst 1962 bildete die durch eine beiderseits akzeptable Kompromisslösung beendete, höchst gefährliche Kuba-Krise den Auftakt zur Entspannungspolitik, jedenfalls in der nördlichen Hemisphäre; und fast genau zwei Jahrzehnte später leitete die Erfahrung der NATO-Kommandostabsübung Able Archer, die Moskau zunächst als Vorbereitung eines westlichen Atomangriffs fehldeutete, eine vorsichtige Neuorientierung des scharf antikommunistischen US-Präsidenten Ronald Reagan ein.

Dem über Entspannungspolitik der 1960er und 1970er Jahre (wo jetzt die europäischen Staaten, namentlich die Bundesrepublik Deutschland, eine wichtige Rolle spielten) hinausgehenden Konzept Gemeinsamer Sicherheit, erarbeitet 1982 von einer UNO-Kommission unter Vorsitz des damaligen schwedischen Ministerpräsidenten Olof Palme, lag die Überlegung zugrunde, die wechselseitige Abschreckung, das prekäre „Gleichgewicht des Schreckens", müsse durch eine internationale Ordnung ersetzt werden, die das wechselseitige Bemühen um die Sicherheit auch des potentiellen Gegners beinhalte. Dafür wurde eine Reihe konkreter Schritte vorgeschlagen. Und in der zweiten Hälfte der 1980er Jahre spannen hochrangige Militärs von NATO und Warschauer Pakt den Faden weiter und bereiteten den im November 1990 in Paris unterzeichneten KSE-Vertrag zur konventionellen Abrüstung vor, der atomare Rüstungskontroll- und Abrüstungsabmachungen ergänzte.

Das klingt heute wie Musik aus einer anderen Welt. Sicher ist, dass zwischen der Suche nach Frieden für die Ukraine und der Wiederanknüpfung des Dialogs zwischen den NATO-Staaten, insbesondere den USA, und Russland ein Wechselverhältnis besteht, das sich derzeit als doppelte Blockade darstellt. Denkbar ist aber mit positiver Wirkung nicht nur ein Neuanfang im Ost-West-Verhältnis infolge einer beiderseits akzeptablen Friedenslösung für die Ukraine, sondern auch die Einleitung eines Friedensprozesses dort infolge schrittweiser Wiederannäherung des westlichen Bündnisses, namentlich der USA, und Russlands. Eine solche entspräche den ureigenen Interessen der Europäer, deren wirtschaftliches und weltpolitisches Gewicht, speziell das Deutschlands, nicht zuletzt soziale Sicherheit während des Ukraine-Krieges ständig abgenommen haben. Schließlich wird eine umfassende internationale Zusammenarbeit zwingend benötigt, um der ebenfalls existentiellen globalen, ökologischen Krise endlich wirkungsvoll begegnen zu können.

Franz Alt

Frieden gewinnen – nicht Kriege!

In einer Welt voller Kriege fragen wir: Ist Frieden möglich? Und wie? Ist auch zwischen Russland und der Ukraine Frieden und Versöhnung möglich wie nach 1945 zwischen Deutschland und Frankreich?

Als 1938 Geborener habe ich die Schreckensherrschaft der Nazis erlebt, später den Kommunismus ostdeutscher, sowjetischer und chinesischer Prägung, den Abwurf der Atombomben auf Hiroshima und Nagasaki, die Atomkatastrophen in Tschernobyl und Fukushima, Millionen Hungertote in den armen Ländern, den Überfall Chinas auf Tibet, die Kriege in Korea, Vietnam, Afghanistan, Irak, Syrien, Sudan, Putins Überfall auf die Ukraine sowie den Nahostkonflikt, die siebzig Millionen Opfer der Revolution in China sowie die ideologischen Verblendungen des Nationalismus, Kommunismus und Antisemitismus. In sechzig Jahren journalistischer Berufserfahrung – oft als Fernsehreporter in aller Welt und als Redner in fünfzig Ländern mit über 3 000 Vorträgen – habe ich positive und negative Lebenserfahrungen machen dürfen und müssen.

Ich teile dennoch oder deshalb die Auffassung meines Freundes, des Dalai Lama, dass das 21. Jahrhundert noch ein Jahrhundert des Friedens, der Gerechtigkeit und des Klima- und Umweltschutzes werden kann. Denn ich durfte auch das Ende des Kalten Krieges, der friedlichen deutschen Wiedervereinigung, das Ende fast aller genannten Kriege sowie das Entstehen der „Fridays for Future“-Bewegung durch den Mut und die Inspiration eines 15jährigen behinderten Mädchens, Greta Thunberg, erleben sowie zuvor unvorstellbare Abrüstungserfolge durch die Politik von Glasnost und Perestroika unter Michail Gorbatschow. Zusammen mit ihm, dem wohl bedeutendsten Politiker des 20. Jahrhunderts, durfte ich das Buch schreiben: „Nie wieder Krieg – Kommt endlich zur Vernunft“. Und ich durfte den Aufbruch ins Solarzeitalter sowie den Anfang vom Ende des atomar-fossilen Zeitalters erleben und aktiv mitgestalten durch meine Freundschaft mit dem weltweit wichtigsten Solarpolitiker, dem ehemaligen SPD-Bundestagsabgeordneten Hermann Scheer. Im Dezember 2015 überraschte es die Welt, dass alle 196 UNO-Mitglieder einstimmig das Pariser Klimaschutzabkommen verabschiedeten und sich verpflichteten, dass es – gemessen an der vorindustriellen Zeit – global nicht wesentlich wärmer als 1.5 Grad werden darf.

Mit dem Dalai Lama stand ich im Herbst 1989 in Berlin an der Mauer. Die Mauerspechte auf östlicher und westlicher Seite hatten schon große Teile des Schandmals weggeklopft, als die Berliner dem Dalai Lama eine brennende Kerze in die Hand drückten und ihn auf die Rest-Mauer hievten. Für mich unvergesslich prophezeite er: „So sicher wie diese Mauer vollends fallen wird, so sicher wird Tibet eines Tages frei sein!"

Heute sagt der geistliche Führer der Tibeter dazu: „Just in dem Moment, als hunderttausende Demonstranten voller Enthusiasmus durch die geöffneten Schlagbäume in den Westen strömten oder auf die Mauer kletterten und auf der anderen Seite heruntersprangen, war ich in Berlin. Dann fielen die Grenzzäune, ein Posten nach dem anderen, ohne jede Gewalt. Die ganze Welt hielt den Atem an. Die Geschichte wurde durch die Energie der Jugend neu geschrieben."[1]

Der Fall der Mauer hat bewiesen, dass Protest und Gewaltlosigkeit stärker und erfolgreicher sein können als Unterdrückung, Bomben und Gewalt. Gewaltlosigkeit kann auch gegen ein freiheitsfeindliches Regime siegen. Frieden ist immer möglich. Der Dalai Lama sagte mir in vierzig Begegnungen oft: „Die Geschichte lehrt uns, dass militärische Siege und Niederlagen nie von langer Dauer sind!"

Dass Frieden möglich ist, bezeugt die Geschichte der Europäischen Union. Ehemalige Kriegsgegner bauen heute gemeinsam ein friedliches Europa. Seit vielen Jahrzehnten hat noch nie ein Mitglied der EU ein anderes EU-Mitglied – auch nicht bei Konflikten – militärisch angegriffen. Welch ein Fortschritt gegenüber früheren Jahrhunderten in der europäischen Geschichte! Die EU hat dafür 2012 den Friedensnobelpreis bekommen. Zu Recht.

Meine Vision, wonach auch heute Frieden möglich und Gewaltlosigkeit erfolgreicher ist als Gewalt, wurde inzwischen auch wissenschaftlich bestätigt: Die umfassende Untersuchung der beiden US-amerikanischen Friedensforscherinnen Erica Chenoweth und Maria J. Stephan hat mehr als 300 Aufstände und Bürgerkriege zwischen den Jahren 1900 und 2006 in aller Welt analysiert und verdeutlicht, dass gewaltfreie Revolutionen in Afrika, Asien, Amerika und Europa häufiger erfolgreich waren als bewaffnete Aufstände. Außerdem starben bei Widerstand ohne Waffen weniger Menschen, und weit weniger erlitten Traumatisierungen. Das ist das wichtigste Ergebnis der Studie.[2]

Jürgen Grässlin, entschlossener Pazifist und prominentester Gegner von Waffenexporten in Deutschland, ausgezeichnet mit dem Aachener Friedenspreis, urteilt über die Studie der beiden US-Friedensforscherinnen: „Das aus meiner Sicht mehr als erfreuliche Resultat: Ziviler Widerstand ohne Waffengewalt war mehr als doppelt so oft erfolgreich. Lediglich 22 Prozent der gewaltsamen Aufstände waren von Erfolg gekrönt, dagegen mehr als die Hälfte der gewaltfreien. Beim Rest wurden Teilerfolge verbucht."[3]

Wer Frieden will, muss den Frieden vorbereiten

Vor 22 Jahren, am 9. September 2001, haben islamistische Terroristen durch ihre Anschläge in New York 3 000 Menschen getötet. Danach erklärte US-Präsident George W. Bush den „Krieg gegen den Terror". Der Dalai Lama, Friedensnobelpreisträger aus Tibet, führte ihm damals in einem Telegramm vor Augen: „Lieber Herr Präsident, auch Bin Laden ist unser Bruder." Wie könnte die Welt heute aussehen, wenn der oberste Kriegsherr der USA den Hinweis des Dalai Lama verstanden hätte, wonach Gewalt immer zu neuer Gewalt und in eine endlose Gewaltspirale führt? Später sagte der Dalai Lama in einem unserer gemeinsamen Bücher: „Ich kenne keine Feinde. Es gibt nur Menschen, die ich noch nicht kennengelernt habe."[4]

Seit mehr als 2000 Jahren gilt auf der ganzen Welt der altrömische Grundsatz „Wer Frieden will, muss den Krieg vorbereiten." („Si vis pacem para bellum.") Ergebnis: 2 000 Jahre immer wieder Kriege, menschliches Elend und Leid, brutale Zerstörungen und Millionen Mensch auf der Flucht. Ganz in diesem Geist fordern die Verteidigungsminister aller NATO-Staaten stets aufs Neue: „Mehr Geld fürs Militär". Wir stecken noch immer in der Kriegsfalle, die uns zuflüstert: „Frieden schaffen mit immer mehr Waffen." In Deutschland wurde 2022 beschlossen, einen militärischen Sonderfonds von 100 Milliarden Euro aufzulegen. Die USA, Russland und China geben heute Rekordsummen fürs Militär aus – und sie „modernisieren" ihre Atomarsenale, ihre Massenvernichtungswaffen. Kann so eine friedliche Welt entstehen? Wird so Frieden möglich? Auch heute noch verfügen die USA in Deutschland über etwa zwanzig Atomwaffen – und Russland stationiert im Sommer 2023 Atomwaffen in Weißrussland. Die Gefahr eines Atomkriegs ist so groß wie seit der Kuba-Krise vor sechzig Jahren nicht mehr, so US-Präsident Biden.

Wohin solch unreflektierte Politik führt, haben wir zuletzt in Afghanistan gesehen. Der Westen ist dort gescheitert, weil er wieder einmal einen Krieg gewinnen wollte, aber nicht den Frieden. Heute ist Afghanistan ein Friedhof der Großmächte. Und auch in Mali war der Militäreinsatz auf Sand gebaut. Gleichwohl werden die nächsten Kriege vorbereitet. Afghanistan ist der Beweis dafür, dass wir lernen müssen, Frieden zu gewinnen anstatt wie bisher Kriege. Umso mehr gilt: Wer Frieden will, muss den Frieden vorbereiten. Nicht der Krieg, der Frieden ist der Ernstfall.

Was und wie wäre eine neue Kultur des Friedens anstatt der alten Kriegslogik? Wie könnte das aussehen? Und wie ginge das konkret und praktisch? Wir bräuchten in Europa heute viel Geld für Schienen und Schulen, für Klimaschutz und Kitas, für viele Sozialwohnungen und für die Überwindung der Armut. So wie fast alle anderen Länder auch. Also Geld für zivile Sicherheitspolitik.

Neue Politik beginnt mit neuem Denken – den Spuren Michail Gorbatschows folgen

Dass auch Abrüstung möglich ist, hat uns vor über 35 Jahren Michail Gorbatschow erfolgreich vorgeführt, ein Politiker mit Visionen. Weil einer den Mut hatte voranzugehen, in einem Umfeld von Hardlinern das Unmögliche für möglich hielt und sich für vertrauensbildende Maßnahmen einsetzte, konnten erstmals in der Menschheitsgeschichte ganze Waffensysteme einfach verschrottet werden. Kontrolliert verschrottet. Seit mehr als hundert Jahren wurde tatsächlich abgerüstet anstatt aufgerüstet. Europa ist sicherer geworden und ermöglichte die friedliche deutsche Einheit. Und wie sieht es heute aus, nachdem der alte Wahnsinn des atomaren Wettrüstens gerade wieder von vorne beginnt? Kein Gorbatschow weit und breit. Stattdessen ein Denken in der alten Kriegslogik. Steigende Rüstungsetats überall. Waren wir nur kurzfristig lernfähig? Haben wir wirklich keine anderen Sorgen, als wieder aufzurüsten?

Es gibt immer einen anderen Weg. Was bedeutete ein Atomkrieg, fragte ich einst den Kenner Gorbatschow. Seine Antwort: „Ein Atomkrieg wäre wahrscheinlich der letzte Krieg der Menschheitsgeschichte, weil es danach keine Menschen mehr gäbe, die noch einen Krieg führen könnten. Lasst uns diesen Wahnsinn endlich stoppen." Darüber schrieben wir 2017 ein gemeinsames Buch: „Nie wieder Krieg – kommt endlich zur Vernunft!".

Der US-Präsident, aber auch die russische und chinesische Führung zeigen uns gerade wieder, dass und wie Feindbilder aufgebaut und gepflegt werden. In einer solch gefährlichen Situation sollte Deutschland sich dafür starkmachen, dass es auch anders geht. Es gibt immer eine andere Lösung. Ohnehin bringen die NATO-Staaten weit mehr Geld fürs Militär auf als Russland. Die USA finanzieren mit ihren über 700 Milliarden Dollar jedes Jahr allein 40 Prozent aller weltweiten Rüstungsausgaben. Das muss wirklich nicht sein. Also runter mit den US-Militärausgaben. Damit können alle leben – und besser leben. Wenn der Stärkste damit beginnt, bestünde eine realistische Chance, dass auch andere weiter abrüsten.

Die Völker der Welt würden es ihren Regierenden danken, weil sie alle eher Abrüstung als Aufrüstung wünschen. Nach dem ersten US-Schritt wäre das Vertrauen für einen weiteren Abbau der Waffenarsenale gegeben. Der einzige Verlierer wäre die Rüstungsindustrie. Aber wäre das ein Verlust? Nein, es wäre ein Gewinn für alle, auch für die Mitarbeiter der Rüstungsindustrie, denn auch sie lebten sicherer in einer Welt mit weniger Waffen. Und ihre Jobs müssten nicht weiter dafür herhalten, Waffenexporte zu rechtfertigen. Deutschland gehört zu den größten Waffenexporteuren der Welt. Allein mit dem deutschen G3-Gewehr der Waffenschmiede „Heckler & Koch" am Bodensee wurden nach den Recherchen des profunden Rüstungskritikers Jürgen Grässlin in den letzten Jahrzehnten zwei Millionen Menschen getötet. Waffenexport ist oft Beihilfe zum Massenmord.

Warum sollte heute nicht klappen, was unter M. Gorbatschow möglich war? Vor 30 Jahren wurden immerhin 80 Prozent aller Atomwaffen verschrottet; wir alle träumten von der „Friedensdividende" für soziale und ökologische Projekte. Das muss kein Traum bleiben. Eine Kultur des Friedens und der Abrüstung ist auch heute erreichbar. Doch dazu fehlt noch immer der politische Wille.

Vor Gorbatschow konnte man Anfang der Achtziger in US-Reisebüros auf Plakaten lesen: „Besucht Europa, solange es Europa noch gibt!" Wenn dieser Wahnsinn überwindbar war, dann lässt sich auch die derzeitige Eskalationspolitik zwischen der NATO und Russland oder zwischen USA und China überwinden. Das bewies bereits der zäh ausgehandelte Atom-Deal mit Iran, an dem Russland und China beteiligt waren. Auch dieses Abkommen ist besser als Krieg, Zerstörung und Massenmord. Selbst die Treffen zwischen Trump und Nordkoreas Kim haben bewiesen, dass es immer Wege zu einer Konfliktlösung und Verständigung gibt, selbst wenn man sich vorher noch mit gegenseitiger Vernichtung bedroht hat.

Jesus hat uns in seiner Bergpredigt „Feindesliebe" empfohlen. Ist das naiv? War Jesus ein Spinner?

Feindesliebe heißt ja nicht: Lass dir alles bieten. Sondern: Sei klüger als dein Feind! Hab den Mut zum ersten Schritt! Die Bergpredigt ist kein Heimatroman, sondern „im Atomzeitalter das Überlebensprogramm der Menschheit", vertraute Michail Gorbatschow mir vor vier Jahren in Moskau an. Die regierenden Christen im Westen haben das nie gesagt.

Immerhin, Helmut Kohl hat den Vorschlag gemacht: „Frieden schaffen mit immer weniger Waffen". Also *abrüsten statt aufrüsten.* Darf man die heutigen Verteidigungsminister der NATO, meist Christen, noch an Jesus und Helmut Kohl erinnern? Oder gar an die Bergpredigt-Erkenntnis von Michail Gorbatschow? Das Ziel wäre dann – vielleicht bis 2040: Frieden schaffen ohne Waffen. Lasst uns Sicherheit doch mal ganz neu denken. Mit der Bergpredigt kann man Politik machen, Ihr lieben Christen in der Politik! Wirkliche Friedenspolitik. Die Bergpredigt ist eine Frohbotschaft und keine Drohbotschaft. Jesus war ein Realist.

Das heißt: Wir kriegen Putin nur an den Verhandlungstisch, wenn ihm die NATO signalisiert, dass sie bereit ist, auch über ihre bisherigen Fehler der grenzenlosen NATO-Osterweiterung zu sprechen und über Russlands Sicherheitsinteressen, die so ernst zu nehmen sind wie die Sicherheitsinteressen der Ukraine – ein Vorschlag, den Henry Kissinger zur Feier seines hundertsten Geburtstags gemacht hat.

Anmerkungen

1 Der neue Appell des DALAI LAMA an die Welt: Seid Rebellen des Friedens! Mit Sofia Stril-Rever. Aus dem Französischen übersetzt von Ingrid Ickler, Salzburg/München 2018, S. 13 f.

2 Erica Chenoweth/Maria J. Stephan, Why Civil Resistance Works: The Strategic Logic of Nonviolent Conflict [= Columbia Studies in Terrorism and Irregular War-fare], New York 2011, S. 7

3 J. Grässlin, Einschüchtern zwecklos: Unermüdlich gegen Krieg und Gewalt – was ein Einzelner bewegen kann, München 2023, S. 337

4 Der Appell des Dalai Lama an die Welt: Ethik ist wichtiger als Religion. Hrsg. von Franz Alt, Salzburg/München 2019, S. 5

Christoph Butterwegge

Unkonventionelles, Kritisches und Ketzerisches zum Ukrainekrieg

Als russische Truppen am 24. Februar 2022 die Ukraine angriffen, warfen führende deutsche Sozialdemokraten – wie schon die Reichstagsabgeordneten ihrer Partei am 4. August 1914 durch Bewilligung von Kriegskrediten für die kaiserliche Armee – von einem Tag auf den anderen jahrzehntelang bewährte Grundsätze der Friedenssicherung über Bord: Waffen nicht in Krisen- und schon gar nicht in Kriegsgebiete zu liefern, hatte für die SPD bis dahin zur Staatsräson der Bundesrepublik gehört. Seither wurden – manchmal zeitverzögert – Panzerfäuste, Luftabwehrraketen, Panzerhaubitzen, Mehrfachraketenwerfer sowie Flak-, Schützen- und Kampfpanzer in ein Krisengebiet exportiert, das vor allem die USA schon vorher mit schweren Waffen vollgestopft hatten. Dabei ist „unsere Sicherheit" entgegen anderslautenden Parolen weder am Hindukusch noch am Dnepr verteidigt worden.

Anstatt der Militarisierung des Denkens, der Sprache und der Medienberichterstattung entgegenzutreten, verkündete Bundeskanzler Olaf Scholz in seiner von Ovationen begleiteten Parlamentsrede am 27. Februar 2022, jährlich „mehr als zwei Prozent des Bruttoinlandsprodukts", also mindestens die Hälfte mehr als bisher, für Rüstung auszugeben und ein Sondervermögen in der schwindelerregenden Höhe von 100 Milliarden Euro für die mit einem Rüstungshaushalt von über 50 Milliarden Euro angeblich schlecht ausgerüstete, weil „unterfinanzierte" Bundeswehr schaffen zu wollen.

Nicht viel besonnener als die meisten SPD-Politiker verhielt sich das Regierungspersonal von Bündnis 90/Die Grünen: Plötzlich scherte sich die Partei, als deren Markenzeichen seit ihrer Gründung die Bewahrung von Umwelt, Natur und Klima galt, nicht mehr um ihre Prinzipien, sondern winkte das größte Aufrüstungsprogramm seit Gründung der Bundeswehr durch. Dabei schadet der Umwelt, der Natur und dem Klima nichts mehr als das Militär. Dies reicht schon im Frieden von einem riesigen Energie- und Landverbrauch über Manöverschäden bis zum Tieffluglärm von Militärjets. Plötzlich galt den Bündnisgrünen, bei denen ein Salonbellizismus um sich griff, selbst der Import des vorher als Teufelszeug verdammten Fracking-Gases als Königsweg aus der Energieabhängigkeit von Russland.

Alle etablierten Parteien (mit Ausnahme der LINKEN) waren plötzlich bereit, mehr Geld für die „Ertüchtigung" der Bundeswehr auszugeben – dieser neuerdings häufig verwendete Begriff erinnert stärker an Turnvater Jahn als an eine moderne Armee. Man habe die von Russland ausgehende Kriegsgefahr jahrzehntelang unterschätzt, hieß es meistens zur Begründung. Dass man die einzig verfassungskonforme Zielsetzung der Landesverteidigung zugunsten einer Umrüstung der Bundeswehr zur überall einsetzbaren Interventionsarmee aufgegeben hatte, wurde hingegen verschwiegen.

Dass unser Land von der Russischen Föderation, ihrem Präsidenten oder irgendeinem anderen Staat auf der Welt militärisch bedroht würde, war und ist nicht erkennbar. Vielmehr ist es absurd zu glauben, russische Truppen könnten irgendwann eine deutsche Stadt erobern, gelang es ihnen doch wochenlang nicht, ein Stahlwerk in Mariupol oder Donezk und Luhansk militärisch unter Kontrolle zu bekommen. Offenbar sind die modernen westlichen Waffensysteme den russischen überlegen. Trotzdem machte die vom Bundestag herausgegebene Wochenzeitung „Das Parlament" am 8. August 2022 mit der Titelschlagzeile „Putin ante portas" (für Leser/innen ohne das kleine oder große Latinum sei es übersetzt: „Putin vor den Toren") auf, ganz so, als stünden russische Truppen demnächst in Berlin.

Es gab selbst Wochen nach der russischen Invasion halbstündige Nachrichtensendungen im öffentlich-rechtlichen Rundfunk der Bundesrepublik, die sich fast ausschließlich mit dem Ukrainekrieg beschäftigten, ganz so, als hätte sonst nirgendwo auf der Welt etwas Wichtiges stattgefunden. Ausführlich wurde im Laufe der Sendungen die einseitige Berichterstattung des „russischen Staatsfernsehens" entlarvt – ohne dass ihre Moderatoren allerdings je auf die Idee gekommen wären, dass sie selbst genauso einseitig berichteten, nur eben im Sinne der anderen Seite.

Nicht zu übersehen waren die Heroisierung der ukrainischen und die Dämonisierung der russischen Soldaten, ganz so, als hätte es Kriegsverbrechen nur auf dieser und Heldentaten nur auf jener Seite der Front gegeben. Völlig zu Recht wurde moniert, dass man den Ukrainekrieg in Russland nicht beim Namen nennt, sondern von einer „militärischen Spezialoperation" spricht. Ich erinnere mich allerdings noch gut an Meldungen über „Militäroperationen" von

NATO-Staaten in hiesigen Nachrichtensendungen während des Irak- und des Afghanistankrieges, die ich meiner Familie gegenüber mit der ironisch gemeinten Frage „Werden Operationen nicht im Krankenhaus durchgeführt?" kommentierte. Einen öffentlichen Aufschrei gab es, als der damalige Verteidigungsminister Karl-Theodor Freiherr von und zu Guttenberg angesichts am Hindukusch „gefallener" Bundeswehrsoldaten das Wort „Krieg" nach langem Zögern in den Mund nahm.

Ökonomische, soziale und politische Entstehungsursachen des Krieges

Zehnmal sprach Scholz in seiner „Zeitenwende"-Rede von „Putins Krieg", wozu die „Fragen eines lesenden Arbeiters" von Bertolt Brecht wie die Faust aufs Auge passen: „Der junge Alexander eroberte Indien. Er allein? Cäsar schlug die Gallier. Hatte er nicht wenigstens einen Koch bei sich?" Wie kann man das Geschehen in der Ukraine nur derart simplifizieren, dessen Entstehungsursachen nach Bildzeitungsmanier auf eine Person verkürzen, die gesellschaftlichen Hintergründe und die machtpolitischen Interessen beider Konfliktparteien jedoch völlig ignorieren?

Obwohl Friedrich Merz vom russischen Präsidenten in seiner Antwort auf Scholz als „Kriegsverbrecher" sprach, fuhr der Oppositionsführer mit einem Seitenhieb auf den Bundeskanzler fort: „Aber so einen Krieg befiehlt nicht einer allein, und er entsteht auch nicht ohne politisches Umfeld." Glaubwürdiger wäre Merz allerdings gewesen, würde er jene US-Präsidenten, die über tausend Personen – darunter zahlreiche Unbeteiligte, Frauen und Kinder – mit Kampfdrohnen unter maßgeblicher Beteiligung der Ramstein Air Base in Deutschland – völkerrechtswidrig (ohne Gerichtsverfahren oder Kriegserklärung) exekutieren ließen, ebenfalls als Mörder bezeichnen. Ausgerechnet dort, auf dem größten Militärstützpunkt der USA jenseits ihrer Landesgrenzen, steckten die westlichen Verteidigungs- bzw. Rüstungsminister ihre strategische Marschroute gegenüber Russland ab und koordinierten ihre Waffenlieferungen an die Ukraine.

Jürgen Habermas, Deutschlands renommiertester Philosoph, stellte in der *Süddeutschen Zeitung* vom 29. April 2022 fest: „Die Konzentration auf die Person Putins führt zu wilden Spekulationen, die unsere Leitmedien heute wie zu den besten Zeiten der spekulativen Sowjetologie ausbreiten." Zu einer fundierten Analyse der Kriegsursachen trug Scholz mit seiner Rede auf Stammtischniveau nichts bei. Die von ihm favorisierte Kurzformel erinnerte an die Personalisierung, Psychologisierung und Pathologisierung zwecks Entpolitisierung im Nachklang des Zweiten Weltkrieges. Indem seinerzeit von „Hitlers Krieg“ die Rede war, sprachen sich viele Deutsche selbst von jeglicher Schuld frei. Diese hatten folglich weder die Nazis, ihre konservativen Gesinnungsfreunde und Mitläufer noch das Großkapital und seine Verbände auf sich geladen, sondern eine Person, die vermeintlich „durchgeknallt“ war und den Krieg allein vom Zaun gebrochen hatte.

Nun behauptete man im Grunde dasselbe von Wladimir Putin. Doch ein Krieg wird nie bloß von einer Person herbeigeführt, sondern zumindest immer auch von der Elite eines Landes oder mehrerer Länder – der ökonomischen, der politischen und Verwaltungselite. Putin ist aufgrund seiner Spitzenposition als Präsident der Russischen Föderation zweifellos hauptverantwortlich für die am 24. Februar 2022 begonnene Invasion. Ihm diesen Krieg jedoch allein anzulasten und an seiner psychischen Konstitution zu zweifeln, blendet andere Determinanten – darunter die Mitverantwortung ukrainischer Politiker und der NATO – aus. Putins Dämonisierung erklärt auch, warum mehrere SPD-Untergliederungen ein Parteiordnungsverfahren gegen den früheren Bundeskanzler Gerhard Schröder beantragten. Statt ihn wegen seiner skurrilen Männerfreundschaft zu Wladimir Putin auszuschließen, was zu Recht misslang, hätte die Partei ihn sanktionieren müssen, weil seine „Agenda 2010“, die Riester-Reform und die sogenannten Hartz-Gesetze bei Millionen Menschen zu massiven Einkommensverlusten, Armut und sozialer Ausgrenzung geführt haben. Dasselbe gilt für den Entzug seines Büros durch den Haushaltsausschuss des Bundestages.

Nach dem Bundestagsbeschluss zur Aufstellung von Pershing II und Cruise Missiles in Westdeutschland hatte Scholz, damals Stellvertretender Vorsitzender der sozialdemokratischen Jugendorganisation, in dem 1983 von mir herausgegebenen Buch „Was nun? – Die Friedensbewegung nach der Raketenstationierung“ noch geschrieben: „Für die Jungsozialisten war und ist der US-Imperialismus die Hauptgefahr für den Weltfrieden.“ Heute behauptet Michael Roth, SPD-Bundestagsabgeordneter und Vorsitzender des Auswärtigen Ausschusses: „Europas Freiheit und Demokratie werden durch den russischen Imperialismus massiv bedroht.“ Roth plädiert „spätestens 2025“ für eine weitere deutliche Erhöhung des Rüstungshaushalts, lehnt eine „Gegenfinanzierung durch Einsparungen im sozialen Bereich oder beim Klimaschutz“ jedoch ab, weil sie „für die gesellschaftliche Akzeptanz der Zeitenwende“ nicht förderlich wäre. „Auch eine Kannibalisierung innerhalb des sicherheitspolitischen Instrumentenkastens wäre nicht hinnehmbar.“ Für sinnvoller hält Roth die Erhöhung von Steuern – ohne zu sagen, welcher – oder die Aufnahme neuer Schulden, weil es seiner Meinung nach um „die Verteidigung unseres Landes und unserer Partner“ geht.

Lösung des Konflikts und Beendigung des Krieges

Wir sind es gewohnt, die Beteiligten an einem Konflikt, sei dieser nun ein zwischenmenschlicher oder ein zwischenstaatlicher, in „Gute“ und „Böse“ zu unterteilen, obwohl Schwarz-Weiß-Denken seiner Komplexität so gut wie nie gerecht wird. Wenn die realen Stärkeverhältnisse dann auch noch scheinbar einer David-Goliath-Konstellation entsprechen, drängt sich die Parteinahme für den oder die hoffnungslos Unterlegenen auf. So avancierte die Ukraine hierzulande nicht zuletzt aufgrund des „medialen Supports“ in kürzester Zeit zum Sympathieträger, obwohl sie wegen ihrer fanatischen, ultranationalistischen und besonders militanten Nazi-Kollaborateure unter dem vom Stellvertretenden Außenminister Andrij Melnyk verehrten Stepan Bandera, wegen der ausgeprägten Korruption mit Oligarchen als eigentlichen Landesherren, wegen der von halbseidenen Unternehmern zum Geschäftsmodell erhobenen Leihmutterschaft armer Frauen für ausländische Paare sowie aufgrund der US-Amerikanisierung von Wirtschaft und politischer Kultur (mit einem früheren TV-Komiker als Präsidenten und einem früheren Profiboxer als Bürgermeister der Hauptstadt) schlecht beleumundet war. Dazu trug auch bei, dass die Massenmedien in der Ukraine weitgehend gleichgeschaltet, sozialistische/kommunistische Parteien verboten und Gewerkschaften verpönt sind.

Entgegen monokausalen Erklärungsmustern tragen meistens beide Partner ihren Teil zur Entstehung und Verschärfung der gegenseitigen Spannungen bei. So war es auch beim Ukrainekrieg mit seinem längeren Vorlauf. Am ehesten wären seine Entstehungsursachen bei der Auflösung des Warschauer Vertrages 1990/91 zu beseitigen gewesen. Zwar hat die Ukraine damals gegen entsprechende Sicherheitsgarantien Russlands auf ihren Atomwaffenbestand verzichtet, über den sie ohnehin nicht die Kommandogewalt besaß, eine nachhaltigere Friedenssicherung wäre jedoch möglich gewesen, wenn die NATO-Mitglieder und die Nachfolgestaaten der Sowjetunion am Ende des Kalten Krieges ein kollektives Sicherheitssystem in Europa geschaffen hätten. Wären die USA als Führungsmacht der westlichen Allianz bereit gewesen, das Zeitalter der hoch gerüsteten und atomar bewaffneten Militärpakte auf unserem Kontinent zu beenden, hätte man alle potentiellen Kriegsgegner gleichberechtigt eingliedern, Russland seine historisch begründeten Einkreisungsängste nehmen und die Wahrscheinlichkeit eines Angriffs durch Schaffung einer gemeinsamen Abwehrfront aller übrigen Teilnehmerstaaten minimieren können.

Die zweimalige Osterweiterung der NATO, die auf dem Gipfel in Bukarest 2008 auf Wunsch von US-Präsident George W. Bush erklärte Bereitschaft des Militärbündnisses zur Aufnahme der Ukraine und Georgiens, die Einfügung dieser „strategischen Orientierung" in die ukrainische Verfassung sowie die massive Aufrüstung des Landes durch US-amerikanische Militärhilfe haben der russischen Wahrnehmung eines übermächtigen Westens und einer möglichen Raketenstationierung „vor der eigenen Haustür" stets neue Nahrung gegeben. Hätte „Putins Russland" seinen Nachbarstaat wirklich angegriffen, wenn all das dem Krieg nicht vorangegangen wäre und die Ukraine statt der NATO-Ausdehnung an die russische Westgrenze ihre immerwährende Neutralität zum Verfassungsprinzip erhoben hätte?

Äußert man Skepsis im Hinblick auf das jüngst erneuerte Angebot eines NATO-Beitritts der Ukraine, wird gern auf die Souveränität des Landes verwiesen, das wie jedes andere selbst entscheiden können müsse, ob und gegebenenfalls welchem Militärpakt es angehören möchte. Überzeugender wäre die Argumentation, hätten deren Protagonisten auch Kubas Souveränität verteidigt, als der Karibikstaat im Herbst 1962 nukleare Mittelstreckenraketen der Sowjetunion auf seinem Territorium stationieren lassen wollte. Und hat irgendjemand hierzulande dagegen protestiert, dass die USA durch ihre Seeblockade sogar einen Atomkrieg riskierten, um das „vor ihrer Haustür" zu verhindern?

Die Kubakrise machte den USA wie der Sowjetunion klar, dass ihr Konfrontationskurs die Gefahr eines die Welt vernichtenden Atomkrieges in sich barg und Entspannungsbemühungen überfällig waren. Bald darauf wurde eine als „Heißer Draht" oder „Rotes Telefon" bezeichnete Fernschreibverbindung zwischen Moskau und Washington eingerichtet sowie der Atomwaffensperrvertrag geschlossen. In jüngster Zeit fürchtete Russland atomare US-Mittelstreckenraketen auf der Krim oder im Donbass ebenso wie die USA damals russische Nuklearraketen auf Kuba. Sieht man davon ab, dass es in der Ukraine – anders als seinerzeit – zum Krieg gekommen ist, ähnelt dieser Konflikt frappierend der Kubakrise. Deshalb wäre es für die beiden Großmächte wichtig, dieselben Schlussfolgerungen wie damals zu ziehen und sich um Deeskalation zu bemühen. Friedensverhandlungen, ein Waffenstillstand und die Beendigung des Krieges sollten absolute Priorität haben.

Für kritische Beobachter lautet die Schlüsselfrage in jedem Krieg: Wem nützt das Gemetzel auf dem Schlachtfeld? Im Fall des russischen Angriffs auf die Ukraine ist sie leicht zu beantworten: Hauptprofiteure sind die russische und die US-amerikanische Rüstungsindustrie bzw. deren Großaktionäre. Krieg ist ein riesiges Geschäft für den „militärisch-industriellen Komplex", vor dem US-Präsident Dwight D. Eisenhower in seiner Abschiedsrede am 17. Januar 1961 warnte. Waffensysteme werden im Kampfmodus erprobt, zerstört und anschließend neu entwickelt, was den Aktienkurs von Rüstungskonzernen explodieren lässt. Hauptverliererin des Krieges ist die arbeitende Bevölkerung, der sowohl die meisten Gefallenen wie auch die Opfer seiner wirtschaftlichen Folgen angehören, von seinen enormen Kosten, die sie aufgebürdet bekommt, ganz zu schweigen.

Unternehmen wie Rheinmetall – Deutschlands größter Rüstungskonzern, dessen Aktienkurs sich seit Kriegsbeginn mehr als verdoppelte – haben ein Interesse daran, dass es möglichst lange und viele Waffenlieferungen an die Ukraine gibt. Was die Menschen vor Ort wirklich brauchen, ist etwas anderes. Denn solche Waffenlieferungen verlängern den Krieg, das Sterben und das Leiden der Bevölkerung. Sinnvoller wären politische oder diplomatische Friedensbemühungen, nicht weitere Konflikt- und Gewalteskalation. Schließlich entwickeln Kriege eine fatale Eigendynamik: Je länger sie dauern, umso mehr Waffen und Soldaten werden mobilisiert, umso größer wird der wechselseitige Hass, und umso stärker stumpfen alle direkt oder indirekt daran Beteiligten ab, obwohl ihr energischer Widerstand notwendig wäre, um das Morden der entfesselten Militärmaschinerie zu stoppen.

Hans-Eberhard Scherer

Wie alles begann… – Zur Vorgeschichte des Ukrainekrieges

Wer will nicht, dass Frieden in der Ukraine einkehrt und Menschenrechte, Völkerrecht und Demokratie verwirklicht werden? Doch wie soll das gehen, solange ein gewissenloser Diktator sich darüber hinwegsetzt, das Land zerstört und uns alle bedroht? Der russische Einmarsch am 24. Februar 2022 war ein Völkerrechtsbruch. Und jetzt? Wie aus dem Krieg wieder herauskommen? Es ist wie immer in einer verfahrenen Situation: Den Ausgang von einer Höhle findet man nur, wenn man erkennt, wie man hineingeraten ist. Umgekehrt genauso: Gehst du in die falsche Richtung, nützt es nichts, das Tempo zu erhöhen. Es kommt darauf an, genau hinzusehen. Die Ereignisse von 2013/2014 bis Februar 2022 Revue passieren zu lassen, ist dabei unverzichtbar. Alle genannten Fakten sind öffentlich zugänglichen Quellen entnommen, aus Platzgründen im Anhang aber nur wenige vermerkt.

Count Down in Kiew, die Mitspieler und die Übergangsregierung

In der Nacht vom 21. auf den 22. Februar 2014 besetzten paramilitärische Gruppen die Regierungsgebäude in Kiew und stürzten die Regierung.[1] Der demokratisch gewählte Präsident Janukowitsch floh, er wäre sonst umgebracht worden. Seine Politik des Ausgleichs zwischen West und Ost war Geschichte. Die Unruhen begannen mit Demonstrationen im Dezember 2013 gegen Misswirtschaft und Korruption. Viele sehnten sich nach mehr Europa. Rechtsradikale Gruppen, die sich bewaffneten, gewannen die Oberhand. Sie nannten sich u.a. „Selbstverteidigungskräfte", „Rechter Sektor" und „Swoboda". Ihr gemeinsames Programm: die Beseitigung des russischen Anteils an der ukrainischen Kultur, Hass auf alles Russische, das sie als minderwertig verachteten. Ihre Leitfigur war und ist bis heute Stepan Bandera, Faschist, Hitlerkollaborateur und Mörder von Juden, Russen und Polen im Zweiten Weltkrieg. Fackelzüge mit Nazi-Symbolen und Rufen „Heil Ukraine" prägten zunehmend das Straßenbild.

Damit einher gingen Tage hektischer Diplomatie zwischen Kiew, Berlin, Paris, Brüssel und Washington. Westliche Politiker nahmen scharenweise an Kundgebungen teil und machten Werbung für die EU, USA und NATO als Garanten für die Freiheit und eine glänzende Zukunft. Aus Washington war Victoria Nuland für die Regierung Obama regelmäßig vor Ort und verteilte u.a. auf dem Maidan Lebensmittel. Aber nicht nur. In einem Telefonat mit dem ukrainischen Botschafter besprach sie Wochen vor dem Umsturz, dass Jazenjuk der nächste ukrainische Regierungschef sein solle. Dabei fielen die inzwischen berühmten Worte „fuck EU". Arsenij Jazenjuk, ein junger neoliberaler Banker und Außenminister der Vorgängerregierung Juschtschenko, verfügte über gute Kontakte zur rechtsradikalen Opposition. Mittlerweile kam es zu blutigen Straßenschlachten mit Feuergefechten zwischen Polizeikräften und bewaffneten Gruppen. Tote und Verwundete auf beiden Seiten. Maskierte Scharfschützen schossen von Dächern und aus Fenstern auf Demonstranten und Polizei. In der Nacht zum 22. Februar kippte die Situation. Die „Selbstverteidigungskräfte" trugen den Sieg davon, der Staatsstreich war vollbracht.

Tags darauf im Parlament. Eine stark geschrumpfte Zahl Abgeordneter, flankiert von bewaffneten Paramilitärs, wählte Jazenjuk zum Regierungschef. Als Übergangspräsident fungierte Olexander Turtschynow. Am 25. Mai sollten Wahlen stattfinden. Führende Köpfe des „Prawyj Sektor" gehörten der Übergangsregierung an: der Verteidigungminister, der stellvertretende Ministerpräsident sowie der Generalstaatsanwalt – alle aus den Reihen der„Swoboda". Andrij Parubij, maßgeblicher Organisator des Putsches, übernahm den Vorsitz des „Sicherheits- und Verteidigungsrats". Die paramilitärischen, illegalen, neofaschistischen Freikorps wie die Brigade „Asow" wurden in die „Nationalgarde" integriert und erhielten den Status regulärer Streitkräfte. Kaum zu glauben, aber jeder kann es bei Wikipedia nachlesen. Sie sollten noch eine entscheidende Rolle im Osten spielen.

Eine der ersten Maßnahmen der Regierung war die Abschaffung des Russischen als zweite Amtssprache. Zwar revidierte man den Beschluss, gleichwohl ahnten die Bewohner der Krim und im Donbass angesichts der Hassbotschaften aus Kiew, was ihnen drohte. Bis dahin hatte es keine Separationsbestrebungen unter den mehrheitlich russisch bewohnten Gebieten gegeben, immerhin über 30 % der gesamten ukrainischen Bevölkerung.

Panzer gegen Autonomie-Verlangen der „Separatisten“

Auf der Krim, in Odessa und im Donbass kam es Ende 2013 zu heftigen Protesten gegen die als beängstigend empfundenen Vorgänge in Kiew. Die Krim verfügte über eine Sonderstellung durch die überwiegend russische Bevölkerung und den Stützpunkt Russlands in Sewastopol. Sie war eine Autonome Republik innerhalb der Ukraine mit Parlament und Ministerpräsident. Nach dem Umsturz steigerten sich die Proteste zu Massendemonstrationen, die mit Rufen nach eigenen Sicherheitskräften und Sezessionsforderungen einhergingen. Die Bewohner der Krim betrachteten die neue Regierung als nicht verfassungsgemäß und Janukowitsch weiterhin als ihren rechtmäßigen Präsidenten.

Am 27. Februar 2014 besetzten bewaffnete lokale Milizionäre das Regionalparlament in Simferopol; die Abgeordneten beriefen einen neuen Regierungschef. Örtliche Sicherheitskräfte schritten nicht ein. Ein zunächst für den 25. Mai geplantes Referendum legte man angesichts der zu erwartenden Auseinandersetzungen auf den 16. März. Innenminister Awakow („Swoboda“) mobilisierte die Streitkräfte. Die russische Schwarzmeerflotte, ab 1783 in Sewastopol, blieb seit der Unabhängigkeit im Rahmen eines langfristigen Pachtvertrages dort stationiert. Infolge der überragenden strategischen Bedeutung des Stützpunktes für Russland musste Moskau nach dem Putsch befürchten, dass eine NATO/EU-Ukraine das nicht weiter dulden würde. Nehmen wir für einern Augenblick an, Kalifornien gehörte wieder zu Mexico und die USA müssten darauf gefasst sein, ihren Flottenstützpunkt in San Diego zu verlieren – was würde dann wohl geschehen?

Ab 28. Februar sicherten Soldaten ohne Hoheitszeichen den Flughafen Simferopol. Größere Auseinandersetzungen gab es nicht. Später bekannte sich Russland dazu, dass es seine Streitkräfte waren. Ukrainische Soldaten liefen massenhaft zu den Separatisten über. Das Referendum stellte zwei Fragen: 1. Sind Sie für eine Vereinigung der Krim mit Russland als Subjekt der Russischen Föderation? Oder 2. Sind Sie für die Wiedereinführung der Verfassung der Republik Krim von 1992 und für den Status der Krim als Teil der Ukraine? Kiew erklärte die Abstimmung für illegal. Laut Euro-News stimmten mehr als 93 % für die Trennung von der Ukraine.[2] Der Westen erklärte die Wahl ebenfalls für nichtig und lehnte die umgehende Aufnahme in die russische Föderation als völkerrechtswidrige Annexion ab. Doch so einfach ist die Sache nicht.

Der Internationale Gerichtshof stellte 2010 unter Bezugnahme auf die Loslösung des Kosovo von Serbien 1999 fest, dass die einseitige Unabhängigkeitserklärung kein Verstoß gegen das Völkerrecht ist.

Im Osten und Süden der Ukraine protestierten die Menschen massenhaft gegen die Kiewer Regierung und forderten Volksabstimmungen über den Status ihrer Regionen. Der „Focus"-Newsticker dazu am 14. März .2014: „Die neue ukrainische Nationalgarde soll sich vor allem aus Freiwilligen der sogenannten Selbstverteidigungsgruppen vom Maidan zusammensetzen", ihre Aufgaben bestünden darin: „die Sicherheit des Staates garantieren, die Grenzen verteidigen und Terrorgruppen ausschalten", so Andrij Parubij, Chef des Nationalen Sicherheits- und Verteidigungsrats.[3] Für den „Schutz der nationalen Minderheiten" zuständig war der zur „Swoboda" gehörende Stellvertreter Jazenjuks. Das Bestreben der Menschen im Donbass, ihre Identität sowie ihre wirtschaftlichen, kulturellen und verwandtschaftlichen Beziehungen zu bewahren, galt fortan als „Terror", der „auszuschalten" sei. Wo blieb die Verteidigung der Menschenrechte durch den Westen? Die Lippenbekenntnisse zu friedlichem Ausgleich und mehr „Rechtsstaatlichkeit" wirkten angesichts des Schweigens wenig glaubwürdig. Der „Spiegel" resümierte: „Weil sie Wiktor Janukowitsch sonst kaum hätten stürzen können, ließen sich die Demokraten auf ein Bündnis mit den schlagkräftigen Nationalisten ein."[4] Später ist solches Eingeständnis nicht mehr zu finden.

Anfang April 2014 begann die von Übergangspräsident Turtschinow angeordnete „Anti-Terror-Operation". Am 7. April war die „Volksrepublik Donezk" durch das dortige Regionalparlament ausgerufen worden. Die US-Regierung machte Russland für die Auseinandersetzungen verantwortlich, während Moskau auf einem nationalen Dialog bestand.

Der Bürgerkrieg eskalierte, Städte und Dörfer wurden von Hubschraubern, Panzern und Raketen beschossen, unzählige Zivilisten starben. Dass die USA hinter der Politik der Übergangsregierung standen, bestätigt nicht zuletzt der Besuch des damaligen CIA-Direktors John Brennan in Kiew unmittelbar vor Beginn der „Anti-Terror-Operation" des Militärs. In der unübersichtlichen Lage gab es unter den Führern der Rebellengebiete oft Meinungsverschiedenheiten. Moskau setzte sich massiv für die Rechte der Bevölkerung ein, bestimmte aber keineswegs die Geschehnisse im Donbass.

Ein weiteres schlimmes Ereignis sei kurz erwähnt. Am 2. Mai 2014 trafen gewalttätige Nationalisten und Fußballclub-Ultras in Odessa mit Anti-Maidan-Aktivisten aufeinander. Es kam zu einer Straßenschlacht mit scharfer Munition. Ein Gewerkschaftshaus, in das viele Gegner der Übergangsregierung flüchteten, ging, von Molotow-Cocktails angezündet, in Flammen auf. Von den 46 Toten dieses Tages verbrannten 38.

Am 11. Mai fanden die Referenden in Donezk und in Luhansk statt. Putin bremste nachweislich. „Wir rufen“, sagte er laut „Spiegel“ vom 7. Mai 2014, „die Repräsentanten im Südosten der Ukraine auf, das Referendum zu verschieben, um die notwendigen Bedingungen für einen Dialog zu schaffen.“[5] Wenngleich es keine Wahlbeobachter gab, drängte sich der „Frankfurter Allgemeine“ der Eindruck auf, die große Mehrheit der Wähler habe für die Unabhängigkeit gestimmt.[6] Der staatliche Anschluss an Russland war nicht Gegenstand der Befragung; es ging um Autonomie innerhalb der Ukraine oder Eigenstaatlichkeit. Kiew und der Westen verwarfen die Referenden als gegenstandslos. Steht den Bürgern der Ukraine im Donbass nicht ein gleiches Lebens- und Gestaltungsrecht zu wie z.B. den Menschen im Kosovo 1999?

Am 14. Mai erfolgte die Nachricht von der Berufung des Sohnes von Vizepräsident Biden, Robert Hunter Biden, in den Vorstand von Burisma, dem größten privaten Gaskonzern des Landes. Dem „Spiegel“ zufolge waren im Aufsichtsrat „mehrere Amerikaner, aber kein einziger Ukrainer“ vertreten.[7] Gegen die Firma ermittelte damals der Generalstaatsanwalt wegen des Verdachts auf illegale Geschäfte wie Korruption und Geldwäsche. Vater Biden zwang als US-Vizepräsident in einem Telefonat Monate später Präsident Poroschenko, den Staatsanwalt innerhalb von sechs Stunden zu „feuern“, andernfalls gebe es einen dringend benötigten Milliardenkredit für die nahezu bankrotte Ukraine nicht. Das kurze Video ist im Netz zu sehen und endet mit den Worten „son of a bitch“.[8] Wie sehr Poroschenko außer von den USA auch von den ultrarechten paramilitärischen Gruppen bei der Unterwerfung des Ostens abhing, ist YouTube entnehmbar, wo Dmitri Jarosch, einer der Anführer des „Prawyj Sektor“, bei einer Protest-Kundgebung in Kiew dies unverblümt ausspricht.[9]

Am 25. Mai fanden die angekündigten Präsidentschaftswahlen statt. Vertreter des Ostens hatten dabei keine Chance. Die Militäreinsätze gegen sie, Verunsicherung und fehlendes Vertrauen in die Regierung waren wesentliche Faktoren der geringen Wahlbeteiligung. Die Stimmen der Krim fehlten, und im Osten öffneten nur wenige Wahllokale. Die Wahl verlief indes ruhig, der Milliardär Poroschenko gewann mit 54,7 %. Das Resultat wurde im Westen im Unterschied zur Wahrnehmung der Betroffenen als „Sieg der Demokratie“ begrüßt. Ein „Sieg“ gewiss, aber demokratisch?

Fast zeitgleich fand ein Großangriff der ukrainischen Armee auf den Flughafen von Donezk mit Kampfhubschraubern und Jets statt. In Kiew war fortan nur noch von „Terroristen“ und „Banditen“ die Rede. In der „Süddeutschen Zeitung“ vom 31. Mai 2014 heißt es: „Auf der Seite der Separatisten mischen immer mehr Söldner mit.“[10] Zur Wahrheit dazugehört: Auch die private US-Kampftruppe „Academi“, früher als „Blackwater“ bekannt, die im Irakkrieg weltweit Entsetzen auslöste, war mit von der Partie. Am 21. Juni verfügte Poroschenko einen einseitigen Waffenstillstand für sieben Tage und legte einen Friedensplan vor – gänzlich ohne Aussicht auf Erfolg, denn ein nationaler Dialog war nicht vorgesehen. Der „Focus“ schreibt unter dem Titel „Schmutziger Kampf in der Ukraine: Neonazis im Dienst der Regierung“ über das Bataillon Asow und dessen Führer Andrij Bilezki: „Die historische Mission unserer Nation in diesem kritischen Moment ist, die weißen Rassen der Welt in einen finalen Kreuzzug für ihr Überleben zu führen.“[11] Hier spricht nicht irgendein wirrer Außenseiter, sondern der Kommandeur einer später von Selenskij als „Helden“ gefeierten Elitetruppe.

Elend im Donbass, Minsk und das Ende der Neutralität

Die UNO warnte vor einer dramatischen Verschärfung der humanitären Lage in der Ostukraine. „Wir sprechen von 3,9 Millionen Menschen, die in einer von der Gewalt heimgesuchten Region leben“, sagte John Ging vom Nothilfebüro der UNO in New York in einer Sondersitzung des Sicherheitsrates. „Die Infrastruktur ist zerstört, Strom gibt es kaum und Wasser nur ein paar Stunden am Tag.“[12] Russland schickte Hilfskonvois. Vorwürfe, sie würden zu Waffenlieferungen missbraucht, erwiesen sich als nicht berechtigt und verstummten. Auch der Verdacht, Russland greife mit regulären Truppen in die Kämpfe ein, war laut Erkenntnissen der OSZE sowie ehemaliger US-Geheimdienstler nicht zu belegen.[13] Vergessen wir nicht: Ein Hauptargument zugunsten der Unterstützung Kiews war, Russland habe mit der Eroberung der Ukraine begonnen. Indes: Moskau hatte bis zum Staatsstreich keinerlei territoriale Forderungen erhoben. Man kann hinsichtlich der Krim unterschiedlicher Meinung sein, die Eingliederung des Donbass hingegen ist von Russland bis unmittelbar vor dem Einmarsch 2022 nicht betrieben worden.

Am 5. September 2014 verhandelten die Ukraine, Russland und die OSZE in Minsk ein von dem belarussischen Präsidenten Lukaschenko initiiertes Protokoll. Die Rebellen waren ausgeschlossen, Kiew ließ sie nur als Beobachter zu. Die Vereinbarung lautete u. a.: Unverzüglicher, von der OSZE überwachter Waffenstillstand, ein nationaler Dialog, ein Gesetz über den Sonderstatus von Donezk und Luhansk, eine neue Verfassung, vorgezogene Kommunalwahlen. Nichts davon ist jedoch realisiert worden. Die Kämpfe gingen mit großer Heftigkeit weiter. Schuld waren die „Prorussischen Separatisten" und im Grunde Moskau, so die Meldungen bei uns. Hatten Kiew und die EU/USA ernsthaft vor, auf die militärische Eroberung der Rebellengebiete zugunsten einer Befriedung auf dem Verhandlungswege zu verzichten? Der „Deutschlandfunk" erwähnt einen UN-Bericht, der von über 6 000 Toten und mehr als 14 600 Verletzten im Bürgerkrieg spricht, und allein in den vergangenen Wochen seien Hunderte ums Leben gekommen.[14] In „Zeit online" vom 14. September 2014 ist von Waffenlieferungen mehrerer NATO-Staaten an die Ukraine und von einem NATO-Manöver auf dem Gebiet der Ukraine die Rede.[15]

Am 25. Oktober fanden Parlamentswahlen statt. Die neu gegründete „Volksfront" von Poroschenko siegte, ihr Programm beinhaltete unverändert die militärische Lösung des Konflikts im Osten. Laut „Welt" hatten „die gemäßigt proeuropäischen Parteien einen überzeugenden Wahlsieg eingefahren".[16] Die offen auftretenden Rechtsradikalen verfehlten die 5 %-Hürde, vorteilhaft für ein günstigeres Bild nach außen. Die USA, EU und NATO beriefen sich nunmehr zur Rechtfertigung ihrer Politik auf satte „demokratische Mehrheiten" in Kiew.

Poroschenko verkündete im November 2014 die Einstellung der Sozialleistungen einschließlich der Renten an den Osten, was die Not der Bevölkerung drastisch verschärfte. Unterdessen kam es zu massenhafter Flucht aus dem Kriegsgebiet. Dem „Spiegel" vom 5. Augist 2014 zufolge seien etwa 730 000 Menschen nach Russland geflohen.[17] Und Human Rights Watch veröffentlichte einen Untersuchungsbericht über den regelmäßigen Einsatz von Streubomben durch die ukrainischen Streitkräfte.[18] Weitere Eskalation im November: „Der ukrainische Präsident Poroschenko hat angeordnet, dass die Bürger in den von

Rebellen kontrollierten Gebieten im Osten des Landes keine staatlichen Leistungen mehr erhalten sollen – das soll auch Schulen, Krankenhäuser und Notdienste betreffen.“ Des Weiteren hieß es: „Zwei Tage nach den Wahlen hatte Poroschenko bereits angekündigt, die abtrünnigen Gebiete militärisch und wirtschaftlich zu ‚isolieren‘, damit sich ‚der Krebs nicht weiter ausbreitet.’“[19] Die „Zeit“ vom 16. November zitiert Poroschenko nach dessen Beteuerung für eine friedliche Lösung: „Wir haben uns auf das Szenario für einen totalen Krieg vorbereitet.“[20] Wenig später wird ein Gesetz verabschiedet, welches die Neutralität beendet und den Weg zu einem NATO-Beitritt freimacht. Die angestrebte NATO-Mitgliedschaft steht inzwischen in der Verfassung.

Wirtschaftliche Interessen und Minsk II

Passend zur fortschreitenden Westintegration der Ukraine wird am 2. Dezember die US-Amerikanerin Natalie Jaresco zur Finanzministerin ernannt. Unmittelbar davor hat sie die ukrainische Staatsbürgerschaft erhalten. Die „Süddeutsche Zeitung“ dazu: Sie ist „nicht die Einzige. Aus dem Georgier Oleksandr Kwitaschwili wurde der ukrainische Gesundheitsminister, aus dem Litauer Aivaras Abromavičius der ukrainische Wirtschaftsminister. Präsident Petro Poroschenko gibt zu, dass die Naturalisierungswelle eine ‚unorthodoxe Entscheidung‘ sei. Aber für den Kampf gegen Korruption sei dies nun einmal nötig gewesen.“ Die Begründung ist bemerkenswert. Die „Zeit“ zitiert dazu „Transparency International“ und konstatiert ein Jahr nach dem Maidan sei die Ukraine ‚das korrupteste Land in Europa‘“.[21]

Anfang Februar 2015 reisen Angela Merkel und François Hollande angesichts deutlicher Geländegewinne der Rebellen nach Kiew, um Poroschenko zu Zugeständnissen zu bewegen. Eine gemeinsame Abschluss-Erklärung ist jedoch nicht zu erreichen. Der „Spiegel“ berichtet am 5. Februar 2015, dass das „Freiwilligen-Bataillon Aidar“ laut Amnesty International für Entführungen und Morde an Gefangenen verantwortlich sei. „Doch die Regierung in Kiew will auf die Dienste dieser Freikorps nicht verzichten, weil die schlecht besoldete und zerrüttete Armee nur bedingt einsatzbereit ist.“[22] Sicherheitskreise vermuten, dass der Krieg bis dahin etwa 50 000 Tote gefordert hat.[23] Am 12. Februar 2015 wird schließlich das sogenannte Minsk-II Protokoll unterzeichnet. Es sollte ein Maßnahmenkomplex zur Verwirklichung der Vereinbarungen von Minsk-I sein. Gleichwohl gehen die Kampfhandlungen mit unverminderter Heftigkeit weiter. Bis zum Einmarsch Russlands werden keine weiteren internationalen Gespräche zur Beilegung des Konflikts geführt. Ende 2022 erfahren wir von Ex-Kanzlerin Merkel, dass die Minsker Verhandlungen dazu dienten, der Ukraine Zeit zur Aufrüstung geben, also ein Täuschungsmanöver waren.

Versuch einer Schlussfolgerung

Die Ukraine erbte mit ihrer Unabhängigkeit 1991 außer einer zerrütteten Wirtschaft eine historisch gewachsene Zweiteilung ihrer Bevölkerung. Eine friedliche Entwicklung hätte einen innerukrainischen Dialog und die Schaffung einer föderalen Struktur mit Autonomie-Regelungen für den Osten erfordert. Das verhinderten zwei mächtige Kräfte: Von außen die Strategie der USA, die gesamte Ukraine militärisch und wirtschaftlich in den Westen einzugliedern und ihre Brückenfunktion zwischen Ost und West zu beenden. Russland sollte dadurch von Europa isoliert und seine Großmachtrolle weiter geschwächt werden.[24] Der innere Faktor waren die erstarkten, militärisch organisierten Ultranationalisten, die in dem früheren Faschisten Stepan Bandera ihre Gründungs- und Leitfigur sahen. Beide Kräfte sorgten arbeitsteilig für den gewaltsamen Umsturz im Februar 2014, wobei der „Rechte Sektor“ sich als der eigentliche Vollstrecker des Putsches erwies. Die Übergangsregierung beförderte die Freikorps zum Träger der bewaffneten Staatsmacht und machte sie zur legalisierten Speerspitze. Die Referenden im Südosten als Antwort darauf sind sofort mit militärischen Mitteln bekämpft worden. Auf der Krim gelang dies nicht, sie wurde Teil der Russischen Föderation. Die „Anti-Terror-Operation“ entfesselte den blutigen Bürgerkrieg im Donbass mit allein bis 2015 zehntausenden Toten, zumeist Zivilisten. Nach außen hin und mit Unterstützung der EU und den USA wurde Russland zum eigentlichen Aggressor und Hauptfeind von Demokratie und Menschenrechten erklärt. Frühzeitig begannen Waffenlieferungen und militärisches Training durch die USA einschließlich gemeinsamer NATO-Manöver. Russland sah sich aus seiner Perspektive existenziell bedroht und unterstützte den Osten, erst diplomatisch, später mit Waffen, reguläre Truppen waren nicht nachzuweisen. Die USA verweigerten jegliche Gespräche über die Frage einer NATO-Mitgliedschaft der Ukraine, zuletzt im Dezember 2021. Am 24. Februar 2022 marschierte Russland völkerrechtswidrig – und eindeutig zu verurteilen – in die Ukraine ein, zugleich eine neue, schlimme Eskalationsstufe. Wir haben es hier mit einem zweifachen Krieg zu tun, geopolitisch zwischen USA/NATO/EU und Russland, und ethnisch Kiew gegen die eigene Bevölkerung im Südosten.

Der Einmarsch kam den USA nicht ungelegen, sie selbst haben die Lunte gelegt.[25] Russland gilt seither als der Alleinschuldige. Das massenhafte Sterben geht unvermindert weiter, Städte und Dörfer fallen in Trümmer, ein Ende ist nicht absehbar. Die bisher letzte Chance dazu stellten die Verhandlungen im April 2022 zwischen der Ukraine und Russland in Istanbul dar. Als Russlands wichtigste Forderung lag die Neutralität der Ukraine auf dem Tisch, und Selenskij war bereit, ihr zuzustimmen. Die USA sorgten für den Abbruch der Gespräche. Kann man angesichts der Beschaffenheit und der Entstehungsgeschichte des Konflikts die wöchentlich steigenden Waffenlieferungen an Kiew als Verteidigung von Demokratie, Menschenrechten und Völkerrecht bewerten? Und, bei aller berechtigter Kritik an Russland, kann es für einen Frieden ausschlaggebend sein, ob wir selbst dort leben möchten? Es gibt keine andere Lösung des Konfliktes als einen Verhandlungsfrieden, auch wenn dieser derzeit außer Reichweite zu liegen scheint. Gewiss ist: Ohne bündnispolitische Neutralität einer demokratisch verfassten Ukraine und gleiche Lebensrechte für die ethnisch geteilte Bevölkerung wird es keinen echten Frieden geben. Die Folgen einer militärisch erzwungenen Eroberung des Donbass für die Bewohner kann sich jeder selbst ausmalen. Die Folgen einer ernsthaft versuchten militärischen Rückeroberung der Krim für uns alle stellen wir uns besser nicht vor.

Anmerkungen

1 Proteste in der Ukraine. „Jetzt kontrolliert der Maidan ganz Kiew“. In: Focus online, 23.2.2014 – https://www.focus.de/politik/ausland/proteste-in-der-ukraine-jetzt-kontrolliert-der-maidan-ganz-kiew_id_3635171.html

2 Schmelztiegel der Krim nach dem Votum für Russland. In: Euronews, 20.3.2014 – https://de.euronews.com/my-europe/2014/03/20/der-schmelztiegel-der-krim-nach-dem-votum-fuer-russland

3 Krimkrise im Newsticker, Zukunft der Ukraine wird nicht über Nacht entschieden werden können. In: Focus online, 14.3.2014, 14:54 – https://www.focus.de/politik/ausland/krim-krise-im-news-ticker-russland-laesst-8500-soldaten-fuer-manoever-aufmarsschieren_id_3685637.html
4 Benjamin Bidder, Ukrainischer Nationalist Miroschnitschenko. Putins liebster Feind. In: Spiegel Ausland, 20.3.2014 – https://www.spiegel.de/politik/ausland/ukraine-nationalist-miroschnitschenko-ist-putins-liebster-feind-a-959878.html
5 Ostukraine, Putin drängt Separatisten zu späterem Referendum. In: Spiegel Ausland, 7.5.2014 – https://www.spiegel.de/politik/ausland/ukraine-putin-fordert-verschiebung-des-autonomie-referendums-a-968113.html
6 Referendum im Gebiet Donezk, Separatisten verkünden große Mehrheit für Abspaltung. In: FAZ, 11.5.2014 – https://www.faz.net/aktuell/politik/ausland/separatisten-verkuenden-grosse-mehrheit-fuer-abspaltung-von-ukraine-12934681.html
7 Benjamin Bidder und Michael Kröger, Hunter Biden, Sohn des US-Vizepräsidenten earbeitet für ukrainischen Gaskonzern. In: Spiegel Wirtschaft, 14.5.2014 – https://www.spiegel.de/wirtschaft/unternehmen/biden-und-ukraine-sohn-des-us-vizepraesidenten-arbeitet-fuer-gaskonzern-a-969348.html
8 Das Video ist im Internet abrufbar unter: https://www.youtube.com/watch?v=urTk6O4c0mU
9 „Rechter Sektor“ in Kiew: Aufmarsch der Rechtsextremen. In: Spiegel 2015. Der Beitrag ist im Internet abrufbar unter: https://www.youtube.com/watch?v=H4-RSkeJFBA
10 Cathrin Kahlweit, Ukraine nach der Wahl. Hoher Einsatz für ein paar Zwischensiege. In: Süddeutsche Zeitung, 31.5.2014 – https://www.sueddeutsche.de/politik/ukraine-nach-der-wahl-hoher-einsatz-fuer-ein-paar-zwischensiege-1.1979639
11 Linda Hinz, Das Bataillon Asow. Schmutziger Kampf in der Ukraine: Neonazis im Dienst der Regierung. In: Focus online, 14.8.2014 – https://www.focus.de/politik/ausland/das-bataillon-asow-schmutziger-kampf-in-der-ukraineneonazis-im-dienst-der-regierung_id_4058717.html
12 Kampf um Separatistenhochburg. Ukrainische Luftwaffe greift Millionenstadt Donezk an. In: Spiegel Ausland, 6.8.2014 – https://www.spiegel.de/politik/ausland/ukraine-krise-luftwaffe-greift-separatisten-hochburg-donezk-an-a-984683.html
13 Marcus C. Schulte von Drach, Krieg in der Ukraine. Ex-Geheimdienstler bezweifeln russische Invasion. In: Süddeutsche Zeitung, 4.9.2014 – https://www.sueddeutsche.de/politik/krieg-in-der-ukraine-ex-geheimdienstler-bezweifeln-russische-invasion-1.2114686
14 UNO-Bericht. Mehr als 6 000 Tote in der Ostukraine. In: Deutschlandfunk, 2.3.2015 – https://www.deutschlandfunk.de/uno-bericht-mehr-als-6-000-tote-in-der-ostukraine-100.html
15 Die Waffenruhe im Donbass hält nicht. In: Zeit online, 14.9.2014 - https://www.zeit.de/politik/ausland/2014-09/ukraine-donezk-gefechte
16 Sascha Lehnartz, Die Ukrainer bekennen sich zur Freiheit. In: WELT, 27.10.2014 – https://www.welt.de/debatte/kommentare/article133716394/Die-Ukrainer-bekennen-sich-zur-Freiheit.html
17 Gefechte im Osten. 730 000 Ukrainer wandern nach Russland aus. In: Spiegel Aus-

land, 5.8.2014 – https://www.spiegel.de/politik/ausland/kaempfe-im-osten-730- 000-ukrainer-fliehen-nach-russland-a-984567.html

18 Human Rights Watch, Ukraine: Widespread use of cluster munitions, government responsible for cluster attacks on Donezk, 20.10.2014 – https://www.hrw.org/news/2014/10/20/ukraine-widespread-use-cluster-munitions

19 Kliniken, Schulen, Notdienste. Kiew stoppt alle staatlichen Leistungen in der Ostukraine. In: Spiegel Ausland, 15.11.2014 – https://www.spiegel.de/politik/ausland/krankenhaeuser-schulen-ukraine-stoppt-staatliche-leistungen-im-osten-a-1003148.html

20 Ukrainekrise, Poroschenko fürchtet sich nicht vor Krieg mit Russland. In: Zeit online, 16.11.2014 – https://www.zeit.de/politik/ausland/2014-11/ukraine-krise-poroschenko-krieg-russland-gauck

21 Frank Nienhuysen, Eingebürgerte Minister. Amerikanerin für die Ukraine. In: Süddeutsche Zeitung, 5.12.2014 – https://www.sueddeutsche.de/politik/eingebuergerte-minister-eine-amerikanerin-fuer-die-ukraine-1.2252038

22 Uwe Klußmann, Ukraine-Konflikt. Warum Kiew den Krieg nicht gewinnen kann. In: Spiegel Ausland, 5.2.2015 – https://www.spiegel.de/politik/ausland/ukraine-warum-kiew-den-krieg-nicht-gewinnen-kann-a-1016567.html

23 Ukraine. Sicherheitskreise: Bis zu 50 000 Tote. In: FAZ, 8.2.2015 – https://www. faz.net/aktuell/politik/ausland/ukraine-sicherheitskreise-bis-zu-50-000-tote-13416132.html

24 Zbigniew Brzezinski, Die einzige Weltmacht: Amerikas Strategie der Vorherrschaft. Rottenburg 2015

25 Jeffrey Sachs, Stoltenberg räumt ein: NATO-Expansion war Kriegsgrund. In: Infosperber, 23.10.2023 – https://www.infosperber.ch/politik/welt/stoltenberg-raeumt-ein-nato-expansion-war-kriegsgrund/

Bernhard Trautvetter

Nur der Frieden ist der Weg

Versöhnung und Menschenbild

In einer Welt, die reich an gewaltsam ausgetragenen Konflikten und an existenziellen Gefahren für das Überleben der Menschheit ist, gelingt Frieden nur, wenn sich der Wille zur Versöhnung durchsetzt. Sie beginnt mit der ehrlichen Suche nach möglichst umfassender Wahrheit, um die Ursachen des Konfliktes bloßzulegen und durchschaubar zu machen. Auf deren Grundlage lassen sich Perspektiven für einen dauerhaften Frieden entwickeln.

Der Zusammenhang zwischen Wahrheit und Versöhnung führte Nelson Mandelas Regierung Mitte der 1990er Jahre zur Gründung einer so bezeichneten „Wahrheits- und Versöhnungskommission", die die Vergangenheit aus Kolonialismus und Rassentrennung auf einer „moralisch akzeptierten Grundlage aufarbeiten und die Versöhnung vorantreiben"[1] und so die Basis für den inneren Frieden schaffen sollte.

Die Wahrnehmung und Bewertung der Motive von Menschen entscheidet über unsere Re-Aktion in Wort und Tat. Sehe ich – zumal in Konflikten – im Gegenüber einen oder mehrere Menschen mit durchaus nachvollziehbaren Bedürfnissen und Interessen oder sehe ich den/die anderen als Bedrohung an, letztlich als Unmenschen mit möglicherweise verbrecherischen Absichten oder vielleicht als Verkörperung eines minderwertigen bzw. unwerten Lebens?

Wir sind mit Fragen konfrontiert, die das Verhältnis eines jeden zu sich selbst als Mensch in einer Welt der Konflikte berühren: Wie reagiere ich auf die Tatsache, dass die Lebensgrundlagen der Menschheit ökologisch und militärisch auf der Kippe stehen? Gehe ich apokalypseblind durch die Welt? Oder suche ich mit aller Entschiedenheit nach einem gemeinsamen Ausweg, um die Gefahren abzuwenden? Eine Zukunft für die Gattung Mensch ist nur vorstellbar, wenn sie eine friedliche wird – die Gattung Mensch und (damit) die Zukunft.

Kriegspropaganda entmenschlicht die Akteure; so haben viele Medien im politischen Westen im Kontext der Kriege der letzten Jahrzehnte bis heute gegnerische Führungspersönlichkeiten wie Milosevic, Gaddafi und Hussein als Dämonen dargestellt. Umgekehrt zeichneten sie bei führenden Akteuren in den NATO-Staaten Bilder des Sheriffs, des Retters oder auch des Soldaten der Freiheit, der Demokratie und der Menschenrechte. Doppelte Standards und unbewiesene Behauptungen begleiten die Propaganda der Militärs, ihrer Lobby und der ihnen willfährig folgenden Politiker, mit der sie vor den Weltkriegen (zumal in Deutschland) und bis heute die Öffentlichkeit in die Irre geführt und sie dazu gebracht haben, ihren Krieg zu unterstützen. George W. Bush rechtfertigte seine Feldzüge mit dem Begriff „Anti-Terror-Krieg" als Kampf gegen die „Achse des Bösen", führte Angriffskriege – und brach das Völkerrecht. Letzteres ersetzt die NATO inzwischen durch eine „Regelbasierte Ordnung", die sie zu verteidigen vorgeben. G.W. Bush erklärte nach 9/11 2001: „Sie hassen unsere Freiheiten – unsere Religionsfreiheit, unser Recht auf freie Meinungsäußerung, unser freies Wahlrecht und Versammlungsrecht und die Freiheit, kontroverse Meinungen zu vertreten." Selbst Akteure, einst Teil der Friedensbewegung, folgen dem Schwenk und schmiegen sich der globalen Machtpolitik der USA an, die weltweit über fast 800 Militärbasen verfügen und die mit der Konzeption des pre-emptive (also vorbeugenden) und damit des Erst-Einsatzes nuklearer Arsenale die Existenz der Menschheit aufs Spiel setzen. Dazu veröffentlichte die US-Strategieschmiede RAND 2007 das Buch „Striking First"[2]. Das Risiko, das die Strategen sehenden Auges eingehen, ist der Dritte und damit finale Weltkrieg. Es besteht aktuell nicht nur wegen der Atomkriegsgefahr, sondern auch wegen der Atomreaktoren, die sich als Bomben verwenden lassen, was Russland und die NATO wissen. Angesichts solcher Gefahren ist es unverantwortlich, wenn Experten wie der Historiker David Frum empfehlen, nicht mit Russland über ein Ende des Krieges zu verhandeln: „Frum war zu Beginn der 2000er-Jahre Redenschreiber für George W. Bush und gilt als Erfinder der Redewendung ‚Achse des Bösen' … Auf Twitter beschreibt Frum in fünf Punkten, warum das Streben nach Verhandlungen nicht zu einem Kriegsende führt."[3]

Solche Strategen steigern das Risiko der Zerstörung unseres Planeten, wie auch die Vorhersage des „Bulletin of the atomic Scientists" offenbart, in dem die Weltuntergangsuhr als Warnung vor dem Nuklearkrieg auf 90 Sekunden vor Zwölf steht.[4] Passend zu David Frums Empfehlungen drängte Boris Johnson im April 2022 erfolgreich auf den Abbruch der sehr weit gediehenen Verhandlungen der Ukraine mit Russland, deren Aussichten zumindest 50:50 standen, wie mehrere Medien, darunter die „Tagesschau" und auch der Unterhändler berichteten. Johnson verwies auf Meldungen über Kriegsverbrechen, darunter ein Massaker Russlands in Butscha, und drängte auf einen Abbruch der Verhandlungen, was dann auch so kam.[5] Die Argumentation ist nicht nachvollziehbar, meldete noch SWR3 am 7. April 2022: „Der ukrainische Präsident will trotz Bekanntwerden der Gräueltaten weiterhin mit Russland verhandeln."[6]

Das erinnert an den Vietnamkrieg, in dem die kommunistischen Gegner der USA trotz des Massakers von My Lai (1968) und des Chemie-Kriegs im Mekong-Delta sowie der über Städten abgeworfenen Napalm-Bomben mit den dafür verantwortlichen USA eine Vereinbarung über das Kriegsende aushandelten. Verbrechen als Grund dafür anzugeben, dass der Krieg deshalb weiter zu führen sei, dienen dazu, Verhandlungslösungen auszuschalten und ebnen weiteren Zerstörungen, Tod und Leiden den Weg. Der einstige Mitarbeiter der US-Strategieschmiede RAND, Autor des Berichts über US-Kriegsverbrechen im

Vietnamkrieg, Daniel Ellsberg, charakterisiert das Herbeiführen des Abbruchs der Verhandlungen durch die westliche Seite im März/April 2022 als Kriegsverbrechen.[7]

Hintergründe des Ukraine-Krieges

Die NATO-nahe Medienöffentlichkeit eskaliert die Spannungen, indem sie den Überfall auf die Ukraine zu einem unprovozierten imperialen Angriffskrieg erklärt. Die Sichtweise, der Krieg sei quasi aus heiterem Himmel erfolgt, wie es die gemeinsame Verlautbarung von Kanzler Scholz und Wolodimir Selenskyj vom 14. Mai 2023 behauptet, zieht den Schluss nach sich, der Aggressor sei mit Gewalt in die Schranken zu verweisen. Seine Bösartigkeit dürfe nicht mit irgendeinem Erfolg belohnt werden, sonst höre der gierige Imperialist nie auf. Am Ende stehe „der Russe" am Atlantik.

Die Friedensbewegung weist demgegenüber darauf hin, dass die NATO mit ihrer Expansion nach Osten an die russische Westgrenze „rote Linien" überschritten habe; dadurch seien, wie von russischer Seite stets betont, die Spannungen unverantwortlich angeheizt und in Kauf genommen worden. Die Integration der DDR in den westdeutschen Staat erfolgte im Zusammenhang mit Sicherheitsgarantien westlicher Spitzenpolitiker, darunter der US-Präsident und -Außenminister, sowie die westdeutsche Staatsführung gegen die NATO-Erweiterung gegenüber sowjetischen Führern, wie inzwischen freigestellte Dokumente nahelegen.[8]

Diese Garantien entsprechen internationalen Verträgen zu einer gesamteuropäischen Friedensordnung in gemeinsamer weil gegenseitiger Sicherheit. Dazu gehören die Schlussakte der Konferenz für Sicherheit und Zusammenarbeit in Europa von Helsinki 1975, der 2+4-Vertrag über die abschließende Regelung in Bezug auf Deutschland, die Charta von Paris, die Grundsätze in der NATO-Russland-Grundakte und die europäische Sicherheitscharta von 1999.[9] All diese Texte internationalen Rechts beinhalten den auch von der Palme-Kommission eingebrachten Vorschlag, dem zufolge Sicherheit – somit auch Frieden – nicht gegen-, sondern nur miteinander möglich ist. Dieses Konzept widerspricht der NATO-Doktrin der Abschreckung; sie verbindet ihren Sicherheitsbegriff mit Hoch- und Atomrüstung sowie mit Kriegsstrategien und Manövern in Gegnerschaft zu Staaten, in denen circa ein Fünftel der Weltbevölkerung leben.

Im Dezember 2021 richtete Russland Forderungen nach Sicherheitsgarantien an die NATO, verbunden mit dem Vorschlag, darüber zu verhandeln:

• Keine Manöver, keine Flüge von Kampfjets und keine Kriegsschiffe vor den jeweiligen Grenzen der Regionen der gegeneinander stehenden Seiten.

• Keine Stationierung von Atomwaffen außerhalb der jeweiligen Landesgrenzen der Atomstaaten (was dem Atomwaffensperrvertrag entspricht) und keine landgestützten Mittelstreckenraketen Russlands und der NATO in Europa.

• Einhalten der NATO-Russland-Grundakte, die eine dauerhafte Stationierung von Truppen der NATO in Osteuropa ausschließt.

Die NATO lehnte die Vorschläge u. a. mit der Begründung, Russland habe kein Veto-Recht darüber, wer in die NATO aufgenommen werde, kategorisch ab und wies das Verhandlungsangebot zurück. Danach kam das für Viele überraschende Eintreten des Vorhersehbaren.

Zivilgesellschaftliche Diskussion

Gleich nach dem 24. Februar 2022 begann die Delegitimierung des Pazifismus und der Brandtschen Entspannungspolitik als naive indirekte Unterstützung der Aggression. Die Kampagne gipfelte in dem Vorwurf, Friedensaktivisten seien durchtrieben, wirklichkeitsfremd und betätigten sich als Fünfte Kolonne Moskaus. In besonderem Maße geschah das im Kontext der Berliner Friedenskundgebung am Brandenburger Tor vom 25. Februar 2023 mit zehntausenden Demonstrierenden, die das Friedensmanifest von Sahra Wagenknecht und Alice Schwarzer unterstützten:

Meinungsprägende Medien inszenierten eine Hetzkampagne gegen Vertreter der Friedensbewegung. Der Politik-Professor Herfried Münkler diffamierte das Manifest beispielsweise als „verlogenes, kenntnisloses Dahergerede" und bezichtigte die Verfasser und Unterzeichner der „Komplizenschaft mit dem Aggressor Putin". [10] Der Spiegel schrieb unter der Überschrift „Querfront ja, aber bitte diskret!": „Bei der sogenannten Friedensdemonstration am Samstag in Berlin zeigten sich die Konturen dessen, was Sahra Wagenknecht in Wahrheit anstrebt: eine prorussische, antiamerikanische, national orientierte Sammlungsbewegung. Die AfD reagiert erfreut." [11]

Die Kampagne richtete sich indes nicht allein gegen den Appell von Alice Schwarzer und Sahra Wagenknecht, sondern auch gegen andere Persönlichkeiten, die nicht zu den „üblichen Verdächtigen“ der Friedensbewegung gehören, wie z. B. der Philosoph Richard David Precht und der Sozialpsychologe Harald Welzer.[12] Gemeinsam mit weiteren Prominenten, darunter Juli Zeh, Johannes Vad, Jeffrey Sachs und Erich Varwick, forderten sie im Juni 2022 einen Waffenstillstand und verdeutlichten: „Der bisherige Verlauf der Verhandlungsversuche zeigt eine anfängliche Verständigungsbereitschaft beider Seiten unter Annäherung der Zielvorstellungen. Nur eine diplomatische Großoffensive kann aus der momentanen Sackgasse herausführen ... Angesichts drohender humanitärer Katastrophen sowie des manifesten Eskalationsrisikos muss der Ausgangspunkt für die Wiederherstellung von Stabilität schnellstmöglich gefunden werden.“[13] Kommentar Wolf Biermann: „Diese falschen Pazifisten halte ich für Secondhand-Kriegsverbrecher.“[14] Das erinnert fatal an den Erlass des stellvertretenden Kriegsministers und Generals Hermann von Stein vom 7. November 1915, in dem er das Engagement der Pazifisten für einen Verständigungsfrieden als an „Landesverrat grenzend“ bezeichnete und dazu aufforderte, deren Bestrebungen juristisch zu verfolgen.[15]

Neu ist, dass auch Kräfte, die sich selbst einst für den Frieden, Solidarität und gegen die Diffamierung von SystemkritikerInnen stark gemacht haben, immer mehr die Federführung bei der Diskreditierung des Pazifismus und bei Forderungen nach dem Export von immer weiteren und schwereren Kriegswaffen in das Kriegsgebiet übernehmen. Neben all den üblichen Rechtfertigungen stellen sie zudem das allein schon von den fünfzehn Nuklearreaktoren in der Ukraine ausgehende Havarierisiko heraus, das infolge des Kriegsgeschehens in deren Umfeld unverantwortlich hoch sei. Dazu sei festgestellt: Es gibt Risiken, die Niemandem das Recht gibt, sie jemals einzugehen oder sie im kriegspropagandistischen Sinne zu instrumentalisieren.

Kriege enden nicht im Frieden – nur der Frieden ist der Weg

Ein Ausweg aus dem Dilemma eröffnet sich erst dann, wenn die verbliebenen Kräfte für den Frieden dabei bleiben, auf der Grundlage des Völkerrecht umfassend und weiter aufzuklären, sowie die amtlichen Irreführungen und der sie propagandistisch unterstützenden Presse begründet zurückweisen. Die von jedem Bruch des Rechts ausgehende Gefahr für die Zivilisation und für jede/n einzelne/n Bürger/in ist zum Anlass zu nehmen, die Öffentlichkeit für ein gemeinsames Vorgehen gegen die nukleare und finale Gefahr zu gewinnen. Wie schon gesagt: Die ökologische, soziale und gemeinsame Zukunft der Menschheit hängt davon ab, ob sie eine friedliche sein wird. Sie beginnt da, wo wir uns und Andersdenkende ernst nehmen und den Dingen mit kritischem Blick auf den Grund gehen. Wir streben keinen Sieg über andere mehr an – weil wir Menschen sind.

Anmerkungen

1 https://www.justice.gov.za/trc – Zugriff: 1.6.2023
2 https://www.rand.org/pubs/monographs/MG403.html – 1.6.2023
3 https://www.focus.de/politik/ausland/ukraine-krise/david-frum-achse-des-boesen-historiker-zeigt-warum-die-ukraine-nicht-verhandeln-sollte_id_183759310.html 1.6.2023
4 https://thebulletin.org/doomsday-clock/current-time/ – 1.6.2023
5 https://www.president.gov.ua/en/news/ukrayina-ta-velika-britaniya-j-nadali-posilyuvatimut-antivoy-74221 – 1.6.2023
6 Franziska Thees/Ferdinand Vögeler/Katrin Stöver-Bohm, Butscha-Morde wohl Strategie: Deutscher Geheimdienst fängt Funksprüche ab. SWR3, 7.4.2022, 11.32 Uhr https://www.swr3.de/aktuell/nachrichten/kriegsverbrechen-butscha-ermittlungen-humanrightswatch-interview-100.html – 14.2.2023. Der Bericht mit dem oben zitierten Schlusssatz inzwischen nicht mehr abrufbar.
7 https://www.youtube.com/watch?v=0RAxEnqZt3w→ ab Minute 9 – 1.6.2023
8 https://nsarchive.gwu.edu/briefing-book/russia-programs/2017-12-12/nato-expansion-what-gorbachev-heard-western-leaders-early – 1.6.2023
9 https://www.nachdenkseiten.de/?p=97638 – 1.6.2023
10 https://www.ksta.de/politik/herfried-muenkler-verlogenes-manifest-von-alice-schwarzer-und-sahra-wagenknecht-zur-ukraine-454517 – 1.6.2023
11 https://www.spiegel.de/wissenschaft/mensch/kundgebung-in-berlin-querfront-ja-aber-bitte-diskret-kolumne-a-9abaaaab-c006-4cca-947a-f81465217086 – 1.6.2023
12 https://www.zeit.de/2022/27/ukraine-krieg-frieden-waffenstillstand – 1.6.2023
13 https://www.zeit.de/2022/27/ukraine-krieg-frieden-waffenstillstand – 1.6.2023
14 https://ww.berliner-zeitung.de/news/liedermacher-wolf-biermann-richard-david-precht-und-harald-welzer-sind-secondhand-kriegsverbrecher-li.280764 – 1.6.2023
15 Vgl. Ludwig Quidde, Der deutsche Pazifismus während des Weltkrieges 1914-1918. Hrsg. von Karl Holl unter Mitwirkung von Helmut Donat [= Schriften des Bundesarchivs, Bd. 23], Boppard am Rhein 1979, S. 99 und 354 f.

Johano Strasser

Der Boden der Tatsachen und die Kraft der Ideen

Wer Kinder und Enkel hat, fragt sich in diesen Tagen vielleicht, ob seine Generation womöglich für lange Zeit die letzte gewesen sein könnte, die in Europa in Frieden, Freiheit und Wohlstand leben konnte. Denn in Europa ist Krieg. Nicht zum ersten Mal seit dem Ende des Zweiten Weltkriegs, das ist wahr. Allerdings sind die Kriege auf dem Balkan in den neunziger Jahren erstaunlich schnell in Vergessenheit geraten, und von W. Putins brutaler Kriegsführung in Tschetschenien ist kaum noch die Rede. Jetzt aber hat der russische Präsident mit einer gewaltigen Militärmacht die direkt an die EU grenzende Ukraine überfallen, um fortzusetzen, was er 2014 mit der Besetzung der Krim begann, und wer die größenwahnsinnigen Reden gehört hat, die der Diktator im Kreml zur Begründung seines Überfalls auf ein Nachbarland gehalten hat, muss wohl damit rechnen, dass mit der Niederwerfung und der Einverleibung der Ukraine sein Machthunger noch keineswegs gestillt wäre.

Meine Eltern waren Esperantisten und Pazifisten. Im Prinzip jedenfalls. Aber natürlich waren auch sie froh darüber, dass englische, französische, amerikanische, russische und auch ukrainische Soldaten in einem langen und verlustreichen Krieg die Nazis schließlich besiegt hatten. Für sie war dieser grauenhafte Krieg wie für Millionen andere Menschen nicht nur eine Katastrophe, sondern auch ein notwendiger Sieg über die Barbarei und eine Befreiung Europas von dem Joch der Tyrannei.

Als meine Familie nach dem Krieg von Holland nach Deutschland zog, war ich gerade mal sechs Jahre alt. Ich hörte deutsche Politiker sagen: „Wer noch einmal ein Gewehr in die Hand nimmt, dem soll die Hand abfallen.“ Aber wenige Jahre später war von diesem quasi offiziellen Pazifismus so gut wie nichts mehr übrig. Es gab wieder deutsche Soldaten, die deutsche Rüstungsindustrie florierte, und der, dem das pazifistisch klingende Zitat zugeschrieben wurde, das ich noch im Ohr hatte, betrieb als Verteidigungsminister – gottseidank vergeblich – sogar die atomare Bewaffnung der neuen Bundeswehr.

„Si vis pacem, para bellum", lautet das einschlägige Klassikerzitat, das seit eh und je zur Rechtfertigung von Aufrüstung dient. Auf Deutsch: Wenn du Frieden willst, bereite den Krieg vor, vielleicht auch etwas weniger martialisch: Wenn du Frieden willst, bereite dich *auf* den Krieg vor. Wer wie ich sich keinen Illusionen über die damalige Sowjetunion hingab, konnte sich trotz pazifistischer Neigungen der Logik dieses Arguments kaum entziehen. Allerdings, weil beide Seiten des Konflikts nach dieser Logik handelten, war ein abenteuerlich teurer und höchst gefährlicher Rüstungswettlauf die fast unvermeidliche Folge. Das Geld, das für teure Rüstungsgüter ausgegeben wurde, fehlte für Bildung und soziale Leistungen. Wichtiger noch, das Wettrüsten und die ständige Perfektionierung des atomaren Arsenals führten zwangsläufig zu einer hochgefährlichen Verringerung der Reaktionszeiten und damit zur Gefahr eines Atomkriegs aus Versehen. Wir wissen heute, dass die Welt damals mehrmals am Rande eines Atomkriegs stand, den niemand wollte, weil es dabei nichts zu gewinnen gab, der aber dennoch hätte passieren können.

Das ließ nicht nur die Friedensbewegung anschwellen, sondern führte schließlich auch zu einer anderen Politik des „Westens" gegenüber der Sowjetunion und ihren Vasallenstaaten und zu ersten ernsthaften Abrüstungsverhandlungen. In Europa waren es vor allem Politiker wie Willy Brandt, Olof Palme und Bruno Kreisky, die in Abstimmung mit den zunächst zögernden Amerikanern eine neue Ost- und Entspannungspolitik vorantrieben. Was folgte, ist eine lange Reihe sich überstürzender Entwicklungen: die Wahl Gorbatschows zum Generalsekretär der KPdSU, sein missglückter Versuch, das sowjetische System von Grund auf zu reformieren, die Aufspaltung des Sowjetreichs in mehrere Einzelstaaten unter Jelzin und schließlich das Wunder der deutschen Einheit, die Ratifizierung des START-Vertrags, einer Vereinbarung über die weitgehende Abrüstung strategischer Atomwaffen zwischen den USA und Russland, und die in mehreren Runden erfolgende Vergrößerung der EU auf achtundzwanzig – heute siebenundzwanzig – Mitgliedstaaten. Für meine Generation ist dies eine bis heute prägende Lebenserfahrung.

Kein Wunder, dass die derart vom Schicksal beschenkten Menschen in Europa und besonders in Deutschland dazu neigen, die kalte Rationalität des „Si vis pacem, para bellum" mit Argwohn zu betrachten. Aber nun, da das inzwischen wieder hochgerüstete Putin-Russland seinen Nachbarn, die Ukraine, überfallen hat, dort ganze Dörfer und Städte ausgelöscht, weit über eine Million Menschen in die Flucht getrieben, Zehntausende getötet hat, ist allenthalben von einer Zäsur bzw. einer Zeitenwende die Rede. Sie äußert sich darin, dass die EU-Staaten in ungewöhnlicher Einigkeit und wortwörtlich über Nacht schwere Sanktionen gegen Russland beschlossen haben, dass der deutsche Bundeskanzler Olaf Scholz angekündigt hat, den Wehretat auch über das von der NATO geforderte Maß hinaus aufzustocken, die Bundeswehr beschleunigt aus- und aufzurüsten und – in Abweichung von dem bisherigen Grundsatz „Keine Waffenlieferung in Krisengebiete“ – die ukrainische Armee mit Waffen zu beliefern. Sie äußert sich aber auch darin, dass all diese Maßnahmen offenbar von der großen Mehrheit der Bevölkerung gutgeheißen werden.

Was wir heute in Deutschland und in Europa erleben, ist in der Tat nicht nur eine drastische Veränderung der Politik, sondern auch ein signifikanter Wandel des öffentlichen Bewusstseins. Wer immer noch glaubte, das Putinsche Russland könne mit einer Politik von Handel und Wandel in eine gemeinsame europäische Friedensordnung eingebunden werden, ist spätestens nach dem 24. Februar 2022 ernüchtert aufgewacht. Der Überfall auf die Ukraine hat einen (vielleicht heilsamen) Schock ausgelöst. Die Dinge jetzt nüchtern zu betrachten, auch eigene Fehleinschätzungen zu korrigieren, sich keinen Illusionen mehr hinzugeben, wer könnte dagegen sein?

Dass auch wir im „freien Westen“ dies und das hätten anders, besser machen können, ist sicher richtig. Aber hätten wir es den baltischen Staaten, hätten wir es den Polen, Esten, Tschechen, Slowaken und Rumänen etwa verwehren sollen, der NATO beizutreten, um im Kreml kein gefährliches Einkreisungstrauma entstehen zu lassen? Hätten wir den Menschen, die auf dem Majdan für eine freie und unabhängige Ukraine kämpften, raten sollen, den russischen Bären nur ja nicht zu reizen? Gab es tatsächlich eine realistische Chance, eine gesamteuropäische Sicherheitsarchitektur zu schaffen, die Russland am Ende zu einem verlässlichen Partner in einem freien Großeuropa gemacht hätte? Vielleicht war es ein Fehler, dass nicht alles getan wurde, was in dieser Richtung hätte unternommen werden können. Aber dass eine klügere Politik Putin und seine Kamarilla davon abgehalten hätte, seine eigene Bevölkerung und seine Nachbarn zu terrorisieren, ist alles andere als plausibel.

Im Gegenteil: Die Ernüchterung, die wir heute erfahren, wäre wohl auch schon früher angebracht gewesen: Die zahlreichen vom Kreml organisierten Morde an Kritikern Putins und seiner Politik, die Gleichschaltung der Medien im eigenen Land, das Verbot von zivilgesellschaftlichen Organisationen wie Memorial und dem russischen PEN, die Desinformationskampagnen und Cyberangriffe auf andere Staaten, die forcierte Aufrüstung und die Modernisierung seines Waffenarsenals – wer wissen wollte, mit wem wir es im Kreml zu tun haben, hätte es längst wissen können.

Aber heißt das, was wir nun Zeitenwende nennen, dass wir, die wir noch vor kurzem vorwiegend auf Dialog und Interessenausgleich setzten, uns eingestehen müssen, sträflich naiv gewesen zu sein, und reumütig zu den alten Denkmustern des Ost-West-Gegensatzes und zu einer Militarisierung der Außenpolitik zurückkehren sollten? Heißt das, was wir zurzeit erleben, dass Dialog, Wandel durch Annäherung, Wandel durch Handel schon immer falsch waren und in Zukunft bestenfalls noch als Beschwichtigung übermäßig empfindlicher Gemüter in Frage kommen? Soll gar im Nachhinein jeder, der Gespräche und Interessenausgleich im Umgang mit Russland für richtig hielt, nun als nützlicher Idiot des Diktators oder gar als Verräter gebrandmarkt werden? Und soll in Zukunft jede Kritik an der Politik von NATO-Verbündeten unterbunden werden, auch wenn diese ohne UN-Mandat Kriege führen oder achselzuckend Hunderte und Tausende ziviler Opfer ihrer Drohnenkriege als Kollateralschäden abtun? Soll uns in Zukunft tatsächlich alles Recht sein, wenn es darum geht, einen Schurken, der irgendwo auf der Welt die Staatsmacht an sich gerissen hat, auszuschalten?

Die durch die jüngsten Ereignisse eingetretene Ernüchterung kann heilsam sein. Aber man kann die Ernüchterung auch zu weit treiben und dabei übersehen, dass die Stärke unserer auf universellen Werten beruhenden freien Gesellschaft auch und vor allem davon abhängt, dass der Glaube an die Ideen von Frieden, Freiheit und Gerechtigkeit lebendig bleibt. Er wäre ohne einen Überschuss des Utopischen nicht in die Welt gekommen, und er kann ohne diesen Überschuss nicht lebendig bleiben. Wir Europäer, wir Deutschen zumal, waren nicht nur naiv und weltfremd, wenn wir auf Dialog, auf Wandel durch Handel und Verhandlungen setzten, statt immer nur weiter aufzurüsten. Die Menschen, die in der Nachfolge von Mahatma Ghandi und Martin Luther King gewaltfrei und mutig gegen Rassismus und Unterdrückung, für Freiheit und Abrüstung auf die Straße gingen, waren keine Traumtänzer und auch keine Weicheier. Wer seinerzeit in Deutschland den Wehrdienst verweigerte und stattdessen sich in sozialen Einrichtungen engagierte, war kein Drückeberger. Wenn heute hier und da das Wort Pazifist schon wieder als Schimpfwort verwendet wird, sollten wir daran erinnern, was so etwas wie Demokratie einst überhaupt erst möglich gemacht hat: der sich ausbreitende Glaube an die Kraft universeller Ideen. Und gerade wir in Europa sollten nicht vergessen, dass es auch und vor allem die Politik des Wandels durch Annäherung war, die das Wunder der gewaltlosen deutschen Vereinigung und der Befreiung so vieler europäischer Völker zur Folge hatte.

„Krieg ist nie die Lösung“ haben viele von uns skandiert, als die USA und eine Koalition der Willigen ohne UN-Mandat und mit der erfundenen Rechtfertigung von Massenvernichtungswaffen in den Arsenalen des Diktators, die es nachweislich nicht gab, in den Irakkrieg zogen. Mit Feigheit oder mit heimlicher Sympathie für den Diktator hatte das nichts zu tun, und der Ausgang des Abenteuers gab uns zumindest in einem Recht: es wurde nichts besser, es wurde alles nur noch schlimmer. Es war richtig und klug, dass Deutschland und Frankreich sich nicht an diesem Krieg beteiligten. Die Folgen des Abenteuers, das sehen wir heute, haben eine ganze Region destabilisiert. Aber als Milosevic den Befehl gab, Sarajevo zu bombardieren und seine Handlanger den Völkermord an den Bosniern organisierten, stand Deutschland nicht abseits, fanden sich nach heftigen inneren Auseinandersetzungen sogar die Grünen bereit, die militärische Intervention gutzuheißen.

Wer heute noch achtlos den Satz „Soldaten sind Mörder“ zitiert, den Tucholsky in einer Glosse in der *Weltbühne* schrieb, hat die unauflösbare Ambivalenz des Pazifismus nicht begriffen, die sich vor allem darin zeigt, dass Frieden in unserer Welt immer nur als rechtlich gesicherter Friede denkbar ist und dass dieser rechtlich (zum Beispiel durch das Völkerrecht) gesicherte Frieden Gewalt zur Durchsetzung des Rechts gar nicht ausschließen kann. So sind denn auch Soldaten keineswegs schlechthin Mörder, sie können aber zu Mördern und zu Komplizen von Mördern werden, wenn sie blind einem unmenschlichen Befehl gehorchen. Ebenso wenig sind Pazifisten und Kriegsdienstverweigerer durchweg Phantasten oder gar egoistische Drückeberger. Wir sollten uns die Welt nicht einfacher malen, als sie ist. Die Welt besteht nicht nur aus Gut und Böse, aus Freunden und Feinden, ohne Zwischentöne, innere Widersprüche und Übergänge. Darum sollten wir uns auch jetzt, da Recht und Unrecht sich in dem, was Putins Krieg in der Ukraine anrichtet, so klar zu scheiden scheinen, nicht Hals über Kopf in eine Militarisierung des

Denkens und Handelns hineintreiben lassen. Wir haben nach der Katastrophe zweier Weltkriege, nach Naziterror und Völkermord, einen Weg beschritten, auf dem wir auch in Zukunft voranschreiten sollten. Die Wegmarken sind die Erklärung der Menschenrechte, die Gründung der Vereinten Nationen, die ersten Schritte zu einer Institutionalisierung einer wirksamen Weltrechtsordnung. Vollkommen ist hier nichts. Der Sicherheitsrat der UNO muss dringend reformiert werden. Auch Russland, China und die USA sollten die Entscheidungen des Internationalen Strafgerichts in Den Haag anerkennen…

Europa, die Europäische Union zumal, ist die Region, auf die sich die Hoffnungen auf Freiheit und gesicherten Frieden von Menschen in der ganzen Welt richten. Aber gehört zu Europa nur die Ukraine und Russland – zumindest zum Teil – nicht? Sicher, es fällt schwer, das Russland Putins zum Kulturraum Europas zu zählen. Aber Nazi-Deutschland wurde einst besiegt und ein demokratisches Deutschland kehrte in die Gemeinschaft der zivilisierten Völker zurück. Darum sollten wir gerade jetzt nicht nur alles tun, um die Ukraine gegen den Aggressor zu verteidigen, sondern gleichzeitig die Weiterentwicklung der EU zu einer wirklich handlungsfähigen politischen Einheit vorantreiben und dabei die Langzeitperspektive einer gesamteuropäischen Sicherheitsarchitektur unter Einschluss eines demokratisierten Russlands trotz aller gegenwärtig nahezu unüberwindbar erscheinenden Hindernisse weiter verfolgen. Unser Ziel kann und darf nicht eine erneute Blockspaltung in Europa sein. Unsere Perspektive muss eine europäische und weltweite Ordnung bleiben, in der alle Menschen in Freiheit leben können.

Stephan Gorol

Diesseits einer Friedensutopie

> *Wenn du vor mir stehst, was weißt du von den Schmerzen, die in mir sind, und was weiß ich von deinen. Und wenn ich mich vor dir niederwerfen würde und weinen und erzählen, was wüsstest du von mir mehr als von der Hölle, wenn dir jemand erzählt, sie ist heiß und fürchterlich. Schon darum sollten wir Menschen voreinander so ehrfürchtig, so nachdenklich, so liebend stehn wie vor dem Eingang zur Hölle.* Franz Kafka an Oskar Pollak

Ich gebe es zu. Mit einem seligmachenden Friedensbegriff habe ich mich immer schwergetan – schon damals, als wir 1981 in Bonn die erste große Friedensdemo auf dem Hofgarten planten: zu absolut, zu ausgrenzend und zu überfordernd. So erscheint der Satz „Frieden ist mehr als die Abwesenheit von Krieg" angesichts des russischen Angriffskrieges gegen die Ukraine gegenwärtig als weltfremdes, ja als unerreichbares Theorem. Etwas mehr Demut, Dankbarkeit und Verständnis für die Machbarkeit eines negativen Friedens täte dagegen gut!

Denn es geht um einen Friedensbegriff, der handlungsfähig bleibt und nicht abdriftet in ein meist kitschiges und dem Grauen gegenüber hilfloses Pathos allgemeiner Friedensutopien:

Der situativ anwendbar und diskursfähig ist; der die Spannung aushält zwischen Friedenssehnsucht und menschlichem Zusammenleben im Hier und Jetzt.

Der die Unterschiede zwischen den letzten und vorletzten Dingen kennt.

Der sie nicht zugunsten einer Seite versöhnen will und deshalb sowohl der herrschenden Logik der sogenannten Realpolitik widersteht, als auch handlungsrelevant in der Politik der kleinen Schritte bleibt.

Der um des Menschen willens, nicht allein wegen einer allgemeinen Menschheitsidee, aufsteht und sich engagiert: für Menschen in all ihren Verstrickungen und Abhängigkeiten, in ihrer Not, ihrem Leid, ihrer Liebe, aber auch ihrer Schuld und ihrem Hass.

Der den Menschen wirklich annimmt und nicht allein als Produkt wirtschaftlicher und politischer Verhältnisse betrachtet.

Und der sogar bereit ist, für den Frieden die Gefahr einer Schuld auf sich zu nehmen.

Ein solcher Friedensbegriff kommt leiser, skeptischer und demütiger daher als viele Sprechblasen in der wohlfeilen Friedensrhetorik vergangener Jahre – vor sich hergetragen wie eine verehrungs- und anbetungswürdige Monstranz –, die jetzt aber vor der entfesselten Kriegsfurie zerplatzt sind und deren Fetzen in der Luft herumwirbeln wie Fähnchen im Wind.

Bestes Beispiel sind die Grünen, die sich im Crashkurs vom Paulus zum Saulus wandelten. So verkündete die Außenministerin Annalena Baerbock ganz im Sinne einer zynischen Versöhnungsrhetorik auf dem grünen Bundesparteitag 2022: „Wir unterstützen die Waffenlieferungen und die Ausweitung der Waffenexporte an die Ukraine, gerade weil wir eine Friedenspartei sind." Ein solcher Satz gedeiht nur in einem Land wie Deutschland, in dem sich die Einsicht vom Frieden als „Ernstfall" nie wirklich durchgesetzt hat. Dem entspricht, dass dialektisches Denken hier zur Parodie verunstaltet wird und ein Ende des Denkens einläutet. Widersprüche lösen sich einfach im narrativen Nebel der Rechthaberei auf.

Selbstzweifel oder eine Nachdenklichkeit im Umgang mit früheren Haltungen – Fehlanzeige. Nur das ewig gleiche Pathos in der Stimme bleibt.

Demgegenüber eignet sich die von mir geforderte Auseinandersetzung mit dem Friedensbegriff gewiss nicht zum Zynismus. Denn während Zyniker gefallene Moralisten sind, deren tugendhaftes Denken an der Wirklichkeit zerschellt und die ihre Überzeugungen nun ebenso moralisierend (des guten Gewissens halber) an die Mechanismen der Hölle und des Gewaltdenkens anpassen, hat mein Begriff mit Moral wenig zu tun und schafft schon gar kein gutes Gewissen. Denn er weiß von der Vergeblichkeit und der Gefahr des Scheiterns in unserem Tun; und er erkennt die Bruchstelle zwischen unserer Friedensutopie und der Realisierung in unserer Welt, die auszuhalten ist und sich nicht versöhnen lässt.

Stoff für Melancholiker, die, im Umgang mit moralischer Überheblichkeit nicht geübt, lieber produktive Antworten an dieser Bruchstelle des Seins finden wollen, gemeinsam mit anderen. Ein alleiniger Rekurs auf die Moral wäre dabei nur hinderlich, da er jede Verständigung mit anderen unmöglich machte und zu einer Ohnmacht der Argumente führte. Erst recht, wenn wir uns im Vorhof zur Hölle befinden, den blutigen Atem des Krieges spüren und uns mit der Tragik früherer Gewissheiten konfrontiert sehen. Moral bietet hier keine Überlebensstrategie.

Anstatt sich auf eine bessere Moral zu berufen, sollten wir die Anstößigkeiten und Aporien des Pazifismus erkennen und von ihnen lernen. Er öffnet uns die Augen dafür, dass Krieg die Ursünde der Menschheit ist, dass der Krieg wir alle sind, dass Krieg nie und niemals gerecht sein kann, er das Ergebnis vorausgegangener Fehler und Unterlassungen ist sowie einen Willen voraussetzt, ihn zu entfesseln. Dadurch erst werden wir uns u. a. der engen geschichtlichen Zeitfenster bewusst, in denen friedensschaffende Maßnahmen erreichbar sind – oder verspielt werden. So z. B. in den 1990er Jahren, als nach dem Ende des Kalten Krieges nichts oder nur wenig getan worden ist, aus ehemaligen Gegnern Sicherheitspartner zu machen.

Jedoch hat der politische Pazifismus auch seine Aporien, die in Bertha von Suttners bekanntem Zitat gipfeln: „Keinem vernünftigen Menschen wird es einfallen, Tintenflecke mit Tinte, Ölflecken mit Öl wegwaschen zu wollen. Nur Blut soll immer wieder mit Blut abgewaschen werden.“ Aber kann bei Waldbränden Feuer nicht auch mit Feuer bekämpft werden?

Das Aufzeigen der Denklücke setzt das Zitat nicht außer Kraft, fordert allerdings zu Antworten heraus, wie wir dem Krieg begegnen, wenn er entfesselt worden ist und all die mühevoll erreichten Kulturerrungenschaften in wenigen Monaten in Grund und Boden gestampft werden. Dabei hilft uns ein skeptischer Pazifismus, die letzten von den vorletzten Dingen zu unterscheiden. Sie stehen zwar in einem inneren Zusammenhang, aber erhalten eine abgeleitete Neubewertung: Aus gerechten werden gute Gründe, aus Frieden wird Sicherheitspartnerschaft, aus Versöhnung Verständnis, aus Feindesliebe Entfeindung. So kann es auch gute Gründe für Waffeneinsätze geben, die schon für Bertrand Russell in bestimmten Fällen nicht tabu waren.

Ein solches Denken kommt ohne Pathos und moralische Überheblichkeit daher; es schöpft seine Kraft aus den Paradoxien von Krieg und Frieden – ohne diese einseitig in einer friedensutopischen Metaphorik aufzulösen. Ein Denken, das Spannungen zulässt, ohne an ihnen zu zerbrechen, weiß um seine Grenzen. Denn nie kann es sicher sein, dass ein aus ihm erwachtes Handeln gerecht ist, allenfalls vielleicht richtig.

Tessa Hofmann

Krieg oder Frieden?

Russlands Angriff auf die Ukraine hat mich verstummen lassen, aus mehreren Gründen. Zum einen zwangen mich die Ereignisse, mein bisheriges Russlandbild sowie meine Haltung zu Krieg oder Frieden gründlich zu überdenken, zum anderen erschreckte mich das Tempo und die Radikalität der Parteinahmen zu diesem Krieg: gegen Russland, für die Ukraine. Die ukrainische Parole „Slawa Ukraini" prägte nun auch den Berliner Alltag. Blau-gelbe Fahnen wehten und wehen von privaten Balkonen und aus Gemeindehäusern, Politikerinnen kleideten sich entsprechend, und Ende Januar 2023 entfuhr unserer Außenministerin A. Baerbock im Europarat der Satz: „Wir kämpfen einen Krieg gegen Russland und nicht gegeneinander."

Andere Politikerinnen wie die einstige Kanzlerin Angela Merkel sahen sich bedrängt, ihre jetzt als prorussisch be- und gewertete Politik a posteriori zu verurteilen. Auf aktiven Staatspolitikern wie dem Kanzler Olaf Scholz lastet fortgesetzt der Druck, den ukrainischen Verteidigungskampf mit immer umfangreicheren Waffenlieferungen zu unterstützen – ungeachtet der Tatsache, dass die Ukraine den Kampf längst auf russischem Staatsgebiet fortführt, mit Unterstützung ausländischer Rechtsextremisten.

Auch energiewirtschaftlich ging es hektisch zu: Russisches Gas und Öl waren plötzlich unstatthaft, Flüssiggas, vor dem Krieg noch als ökologisch verwerflich eingestuft, wurde eiligst bestellt, bei arabischen Diktatoren, vor allem aber in Norwegen, Belgien und den Niederlanden (wobei es paradoxerweise nicht störte, dass über das innereuropäische Leitungsnetz aus den beiden letztgenannten Staaten wieder russisches Flüssiggas nach Deutschland fließt – eine von vielen energiewirtschaftlichen Augenwischereien).

Anfang 2023 schätzte das „Institut der deutschen Wirtschaft", dass der Ukrainekrieg die deutsche Wirtschaft im laufenden Jahr 175 Milliarden Euro kostet, was einem Wohlstandsverlust von 2000 EUR pro Kopf entspreche.[1] Die deutsche bzw. westliche Unterstützung der Ukraine wird, wie auch jüngste Umfragen erbrachten, dennoch von einer erheblichen Mehrheit der Befragten unterstützt. Laut ARD-Deutschlandtrend Ende Mai 2023 gaben 43 Prozent der Befragten an, dass sie die bisherige Unterstützung der Ukraine mit Waffen für angemessen halten. Rund 42 Prozent äußerten zudem, dass die bisherigen Sanktions-Maßnahmen gegen Russland noch umfangreicher sein müssten. Der Mehrheit der Respondenten – 55 Prozent – gehen allerdings die diplomatischen Bemühungen zur Beendigung des Krieges nicht weit genug.[2]

Man muss aus den Ergebnissen folgern, dass die Bevölkerung Deutschlands in Fragen der militärischen Unterstützung der Ukraine bzw. der Sanktionierung Russlands gespalten ist und dass die Mehrheit die Diplomatie bevorzugt. Betrachtet man dagegen die Medienkommentierung sowie die Politik, gewinnt man den Eindruck größerer Geschlossenheit und Kriegsbejahung. Die Ukraine soll unterstützt, Russland bestraft und isoliert werden. Am lautstärksten äußern sich die sogenannten Bellizisten, allen voran Marie-Agnes Strack-Zimmermann (FDP), die stellvertretende Vorsitzende im Verteidigungsausschuss des Deutschen Bundestages. Auch der grüne Abgeordnete Anton Hofreiter ist zu nennen, der sich durch seine bemerkenswerte Waffenkenntnis auszeichnet. Überhaupt haben die Grünen ihr Friedensengagement bereits seit dem Kosovo-Krieg 1998/99 aufgegeben. Von einer Infragestellung der NATO ist bei der Partei nichts mehr geblieben. Man sieht es deutlich an A. Baerbock, die sich bereits als Kriegsteilnehmerin empfindet. Der sich zum Grünen-Vordenker stilisierende Ralf Fücks äußerte im „Spiegel“, Russland müsse besiegt werden. Gegner solcher Haltung seien „Unterwerfungspazifisten“. Womit der Pazifismus erneut zum Schimpfwort geworden ist. Selbst wenn man in Rechnung stellt, dass der Konformitätsdruck auf Berufspolitikern stärker lastet als auf dem Durchschnittsbürger, scheint es sich bei den grünen Staats- und Spitzenpolitikern um aufrichtige Meinungsäußerungen zu handeln.

Russland und ich

In welchem Verhältnis stehe ich zu Russland? Mein Interesse an dem Land, seinen Menschen und seiner Kultur begann früh. Schon als Schülerin gefiel mir die russische Literatur. Ich wollte Slawistik studieren, und zwar in West-Berlin. Als erste bundesdeutsche Universität ist die FU Berlin ein Partnerschaftsabkommen mit einer sowjetischen Universität eingegangen, nämlich der Leningrader Staatsuniversität. Im Rahmen ihres Austauschprogramms kam ich 1972 erstmals zu einem Russisch-Sommerkurs in die Metropole an der Newa.

Das Außenamt der FU Berlin hatte mich gebeten, im Namen unserer Universität bei einer Gedenkveranstaltung auf dem Piskarjowskoje-Gedenkfriedhof einen Kranz niederzulegen. Dort befinden sich die Massengräber von 470 000 Menschen, die während der über zweijährigen Blockade Leningrads durch die deutsche Heeresgruppe Nord und ihre spanischen sowie finnischen Verbündeten umgekommen sind: als Verteidiger ihrer Stadt, aber vor allem durch Hunger, Entkräftung und Kälte. Insgesamt zählten die zivilen Opfer der deutschen Hungerblockade 1,1 Millionen Menschen. Erst 75 Jahre später, 2019, raffte sich das deutsche Auswärtige Amt auf, die noch lebenden Opfer der Blockade sowie Projekte zur deutsch-russischen Verständigung mit rund zwölf Millionen Euro zu unterstützen. Da waren aber die meisten Blockadeüberlebenden bereits tot.

Für mich war der Besuch der Piskarjowskoje-Gedenkstätte eine selbst auferlegte Pflicht. Im Studium erfuhr ich vor allem durch den Osteuropa-Historiker Klaus Meyer (1928-2007) Näheres über die Blockade. Er beschrieb auch die Russophobie als Konstituante deutscher Geschichte. Meyers Seminare stärkten meine Überzeugung, dass die Wehrmacht mit der Blockade Leningrads Völkermord begangen habe und dass wir gegenüber der Bevölkerung in den einst besetzten sowjetischen Gebieten zu Wiedergutmachungen verpflichtet sind. Als Forschungsstipendiatin lebte ich 1974/75 für zehn Monate in Leningrad und kehrte auch in postsowjetischer Zeit im Zusammenhang mit bilateralen Forschungsprojekten gern in die mir so vertraute Stadt zurück. Als meine Berufstätigkeit sich ihrem Ende näherte, versäumte ich es bei meiner letzten Dienstreise 2014 nicht, noch einmal den Piskarjowskoje-Friedhof zu besuchen und mich vor Olga Bergholz‘ strenger Mahnung zu verneigen: „Nichts ist vergessen, niemand ist vergessen!“

Kurz nach dem Angriff Russlands auf die Ukraine kündigten fast sämtliche deutschen Universitäten, darunter auch die FU Berlin, ihre Partnerschaftsverträge mit russischen Universitäten. Der Austausch mit russischen Kollegen, für den sich einst deutsche Osteuropawissenschaftler der Kriegsgeneration vehement eingesetzt haben, ist vorschnell, ohne größere Erörterungen der vermeintlichen Ukrainesolidarität geopfert worden. Der Deutsche Akademische Austauschdienst strich die Stipendien für Studenten russländischer Staatszugehörigkeit. Und selbst deutsch-russische Forschungsprojekte von höchster klimapolitischer Relevanz wie die Erforschung des Klimawandels im Arktisgebiet wurden eingestellt. Schon der russische Klassiker Alexander Puschkin, so behauptete es ein deutscher Feuilletonist, sei imperial eingestellt gewesen, ebenso der überwältigende Rest seiner Landsleute – damals wie heute. Solche belehrende Überheblichkeit empfinde ich angesichts der deutschen Verbrechen im Zweiten Weltkrieg als unangemessen. Gehören Puschkins Werke also in die Tonne?

Das „Deutsch-Russische Museum" in Berlin-Karlshorst hat Anfang Mai 2022 die Bezeichnung „Deutsch-Russisch", zuvor von der ukrainischen Botschaft angemahnt, aus dem Namen gestrichen.[3] In Riga hat man Ende Mai 2023 das 2009 aufgestellte Puschkin-Denkmal entfernt. In der Ukraine erfolgte die Demontage russischer Klassiker sowie die Umbenennung von Straßen seit Kriegsbeginn; seit Mai 2023 sind dort „Symbole des russischen Imperialismus" gesetzlich verboten. Die Mailänder Universität hat 2022 Fjodor Dostojewski gecancelt. In Deutschland werden russische Interpreten aufgefordert, sich öffentlich von Wladimir Putin zu distanzieren, um hierzulande auftreten zu können. Im vielsprachigen Berlin wagen russischsprachige Menschen – einschließlich Ukrainern und Russlanddeutschen – nicht immer, öffentlich ihre Muttersprache zu gebrauchen. Und selbst wenn sie Deutsch sprechen, verrät sie doch ihr Akzent. Schon lange vor dem Ukrainekrieg galt der russische Akzent Umfragen zufolge als der unbeliebteste, noch vor einem türkischen.

Dualistische und selektive Wahrnehmungen

Ebenso wie die wiederbelebte Russophobie verstört mich die dualistische Wahrnehmung des Ukrainekrieges. In der Publizistik und den Medien erscheint er, stark vereinfacht, als Kampf der Guten gegen das Böse: Hier die schon immer imperial eingestellten Russen, selbst geknechtet und andere knechtend, dort die tapferen freiheitsliebenden Ukrainer, die nicht nur sich und ihre Freiheit verteidigen, sondern auch „unsere Werte". Woraus sich ihr Recht ableitet, von uns immer mehr und immer wirksamere, d. h. tödlichere Waffen einzufordern. Denn mehr Waffen schaffen dieser simplen Logik nach schneller und mehr Frieden. Den Grundsatz aus dem Jahr 1971, keine Waffen in Kriegs- und Krisengebiete zu liefern, haben die politischen Entscheidungsträger Deutschlands längst aufgeweicht und aufgegeben.

Mir ist die dualistische Deutung bei weitem zu schlicht und wirklichkeitsfern. Ich gehe davon aus, dass Menschen von den politischen, wirtschaftlichen, sozialen und rechtlichen Verhältnissen beeinflusst sind, unter denen sie leben müssen. Bis in die postsowjetische Zeit teilten Russen und Ukrainer diese Bedingungen. Beide wurden durch Jahrhunderte fehlender Rechtsstaatlichkeit geprägt, durch dieselben autoritären bis totalitären Regime. Sie teilen auch Probleme wie strukturelle Korruption, Oligarchentum und Rechtsextremismus. Die enge kulturelle Nähe schlägt sich zudem in einer hohen Anzahl binationaler Ehen nieder. Über die Hälfte der ukrainischen Bevölkerung besaß 2011 Angehörige im russischen Nachbarland. Der größte Fehler der russischen Staatsführung war es, aus diesen und anderen Tatsachen eine prorussische Stimmung unter der ostukrainischen bzw. russophonen Bevölkerung der Ostukraine abzuleiten. Mit ihrem Angriff erreichte sie das Gegenteil. Und falls es bis dahin keine geeinte ukrainische Nation gegeben hat, so hat der russische Angriff sie jetzt vereint. Außendruck schafft inneren Zusammenhalt.

Die Ukraine hat ihre sowjetische Vergangenheit ebenso unvollständig aufgearbeitet wie Russland. Der Golodomor (Ukrainisch: Holodomor) wird dort nicht als gesamtsowjetischer, alle landwirtschaftlichen Gebiete der UdSSR betreffender Soziozid wahrgenommen, sondern als sowjetischer bzw. sowjetrussischer Genozid an der ukrainischen Bevölkerung, für die ukrainische Demographen eine Gesamtopferzahl von etwa 4,5 Millionen errechneten. In meiner Dissertation (1983) über das *Bauernthema in der sowjetrussischen Prosa der 20er Jahre* folge ich dagegen dem britischen Historiker Robert Conquest, wonach im Zuge der Zwangskollektivierung 1933 und 1934 durch Requisitionen und andere Zwangsmaßnahmen der sowjetischen Behörden 14,5 Millionen Menschen umkamen: außer in der Ukraine auch in Südrussland, dem West-Ural, Nordkasachstan und Westsibirien. Nach einem späteren Bekenntnis Stalins gegenüber Winston Churchill war die „Schlacht", auf die sich der sowjetische Staat mit der agrarisch geprägten Bevölkerungsmehrheit während der Kollektivierungsperiode einließ, „gefahrvoller und schrecklicher als die Schlacht um Stalingrad".

Geschichts- und erinnerungspolitisch ist es von Bedeutung, ob man den Golodomor/Holodomor als Verbrechen begreift, das zahlreiche einstige Regionen der Sowjetunion betraf und das, bei derartiger Betrachtung, zur gemeinsamen Geschichtsbehandlung auffordert. Oder ob man, wie in der postsowjetischen Ukraine zunehmend geschehen, den Holodomor als einzigartiges Verbrechen im Rahmen eines von Russland zu verantwortenden Genozids am ukrainischen Volk stilisiert. Es ist bedauerlich, dass der deutsche Gesetzgeber dieser zweiten

Deutung folgte, als er 2022 den Holodomor als Genozid am ukrainischen Volk verurteilte. Während der Deutsche Bundestag bis heute nicht Deutschlands kolonialen Genozid an etwa 80 000 Ovaherero und 10 000 Nama (1904-1908) als Genozid verurteilen mochte, war er im Fall der Ukraine deutlich schneller zu einer völkerrechtlichen Qualifizierung bereit. Die Bonner Historikerin Katja Makhotina, die zu Erinnerungskulturen in Osteuropa forscht, kritisierte den Bundestagsbeschluss zu Recht: „Statt der Wissenschaft und der Gesellschaft formiert hier Politik die Erinnerung."[4]

Die vom politischen Westen im postsowjetischen Raum aktiv unterstützten „Farbrevolutionen" in Georgien und der Ukraine haben fraglos zur zunehmenden Entfremdung, ja Konflikteskalation mit Russland beigetragen. Um nicht missverstanden zu werden: Selbstverständlich besitzen souveräne Staaten das Recht, sich westlichen Staaten- und Militärbündnissen anzuschließen, falls diese bereit sind, sie aufzunehmen. Aber es ist naiv oder unaufrichtig, über die Reaktion der russischen Staatsführung überrascht zu sein. Russland verfolgte schon zur Sowjetzeit das außenpolitische und sicherheitsstrategische Ziel, an seinen unmittelbaren Grenzen einen *cordon sanitair* zu errichten, eine neutrale, entmilitarisierte Zone. Nachkriegsdeutschland wäre so vermutlich seine Teilung erspart geblieben. Stattdessen entschied sich Westdeutschland für die Wiederbewaffnung im transatlantischen Bündnis mit den USA.

Die politische Entwicklung, welche schließlich zu Russlands Angriff auf die benachbarte Ukraine führte, lässt sich natürlich auch ganz anders rahmen. Am häufigsten und vor allem bei nicht-europäischen Beobachtern und Kommentatoren des globalen Südens verbreitet ist die Vorstellung, dass der Krieg durch die Neubestimmung der Weltordnung ausgelöst worden ist. Zwei Drittel der Weltbevölkerung leben in Staaten, die Russlands Angriff auf die Ukraine nicht aktiv verurteilt haben. Der ehemalige Ost-West-Konflikt bzw. die Systemkonfrontation des einstigen Kalten Krieges wird, wenn sie wieder aufersteht, dies in erweiterter Form tun. Gegenwärtig wetteifern „der Westen", China und Russland um die Unterstützung des globalen Südens bei dem Kampf um Macht und Ressourcen.

Neben der im Westen vorherrschenden dualistischen Wahrnehmung des Ukrainekrieges ist es die selektive Solidarität mit Kriegsopfern, die die so gern zitierte „wertebasierte" westliche Politik infrage stellt. Militärische Auseinandersetzungen bzw. Unterdrückung gibt es bedauerlicherweise in zahlreichen Regionen und Staaten. Die gegenüber den betroffenen Zivilbevölkerungen jeweils gezeigte Solidarität der deutschen Staatspolitik und Zivilgesellschaft ist aber höchst unterschiedlich. Sehr deutlich wird dies am Beispiel der völkerrechtswidrigen Militärangriffe Aserbaidschans auf die Republik Arzach (Berg-Karabach). Sie entstand 1991 nach dem jahrzehntelangen Bestreben der armenischen Mehrheitsbevölkerung um Unabhängigkeit von Aserbaidschan, dem es Stalin 1921 willkürlich und gegen den Willen der Betroffenen zugeschlagen hatte. Die beiden Kriege, die Aserbaidschan 1991-1994 und 2020 zur Rückeroberung Arzachs führte, kosteten 30 000 Armeniern das Leben, die meisten davon Zivilisten.

Obwohl Aserbaidschan im Herbst 2020 gut ein Drittel des einstigen „Autonomen Gebiets Berg-Karabach" militärisch unter seine Kontrolle gebracht hat, ist sein Appetit auf armenische Siedlungsgebiete noch keineswegs gestillt. 2022 griff es sogar die Republik Armenien an, wobei aserbaidschanische Soldaten Videos ins Internet stellten, die die Ermordung armenischer Kriegsgefangener sowie die Folterung, Vergewaltigung und Ermordung der Militärkrankenschwester Anusch Apetyan zeigten. Am 12. Dezember 2022 sperrten vorgebliche „Ökodemonstranten" den einzigen Landweg, der die noch verbliebene Republik Arzach mit der Außenwelt bzw. der Republik Armenien verbindet, den Latschiner Korridor. Die Anordnung des Internationalen Gerichtshofs zur Räumung des Korridors ignoriert Aserbaidschan. Es kann sich darauf verlassen, dass der Westen in ihm weiterhin den „zuverlässigen Energielieferanten" – so Ursula von der Leyen 2022 – sieht und nicht den regelmäßigen Verletzer von Völkerrecht.

Und dies alles, obwohl seit August 2022 internationale westliche (!) Organisationen wie das „Lemkin Institute for Genocide Prevention und die International Association of Genocide Scholars" vor einer „erheblichen Genozidgefahr" bzw. – seit Mai 2023 – einem „unmittelbaren Genozid" warnen. Appelle deutscher Menschenrechtsorganisationen an Außenministerin Annalena Baerbock sowie Bundeskanzler Scholz, Sanktionen gegen Aserbaidschan zu verhängen, blieben bisher unbeantwortet bzw. wirkungslos. Man misst eben mit zweierlei Maß, hüllt sich erneut in beredtes Schweigen – und schaut weg. Wird Deutschland, das im Ersten Weltkrieg weitgehend tatenlos dem Genozid seines osmanisch-jungtürkischen Militärverbündeten an anderthalb Millionen Armeniern zugesehen hat, nun ein zweites Mal die Hände in den Schoß legen, wenn die Vernichtung oder Vertreibung von Armeniern im Südkaukasus stattfindet?

Die 120 000 Armenier, die aktuell in Arzach unter der Blockade des landhungrigen Aserbaidschan leiden, stehen einzig unter dem Schutz von 2 000 russländischen Friedenssoldaten, entsprechend dem trilateralen Waffenstillstandsabkommen zwischen Russland, Aserbaidschan und Armenien vom 9. November 2020. Vertragsgemäß endet der Schutz nach fünf Jahren, also im November 2025. Der Präsident der winzigen Republik Arzach hat bereits angekündigt, notfalls die Aufnahme seines Landes in die Russländische Föderation zu beantragen; eine andere Gewähr für das Überleben der dortigen Armenier ist nicht in greifbarer Nähe. Allerdings besitzt Arzach im Unterschied zu Südossetien und Abchasien, die sich bis 2008 im Bestand des postsowjetischen Georgiens befanden, keine gemeinsame Grenze mit Russland. Es ist offen, wie sich Russland zu karabach-armenischen Anschlusswünschen verhalten wird. Die Reaktionen des „wertebasierten Westens“ sind dagegen schon jetzt vorhersehbar: Empörung bzw. Unverständnis wie im Fall Südossetiens und Abchasiens sowie Parteinahme für den bis dahin über diese Gebiete verfügenden Staat, also für Georgien und Aserbaidschan. Wir lernen: Rechte gelten nicht universell, sondern werden fallabhängig angewendet (oder auch nicht), ebenso wie Werte und Grundsätze. Den damit verbundenen Zynismus lehne ich weiterhin ab.

Anmerkungen

1 Ukraine-Krieg wird deutsche Wirtschaft 175 Milliarden Euro kosten. In: „Welt“, 23. 1.2023 – https://www.google.com/url?sa=i&rct=j&q=&esrc=s&source=web&cd=&cad=rja&uact=8&ved=0CAIQw7AJahcKEwiwu-PykK7_AhUAAAAAHQAAAAAQBQ&url=https%3A%2F%2Fwww.welt.de%2Fwirtschaft%2Farticle243376683%2FIW-Studie-Ukraine-Krieg-kostet-deutsche-Wirtschaft-175-Milliarden-Euro.html&psig=AOvVaw1PZj5HQAfpngyEI1gEfSYD&ust=1686122384708979 – Aufgerufen am 6.6.2023

2 https://de.statista.com/statistik/daten/studie/1312216/umfrage/umfrage-deutsche-ukraine-politik/ – 5.6.2023

3 Susanne Lenz, Ukraine-Krieg: Deutsch-Russisches Museum Berlin-Karlshorst ändert seinen Namen. In: Berliner Zeitung, 2.5.2022 – https://www.berliner-zeitung.de/kultur-vergnuegen/ukraine-krieg-deutsch-russisches-museum-berlin-karlshorst-aendert-seinen-namen-li.225375 – 6.6.2023

4 Zitiert nach: Benjamin Bidder, Massenmord durch Hunger. In: „Der Spiegel“, Nr. 10, S. 101, 4.3.2023

Wolfram Wette

„Nie wieder Krieg!" – Hat die alte Parole angesichts des Ukrainekrieges noch eine Zukunft?

24. Februar 2022: Der Beginn des russischen Aggressionskrieges gegen die Ukraine löste in Deutschland einen elementaren Schock aus. Nicht anders reagierten die Menschen in ganz Europa. Kaum jemand hatte die Fernsehbilder, die an der Grenze zur Ukraine zusammengezogene russische Truppen zeigten, als konkrete militärische Kriegsvorbereitung gedeutet. Die Vorhersage des US-Geheimdienstes, es sei mit einem Angriff Russlands auf die Ukraine zu rechnen, hielt man für eine wenig glaubhafte Meldung. Man beschwichtigte sich mit der Annahme, es handle sich um eine Drohkulisse zur Unterstützung weiterer diplomatischer Aktivitäten, die zur Reduzierung vorhandener Spannungen führen sollten. Mehr konnte und wollte man sich hierzulande nicht vorstellen. Der deutsche Auslandsgeheimdienst scheint auch nicht mehr gewusst zu haben. Es war ein amerikanischer Diplomat, der dem Bundeswirtschaftsminister Robert Habeck kurz vor dem Angriff in einem Briefumschlag die alarmierende Information zusteckte, dass ein Krieg gegen die Ukraine unmittelbar bevorstehe.

Wie massiv der Schock gerade in Deutschland war, wird erst greifbar, wenn man sich vergegenwärtigt, dass die Kriegsnachricht hier auf eine – in mentaler Hinsicht – weitgehend pazifizierte Zivilgesellschaft traf. Die friedfertige Grundstimmung hatte sich nach 1945 schrittweise als eine Reaktion auf die beiden Weltkriege und den tradierten preußisch-deutschen Militarismus herausgebildet. Der gesellschaftliche Wandel erreichte zwar nicht alle Deutschen, aber doch eine Mehrheit. Als symptomatisch mag der Sachverhalt gelten, dass sich in den 1980er Jahren eher der wehrdienstleistende Soldat unter Begründungszwang fühlte als der Zivildienstleistende. Die meisten Menschen im Lande hielten es für ausgeschlossen, dass es in Europa noch einmal einen zwischenstaatlichen Krieg geben würde. Sicherheit und Zusammenarbeit in Europa schienen durch die Entspannungspolitik der 1970 und 1980er Jahre gewährleistet zu sein.

In der „Charta von Paris für ein neues Europa" von 1990 hatten sich sämtliche europäischen Staaten, dazu die USA und Kanada, feierlich verpflichtet, ein gemeinsames friedliches Europa aufzubauen. Es sollte vom Atlantik bis zum Ural reichen, Russland einschließen und durch ein Miteinander, nicht durch ein Gegeneinander, dauerhaften Frieden schaffen. Endlich, so schien es, war die alte Friedensparole „Nie wieder Krieg!“ in der Realität der europäischen Regierungspolitik angekommen.

Tatsächlich hat der Appell „Nie wieder Krieg!“ die Deutschen schon immer eher polarisiert als geeint. Unter ihm sammelten sich nach 1918 diejenigen Deutschen, die aus dem Krieg als Pazifisten heimgekehrt waren. Sie forderten den Bruch mit dem Militarismus im eigenen Lande, den sie für die Ursache des Ersten Weltkrieges hielten. Damals fühlte sich die politische Rechte provoziert und in ihren tiefsten Überzeugungen angegriffen. Ein „Nie wieder!“ versperrte aus ihrer Sicht den Weg in die Zukunft. Die deutschen Nationalisten pflegten eine heroische Erinnerung an die „große Zeit“ von 1914 bis 1918, verdrängten die militärische Niederlage Deutschlands und bereiteten materiell wie mental die Wiederaufnahme einer kriegerischen Machtpolitik vor.

Nach der bedingungslosen Kapitulation der Wehrmacht am 8. Mai 1945 erlebte die „Nie wieder Krieg!“-Bewegung eine Renaissance. Diesmal, so die weit verbreitete Auffassung, war die große Mehrheit der Deutschen zu einer grundlegenden Umkehr bereit. Der Anstoß kam von der neu entstehenden Friedensbewegung und von Gegnern des Nationalsozialismus. Im befreiten Konzentrationslager Buchenwald formulierten die politischen Häftlinge: „Die Vernichtung des Nazismus mit seinen Wurzeln ist unsere Losung. Der Aufbau einer neuen Welt des Friedens und der Freiheit ist unser Ziel.“

In den zehn Jahren ohne Armee (1945-1955) rangen sich auch konservative Wortführer zur Distanzierung vom Militarismus durch. Nach Umfragen gab es in den ersten Nachkriegsjahren eine große Mehrheit der Deutschen, die bereit war, ihr Denken und Handeln an der Devise „Nie wieder Krieg!“ auszurichten. Das Grundgesetz von 1949 gab mit seinem Friedensgebot in der Präambel und mehreren Artikeln eine neue Grundorientierung für alles staatliche und gesellschaftliche Handeln in unserem Land vor. Das Grundgesetz war das Antiprogramm zu dem extrem gewalttätigen Zeitalter der Weltkriege, für die Deutschland die wesentliche Verantwortung trug.

Aber schon in den frühen 1950er Jahren brachen die alten Konfliktlinien wieder auf. Die Konservativen folgten der von Bundeskanzler Konrad Adenauer vorgegebenen Linie der Wiederbewaffnung und Westintegration. Die Opposition stellte sich gegen die „Remilitarisierung“ und fand damit großen Zuspruch in der Gesellschaft der westdeutschen Bundesrepublik. So musste die Regierung ihre Politik gegen den Willen dieser Mehrheit durchsetzen. In den folgenden Jahrzehnten entwickelte sich unter der stets präsenten Drohung eines möglichen Nuklearkrieges schrittweise eine Friedenskultur. Sie korrespondierte mit dem Regelsystem der Europäischen Union, das die Staaten auf gewaltfreien Konfliktaustrag im Innenverhältnis der EU verpflichtete. Mehrere Generationen von Europäern führten ein Leben ohne Krieg. Frieden auf dem Kontinent – verstanden als Abwesenheit von Krieg – galt als Selbstverständlichkeit.

Veränderungen kündigten sich ausgerechnet nach dem Ende des Kalten Krieges und der Vereinigung der beiden deutschen Teilstaaten an. Seit den frühen 1990er Jahren wurden die Deutschen von ihrer Regierung sowie von der militärischen Führung der Bundeswehr mit den camouflierenden Propaganda-Schlagworten „Neue Normalität“ und „Verantwortung zeigen“ überschwemmt. Gemeint waren der Abschied von einer Außenpolitik der Zurückhaltung und die Gewöhnung an weltweite Militäreinsätze der Bundeswehr. Man wollte „normal“ agieren können wie die Sieger von 1945, nämlich als eine staatliche Macht, die sich souverän des kriegerischen Konfliktaustrags als Mittel der Politik bedient.

Ausgerechnet die rot-grüne Regierung Schröder/Fischer schickte im Jahre 1999 die Bundeswehr in den ersten Krieg seit ihrem Bestehen, in den sogenannten Kosovo-Krieg gegen Rest-Jugoslawien. Bundesaußenminister Joschka Fischer sagte damals im Deutschen Bundestag, er habe nicht nur „Nie wieder Krieg!“ gelernt, sondern auch „Nie wieder Auschwitz!“ Die Bundes-Luftwaffe trug mit ihren Waffensystemen und Kampfpiloten zu den Tausenden von Luftangriffen der NATO-Verbündeten auf die Bundesrepublik Jugoslawien bei, obwohl Deutschland dazu nicht durch ein Mandat der Vereinten Nationen legitimiert war. Es erklärte sich bereit, einen völkerrechtswidrigen Angriffskrieg zu unterstützen.

Für die prinzipiell kriegsgegnerisch eingestellten Bevölkerungsteile stellte die deutsche Beteiligung am sogenannten Kosovo-Krieg eine existenzielle Enttäuschung dar. Sie löste tiefe Depressionen und Orientierungslosigkeit aus, hatten doch die führenden sozialdemokratischen und grünen Politiker die grundlegende Orientierung „Nie wieder Krieg!“ preisgegeben und sich nach Jahrzehnten der Zurückhaltung wieder in die kriegerische Weltordnung eingereiht.

Die meisten Deutschen gaben auch jetzt ihre Friedensmentalität nicht preis und lehnten die Auslandseinsätze der Bundeswehr auch weiterhin mit großer Mehrheit ab.

Das war die mentale Lage der Deutschen auch noch zur Zeit des Angriffs Russlands auf die Ukraine am 24. Februar 2022. Sie erklärt den Schock, der in Deutschland besonders ausgeprägt gewesen sein dürfte. Lange hatte man hierzulande verdrängt, dass es sich bei der Parole „Nie wieder Krieg!“ vor allem um eine deutsche Maxime handelte, deren Reichweite insoweit begrenzt war, und dass die Siegermächte der beiden Weltkriege keinen vergleichbaren Schwur abgelegt hatten. Sie hielten den kriegerischen Konfliktaustrag weiterhin für einen normalen Bestandteil ihrer Machtpolitik. Putins Krieg brachte uns die ungebrochene Tradition der kriegerischen Politik nicht nur Russlands, sondern auch der anderen Siegermächte des Zweiten Weltkrieges ins Bewusstsein zurück.

Der Schock über den verlorenen Frieden löste in unserem Land einen unbestimmten Bedrohungsreflex aus, der unmittelbar in den Ruf nach Waffen mündete. Der Bundeskanzler fing diese Stimmung mit seinem Begriff von der „Zeitenwende“ ein, die von Anfang an militärisch akzentuiert war. Mit der Verkündung des 100-Milliarden-Aufrüstungsprogramms schwenkten Politik und Gesellschaft auf einen Kurs ein, der nicht mehr von der Friedenslogik vergangener Jahrzehnte, sondern von der Kriegslogik geprägt war. Wer sich ihr nicht unterwarf, war nunmehr – ganz im Sinne deutschnationaler Vorurteile gegenüber Pazifisten – Anfeindungen und Schmähungen ausgesetzt.

Viele Menschen in unserem Lande befinden sich seitdem in einem schmerzlichen Dilemma: Geprägt durch die lange Friedensära, verstehen sie sich im weitesten Sinne als Kriegsgegner. Gleichzeitig verurteilen sie Putins Angriffskrieg als Verbrechen und als einen schwerwiegenden Bruch des Völkerrechts und verweisen auf das in der UNO-Satzung festgeschriebene Recht auf Selbstverteidigung. Die Unterstützung des überfallenen Landes durch zivile Leistungen aller Art betrachten sie als moralische Pflicht. Etwa die Hälfte der Bevölkerung befürwortet auch – teilweise schweren Herzens – eine Waffenhilfe zur Verteidigung der Ukraine. Innerhalb des bellizistischen Denkmusters gibt es wohl kein Entrinnen aus diesem Dilemma.

Die deutsche Bundesregierung ist bislang nicht mit eigenen Friedensplänen hervorgetreten, obwohl das Grundgesetz sie verpflichtet, „in einem vereinten

Europa dem Frieden der Welt zu dienen“ (Präambel). Daraus lässt sich mit gutem Recht der Auftrag ableiten, mit aller Kraft eigene diplomatische Friedensinitiativen zu ergreifen.

Aktuell – im Sommer 2023 – erleben wir, dass verschiedene Staaten und Staatengruppen nach Wegen aus dem Krieg suchen. Gleichzeitig müssen wir erkennen, dass die wichtigsten Kriegsparteien – also Russland, die Ukraine und die USA – maximale Kriegsziele verfolgen und damit unfähig bzw. nicht bereit zu Kompromissen sind. Die Aussichten für eine baldige Kriegsbeendigung sind also düster. Wir werden uns darauf einstellen müssen, dass der Krieg noch lange dauern kann.

Aber eines Tages wird er beendet sein, und wir sind aufgefordert, uns mit der Frage zu beschäftigen, wie es danach weitergehen soll. Ich sehe folgende Alternative:

Zunächst die negative Variante: Wir bekommen einen neuen Kalten Krieg. Die Feindkonstellation, die der Krieg geschaffen hat, wird zementiert durch einen neuen Eisernen Vorhang, der Europa von der Ostsee bis zum Schwarzen Meer teilt. Militär, Aufrüstung und Feinddenken beherrschen die Politik und die Volkswirtschaften. Sie produzieren eine stete Kriegsgefahr.

Die zweite Variante ist die positive: Sie muss nicht neu erfunden werden, sondern kann an ältere Erfahrungen anknüpfen, nämlich an die Friedens- und Entspannungspolitik seit den 1970er Jahren. Der Kern dieses Modells besteht in der Erkenntnis, dass Sicherheit nicht durch ein militärisches Gegeneinander zu erreichen ist, sondern nur in einem Miteinander. So schwer das heute auch vorstellbar ist: Das Miteinander muss Russland auch künftig einschließen. Aus der Einsicht in die absolute Priorität der Friedensgewinnung und -bewahrung wächst längerfristig neues Vertrauen. Das ist die grundlegende Voraussetzung für eine positive Entwicklung. Die Ideen der „Gemeinsamen Sicherheit“ und des „Gemeinsamen Hauses Europa“ geben die politische Orientierung vor. Die Charta von Paris von 1990 kann das völkerrechtliche Modell für künftige gesamteuropäische Vereinbarungen sein. Es bündelt die wohlverstandenen Interessen aller europäischen Länder.

Welche Macht ist geeignet und in der Lage, einen Weg zu diesem positiven Ziel zu bahnen? Nach meiner Überzeugung kann man diese Frage nur vor dem Hintergrund der Kriegsursachen angemessen beantworten. Anders ausgedrückt: Eine tiefschürfende Kriegsursachenanalyse birgt den Schlüssel für die Gestaltung der Nachkriegszeit. Das bedeutet: In erster Linie sind die wichtigsten Akteure der Vorkriegs- und Kriegsphase – also die USA und Russland – befähigt, den Krieg zu beenden und den Frieden wiederherzustellen. Sie tragen die größte Verantwortung – und nicht etwa die überfallene Ukraine. Ich teile die Auffassung des vormaligen EU-Erweiterungskommissars Günter Verheugen, der unmissverständlich sagte: „Ob es zu einem Waffenstillstand oder in seiner Folge zu einem Friedensschluss kommt, wird sich in Washington entscheiden und nirgends sonst."[1]

Die europäischen Länder haben ihre spezifischen politischen Interessen einzubringen, die keineswegs immer mit denen der USA identisch sein müssen. Vielleicht reift dann auch die im Rückblick gewonnene Erkenntnis, dass die Politik, die zum KSZE-Prozess geführt hat, also zu Sicherheit und Zusammenarbeit in Europa, kein Fehler war, für den sich die deutsche Politik heute entschuldigen müsste. Vielmehr war sie im Kern richtig, wurde aber nicht konsequent genug betrieben. Konkret: In den 1990er Jahren und später ist die große Chance vertan worden, die Zuspitzung der Spannungen mit Russland zu vermeiden und einen europäischen Friedensraum zu schaffen und zu stabilisieren.

Damit sind wir noch einmal bei der Parole „Nie wieder Krieg!" angelangt, die in Deutschland nach dem Weltkrieg 1914-1918 Furore machte. Hat diese Orientierung angesichts des Ukraine-Krieges noch eine Zukunft? Oder ist sie überholt? Nach meiner Überzeugung ist sie weder falsch noch unzeitgemäß, wie es die Bellizisten glauben machen wollen. In ihr steckt nämlich die zentrale Erkenntnis, dass es in der Politik maßgeblich auf den Willen zur Friedensbewahrung ankommt. Nicht umsonst hat Willy Brandt im Jahre 1973, also in seiner Zeit als Bundeskanzler, ein Buch mit seinen Aufsätzen und Reden aus dreißig Jahren mit dem Titel versehen „Der Wille zum Frieden – Perspektiven der Politik".[2] Der Wille zum Frieden löst rationales Handeln aus, also die Aufbietung sämtlicher Strategien zur Kriegsverhütung und der Deeskalation von Gewaltkonflikten.

An diesem unbedingten Willen zum Frieden hat es in der Vorgeschichte des Ukraine-Krieges sowohl im Westen als auch in Russland gefehlt. Stattdessen eskalierte der Konflikt bis hin zum Krieg. Das alles war vermeidbar. Immer mehr Menschen, die sich mit den Ursachen dieses Krieges auseinandersetzen, beginnen allmählich zu begreifen, was es heißt: Dieser Krieg konnte vermieden werden. Die Möglichkeit der Kriegsverhütung war gegeben. Was fehlte, war der

Wille zum Frieden. Stattdessen dominierten Machtinteressen geopolitischer und geoökonomischer Natur.

Bleibt hinzuzufügen: Der Appell „Nie wieder Krieg!“ sollte auch in anderen Teilen der Welt das politische Denken anleiten, etwa in Äthiopien und im Sudan, wo ebenfalls Krieg geführt wird, mit jeweils ungefähr ebenso vielen Toten wie in der Ukraine. Hier wie dort leiden die Zivilbevölkerungen, und hier wie dort wird die für das Überleben notwendige Infrastruktur zerstört. Täglich berichten uns die Medien in Echtzeit über die Werke der Zerstörung und Vernichtung. So ist der Ruf „Nie wieder Krieg!“ leider auch heute hochaktuell. Uns gibt er die Richtung vor für die Zeit nach dem Ende des Ukraine-Krieges, für die Zeit, in der die Arbeit an der Vision einer lebenswerten europäischen Zukunft wieder aufgenommen wird.

Anmerkungen

1 G. Verheugen, Ab wann nahm das Verhängnis seinen Lauf? Zu den Beziehungen zwischen EU, Russland und Ukraine. In: Vorgänge, Nr. 239/240/2023, S. 16
2 Erschienen im Fischer-Taschenbuch-Verlag in Frankfurt am Main

Ute Finckh- Krämer

Versöhnung und Diaspora

Spätestens durch den russischen Angriffskrieg auf die Ukraine seit dem 24. Februar 2022 haben wir gelernt, dass die allgemein als „Russlanddeutsche“ bezeichneten russischsprachigen Menschen, die seit den späten 1980er Jahren nach Deutschland gekommen sind, nicht alle aus dem heutigen Russland stammen. Viele sind in Belarus oder der Ukraine, manche aber in anderen Sowjetrepubliken wie Kasachstan geboren oder haben einen Teil ihres Lebens dort verbracht. Andere sind in der UdSSR zwischen verschiedenen Republiken hin- und hergezogen wie Deutsche zwischen verschiedenen deutschen Bundesländern.

Durch die Unabhängigkeit der einzelnen Sowjetrepubliken waren viele Familien plötzlich nicht nur durch Staatsgrenzen getrennt, sondern es gab nun – im Unterschied zu der Zeit in der UdSSR – verschiedene Staatsangehörigkeiten in der Familie. Gleichzeitig existierte, und das ist zum Teil noch heute so, eine Freizügigkeit (ähnlich der in der Europäischen Union) zwischen Russland und den meisten anderen ehemaligen Sowjetrepubliken, die vor allem von russischsprachigen oder mehrsprachigen Menschen genutzt wurde und wird.

Dadurch haben viele in Russland ukrainische Verwandte oder Bekannte und umgekehrt. Das gilt natürlich auch für die seit dem 24. Februar 2022 in EU-Länder Geflüchteten aus der Ukraine. Und viele in Deutschland lebende Russischsprachige verfügen über Verwandte oder Bekannte sowohl in Russland als auch in der Ukraine. Schon die Annexion der Krim und die russische militärische Unterstützung für die Separatisten im Donbass haben zu Konflikten innerhalb von russisch-ukrainischen Familien und Freundeskreisen geführt, der Angriffskrieg zu vielen weiteren.

Gleichzeitig gibt es zahlreiche Berichte über eine große Hilfsbereitschaft von Russischsprachigen beliebiger Herkunft gegenüber denjenigen, die vor dem Krieg geflüchtet sind. Hilfreich ist dabei mit Sicherheit, dass Journalisten unabhängiger russischer Medien, durch verschärfte Mediengesetze stark gefährdet, genauso in andere Länder geflohen sind wie Russinnen und Russen, denen wegen Antikriegsprotesten hohe Strafen drohten, oder junge Männer, die sich einer Einberufung oder Dienstverpflichtung, mit der sie Teil des völkerrechtswidrigen Angriffkriegs geworden wären, entziehen wollten. Insbesondere haben viele an den Protesten gegen den Krieg in Russland beteiligte Wissenschaftler das Land verlassen – und benötigen genauso Unterstützung wie ihre ukrainischen Kollegen, um weiterhin tätig zu sein. Das betrifft auch und gerade jene, deren Forschungsgebiet Russland und Osteuropa bzw. die postsowjetischen Staaten sind.[1]

Aktuell entstehen durch die Migrationsbewegungen vielfältige neue Beziehungen zwischen Menschen, deren Mutter- oder Zweitsprache Russisch ist und die in Ländern leben bzw. sich aktuell dort aufhalten, wo breite Informationsmöglichkeiten zum Krieg in der Ukraine und seinen Auswirkungen bestehen. Die gemeinsame Sprache ermöglicht eine Verständigung über Gemeinsames und Trennendes. Für eine Versöhnung zwischen Russland und der Ukraine nach Ende des Krieges dürften daher diejenigen, die sich im Exil kennengelernt haben, eine ebenso positive Rolle spielen wie diejenigen, die über biografische Verbindungen zu beiden Staaten verfügen.

Versöhnung ist ein freiwilliger Prozess und nicht zu erzwingen. Er lässt sich aber unterstützen. Gemeinsame Workshops von Journalisten aus dem postsowjetischen Raum,[2] Forschungseinrichtungen, an denen ukrainische und russische Wissenschaftler zusammenarbeiten,[3] Nachbarschafts- und Jugendzentren, die Angebote für alle machen, die Russisch als Mutter- oder Zweitsprache sprechen, egal, wo sie ursprünglich herkommen – sie alle sind in der Lage und aufgerufen, den Versöhnungsprozess zu leisten.

Friedensorganisationen und ihre Mitglieder sollten sich dafür einsetzen, dass russische, belarussische und ukrainische Kriegesdienstverweigerer in der EU gleichermaßen Schutz finden – und natürlich deren Organisationen unterstützen. Auf der Webseite von Connection e.V. finden sich umfangreiche Informationen dazu.[4]

Wer hätte 1945 gedacht, dass bereits wenige Jahre später wieder gemeinsame Tagungen von deutschen und britischen Studenten stattfinden würden? Oder es erste – noch informelle – Austauschprogramme für junge Menschen aus Frankreich und Deutschland geben könnte? Persönliche Kontakte zwischen Menschen führen zur Versöhnung zwischen Staaten und tragen dazu bei, Grenzen unsichtbar zu machen – eine historische Erfahrung, die uns Hoffnung gibt.

Anmerkungen

1 Vgl. Jan Matti Dollbaum: Wissenschaft im Krieg: Die Verantwortung der Regionalstudien und was daraus folgt. In: Russland–Analysen, Nr. 438, 26.6.2023, S. 8-10 – https://www.laender-analysen.de/russland-analysen/438/RusslandAnalysen438.pdf – 4.7.2023

2 Vgl. https://taz.de/Osteuropa-Workshop-in-Riga/!5938250/ – 9.7.2023

3 Wie z. B. am Berliner Zentrum für Osteuropa- und internationale Studien – https://www.zois-berlin.de/ – 9.7.2023

4 https://de.connection-ev.org/ – 9.7.2023

Karsten Packeiser

Von echten und falschen Zeitenwenden

Es ist nicht lange her, da bezog sich die Redewendung „vor dem Krieg“ auf Zeiten, die Jahrzehnte zurücklagen. „Vor dem Krieg“ – das war die Bullerbü-Kindheit meiner deutschen Mutter auf einem Bauernhof in Ostpreußen, das waren die vergleichsweise unbeschwerten Vorschuljahre meiner russischen Schwiegermutter in einem Försterhaus irgendwo bei Moskau – bevor die Deutschen kamen. Inzwischen meinen wir ganz andere Dinge, wenn wir von der Zeit „vor dem Krieg“ sprechen. Nur die Erinnerungen voller Nostalgie an eine untergegangene Ära sind in unserem deutsch-russisch-ukrainischen Freundeskreis ähnlich.

Alle reden von der „Zeitenwende“, seit Kanzler Scholz sie ausgerufen hat. Das Bild gefällt den Politikern und den Autoren der Leitartikel. Dabei ist es in mehrfacher Hinsicht problematisch. Es vermittelt den Eindruck, der Horror, den Wladimir Putin am 24. Februar 2022 mit dem Großangriff auf die Ukraine heraufbeschwor, sei aus dem Nichts über Europa gekommen. Und dann soll der Begriff den Deutschen wohl vermitteln, dass nun alles gut und gerecht ist, was am Tag zuvor noch als inakzeptabel galt. Doch beides stimmt nicht.

Mit „Zeitenwenden“ kenne ich mich ein wenig aus. Einmal spielte sich eine direkt vor meinen Augen ab. Kaum einen Kilometer von meinem Elternhaus in Schleswig-Holstein entfernt, krachte 1989 über Nacht der Eiserne Vorhang zusammen. Einige Monate später flog ich zum ersten Mal in die Sowjetunion, folgte, wie von den „Scorpions“ empfohlen, der Moskwa flussabwärts bis zum Gorki-Park und traf dabei die Liebe meines Lebens. Diese „Zeitenwende“, die so vielen Menschen Freiheit brachte, hatte einen Urheber – Michail Gorbatschow. Der tragische Held, der sein Land reformieren wollte und es dabei verlor, schaffte Erstaunliches: Zum ersten Mal in der Geschichte des Kontinents hätte ganz Europa in Frieden und ohne Feindschaft leben können.

Seit mindestens dreißig Jahren sind die Mächtigen in West und Ost damit beschäftigt gewesen, Gorbatschows Zeitenwende rückabzuwickeln. Es ist ihnen gelungen. Als Putin zum Überfall auf seine Nachbarn in der Ukraine ansetzte, waren die Freundschaftsschwüre jener Zeitenwende längst vergessen und die wichtigen Abrüstungsverträge Makulatur. George Kennan, erfahrener Polit-Stratege in Zeiten der Block-Konfrontation, hatte schon die erste Erweiterungsrunde der NATO als fatalen Fehler gebrandmarkt: „Das ist der Beginn eines neuen Kalten Krieges." Viele Menschen, die sich mit den Beziehungen zwischen Ost und West befassten, ahnten bereits seit Jahren, dass die Entwicklung irgendwann ein schlimmes Ende nehmen würde, auch die, die noch Anfang 2022 nicht mit einem baldigen großen Krieg in Europa rechneten.

Aus meiner Sicht waren drei historische Wegmarken auf der Rutschfahrt in den Abgrund entscheidend: Als die NATO in ihrem Angriffskrieg gegen Jugoslawien die Bomben auf Belgrad prasseln ließ, verloren die Werte des Westens in den Augen vieler Russen schlagartig ihre Glaubwürdigkeit. Als Putin für weitere Amtszeiten ab 2012 in den Kreml zurückkehrte und sich die Verfassung für seinen persönlichen Machterhalt zurechtbog, war klar, dass Russland sich auf den Weg zurück zur lupenreinen Diktatur aufgemacht hatte. Und als auf dem Kiewer Maidan 2014 der Kugelhagel ominöser Scharfschützen die Ukraine in einen Höllenschlund stürzte, stand fest, wo das Epizentrum des neuen Konflikts zwischen Russland und dem Westen liegen würde.

Die Vorgeschichte der aktuellen Katastrophe in den Blick zu nehmen, mindert Putins Schuld an dem derzeitigen Blutvergießen in der Ukraine nicht. Seine Politik zerstört Leben und Gesundheit von Hunderttausenden, vernichtet die Lebenspläne von Millionen und wird traumatisierte Generationen zurücklassen. Aber ein ehrlicher Blick zurück könnte die Augen dafür öffnen, dass in der Ukraine genau genommen drei Kriege gleichzeitig toben – Russlands neoimperialistischer Angriffskrieg, der Stellvertreterkrieg zwischen NATO und Russland sowie bereits seit 2014 ein von Ost und West befeuerter Bürgerkrieg.

Längst steht fest, dass weder Russland, noch die Ukraine oder der Westen ihre erklärten Ziele in diesen Kriegen erreichen werden. Es stimmt, dass derzeit keine Kriegspartei verhandeln will und alle weiter vom Sieg vor sich hinreden. Dazu hat der brillante Heribert Prantl einmal lakonisch festgestellt: „Man kann und soll Verhandlungsbereitschaft auch herbeiverhandeln. Dieser Plan ist viel aussichtsreicher als der Plan, Frieden herbeizubomben." Genau das versuchen bereits viele Staatsmänner aus anderen Teilen der Welt, nur nicht die Europäer.

Eigentlich müsste auch überall im Westen – wo ehrliche Debatten im Gegensatz zu Russland oder zur Ukraine noch nicht verboten sind – allerorts darum gerungen werden, wie die Ukraine vor der Zerstörung gerettet und der Frieden in Europa wiederhergestellt werden könnte. Doch wir erleben das Gegenteil. Entgegen aller Vernunft beherrscht die Mehr-Waffen-für-Kiew-Fraktion unangefochten und weitgehend ohne Widerrede Talkshow-Sofas und Kommentarspalten.

Dabei gibt es im Grunde genommen für ein „Weiter so" genau ein einziges Argument: Sinngemäß lautet es, Putin sei der neue Hitler, der militärisch besiegt werden müsse, damit er nicht ein Land nach dem anderen überfällt. Deutsche Leitmedien haben dieses Narrativ so oft wiederholt, bis niemandem mehr auffiel, dass es dafür keine Belege gab und gibt. Nur die Gleichsetzung mit dem Dritten Reich bietet zudem eine Entschuldigung dafür, dass deutsche Politiker anderen Kriegen und anderen Kriegstreibern in der jüngsten Vergangenheit eher achselzuckend zuschauten – wenn sie nicht wie nach dem amerikanischen Überfall auf den Irak teils am liebsten gleich selbst mitgemacht hätten.

Lange herrschte in Deutschland ein gesellschaftlicher Konsens, die deutschen Menschheitsverbrechen nicht mit Untaten anderer zu relativieren – aus gutem Grund. Dass dieser Konsens aufgekündigt wurde, ist ein besonders unappetitlicher Kollateralschaden der ukrainischen Tragödie. Der industrielle Massenmord der Nationalsozialisten an Juden, Sinti und Roma und behinderten Menschen, aber eben auch der blutrünstige Vernichtungskrieg der Deutschen gegen die Völker der Sowjetunion sind und bleiben historisch beispiellos. Genau aus diesem Grund hätte es niemals wieder Bilder deutscher Panzer mit aufgemaltem Balkenkreuz aus der Ukraine geben dürfen.

Die Idee, Russland „ruinieren" zu wollen, ist inzwischen so omnipräsent, dass sogar die Empathie für die Opfer des Krieges Schritt für Schritt verloren geht. Prominente Stimmen, die Streubomben auf den Wiesen und Feldern der Ukraine gutheißen oder die darüber nachdenken, wie man nach der Rückeroberung der Krim die dortigen Russen vertreiben könnte, mögen dafür ihre Gründe haben. Das Wohlergehen der Ukraine gehört nicht dazu. Medien und Öffentlichkeit sollten diese Heuchelei nicht tolerieren.

Von denjenigen, die es in der Debatte wagen, nach Verhandlungen zu rufen, ist häufig zu hören, man müsse Putin einen Ausweg aus der selbst verschuldeten Sackgasse ermöglichen, damit es nicht zu einer atomaren Eskalation kommt. Das ist nicht ganz verkehrt, aber zu kurz gegriffen. Längst steckt auch der Westen in einer Sackgasse: Zu viele Milliarden wurden verausgabt, zu viele Versprechen gemacht. Es steht unvergleichlich mehr auf dem Spiel als in Afghanistan, wo eine falsche Politik erst nach zwanzig Jahren Militäreinsatz mit dem fluchtartigen Abzug der westlichen Streitkräfte korrigiert worden ist – und das verwüstete Land sich selbst überlassen blieb.

Verantwortungsvolle Politik müsste darauf abzielen, ein Minimum an Vertrauen herzustellen, um nach und nach die aus heutiger Sicht noch unlösbar scheinenden Konflikte beizulegen. Wie dies gelingen könnte, hat der ehemalige OSZE-Diplomat Wolfgang Sporrer skizziert: Lange vor einem Waffenstillstand oder gar einem Frieden lassen sich in jedem Konflikt immer einzelne Themenfelder finden, bei denen Kriegsparteien gleiche Interessen haben. Dies gilt auch in der Ukraine. Zur Abwicklung von Gefangenenaustauschen und über Sicherheitsgarantien für ukrainische Getreideexporte redeten beide Seiten bereits fortlaufend miteinander. Weitere Themen, etwa der Schutz des besetzten Atomkraftwerks Saporischschja vor einem unbeabsichtigten nuklearen Desaster, könnten folgen.

Ein neuer Anlauf zur dauerhaften Überwindung von Kriegsgefahr und Blockdenken wird hingegen wohl noch viel schwerer als in den 1960er und 1970er Jahren. Denn im Unterschied zu damals sind jetzt fast alle zwischenmenschlichen Kontakte zerschlagen, es gibt kaum noch Plattformen für irgendeinen Austausch. In Russland ist wegen gesetzlicher Repressalien jede Form von staatlich nicht gebilligter Zusammenarbeit mit Ausländern riskant. Die EU hat mit ihren Sanktionen nicht nur die meisten Wirtschaftskontakte untersagt, sondern sogar Wissenschaftler- oder Sportler-Treffen. Vom Westen verhängte Verbote und Schikanen machen selbst Familienbesuche über den neuen Eisernen Vorhang hinweg in vielen Fällen unmöglich. Dieser peinliche Fehler wenigstens müsste schnell korrigiert werden.

Doch für die Zeit nach dem Krieg scheint der Kontinent momentan nicht reif zu sein. Ich zweifle, dass echte Änderungen möglich sind, ehe die heute Herrschenden und Regierenden abgewählt worden oder abgetreten sind. Die zerstörte und entvölkerte Ukraine dürfte dann im besten Fall einem europäischen Korea ähneln.

Kurz vor seinem Tod musste Gorbatschow noch miterleben, wie eine Mischung aus Machtgier, Bösartigkeit und Inkompetenz sein Erbe in Trümmer legte. Dass die Bundesrepublik, die ihm unendlich viel verdankt, zu seiner Trauerfeier keinen einzigen offiziellen Abgesandten aus Deutschland anreisen ließ, bildete den schäbigen Tiefpunkt der zuletzt ohnehin wenig überzeugenden deutschen Diplomatie. Trotzdem gilt: Irgendwann werden die Menschen in Europa die Trümmer wieder zusammenfegen – und sich dann vielleicht noch einmal an den großen Reformer mit dem markanten Feuermal auf der Stirn und an seine Zeitenwende erinnern.

Jochen Cornelius-Bundschuh

Mut zur Versöhnung

An der Passerelle der zwei Ufer, einer Brücke, die Straßburg und Kehl verbindet, steht eine Skulptur: Zwei Menschen fallen sich in die Arme. Sie waren Feinde. Sie wagen den Schritt aufeinander zu. Sie versöhnen sich.

Einer von ihnen könnte Colonel Léon Faye sein. Als Mitglied der Resistance in Baden verhaftet und von einem Militärgericht in Freiburg zum Tod verurteilt, verschleppten ihn seine Peiniger in das Konzentrationslager Sonnenburg. Als die sowjetischen Truppen am 30. Januar 1945 heranrückten, wurde er von den Wachleuten gemeinsam mit 817 anderen Gefangenen umgebracht. In seiner Zelle fand sich ein Brief:

„Am 28. Juni wurde ich zum Tode verurteilt. Wenn ihr diesen Brief lest, werde ich nicht mehr am Leben sein … Liebe Freunde, vergesst, dass ich gestorben bin, und steht auf, bahnt den Weg in eine neue Zeit – hoffentlich in eine glücklichere Zeit. Wenn ihr den Weg der Rache wählt, werdet ihr es eines Tages bereuen. Wenn ihr aus meinem Leben, aus meiner Geschichte lernen wollt, dann bewahrt eure Kraft für etwas Besseres als Rache."

Faye öffnet kurz vor seinem Tod mutig seine Arme. Er wirkt mit an einer Versöhnung zwischen Feinden.

Es war ein langer Weg bis zur Überwindung der „Erbfeindschaft" zwischen Deutschland und Frankreich. Bis im Feind der Mitmensch entdeckt wurde, der einen Namen, ein Gesicht, eine Familie hat. Manche Schritte waren schwer. Heute ist das Hinüber und Herüber selbstverständlich: im Elsass wohnen und in

Baden arbeiten, in Straßburg einkaufen, über die Grenze heiraten. Ein friedliches Miteinander von Feinden ist möglich!

Wer Frieden will, muss bereit sein zur Versöhnung! Versöhnung kommt nicht von selbst; sie ist riskant. Wer den ersten Schritt geht, wagt sich ins Ungewisse. Die Aufteilung der Welt in Freund und Feind gerät ins Wanken. Es steht nicht nur die äußere Sicherheit auf dem Spiel, sondern auch der Zusammenhalt und die Machtverteilung im Innern. Denn auf dem Weg der Versöhnung kommen die Opfer und ihr Leid in den Blick – aber auch die, die von Krieg und Konflikt profitiert haben. Versöhnung braucht Mut: sich den Schrecken der Vergangenheit stellen, in der Gegenwart Räume der wechselseitigen Anerkennung entdecken, eine gemeinsame Zukunft denken!

I

Glaube macht Mut, Schritte auf dem Weg der Versöhnung zu gehen. Er kann aber auch missbraucht werden, wie uns die Kriegspredigten des Ersten und Zweiten Weltkriegs oder die Äußerungen des Patriarchen der russisch-orthodoxen Kirche zum russischen Überfall auf die Ukraine zeigen.

Was hilft, damit der Glaube nicht instrumentalisiert wird? Die Bindung an Christus und seinen Weg der Versöhnung. Sein Geist macht uns frei, wenn uns andere Zugehörigkeiten, unser Geschlecht, unsere Nation oder „Rasse“ gefangen nehmen. „Ist jemand in Christus, so ist er eine neue Kreatur; das Alte ist vergangen, siehe: Neues ist geworden.“ Der Geist Christi begrenzt jede menschliche Macht und führt uns zwischen die Fronten. Er stellt uns an die Seite der Opfer und macht uns Mut, Versöhnung zu wagen.

II

Versöhnung beginnt mit der Erkenntnis der Grenzen menschlicher Macht: „Ich bin Mensch und nicht Gott!“ Sie widersetzt sich fundamentalistischen Strategien, Identität durch Abgrenzung zu gewinnen. Sie ermöglicht, das Böse und die Gewalt nicht nur bei den anderen zu suchen, sondern als Gestaltungsaufgabe für uns selbst und im System ernst zu nehmen. Versöhnung gewinnt Kraft aus dem Vertrauen, dass es Gottes Geist ist, der am Ende einen gerechten Frieden schaffen wird. In diesem Vertrauen werden Menschen freier und handlungsfähiger im Umgang mit Konflikten, mit Schuld und Unvorhersehbarem. Statt schwarz-weiß zu zeichnen, sind sie in der Lage, sich in die anderen, selbst in die Feinde hineinzuversetzen. Sie stellen sich auch unauflösbaren Ambivalenzen realistisch, gelassen und mit der Bereitschaft, Verantwortung zu übernehmen. All das ist für demokratische Kulturen (über)lebenswichtig.

III

Gedenkt der Opfer! Denkt an die Menschen, die in diesem und all den anderen Krieg getötet wurden; in deren Leib und Seele sich die Kriege hineingefressen haben; an die, die nach dem Krieg in ihren Familien fehlen werden: Väter, Mütter, Kinder, Großeltern, Geschwister. Die Verletzungen sind grauenhaft, die Zahlen schrecklich hoch – hinter jeder Zahl steckt eine Person, ihre Beziehungen und ihre Geschichte:

Gedenkt der Opfer und lasst sie zu Wort kommen! Die Familie aus Charkiw hat Zuflucht in Deutschland gefunden. Dann kommt die Nachricht: Der Vater ist gefallen. „Wie sollen wir weiterleben?" Eine junge Frau und ihre Mutter sind entsetzt über die Kriegsverbrechen, die die russische Armee in Butscha und anderswo verübt hat; sie sind fassungslos, dass die eigenen Angehörigen in Russland ihren Erzählungen nicht glauben. Junge Männer wollen nicht in das Grauen der Schlachten und fliehen aus der Ukraine oder aus Russland; sie werden als Kriegsdienstverweigerer und Deserteure verfolgt. Soldaten wissen nicht mehr, wie sie ins zivile Leben zurückkehren können; ein ukrainischer Soldat erzählt in der New York Times: „Du kannst das nicht verstehen, wenn du es nicht gerochen hast, das Geräusch nicht im Ohr hast, das Gefühl, was es bedeutet, jemanden zu töten."

Schärft euren Blick für die Opfer! Dann kommen auch die kulturellen und ökologischen Folgen der Kriege in den Blick: unwiederbringlich zerstörte Kulturgüter; Tiere, die sterben; die Schäden, die jede abgefeuerte Munition dem Klima zufügt. Der Horizont weitet sich und wir sehen, wie Menschen im globalen Süden ihre Nahrungsmittel und ihre Energie nicht mehr bezahlen können. Wir erleben, wie bei Sozialleistungen oder bei Freiwilligendiensten gespart wird, um die Mittel für das Militär zu erhöhen. Wir sehen, wie im Jemen im Schatten des Krieges gegen die Ukraine noch leichter und brutaler Krieg geführt wird, weil keiner mehr hinschaut. Wie autoritäre Herrscher die Menschenrechte in ihrem Machtbereich offen mit Füßen treten, weil sie von den Kriegsparteien (politisch und ökonomisch) umworben werden.

IV

In einer globalisierten Welt gibt es keinen anderen Weg zum Frieden als durch internationale Verständigung und Recht. Wer nach dem russischen Überfall auf die Ukraine am 24. Februar 2022 darauf setzt, Sicherheit (und Frieden) künftig durch militärische Stärke erreichen zu können, geht in die Irre. Keines der Probleme, die die Welt derzeit bewegen, lässt sich militärisch lösen: weder der Klimawandel noch die Migration oder die globale soziale Ungerechtigkeit. Wir brauchen eine Weltinnenpolitik mit einem langen Atem, einem weiten Horizont und dem Mut, einen gerechten Frieden zu wagen.

Aber Gesellschaften scheinen die Tendenz zu haben, sich nach dem Recht des Stärkeren zu organisieren. Nur eine konzentrierte Begrenzung von Macht, die breit getragen ist, kann dem widerstehen. Nach der Zeit der Entspannung und Abrüstung ab den 1990er Jahren verloren viele mächtige Akteure in den 2000er Jahren das Interesse an einer Weltordnung, die die unterschiedlichen Interessen und Möglichkeiten der Staaten ernst nimmt und sie durch Recht und Diplomatie gestaltet. Internationale Organisationen wie die UNO oder die OSZE rückten in den Hintergrund.

Stattdessen präsentierten sich Mächtige aus Politik und Wirtschaft beim Weltwirtschaftsforum in Davos oder bei der Sicherheitskonferenz in München und stellten ihre Positionen dar. Viele vertrauten darauf, dass die unsichtbare Hand des Marktes auch in der Außen- und Sicherheitspolitik den Weg in die Zukunft bahnen würde. Und wenn das Ergebnis nicht ihren Interessen entsprach, konnten sie immer noch auf militärische Mittel zurückgreifen. Spätestens seit der Jahrtausendwende galten Kriege wieder als legitimes Mittel der Politik, auch wenn klar war: Ein gerechter und nachhaltiger Frieden war mit militärischen Mitteln nirgendwo zu erringen. Die Ausgaben für Rüstung und Militär stiegen weltweit ins Unermessliche.

Wer auf dem Weg der Versöhnung weiterkommen will, muss diese Entwicklung umkehren. Auf der „großen" politischen Ebene geht es um eine Neuordnung der Macht in der UNO: Der Vorschlag Lichtensteins, dass nach jedem Veto im Sicherheitsrat darüber eine Debatte in der Vollversammlung der UN geführt werden sollte, wäre ein erster Schritt; dass eine Zweidrittelmehrheit der Generalversammlung ein Veto des Sicherheitsrates überstimmen kann, ein zweiter. Er hätte zu einer klaren Verurteilung Russlands geführt. Ein dritter Vorschlag:

Wer militärische Gewalt einsetzt, ohne dass dies durch die UN-Vollversammlung legitimiert ist, dessen Stimmrecht im Sicherheitsrat ruht; das hätte im Irakkrieg auch die USA und Großbritannien betroffen. Wir werden das Völkerrecht und die Menschenrechte langfristig nur sichern und Verstöße begrenzen, wenn die Vereinten Nationen und das internationale Recht in diesem Geist gestärkt werden.

Schon jetzt kann die Staatengemeinschaft Kriegsverbrechen und Verbrechen gegen die Menschlichkeit im Nachhinein strafrechtlich verfolgen, auch wenn die drei „Großen", China, Russland und die USA, sich weigern, sich den Statuten des Internationalen Strafgerichtshofes zu unterwerfen. Um Macht ernsthaft zu begrenzen, brauchen wir aber eine internationale Ordnung, die Menschen, Menschengruppen und Staaten verlässlich vor gewaltsamen Übergriffen schützt. Ob in Ruanda, in Srebrenica, im Jemen oder in der Ukraine – diese Ordnung muss die entsprechenden politischen, rechtlichen und auch die militärischen Mittel zur Verfügung haben, um Völker- und Menschenrechtsverletzungen Einhalt zu gebieten. Wir müssen den Menschen in der Ukraine gegen den brutalen Überfall Russlands beistehen; die Gewalt des vermeintlich Stärkeren, Krieg und Menschenverachtung dürfen sich nicht lohnen!

Wir dürfen uns aber auch nicht von der Kriegslogik mitreißen lassen. Dazu brauchen wir (diplomatische) Strategien, die die Eskalation durchbrechen und Zwischenräume für Verhandlungen aufspüren. Zurzeit sind unsere politischen Debatten in einer Logik der militärischen Eskalation gefangen, wie auf einer steilen Rutschbahn: immer mehr und bessere Waffen bis zum Sieg – auch wenn viele wissen, dass das unrealistisch ist, und sie die damit verbundenen grauenhaften Opfer kennen. Wenn die eine Seite Streubomben benutzt, sieht sich die andere auch dazu berechtigt, auch wenn diese Waffen international geächtet sind. Wir müssen runter von dieser Rutschbahn!

Wichtig sind ein räumlich und zeitlich weiter Horizont: Wie stellen wir uns das Miteinander mit Russland in Europa in fünf, zehn oder dreißig Jahren vor? Wie mit China oder Indien? Die Militärstrategen sagen vorher, dass es in den kommenden Jahren einen Krieg im Indopazifik geben wird. Kann die deutsche Politik und Wirtschaft dann ernsthaft überlegen, U-Boote an Indien zu verkaufen, an eine Atommacht, die aufrüstet und sich mit zwei anderen Atommächten (China und Pakistan) in massiven Konflikten befindet?

V

Diese „große" politische Perspektive wird nur dann eine Chance haben, wenn sie international, national und vor Ort durch starke, plurale Zivilgesellschaften getragen wird. Wir brauchen eine breite und kontroverse politische Debatte über die Ächtung des Krieges und die Durchsetzung eines Gewaltverbots. Wir brauchen eine massive Förderung von zivilen und diplomatischen Formen, Konflikte zu lösen, statt einer weiteren Erhöhung der Militärausgaben. Wir brauchen viele Plätze in (inter-) nationalen Freiwilligendiensten, damit Menschen sich auf den Weg in die Welt und in ihre sozialen und ökologischen Konflikte machen können und erleben, wie wichtig ihr Tun für andere Menschen und das Überleben unseres Planeten ist.

Wir wissen aus unseren Partnerkirchen in Syrien, in Nigeria, in Kamerun: Je mehr Waffen zur Verfügung stehen, desto mehr setzen verfeindete Gruppen auf eigene Stärke und Gewalt, desto weniger suchen sie in Verhandlungen nach einer gemeinsamen Lösung. Wer Waffen produziert und verkauft, fördert den Krieg und erschwert die Versöhnung; wer Frieden will, muss abrüsten. Deshalb brauchen wir eine Debatte zur Rüstungskonversion, auch mit den Menschen, die in diesen Firmen arbeiten und diese Firmen leiten. Und eine politische Diskussion über die Begrenzung der militärischen Mittel auf die Fähigkeiten, die nötig sind, um im Rahmen der UN gemeinsam einen völkerrechtswidrigen Überfall wie den auf die Ukraine abzuwehren.

Friedens- und Klimabewegung, Parteien, Gewerkschaften und Umweltverbände, Flüchtlingsorganisationen, Menschrechts- und Eine-Welt-Gruppen, die Akteure der Zivilgesellschaft müssen sich national und international vernetzen: Wir brauchen international abgesprochene Aktionen gegen Krieg und gruppenbezogene Menschenfeindlichkeit. Gemeinsam haben wir die Kraft, uns den Autokratien entgegenzustellen, die ihre Einflusssphären untereinander aufteilen wollen und dann in ihrem jeweiligen Machtbereich die Rechte von Frauen, von Andersdenkenden, von Verwundbaren und Minderheiten missachten und ihre Interessen mit Gewalt durchsetzen.

VI

Wer den Krieg überwinden und militärische Gewalt eindämmen will, muss auch vor Ort und persönlich heraus aus der Logik, die nur Freund oder Feind kennt, die auf Gewalt setzt, Hass sät und den Feinden ihre Menschlichkeit abspricht. In den Schrecken des Bürgerkrieges mit Boko Haram baut die Partnerkirche der badischen Landeskirche in Nigeria am Frieden. An öffentlichen Schulen haben sie Gruppen gegründet, die christliche und muslimische Jugendliche ein Jahr lang miteinander verbinden: Einer oder eine ist für den oder die andere ein Engel; wie beim Wichteln weiß man nicht, wer sein Engel ist. Sie schicken sich Briefe und versuchen, sich zu unterstützen. Erst am Ende des Jahres erfahren sie, wer da an sie gedacht hat. Oft gibt es überraschte Gesichter und neue Entdeckungen: Das hätte ich von dir nicht gedacht!
Außerdem übernehmen die Jugendlichen Verantwortung für die Gemeinschaft in einer Art Frühwarnsystem: „Wenn ihr in eurer Gemeinschaft etwas hört, dass es zu Übergriffen auf die anderen kommen soll, dann ruft euch an und dann gehen wir gemeinsam – Christinnen und Christen, Muslimas und Muslime – dort hin und versuchen zu vermitteln." Gesicht zeigen, Verantwortung übernehmen, sich keine Angst machen lassen, sondern auf die Kraft der Versöhnung durch Christus trauen: jeder Schritt auf dem Weg zum Frieden ist wichtig.

In diesem Geist wäre es wahrscheinlich klug gewesen, statt nach Kriegsbeginn alle Städtepartnerschaften mit Russland um der moralischen Eindeutigkeit willen auszusetzen, den Kontakt zu halten. Den Partnerinnen und Partnern deutlich zu sagen, dass dieser Krieg Unrecht und völkerrechtswidrig ist, aber eben doch weiter miteinander zu reden. Vielleicht würde sich auch an unseren Einstellungen und unserem Handeln etwas ändern, wenn wir erleben, wie der Krieg die Menschen in Russland bewegt und auch spaltet, bis tief hinein in die Familien. Vor allem aber sollten wir die Menschen stärken, die sich in Russland gegen den Krieg wehren! Zum Beispiel das Ehepaar, das an den Dorfladen im Oblast Twer geschrieben hat: „Verzeih uns, Ukraine!" Der Mann wurde für sechseinhalb Jahre eingesperrt, die Frau für sieben.

Versöhnung braucht Mut; aber sie ist möglich!

Leo Ensel

Abgedrängt an die Ränder! – oder: Wenn einer mit der falschen „Haltung“ sich für Deeskalation einsetzt…

Wie geht es einem Menschen, dessen Lebensthema die Verständigung zwischen Ost und West ist, in der heutigen Zeit am Rande eines neuen Kalten Krieges? Wie kann er sein Anliegen der Deeskalation in der vielfältigen deutschen Medienlandschaft kommunizieren, wenn er auch noch die Position vertritt, dass Russland nicht immer an allem schuld ist? – Ein Lehrstück.

Ich bin kein Kriegskind, aber ein Kind des Kalten Krieges.
Und das Thema „Ost-West“ ist mein Lebensthema.

Angst vor „den Russen“ – Angst vor dem Atomkrieg

Geboren Mitte der 1950er Jahre, aufgewachsen in einem katholisch-konservativen Milieu im Rheinland, bin ich groß geworden mit der Angst vor „den Russen“. Irgendwann würden sie kommen, uns überfallen und ihren schrecklichen Kommunismus hier einführen – jedenfalls dann, wenn die Amerikaner uns nicht beschützen würden!

Anfang der 1970er Jahre, als alle meine Klassenkameraden nach Österreich, Italien, Spanien oder gar nach Griechenland reisten, fuhr ich zum ersten Mal – und von da an alle ein bis zwei Jahre – in die DDR. Ich hatte in Thüringen ein Patenkind. Die höchst umständliche, irgendwie aber auch abenteuerlich-aufregende Reise in das Land hinter der Mauer und Stacheldraht – für uns Westler damals eine Zeitreise um Jahrzehnte zurück –, dieses Pendeln zwischen zwei völlig gegensätzlichen Lebenswelten auf einem Territorium, das mal *ein* Land gewesen war, dies war, so erscheint es mir heute, der Beginn eines lebenslangen Pendelns zwischen Ost und West unter den verschiedensten geopolitischen Rahmenbedingungen. Und es war im Rückblick der Keim für meine späteren interkulturellen Trainings bei lokalen Goethe-Instituten mit Germanistinnen in Mittel-/Osteuropa und im postsowjetischen Raum.

Später, in den 1980er Jahren, löste die Angst vor einem alles vernichtenden Atomkrieg die Angst vor „den Russen" ab. Ich schrieb für die junge westdeutsche Friedensbewegung ein Buch über „Angst und atomare Aufrüstung".[1] Und wie Hundertausende andere Westdeutsche ging ich auf die Straße, um gegen die Stationierung amerikanischer Mittelstreckenraketen zu protestieren, die, so unsere Überzeugung, die Gefahr eines Atomkrieges in Europa dramatisch verschärften. Die Lage schien aussichtslos: Beide Supermächte bis an die Zähne bewaffnet, in einer verhängnisvollen Aufrüstungsspirale verstrickt. Auf jede „Nachrüstung" folgte prompt eine „Nach-Nachrüstung", die Vorwarnzeiten betrugen zum Schluss nur noch vier Minuten – und beide deutsche Staaten mittendrin! Unser Land, die (alte) Bundesrepublik Deutschland, war mit rund 6000 gelagerten Atomsprengköpfen das Land mit der größten Atombombendichte der Welt. Das potentielle Schlachtfeld der Supermächte. Im Ernstfall wäre hier kein Stein auf dem anderen geblieben. Und das wussten wir alle.

„Einer muss anfangen, aufzuhören!" – so lautete eine etwas hilflose Parole. – Und dann geschah ein Wunder.

Michail Gorbatschow

Eine Seite fing wirklich an aufzuhören. Es waren ausgerechnet unsere „Feinde"! Der neue und jugendliche Held auf der weltpolitischen Bühne meinte es ernst. Fünf Jahre später war die Welt eine völlig andere: Die Mauer war gefallen, die kommunistischen Diktaturen in Mittel-/Osteuropa waren – fast überall friedlich – zusammengebrochen, Deutschland wiedervereinigt, aber das Allerwichtigste: Michail Gorbatschow, die Lichtgestalt aus dem Osten mit seiner attraktiven klugen Frau an der Seite hatte uns die Angst vor einem jeden Augenblick drohenden Atomkrieg genommen! Mit Zähigkeit und Klugheit hatte er nichts weniger als den bedeutendsten Abrüstungsvertrag der Weltgeschichte durchgesetzt! Das hatte es im Kalten Krieg noch nie gegeben: Eine ganze Waffen*kategorie* – und zwar die allergefährlichste – wurde in Ost und West restlos verschrottet!

Und es ging weiter: Ende 1990 wurde mit der „Charta von Paris" der Kalte Krieg offiziell für beendet erklärt. NATO und der (damals noch existierende) Warschauer Pakt erklärten feierlich, sich nicht mehr als Feinde zu betrachten.

Der Weg schien frei für Gorbatschows Vision vom „Gemeinsamen Europäischen Haus" – für einen Wimpernschlag der Weltgeschichte schien sogar Kants „Ewiger Frieden" in Reichweite gerückt. Das waren die Träume einer Zeit, in der auf einmal alles doch noch gut zu werden schien.

Die Entdeckung des Ostens

Anfang der 1990er Jahre verfasste ich meine Dissertation über die wechselseitigen Fremd- und Selbstbilder von Ost- und Westdeutschen zu Beginn der Wiedervereinigung;[2] ein Projekt, das ich erst in dessen Verlauf – sozusagen „on the job" – als „ethnologische Feldforschung im eigenen Land", als Form „interkulturellen Lernens" zu begreifen lernte. Ab Mitte der 1990er Jahre dehnte ich als Freelancer bei lokalen Goethe-Instituten, dem DAAD und der Robert Bosch-Stiftung meine Ost-West-Forschungen immer weiter in den Osten, in das Gebiet unserer einstmaligen „Feinde" aus: Nach Mittel-/Osteuropa in die Länder des ehemaligen Warschauer Paktes und in nahezu alle Länder des postsowjetischen Raums. Überall erkundete ich mit Germanistinnen vor Ort – Universitätsdozentinnen, Deutschlehrerinnen und Studentinnen – mit Mitteln des Szenischen Spiels deren Bilder von „den Deutschen" und ihre komplementären nationalen Selbstbilder.

Für mich wurden diese zahlreichen Fahrten in den Osten zu einer einzigen riesigen Entdeckungsreise auf einem bis dato unbekannten Kontinent, der im Kalten Krieg nur ein gigantischer weißer Fleck auf meiner inneren Weltkarte gewesen war. Überall fand ich dieselben Transformationsprobleme vor, überall zeigten sie sich anders. Überall lernte ich außerordentlich freundliche, hilfsbereite Menschen kennen, die alle kein einfaches Leben führten, sich irgendwie durchkämpfen mussten, das auf imponierende Weise auch schafften und mit nicht wenigen von ihnen freundete ich mich an.

Ende der 1990er Jahre war ich zeitweise mit einer jungen russischen Germanistin aus Lipezk liiert und schrieb für sie – stellvertretend für die Germanistikdozentinnen im postsowjetischen Raum – ein Buch über die „Deutschlandbilder in der GUS".[3] Diese deutsch-russische Beziehung war auch der Anlass für eine spätere sehr intensive Recherche der Kriegsroute meines Großvaters,[4] die ihn als Oberstabsarzt der Heeresgruppe Süd ab Juni 1941 von Lemberg über Tarnopol, Uman quer durch die Ukraine bis in den Donbass geführt hatte, wo er vom Winter 1941/42 bis Sommer 1942 in Konstantinowka und Bachmut (damals: Artjomowsk) achtzig Kilometer nordöstlich von Donezk (damals: Stalino), ein Armeelazarett leitete. Ab Sommer 1942 musste er in den Kaukasus bis nach Maikop und von dort Ende des Jahres zurück auf die Tamanhalbinsel, gegenüber der Stadt Kertsch im Osten der Krim, wo er im Frühjahr 1943 die Kämpfe um den sogenannten „Kuban-Brü-ckenkopf" miterlebte.

Als ich dann im Mai 2005 einen Auftrag vom Goethe-Institut Kiew erhielt, gab man mir die Möglichkeit, nicht nur in Kiew, sondern auch im Donbass – in Donezk und Gorlowka (Horliwka); zur Zeit beide Städte im Rebellengebiet – interkulturelle Trainings durchzuführen. Ich nutzte die Gelegenheit, um unmittelbar vor Ort die Spuren meines Großvaters zu erkunden, Kontakt mit Veteranen aufzunehmen und ihnen die Fotos zu schenken, die mein Großvater in ihren Städten während der Besatzungszeit aufgenommen hatte.[5] Und ich bekam in dieser Woche sehr intensiv mit, dass die Menschen im Donbass einen vollkommen anderen Blick auf die politischen Verhältnisse in der Ukraine haben als die Menschen im Westen des Landes – eine Erfahrung, die mir spätestens seit Beginn des Euromaidan, Ende 2013 hilft, auch die andere, in unseren Medien nahezu ausgeblendete Perspektive nachzuvollziehen!

Ein weiteres Projekt war ein Theaterstück[6] über den russischen Tangosänger Pjotr Leschtschenko[7] – ein Superstar in den 1930er Jahren und clandestiner Liebling der Sowjetbürger dieser Epoche, der 1954 in einem Lager bei Bukarest jämmerlich verreckte –, das ich zusammen mit dem Oldenburger Figurentheater „Theater Laboratorium"[8] verfasste und für das ich im Sommer 2006 in Odessa recherchierte.

Hätte man mich damals gefragt, was ich „da im Osten", vor allem im postsowjetischen Raum, eigentlich treiben würde, so hätte ich geantwortet: „Aufräumarbeiten nach dem Ende des Kalten Kriegs!" Und wenn man mich gefragt hätte, was denn mein Lebenstraum wäre, dann hätte ich nur sagen können: „Dass Deutsche und Russen – genauer: EU-Europäer und die Menschen des postsowjetischen Raums – sich alle mal genauso gut verstehen, wie heute die ehemaligen Erbfeinde Deutschland und Frankreich!" Der Kindertraum von einem großen Runden Tisch, an dem alle entspannt sitzen und bei einem gepflegten Essen ein gutes Glas Rotwein zusammen trinken. Dass die Welt nochmal in einen zweiten, vielleicht noch schlimmeren Kalten Krieg hineinschlittern könnte, das war damals jenseits meines Vorstellungsvermögens…

Der neue Kalte Krieg

Aber spätestens seit dem Ukrainekonflikt Ende 2013/Anfang 2014 ist es wieder soweit. Für mich bedeutet dies konkret: Menschen, mit denen ich mich im Verlauf vieler Jahre angefreundet hatte – u.a. in Polen, der Westukraine, dem Donbass und Russland –, streiten sich jetzt untereinander. – Und ich mitten drin!

Und nicht nur das: Themen, Bedrohungen, Ängste aus der Zeit des (ersten) Kalten Krieges, vor allem aus den Nachrüstungszeiten der 1980er Jahre, von denen ich dachte, sie seien durch Gorbatschow glücklich für immer erledigt, werden wieder aktuell. Es ist für mich wie ein Flashback um 35 bis 40 Jahre! Es zerreißt mir das Herz mit ansehen zu müssen, wie das abrüstungspolitische Erbe Michail Gorbatschows, wie alle Rüstungskontroll- und Abrüstungsverträge, und zwar in erster Linie vom „Westen", nach und nach mutwillig an die Wand gefahren werden – und dies von den Öffentlichkeiten in allen direkt und mittelbar betroffenen Ländern völlig apathisch[9] hingenommen wird! Und es macht mich, je nach Stimmung, fassungslos bis zornig, dass ich mit über sechzig Jahren gezwungen bin, mich wieder mit denselben Themen zu befassen wie damals, als ich noch keine Dreißig war!

Nur dass es damals in der Bundesrepublik eine breite, bis in die kleinsten Orte vernetzte Friedensbewegung gab und heute – so gut wie nichts! Ich habe mich in den 1980er Jahren zu Nachrüstungszeiten nicht annähernd so isoliert gefühlt wie heute.

Anfang März 2014 – die Krim war noch Teil der Ukraine – setzte ich mich an den Schreibtisch und machte mir Gedanken über Wege aus der neuen West-Ost-Konfrontation. Sie liefen, kurz gesagt, auf eine Rekonstruktion des Gorbatschow'schen „Gemeinsamen Europäischen Hauses"[10] hinaus und auf die Vision einer partei-, länder- und „block"übergreifenden Bewegung „von unten" – ich nenne sie „Breite Koalition der Vernunft"[11] – für Deeskalation. Und während dieser Zeit des Schreibens, der Neuorientierung im Zeitlupentempo, schien es mir, als hätte ich bisher mein ganzes Leben lang – mit meinem Engagement in der Friedensbewegung der 1980er Jahre, meinem Buch über „Angst und atomare Aufrüstung", meinen zahlreichen Fahrten fast in den gesamten postsowjetischen Raum, meinen interkulturellen Trainings mit russischen, ukrainischen, weißrussischen, kasachstanischen, armenischen etc. Germanistinnen und anderen Ost-West-Aktivitäten – nichts anderes getan, als mich fit zu machen für diese Zeit der erneuten Konfrontation zwischen dem Westen und Russland!

Als „Gorbatschowianer" in „putinfinanzierten Medien"

Es war allerdings für mich erheblich leichter, meine Gedanken zur Deeskalation zu entwickeln, als sie in die Welt zu bringen, geschweige denn zu realisieren! Da halfen mir auch meine Kontakte zum Deutsch-Russischen Forum, dessen Mitglied ich seit einigen Jahren bin, nicht weiter. Seit Frühling 2014 habe ich über 120 Essays verfasst, die ich alle als Variationen des Themas „Deeskalation im Neuen West-Ost-Konflikt" verstehe. Nach einer dreieinhalbjährigen Odyssee durch die deutschen Leitmedien, bei denen ich ausnahmslos Körbe einkassierte, ging ich schließlich im Herbst 2017 auf das Angebot von „RT Deutsch" (heute: „RT DE") ein, dort Texte als Gastautor zu veröffentlichen – wohlwissend, dass ich damit, so wie die Verhältnisse hier nun mal sind, mein Image in den Leitmedien endgültig ruinieren würde! Nachdem ich allerdings x-mal die Erfahrung machen musste, dass Essays, in denen Russland nicht ausschließlich für alles und jedes verantwortlich gemacht wird, gar nicht erst angesehen werden, beschloss ich, frei nach dem Motto „Beware of old men – they've got nothing to lose!" die Möglichkeiten zu nutzen, die mir in unserer „vielfältigen Medienlandschaft" überhaupt noch bleiben. Und siehe da: Alle Themen meiner über 120 Essays, die ich bislang bei „RT DE" veröffentlichte, habe ich mir selbst ausgesucht, „RT DE" hat mich kein einziges Mal inhaltlich zensiert.

Ich frage mich: Warum ist das bei Texten, deren Anliegen nichts anderes als Deeskalation, als die Rettung des Gorbatschow'schen Erbes, als die Verhinderung eines neuen, noch gefährlicheren atomaren Rüstungswettlaufs ist – die allerdings die Hauptschuld für die neue Konfrontation nicht bei Russland, sondern bei uns, im Westen sehen –, warum ist dies in unseren Leitmedien nicht ebenfalls möglich? In den 1980er Jahren wurden nachrüstungskritische Artikel, im „Spiegel", in der „Zeit", im „Stern", in der „Frankfurter Rundschau" – von der „taz" ganz zu schweigen – veröffentlicht. Warum ist das heute – bis auf ganz wenige Ausnahmen, die man suchen kann wie die berühmte Stecknadel im Heuhaufen – nahezu unmöglich?

Kurz: *Die extreme Verengung des Meinungskorridors in unseren „vielfältigen" deutschen Leitmedien bringt es mit sich, dass ich als „eingefleischter Gorbatschowianer" nur noch in „kremlnahen", sprich: „putinfinanzierten" Medien veröffentlichen kann!* By the way: Damit befinde ich mich mittlerweile allerdings in allerbester Gesellschaft, da selbst Gorbatschow höchstpersönlich, den ich in den letzten Jahren zweimal in seiner Stiftung[12] besuchen[13] konnte, mit seinem letzten Buch „Was jetzt auf dem Spiel steht – Mein Beitrag für Frieden und Freiheit"[14] in den deutschen Leitmedien – trotz des zeitgleichen dreißigsten Jahrestags des Mauerfalls – fast ausschließlich ignoriert wurde![15] Eine Ausnahme stellte die „Berliner Zeitung" dar, die ein Interview von Fritz Pleitgen mit Gorbatschow brachte. Auf die Frage, wer Schuld sei an dem Rückfall in die Zeiten des Kalten Krieges, antwortete Gorbatschow: Statt ein System der Konfliktverhütung und Konfliktlösung zu schaffen und die „Charta von Paris" auszubauen, „erklärte der Westen, er habe den Kalten Krieg gewonnen. Dieses Siegergehabe war ein großer Fehler des Westens. Danach ging es los: die Erweiterung der NATO, die militärische Intervention in Jugoslawien, der Rückzug aus dem ABM-Vertrag, dem INF-Vertrag et cetera pp. Was muss jetzt unternommen werden? Das ist die Hauptfrage. Die Erfahrungen der Jahre nach Beendigung des kalten Krieges zeigen ja, dass Probleme gelöst werden können, wenn der politische Wille zum Dialog und zur Wiederherstellung des Vertrauens vorhanden ist." Und zur Ukraine führt Gorbatschow u.a. aus: „Im Laufe vieler Jahre haben die westlichen Mächte die Ukraine beharrlich vor die Wahl gestellt: entweder ist die Ukraine mit ihnen, oder mit Russland. Dabei haben sie nicht nur die Sicherheitsinteressen Russlands unberücksichtigt gelassen. Mehr noch, sie haben sich auch nicht mit Russland beraten, so als ginge es Russland nichts an. Dies widerspricht sowohl dem Geist als auch den Buchstaben der ‚Charta von Paris'."[16]

Abgedrängt an die Ränder

Mein Problem: Mit all meinen Texten, die sich in einer Welt neuen und alten Lagerdenkens um einen Zugang zum Thema „Deeskalation" jenseits der etablierten Narrative – sprich: jenseits der falschen Alternativen, die mir von allen Seiten um die Ohren gehauen werden – bemühen, möchte ich die politische Mitte der Gesellschaft erreichen, jene achtzig Prozent der Bevölkerung, die sich seit Jahren für ein besseres Verhältnis zu Russland aussprechen und ohne die sich nichts ändern wird. Die Mehrzahl dieser Bevölkerungsmehrheit liest aber nicht „RT Deutsch". Die Leit- und anderen Medien, die die Mitte der Gesellschaft bedienen, akzeptieren umgekehrt keine Artikel, die die Russlandpolitik des Westens grundlegend kritisieren – und schon gar nicht von einem Autor, der bereits über hundertmal bei „RT Deutsch" veröffentlicht hat! *Was* er dort geschrieben hat, ist übrigens egal – es reicht, *dass* er dort publiziert hat, um ihn für die Leitmedien in eine publizistische Leiche zu verwandeln! Anders gesagt, ich befinde mich in der klassischen „Loriot-Situation":[17] Die Leitmedien werfen mir vor, mich genau in *der* Ecke zu befinden, in die sie mich jahrelang gedrängt haben. Aber was soll eigentlich der Indikativ? Meine Texte werden von diesen Medien ja noch nicht mal ignoriert!

Mit einem Wort: Ich fühle mich als „Gorbatschowianer" an die Ränder abgedrängt, wo ich mich nach eigenem Empfinden niemals verorten würde.[18] Ich sitze, wie ich die letzte Folge einer achtteiligen biographischen Essay-Serie mal überschrieben habe – und die „RT Deutsch", wie alle meine Texte, unzensiert veröffentlichte – „Zwischen allen Stühlen"![19] Ich bin sicher, dass ich nicht der Einzige bin, dem es mit diesem oder einem anderen Thema so geht – sehe mich daher als „Fall"!

Es ist heute immer viel von „Haltung" die Rede, die Publizisten an den Tag legen sollten. Was auch immer es damit auf sich haben mag – genau das tue ich! Nur halt nicht im fast überall erwünschten Sinne. Aber wenn gut begründete Positionen, die allerdings der in den Leitmedien fast ausschließlich kommunizierten Sicht der Dinge widersprechen, auf Dauer an die Ränder der Gesellschaft abgedrängt werden, dann ist mit unserer Meinungsfreiheit etwas grundsätzlich nicht in Ordnung!

Nachwort, Oktober 2023

Den vorliegenden Text habe ich weitgehend im Sommer 2020 verfasst. Als Hintergrundinformation für eine vom Deutsch-Russischen Forum geplante Diskussion mit einem Journalisten von der „Zeit" und einer Journalistin vom „Spiegel", mit denen man – sprich: jemand mit meiner Sicht der Dinge –, wie man mir sagte, „noch reden könne". Die Diskussion sollte von einem ehemaligen

Studioleiter des ARD-Hörfunks moderiert, gefilmt und dann bei youtube ausgestrahlt werden.

Zu dieser Diskussion ist es nie gekommen. Der Journalist von der „Zeit“ schrieb dem Geschäftsführer des Deutsch-Russischen Forums eine gequälte Absage und bat ihn, diesen Brief für sich zu behalten. (Selbstverständlich habe auch ich ihn nie zu Gesicht bekommen.) Die „Spiegel“-Journalistin – sie hat mittlerweile Karriere bei der Bundesregierung gemacht – antwortete erst gar nicht.

Ein halbes Jahr später fragte mich ein befreundeter Schweizer Journalist, dem ich den Text privat zugänglich gemacht hatte, ob ich nicht bereit wäre, diesen – eigentlich gar nicht zur Veröffentlichung bestimmten Essay – doch zu publizieren. Er sei für die heutige Medienlandschaft, nicht nur in Deutschland, durchaus paradigmatisch. Ich willigte ein, und mein biographischer Essay erschien dann nicht nur im Schweizer „Infosperber“,[20] sondern später noch auf mehreren anderen Plattformen.[21]

Meine Tätigkeit als Gastautor bei „RT DE“ habe ich mit dem 24. Februar 2022 – ich hatte zu diesem Zeitpunkt als „von Putin bezahltes freundliches Gorbatschow-U-Boot“ dort um die 150 Essays veröffentlicht – eingestellt. Nicht aus Angst vor einem – angesichts meiner noch nicht mal ignorierten Texte eh höchst unwahrscheinlichen – Shitstorm, sondern aus bitterer Enttäuschung über die russische Invasion, die ich noch einen Tag zuvor nicht für möglich gehalten hätte. Meine dortigen Veröffentlichungen sind seit Kriegsbeginn im digitalen Orkus verschwunden, wenn auch – mit etwas Knowhow – leicht wieder zum Leben erweckbar.

Der Abschied von „RT DE“ fiel mir insofern nicht allzu schwer, als ich mich parallel dazu in den fünf Jahren meiner Gastautorentätigkeit zumindest auf anderen „Alternativplattformen“ – „Nachdenkseiten“,[22] „infosperber“,[23] „Globalbridge“,[24] „Telepolis“,[25] „Ostexperte“,[26] „Free21“[27] und neuerdings auch in der „Berliner Zeitung“[28] – etwas „etablieren“ konnte. An meiner Kritik an unseren Leitmedien habe ich nichts zurückzunehmen. Der Meinungskorridor hat sich, im Gegenteil, seit dem oben genannten Datum noch weiter verengt und die Ausgrenzung Andersdenkender massiv verschärft!

Anmerkungen

1 https://www.zvab.com/servlet/SearchResults?cm_sp=red-_-leg-_-zvab&kn=ensel%20richtige%20angst
2 https://www.amazon.de/Warum-wir-nicht-leiden-m%C3%B6gen/dp/8192957519
3 http://oops.uni-oldenburg.de/618/13/ensdeu01.pdf
4 https://ostexperte.de/der-wehrmachtsoffizier-der-seinem-land-die-niederlage-wuenschte/
5 https://ostexperte.de/auf-den-spuren-der-deutschen-besatzer-besuch-im-donbass/
6 https://www.nwzonline.de/kultur/theater-im-miniaturformat_a_6,1,1906265028.html
7 https://de.wikipedia.org/wiki/Pjotr_Konstantinowitsch_Leschtschenko
8 https://www.theater-laboratorium.org/
9 https://deutsch.rt.com/meinung/89738-stell-dir-vor-inf-vertrag/
10 https://www.deutsch-russisches-forum.de/portal/wp-content/uploads/2016/05/Stop-Appell-deutsch.pdf
11 https://russiancouncil.ru/analytics-and-comments/analytics/neobkhodima-shirokaya-koalitsiya-razuma/
12 https://ostexperte.de/meeting-gorbatschow/
13 https://www.nwzonline.de/politik/interview-mit-oldenburger-konfliktforscher-gemeinsame-sorge-um-neues-wettruesten_a_50,5,3036431002.html
14 https://ostexperte.de/buchrezension-was-jetzt-auf-dem-spiel-steht/
15 https://www.morgenpost.de/berlin/30jahremauerfall/article227586021/Gorbatschow-Wir-leben-gemeinsam-in-einem-Mehrfamilienhaus.html
16 Ebd.
17 https://www.youtube.com/watch?v=pvTYi49IHsQ
18 Ich kann es auch anders formulieren: Bisweilen fühle ich mich wie ein „invertierter Wolf Biermann". Während dieser – bis zu seiner Ausbürgerung – in seiner Wohnung in Ost-Berlin saß und nur im Westen veröffentlichen konnte, sitze ich im (formal) demokratischen Westen und kann fast nur in Russland bzw. von Russland finanzierten Medien publizieren!
19 https://deutsch.rt.com/meinung/68310-neue-eiszeit-und-welt-in/
20 https://www.infosperber.ch/medien/trends/__trashed-274__trashed/
21 https://ostexperte.de/abgedraengt-an-die-raender/ und https://free21.org/wp-content/uploads/2021/05/02_Ensel_Abgedraengt_an_die_Raender_kleinste-Dateigroesse.pdf
22 https://www.nachdenkseiten.de/?gastautor=leo-ensel
23 https://www.infosperber.ch/?s=leo+ensel
24 https://globalbridge.ch/author/leo-ensel/
25 https://www.heise.de/tp/autoren/?autor=Leo%20Ensel
26 https://ostexperte.de/author/leo-ensel/
27 http://www.free21.org/author/leo-ensel/
28 https://www.berliner-zeitung.de/suche?q=leo%20ensel

Michael von der Schulenburg

Die UN-Charta – Herz und die Seele jeder neuen Friedensarchitektur

Der folgende Artikel ist als Beitrag für die deutsche Friedensbewegung zum Anti-Kriegstag am 1. September 2023 verfasst worden. An diesem Tag vor 84 Jahren entfachte das Deutsche Reich Adolf Hitlers mit dem Überfall auf Polen den Zweiten Weltkrieg und brachte damit unbeschreibliches Unglück und Leiden über Europa und die Welt. Dass es nun gerade die deutsche Friedensbewegung ist, die an die Bedeutung der UN-Charta erinnert, halte ich für besonders wichtig. Denn die UN-Charta war nicht nur die Antwort auf den von Deutschland begonnenen Zweiten Weltkrieg, sondern auch eine Antwort auf die barbarische Nazi-Ideologie einer deutschen Herrenrasse, die zu den schlimmsten Verbrechen der Menschheitsgeschichte führte. Die UN-Charta war die entschiedene Zurückweisung des Versuchs von Nazi-Deutschland, eine neue Weltordnung auf der Basis von Rassismus und militärischer Gewalt zu etablieren.

Nun ist das heutige Deutschland ganz und gar nicht mehr mit dem NS-Regime zu vergleichen, aber doch sollten wir uns Sorgen über eine deutsche Politik machen, die zu einer Militarisierung unserer Außenpolitik führt. Mit dem Schein nach harmlosen Erklärungen wie „ein Mehr an Verantwortung“ zu übernehmen und auf eine „Zeitenwende“ reagieren zu müssen, wird versucht, die aus der historischen Schuld entstandene deutsche militärische Zurückhaltung aufzugeben. Sollten sich die Pläne der jetzigen deutschen Regierung verwirklichen, im Schatten des Ukrainekrieges die Ausgaben für die Aufrüstung der Bundeswehr drastisch zu erhöhen, würde dies Deutschland wieder zur stärksten Militärmacht in Europa machen. Aber wollen wir das wirklich? Oder wäre es nicht gerade für Deutschland der bessere Weg, gemeinsam mit seinen europäischen Partnern den in der UN-Charta vorgezeichneten Weg zu gehen?

Ist eine Weltordnung, die ohne die Androhung oder Anwendung militärischer Gewalt unter Staaten auskommt, in unserer immer aggressiveren Welt überhaupt eine realistische Vorstellung? Ich glaube schon! Wenn wir zurückschauen auf die Zeit des Beschlusses der UN-Charta, waren die fünf entscheidenden Gründungsmitglieder selbst weit von den Prinzipien der Charta entfernt. In großen Teilen der Vereinigten Staaten herrschte noch ein striktes Apartheid-Regime, in der Sowjetunion noch eine mörderische Diktatur, in China ein noch ebenso mörderischer Zivilkrieg, und Großbritannien und Frankreich führten noch Kriege, um ihre früheren Kolonien in der Abhängigkeit zu halten. All das scheint nun weitgehend überwunden. Auch gibt es kaum noch

Kriege zwischen Staaten – der Ukrainekrieg ist ein, wenn auch überaus gefährlicher Ausnahmekrieg. Die Zeit, die UN-Charta wieder ins Zentrum der internationalen Ordnung zu stellen, sollte daher heute wesentlich günstiger sein als noch 1945.

Ohne die Vereinigten Staaten wäre die UN-Charta nach dem Ende des Zweiten Weltkrieges nie zustande gekommen und auch heute wird eine friedliche Weltordnung weitgehend davon abhängen, ob die USA ihre Träume einer von ihr allein beherrschten Weltordnung aufgeben, um wieder zu einer auf den Prinzipien der UN-Charta aufbauenden friedlicheren Weltordnung zurückzufinden. Die Menschheit würde ihr das danken.

Die UN-Charta war der Versuch, den beiden wohl schrecklichsten, zerstörerischsten und mörderischsten Kriegen der Menschheitsgeschichte seit der Zeit der Aufklärung, ein Friedenskonzept der Menschlichkeit entgegenzustellen. Erforderten der Erste und Zweite Weltkrieg in heutiger Währung Trilliarden an Dollar, um immer durchtriebenere Waffensysteme des millionenfachen Tötens zu produzieren und einzusetzen, bestand die UN-Charta gerade mal aus zwanzig Seiten Papier. Damit stand die Kraft der Worte des Friedens den Arsenalen an Waffen des Krieges gegenüber – zwei höchst ungleiche Gegenspieler! Und doch stellen die Prinzipien der UN-Charta und nicht die Apologien der Kriege und militärischer Siege die wirklichen epochalen Errungenschaften der Menschheit dar.

Denn als sich im Juni 1945 in San Francisco fünzig Repräsentanten der alliierten Siegernationen trafen, taten sie etwas unglaublich Revolutionäres. Die nach dem Zweiten Weltkrieg zu entstehende neue Weltordnung sollte nicht mehr, wie noch nach dem Ersten Weltkrieg, durch einen harten Frieden bestimmt werden. Von nun an sollte ein auf gemeinsame Prinzipien aufbauendes kollektives Sicherheitssystem den Weltfrieden bewahren. Alle Nationen, unabhängig von ihrer Größe oder ihrer politischen und wirtschaftlichen Systeme, sollten daran teilhaben. Der einigende Gedanke war: Nie wieder Krieg! Es ging in der UN-Charta nicht um Rache und Vergeltung, und es wurde nicht mehr zwischen gerechten und ungerechten Kriegen oder Siegern und Besiegten unterschieden. Konflikte zwischen Staaten sollten nur noch durch Verhandlungen und nicht mehr durch militärische Gewalt gelöst werden. Die UN-Charta nahm dadurch beide Seiten eines Konfliktes gleichermaßen in die Verantwortung, eine friedliche Lösung zu finden.

In der UN-Charta verpflichten sich die Mitgliedsstaaten zur Gleichberechtigung aller Nationen, der Nichteinmischung in die inneren Angelegenheiten anderer Staaten, der Einhaltung internationaler Vereinbarungen sowie zur internationalen Kooperation und gegenseitigen Toleranz. Herkömmliche Überlegungen, Kriege durch militärische Gleichgewichte zu verhindern, gibt es nicht mehr. Hingegen legt die UN-Charta das Hauptgewicht für den Erhalt eines Friedens auf fundamentale Menschenrechte und die unantastbare Würde eines jeden Menschen unabhängig von seiner Herkunft, Geschlecht und Religion und die Gleichberechtigung zwischen Mann und Frau sowie auf dem Recht aller Menschen auf sozialen und wirtschaftlichen Fortschritt.

Und doch wurde die UN-Charta fast sofort in Frage gestellt. Nur zwanzig Tage nach ihrer Unterzeichnung am 26. Juni 1945 und wenige hundert Kilometer vom Tagungsort San Francisco entfernt explodierte in der Wüste von New Mexico die erste Atombombe. Und noch vor dem Inkrafttreten der UN-Charta am 24. Oktober 1945, wurden durch den Abwurf von nur zwei Atombomben auf japanische Städte vielleicht bis zu einer Viertelmillion Menschen, fast ausschließlich Zivilisten, getötet. Die Jahrtausende alte Überzeugung, dass nur eine militärische Überlegenheit Sicherheit garantieren könne, war so mit einer nie dagewesenen Zerstörungskraft wiedererstanden. Hatten bereits die vorhergegangenen Kriege Weltbrände verursacht, so bestand nun die Möglichkeit, in kürzester Zeit die gesamte Menschheit auszulöschen. Im Kalten Krieg haben dann auch Atomwaffen und nicht die UN-Charta die internationalen Beziehungen bestimmt. Die Hoffnung auf einen Frieden, der sich auf die Zusammenarbeit aller Nationen gründet, wurde durch die Bedrohung einer sich „gegenseitig zugesicherten Vernichtung“ ersetzt.

Die große Tragödie unserer Zeit ist es aber, dass selbst nach dem Ende des Kalten Krieges kein Frieden entstand. Dabei waren die Voraussetzungen dafür ausgesprochen vielversprechend. Mit der Auflösung des Warschauer Paktes und dem Zusammenbruch der Sowjetunion im Jahr 1991 gab es keine Feinde mehr. Der Weg zu einem in der UN-Charta vorgesehenen weltumspannenden Frieden war nun frei. Anfangs schien es auch so, als im Jahre 1990 die auf der UN-Charta aufbauende Charta von Paris für ein neues friedliches Europa feierlich beschlossen wurde.

Nur sahen das die Strategen der USA ganz anders. Indem damals Russland im Chaos versank und China geopolitisch noch keine Rolle spielte, waren die

USA zur alleinigen globalen Supermacht aufgestiegen. Bereits im Jahr 1992, also nur ein Jahr nach dem Zusammenbruch der Sowjetunion, wurde die Wolfowitz-Doktrin formuliert, nach der kein kollektives Sicherheitssystem wie das der UN-Charta, sondern allein die USA, gestützt auf ihre militärische, wirtschaftliche und technologische Übermacht, die internationalen Regeln bestimmen und auch durchsetzen solle. Die Idee einer „regelbasierten Weltordnung" war geboren. Es sollte ein neues „amerikanisches Jahrhundert" werden, wobei durch die NATO die europäischen Staaten in dieses Projekt eingebunden sein würden. So wuchs die NATO von vormals 16 auf heute 32 Mitgliedsstaaten, und das, obwohl seit der Auflösung des Warschauer Paktes die USA und ihre Verbündeten keiner militärischen Bedrohung ausgesetzt waren. Der Zweck war ein anderer – Machterhalt: *„Unser erstes Ziel ist, das Wiederauftreten eines neuen Rivalen auf dem Territorium der ehemaligen Sowjetunion oder woanders zu verhindern"* – so in der Wolfowitz-Doktrin.

Damit war auch die NATO kein Verteidigungsbündnis mehr, sondern hatte sich in ein Machtinstrument der Staaten des „weißen Nordens" unter Führung der USA entwickelt, eines ,,„weißen Nordens", der heute mit gerade mal 11 % der Weltbevölkerung (und abnehmend) eine Minderheit ist, aber dennoch das Recht für sich beansprucht, die Welt durch ein Netz von 700 bis 800 amerikanischer Militärbasen und durch über 60 % der weltweiten Militärausgaben zu dominieren – im Vergleich zu China mit 13 %, Russland mit 4 % und Indien mit 3,6 % der Weltrüstungsausgaben. War die NATO als Verteidigungsbündnis noch UN-Charta konform, ist sie das heute als das einzig bestehende Militärbündnis in der Welt zur Durchsetzung unilateraler Vormachtansprüche nicht mehr. Es sollte daher nicht wundern, dass sich gegen die NATO zunehmend Widerstand unter Nicht-NATO-Staaten formiert. So ist der Ukrainekrieg, in dem es darum geht, eine weitere Ausweitung der NATO in die Ukraine und Georgien zu verhindern, ein Ausdruck dieses Widerstands. Das betrifft in erster Linie Russland, erklärt aber auch, warum es in Asien, in Afrika, dem Mittleren Osten und in Lateinamerika trotz Russlands illegaler Intervention keine Unterstützung für die westliche Ukrainepolitik einer NATO-Ausdehnung gibt.

Die politisch-militärischen Spannungen zwischen den USA und NATO einerseits und Russland und China anderseits scheinen heute einen Tiefpunkt erreicht zu haben, den wir so nicht einmal aus den Zeiten des Kalten Krieges kennen. Es existiert eine sich immer schneller drehende Spirale neuer Sanktionen und Wirtschaftsblockaden. Gleichzeitig haben die globalen Militärausgaben ein noch nie dagewesenes Niveau erreicht – und steigen weiter. Nuklearwaffen werden „modernisiert“, um „intelligenter“ zu werden, und neue Hyperschall-Raketensysteme und Tarnkappenkampfjets sollen sie „sicher“ ins Ziel bringen. Es gibt immer mehr autonome Waffensysteme, die ohne menschliches Zutun operieren und mit Stealth-Technologien und künstlicher Intelligenz ausgerüstet sind. Auch werden Vorbereitungen dafür getroffen, künftig Cyber- und Weltraumkriege führen zu können. Wir geraten immer mehr in eine Situation, in der der Mensch die Kontrolle über militärische Entscheidungen verlieren könnte. Wir scheinen gefangen im Wahnsinn des Krieges.

Dabei sind die drückenden Probleme der Menschheit ganz andere: die Erwärmung der Erdatmosphäre, der steigende Meeresspiegel, die Verwüstung riesiger Regionen, der Mangel an Wasser, und immer noch eine grassierende Armut und weit verbreitete Unterernährung. Hinzu kommen anschwellende Flüchtlings- und Migrantenströme, sich ausbreitende Slums, tödliche Epidemien, begrenzte Rohstoffe und innerstaatliche Konflikte und Gewalt. Keine dieser Probleme werden wir mit Panzern, Raketenwerfern oder gar Massenvernichtungswaffen lösen können.

Das Zerstörungspotential moderner Waffensysteme ist inzwischen für unsere immer enger zusammenrückende Welt viel zu groß geworden, als dass wir rational noch die Wahl zwischen einer Sicherheit durch Waffen oder einem Frieden durch Zusammenarbeit hätten. Vielleicht könnten das sinnlose Töten und Zerstören im Ukrainekrieges der Auslöser dafür sein, uns klar zu werden, dass wir zurück zu einer Friedensordnung kehren müssen, die nicht auf militärischer Überlegenheit und mächtigen Militärblöcken, sondern die auf den Prinzipien der UN-Charta beruht.

Die UN-Charta ist und bleibt Ausdruck der Hoffnung der Menschheit auf Frieden. Sie ist inzwischen von einer Vielzahl an internationalen Konventionen und Vereinbarungen zu fast allen Aspekten unseres menschlichen Zusammenlebens umgeben, angefangen von Menschenrechten bis zum Klimaschutz sowie zu faireren humanitären, sozialen und wirtschaftlichen Beziehungen in der Welt. Ihnen ist gemein, dass sie sich auf die Gewaltlosigkeit zwischen Staaten und der Gleichberechtigung aller Menschen gründen.

So ist das Problem auch nicht die UN-Charta, sondern der Umstand, dass vier der fünf Vetomächte im UN-Sicherheitsrat, und damit die eigentlichen Garanten der UN-Charta, die USA, Großbritannien, Frankreich und nun auch Russland, diese wiederholt verletzten und illegale Kriege geführt haben. Die vier Vetomächte sind alle Staaten des „weißen Nordens", drei von ihnen sind sogar führende Staaten der NATO. Um den künftigen Weltfrieden zu sichern, wird sich das ändern müssen. Den Ländern des „globalen Südens" muss ein größeres Mitsprache- und Entscheidungsrecht im UN-Sicherheitsrat eingeräumt werden. Eine Konsequenz des Ukrainekrieges ist bereits, dass sich die Position des „Globalen Südens" verstärkt hat, während der westliche Drang nach einer von ihnen dominierten Weltordnung sich abzuschwächen beginnt. Ein unvorhergesehenes positives Ergebnis des Ukrainekrieges könnte es also sein, dass er zu einer gerechteren multi-polaren Weltordnung führen wird – einer Weltordnung, für die die UN-Charta ursprünglich entwickelt wurde.

Auch der Ukrainekrieg wird eines Tages zu Ende gehen, und wir werden uns wieder um eine neue Friedensordnung bemühen müssen, um „künftige Geschlechter vor der Geißel des Krieges zu bewahren". Eine friedliche und faire Welt für die bald zehn Milliarden Erdbewohner, von denen neun Milliarden aus dem „Globalen Süden" kommen werden, muss auf den Prinzipien der UN-Charta aufgebaut werden. Die UN-Charta hat daher im Zentrum jeder Friedensbewegung zu stehen.

Max Weber

„Wenn Du den Frieden willst…" – Zum Leitbild des „Gerechten Friedens"

Die 2007 von der Evangelischen Kirche in Deutschland (EKD) verabschiedete Friedensdenkschrift[1] räumt der zivilen Konfliktbearbeitung Vorrang ein und verabschiedet sich damit von dem Axiom des „Gerechten Krieges": „Wer Frieden will, bereite den Krieg vor." Vielmehr gilt: „Wer Frieden will, bereite den Frieden vor." Friede soll durch Recht erreicht werden. Nur im Notfall sei es erlaubt, auf Gewalt zurückzugreifen.[1] Hierfür gelten enggesteckte Grenzen von

Notwehr oder Nothilfe. Die Anwendung von Gewalt ist sieben Kriterien unterworfen, die allesamt erfüllt sein müssen und in Kurzform lauten: Gibt es einen gerechten Grund für den Einsatz von Gewalt und stellt sie das letzte Mittel dar? Ist eine gerechte Absicht vorhanden? Geht die Gewalt von einer legitimen Autorität aus und besteht eine begründete Hoffnung auf Erfolg? Sind die angewandten Mittel verhältnismäßig und wird zwischen Kämpfern und Zivilisten unterschieden? Zweifellos lassen sich die Fragen auseinandergehend beantworten, bieten aber gleichwohl eine Diskussionsgrundlage.

Angewendet auf den Ukrainekrieg sind insbesondere die Verhältnismäßigkeit der eingesetzten Mittel sowie die Unterscheidung zwischen Kämpfern und Zivilisten von Brisanz.[2] Berichte über Kriegsverbrechen gibt es sowohl von russischer als auch von ukrainischer Seite.[3] Es handelt sich dabei zumeist um Angriffe auf Zivilisten oder zumindest deren Inkaufnahme und damit eine Nicht-Unterscheidung zwischen ihnen und den Soldaten.[4] Verschärfend kommt der Gebrauch von völkerrechtlich geächteten Waffen hinzu. „Human Rights Watch" berichtete Anfang 2023 von Antipersonenminen, offenbar von der ukrainischen Seite eingesetzt.[5] Auch von den USA an die Ukraine gelieferte Streumunition gehört inzwischen zum Alltag des Krieges.[6] Beide Waffengattungen halten das Unterscheidungsgebot nicht ein und sind völkerrechtlich geächtet. Hier drängt sich die grundsätzliche Frage auf, inwiefern ein Staat – trotz seiner als legitim erachteten Verteidigung – unterstützt werden darf, wenn er selbst das Völkerrecht bricht.

Zum Waffenexport aus Deutschland stellen sich noch weitreichendere Fragen. Seit Beginn des Krieges sind zuvor als Konsens angesehene „rote Linien" für die Lieferung von Rüstungsgütern nach öffentlichen Diskussionen und angeblichem Druck überschritten worden. Wo aber liegen bei Waffengattungen (tatsächlich) die „roten Linien"? Wenn – wie verschiedentlich vertreten – eine „Pflicht", teils sogar „aus christlicher Nächstenliebe", zur militärischen Unterstützung der Ukraine bestehe,[7] lässt sich dann wirklich (noch) zweifelsfrei bestimmen, wo diese „Pflicht" endet? Und was geschieht, wenn die Waffenlieferungen nicht mehr ausreichen? Würde dann die letzte „rote Linie" überschritten und ein Einsatz von Soldaten aus Deutschland oder anderen Staaten angeordnet?

Diese Fragen sind, soll das oben kurz beschriebene Leitbild nicht ad absurdum geführt werden, vor einer Aussage zu der Legitimität von Waffenlieferungen, schlüssig zu beantworten. Aus meiner Sicht sind zumindest starke Bedenken angebracht, ob tatsächlich alle Kriterien für eine positive Entscheidung erfüllt sind.

Die Diskussion über Rüstungsexporte in die Ukraine findet auch im kirchlichen Bereich statt. Während der Friedensbeauftragte des Rates der EKD, Friedrich Kramer, die Waffenlieferungen anhand der Kriterien ablehnt,[8] sieht die Evangelische Militärseelsorge hierin eine „Pflicht christlicher Nächstenliebe."[9] Dass die Debatte mitunter nicht mit dem notwendigen Respekt geführt wird, zeigte sich beim Evangelischen Kirchentag 2023. Dort kanzelte Thomas de Maizière Pazifisten als „naiv" ab. Dass er den Pazifismus als kritischen Maßstab gleichwohl für notwendig halte, macht das mit seiner Aussage einhergehende Absprechen einer legitimen Sichtweise nicht wett. Genau darin aber liegt ein zentrales Problem der Debatte: Es mangelt an gegenseitigem Respekt sowie an einem ethischen Diskussions- und Orientierungsrahmen, den das „Leitbild des Gerechten Friedens" mit den darin enthaltenen Kriterien bietet, der zugleich die Möglichkeit eröffnet und zulässt, grundsätzliche Fragen zu erörtern und Konflikte auszutragen.[10]

In Deutschland überwiegen derweil militärische Strategien und Lösungsvorschläge. Die Ankündigung des Rüstungsunternehmens Rheinmetall, eine Panzerfabrik in der Ukraine zu errichten, verschiebt erneut eine „rote Linie". Auch die F35-Kampfflugzeuge, die gekauft werden, um in der Lage zu sein, amerikanische Atomwaffen abzuwerfen, sind hier zu nennen, ebenso die Entwicklung des „Future Combat Air System" (FCAS), das vollautonome Waffensysteme beinhalten soll. Die „Zeitenwende" und das Sondervermögen von 100 Milliarden Euro verstärken die eingeschlagene Richtung noch.

Notwendig sind stattdessen Investitionen in eine gemeinsame Sicherheitsarchitektur. Das gilt im Blick auf den Krieg in der Ukraine, aber auch darüber hinaus. Der zentrale Kern sollte dabei in Verhandlungen und Gesprächen liegen. Annette Kurschus, Ratsvorsitzende der EKD, forderte, dass es – selbst wenn es direkte Verhandlungen noch nicht gibt – geboten sei, „Verhandlungen herbeizuverhandeln."[11] Es sind Begegnungs- und Austauschräume zu schaffen, um wieder Vertrauen aufzubauen. Rüstungskontrollverträge stellen hierfür beispielsweise einen Rahmen dar. Aber auch an den direkten Austausch zwischen Russland und der Ukraine ließe sich anknüpfen, etwa im Rahmen von Gefangenenaustauschen. Hier ist auch zu hoffen, dass es dem Ökumenischen Rat der

Kirchen gelingt, mit Friedensinitiativen „die Tür vielleicht wenigstens ein Stück weit öffnen [zu] können, damit endlich die Militärlogik überwunden wird und … [nachgedacht wird] über Wege raus aus der Gewalt."[12]

Ein globaler Blick tut Not: Es gibt mehr als 200 gewaltsame Krisen und Kriege.[13] Hunderte Millionen Menschen sind von Hunger und Armut betroffen, mehr als 108 Millionen Menschen weltweit auf der Flucht.[14] Das Sondervermögen der Bundeswehr ist vor diesem Hintergrund letztlich totes Kapital, das den Rüstungskonzernen, nicht aber dem Frieden dient. Es sollte mehr Geld in zivile und konfliktlösungsorientierte Formen der Zusammenarbeit fließen: Für Konfliktprävention, die Beseitigung globaler ökonomischer Ungerechtigkeiten, den Abbau von Fluchtursachen, gesellschaftlichen Zusammenhalt, Bildung, die Aufnahme von Geflüchteten. Und nicht zuletzt: Um den Klimawandel zu begrenzen, den gerade auch die Emissionen des Militärs anheizen.

Die Generation Y, der ich als zwischen 1981 und 1995 Geborener angehöre, lehnte in einer Umfrage Anfang 2023 mehrheitlich die Lieferung von Kampfpanzern an die Ukraine ab.[15] Dem Soziologen Steffen Mau zufolge liege dies daran, dass es „eine zivile, postheroische, möglicherweise sogar pazifizierte Generation"[16] sei. Umso mehr könnten aber gerade aus ihr wichtige Vorschläge für eine neue Friedensordnung kommen – wenn sie den hierfür nötigen Raum erhielte, der auf einem friedenslogischen Denkansatz beruhen sollte: Statt Freund-Feind-Schemata sind neue, inklusive Formen des Miteinanders zu erlernen. Das gilt für alle Kriege und Konflikte. Denn in einem herrscht Einigkeit: Waffen bringen keinen Frieden. Und gerade das Dazwischen, die Zeit zwischen dem Schweigens der Waffen und dem Erreichen eines gerechten Friedens, ist mit Diplomatie, Geschick und Mut zu gestalten.[17] Hierfür wären 100 Milliarden Euro weit besser investiert.

Anmerkungen

1 Aus Gottes Frieden leben – für gerechten Frieden sorgen. Eine Denkschrift des Rates der Evangelischen Kirche in Deutschland, Gütersloh 2007 – https://bitly.ws/T892 – 26.8.2023, Ziffer 98; ausführliche Darlegungen dazu siehe Max Weber, To Hack Back or Not? Eine friedensethische Analyse von Cyberoperationen vor dem Hintergrund des Leitbilds des Gerechten Friedens. In: Ethik und Gesellschaft, Nr. 2/2021, Tübingen – https://bitly.ws/T87m – 24.8.2023

2 Allgemein besteht die Schwierigkeit, dass die Berichte kaum unabhängig zu überprüfen sind.

3 Vgl. auch Amnesty International, Ukraine: Kampftaktik der ukrainischen Armee gefährdet Zivilpersonen, 2022 – https://bitly.ws/T87tm – 23.8.2023; Kathrin Hondl, Schwere Vorwürfe gegen Russland. In: Tagesschau, 16.3.2023 – https://www.tagesschau.de/ausland/asien/kriegsverbrechen-107.html – 23.8.2023

4 Es geht hier und im Folgenden um eine Analyse der Maßnahmen zur Unterstützung der Ukraine. Dass es sich um einen völkerrechtswidrigen Angriffskrieg Russlands gegen die Ukraine handelt, in dem es auch eine Vielzahl von Berichten über den Einsatz völkerrechtlich geächteter Waffen durch Russland gibt, ist offenkundig; siehe dazu die vorangehende Fußnote.

5 Vgl. Human Rights Watch, Ukraine: Banned Landmines Harm Civilians. Ukraine Should Investigate Forces' Apparent Use; Russian Use Continues, 2023 – https://bitly.ws/T8xh – 23.8.2023

6 Vgl. Nina Barth, Ukraine soll Streumunition bereits einsetzen. In: Tagesschau, 20.7.2023 – https://www.tagesschau.de/ausland/europa/ukraine-streumunition-schwarzmeer-100.html – 23.8.2023

7 Evangelisch.de, Militärseelsorge: Waffenlieferungen sind Pflicht, 2023 – https://bitly.ws/T88x – 23.8.2023

8 Vgl. Friedrich Kramer, So eine Blutmühle kann niemand wollen. In: welt-sichten.org, 2023 – https://bitly.ws/T88q – 23.8.2023

9 Evangelisch.de, Militärseelsorge (wie Anmerkung 7)

10 Das „Leitbild" führt keine fundamentalpazifistischen Gründe an. Trotzdem sind die Kriterien auch für Pazifisten hilfreich, indem Argumente, warum diese nicht erfüllt sind bzw. nicht erreichbar sein können, angeführt werden. Dies würde auch dichotom geführten Debatten um Gesinnungs- oder Verantwortungsethik den Boden entziehen.

11 Annette Kurschus, Ostern ist Widerstand und Widerspruch. In: deutschlandfunk.de, 2023 – https://bitly.ws/T89A – 23.8.2023

12 Heinrich Bedford-Strohm, Weltkirchenrat will Friedensinitiativen starten, 2023. In: evangelisch.de – https://bitly.ws/T88C – 25.8.2023

13 Vgl. Heidelberger Institut für Internationale Konfliktforschung, 2023 –https://bitly.ws/T88G – 21.8.2023

14 Vgl. Kathrin Hondl, So viele Flüchtlinge wie noch nie. In: Tagesschau, 14.6.2023 – https://www.tagesschau.de/ausland/un-fluechtlingszahlen-100.html – 23.8.2023

15 Vgl. Jan Casper, „Eine zivile, postheroische, möglicherweise sogar pazifizierte Generation", 2023. In: – https://lmy.de/sAdnEIgV – 28.8.2023

16 Zitiert in: In: Ebd.

17 Vgl. Martina Fischer, Wie ist dieser Krieg zu deeskalieren und zu beenden? Teil 2. Perspektiven für Sicherheit und einen gerechten Frieden in der Ukraine und Europa, 2023 – https://bitly.ws/T8hV – 23.8.2023

Klaus Moegling

Denunziation des Friedensanliegens – Über den Umgang mit Appellen zur Beendigung des Krieges in der Ukraine

Unabhängig von der Frage, ob die Russische Föderation die Alleinschuld für die militärische Eskalation in der Ukraine trägt oder auch die NATO bzw. einflussreiche NATO-Staaten, wie die USA oder Großbritannien, eine Mitschuld an der Entfesselung des Krieges tragen, versuchten verschiedene Friedensinitiativen, mit Aufrufen und Appellen Unterstützung in der Friedensbewegung sowie in der Bevölkerung zu finden. Das Mittel hierzu waren insbesondere Unterzeichner-Listen auf Internetplattformen oder Webseiten, z.T. verbunden mit Aufrufen zu Kundgebungen und Konferenzen.

Zu nennen sind hier vor allem der von Alice Schwarzer an Bundeskanzler Olaf Scholz gerichtete „Offene Brief" mit über 500 000 Unterzeichnern sowie das weitere gemeinsam von Alice Schwarzer und Sahra Wagenknecht initiierte „Manifest für Frieden" mit über 820 000 Unterzeichnungen auf der Internetplattform Change.org (Stand: Juli 2023).

Zusätzlich gab es eine Erklärung vom International Peace Bureau (IPB) zu Weihnachten 2022/23, der sich nur wenige Tausend internationale Friedensfreunde angeschlossen haben. Auch ein englischsprachiger „Peace Appeal" mit Erstunterzeichnern aus zehn Staaten auf der Internetplattform „Action Network" fand bisher nur etwas über 3 000 internationale Unterzeichner (Stand: April 2023).

Appell für den Frieden

Etwas mehr Zuspruch im internationalen Kontext fand der deutsch-österreichische-schweizerische „Appell für den Frieden" mit bisher etwa 15 000 Unterschriften (Stand Juli 2023). Er fordert von nationalen Regierungen und transnationalen Institutionen, sich vor allem für drei friedenspolitische und -ökologische Maßnahmen stark zu machen:

1. Im Krieg in der Ukraine müssten ab sofort diplomatische Initiativen Vorrang haben. Als unabdingbar gilt dabei eine durch den UN-Generalsekretär geleitete internationale hochrangige und entsprechend legitimierte Kommission, die den Weg für Waffenstillstandsverhandlungen in der Ukraine als Grundlage für Friedenskonsultationen freizumachen habe. Die deutsche, österreichische und die schweizerische Bundesregierung sollten sich mit Nachdruck für eine solche Friedensinitiative beim UN-Generalsekretär engagieren.

2. Bei künftigen Klimaschutzkonferenzen seien Regeln und Vorgaben für eine verbindlichere Berücksichtigung militärisch bedingter CO2-Emissionen zu erarbeiten, welche die einzelnen Staaten zu mehr Transparenz verpflichten. Zugleich seien wirksame Kontrollen und strenge Sanktionen bei nicht erfolgter Beachtung militärisch bedingter CO2-Emissionen im In- und Ausland im Rahmen der nationalen CO2-Bilanzen vorzusehen. Die bisherigen Bestimmungen reichten nicht aus.

3. Der Krieg in der Ukraine, von Rüstungskonzernen gewinnträchtig ausgenutzt, treibt die Aufrüstungsspirale weltweit in ungeahnte Höhen. Zudem sind fast alle wichtigen Rüstungskontroll- und Abrüstungsverträge von den USA und der Russischen Föderation gekündigt oder ausgesetzt worden. Stattdessen sind, von der UN kontrolliert und koordiniert, die vorhandenen Waffenarsenale abzubauen und zu reduzieren. Insbesondere sollte der Atomwaffenverbotsvertrag, von der ICAN erfolgreich in die Vereinten Nationen eingebracht, von den Staaten in einem miteinander abgestimmten und überwachten Prozess unterzeichnet, ratifiziert und anerkannt werden. (Österreich hat den Vertrag bereits bestätigt.)

Für all die verschiedenen friedenspolitischen Initiativen gilt, dass sie in den sozialen Medien wenig Echo gefunden und einem extremen „Shitstorm" ausgesetzt waren. Auch die Verfasser kamen nicht ungeschoren davon: Schmähkritik, Beleidigungen sowie Drohungen waren keine Seltenheit. Es lässt sich eine Verrohung der öffentlichen Debatte über friedenspolitische Inhalte in den sozialen Medien, wie z.B. Facebook oder Twitter, feststellen.

Zudem drängt sich der Eindruck auf, dass organisierte Kräfte mit Decknamen den Schutz der Anonymität nutzen, um Personen, die für Waffenstillstands- und Friedensverhandlungen plädieren, als „Putinknechte", Verräter am ukrainischen Volk, bezahlt von Putin und Ähnliches zu diskreditieren.

Aktuelle Unterzeichnungsmöglichkeiten für einen Waffenstillstand und Friedensverhandlungen in der Ukraine

Offener Brief an den Bundeskanzler
https://www.change.org/p/offener-brief-an-bundeskanzler-scholz

Manifest für Frieden
https://www.change.org/p/manifest-f%C3%BCr-frieden

Christmas Appeal
https://www.christmasappeal.ipb.org/german-de/ (Anfang 2023 beendet)

Peace Appeal
https://actionnetwork.org/petitions/appeal-for-peace/

Deutsch-österreichischer-schweizererischer Appell für den Frieden: Das Töten in der Ukraine muss beendet werden!
https://chng.it/N2ggCS5Q

Appell „Manifest der Achtzigjährigen – die Stimme der Kriegskinder zum Krieg in der Ukraine"
https://www.change.org/p/ein-manifest-der-achtzigj%C3%A4hrigen-die-stimme-der-kriegskinder-zum-krieg-in-der-ukraine

Appell „Frieden schaffen"
https://friedenschaffen.net/

Des Weiteren sind ähnliche Friedensinitiativen u.a. in den Niederlanden, in Finnland, in Dänemark, in Mexiko, Brasilien, Tschechien und Italien bekannt.

„Frieden schaffen!"

Die jüngste Initiative stammt aus der Feder von SPD-Politikern, u.a. vom ältesten Sohn von Willy und Ruth Brandt, Peter Brandt (Historiker und Professor i.R.), Reiner Braun (Internationales Friedensbüro), Reiner Hoffmann (ehemaliger DGB-Vorsitzender) und Michael Müller (Bundesvorsitzender der NaturFreunde Deutschlands). In zwei deutschen Tageszeitungen ist der Aufruf unter dem Titel „Frieden schaffen! Waffenstillstand und Gemeinsame Sicherheit jetzt!" mit bisher knapp 2 000 Unterzeichnern veröffentlicht worden.

Zu ihnen gehören u.a. der ehemalige Bundestagspräsident Wolfgang Thierse, die Ex-Justizministerin Prof. Dr. Herta Däubler-Gmelin, Dr. Margot Käßmann, Theologin und ehem. Ratsvorsitzende der EKD, und Ex-EU-Kommissar Günter Verheugen sowie mehrere Politikwissenschaftler. An Bundeskanzler Olaf Scholz richtet sich der Appell, eine Verhandlungskommission zusammen mit Frankreich und insbesondere mit Brasilien, China, Indien und Indonesien zu bilden; sie solle einen Waffenstillstand und Friedensverhandlungen in der Ukraine bewirken. In dem Text heißt es u. a.: „Mit jedem Tag wächst die Gefahr der Ausweitung der Kampfhandlungen. Der Schatten eines Atomkrieges liegt über Europa. Aber die Welt darf nicht in einen neuen großen Krieg hineinschlittern. Die Welt braucht Frieden. Das Wichtigste ist, alles für einen schnellen Waffenstillstand zu tun, den russischen Angriffskrieg zu stoppen und den Weg zu Verhandlungen zu finden. Aus dem Krieg ist ein blutiger Stellungskrieg geworden, bei dem es nur Verlierer gibt. Ein großer Teil unserer Bürger und Bürgerinnen will nicht, dass es zu einer Gewaltspirale ohne Ende kommt. Statt der Dominanz des Militärs brauchen wir die Sprache der Diplomatie und des Friedens."[1]

Der frühere ukrainische Botschafter in Deutschland, bereits zuvor durch seine drastischen Aussagen, z. B. über Bundeskanzler Scholz als „beleidigter Leberwurst", und sein maßloses und mit großer Dreistigkeit vorgetragenes Verlangen nach Waffenlieferungen aufgefallen, hat sich sofort in einem rüden Ton eingeschaltet. Er schrieb auf Twitter, Brandt und Co. sollten sich mit ihren „senilen Ideen", einen „schnellen Waffenstillstand zu erreichen" und „den Frieden nur mit Russland zu schaffen", zum Teufel scheren.[2] Offenbar wähnt sich der Kriegstreiber Melnyk dem Himmel und „Friedensengeln" nahe.

Der propagandistische Feldzug gegen das „Manifest für Frieden"

Die Aufrufe von Schwarzer und Schwarzer/Wagenknecht griffen auf große und über Jahre hinweg aufgebaute Netzwerke und Publikationsmedien zurück, was – neben dem Bekanntheitsgrad der beiden Persönlichkeiten – die hohe Unterzeichnerzahl erklärt.

Insbesondere das „Manifest für Frieden" stand, verbunden mit einer Großkundgebung am Brandenburger Tor, im Mittelpunkt des öffentlichen Interesses. Es sprach sich gegen eine eskalierende Fortführung des Kriegs in der Ukraine und für sofortige Waffenstillstands- und Friedensverhandlungen aus. Am Schluss heißt es: „Wir fordern den Bundeskanzler auf, die Eskalation der Waffenlieferungen zu stoppen. Jetzt! Er sollte sich auf deutscher wie europäischer Ebene an die Spitze einer starken Allianz für einen Waffenstillstand und für

Friedensverhandlungen setzen. Jetzt! Denn jeder verlorene Tag kostet bis zu 1 000 weitere Menschenleben – und bringt uns einem 3. Weltkrieg näher."

Sogleich setzte der Versuch ein, den Text und die Intentionen der beiden Initiatorinnen zu verfälschen und zu diskreditieren:

1. Den Verfasserinnen unterstellten die Medien sowie führende Politiker, sie hätten im Manifest geschrieben, grundsätzlich gegen Waffenlieferungen an die angegriffene Ukraine zu sein.[3] Sogleich äußerte sich Melnyk abwertend:

„Hallo, ihr beiden Putinschen Handlanger:Innen @SWagenknecht & #Schwarzer, euer Manifest für Verrat der Ukrainer könnt ihr zusammenrollen & gleich in den Mülleimer am Brandenburger Tor werfen."[4] Fakt aber ist: A. Schwarzer/S. Wagenknecht wandten sich gegen eine „Eskalation von Waffenlieferungen", wobei es – ein ganz anderer Sachverhalt – um die Überschreitung „roter Linien" und die Gefahr einer unkontrollierbaren Eskalationsdynamik ging. Jürgen Habermas hat in diesem Zusammenhang von einem „point of no return" gesprochen.[5]

2. Die Verfasserinnen sahen sich einer Täter-Opfer-Umkehr ausgesetzt. Den Vorreiter dabei spielte der Politikwissenschaftler Herfried Münkler,[6] dessen Auslassungen diverse Politiker als Mantra willfährig wiederholten. Der Vorwurf an A. Schwarzer/S. Wagenknecht lautet, sie würden primär die NATO und den Westen als Aggressor sehen – und die Russische Föderation als Opfer. Auch dies ist eine Falschdarstellung. Im Manifest ist der russische Aggressor klar benannt: „Die von Russland brutal überfallene ukrainische Bevölkerung braucht unsere Solidarität."[7] Gleichwohl denunzierte H. Münkler den Text als „gewissenloses Manifest" und kanzelte Schwarzer/Wagenknecht mit den Worten ab: Sie „betreiben mit kenntnislosem Dahergerede Putins Geschäft".[8]

3. Ein weiterer Vorwurf an Schwarzer/Wagenknecht gipfelte darin, sie wollten die Ukraine einem Diktatfrieden der Russischen Föderation ausliefern. So äußerte z. B. Außenministerin A. Baerbock: „Ein Diktatfrieden, wie ihn manche jetzt fordern, das ist kein Frieden. Sondern das wäre die Unterwerfung der Ukraine unter Russland."[9] Fakt aber ist, dass im Manifest steht: „Verhandeln heißt nicht kapitulieren. Verhandeln heißt, Kompromisse machen, auf beiden Seiten. Mit dem Ziel, weitere Hunderttausende Tote und Schlimmeres zu verhindern. Das meinen auch wir, meint auch die Hälfte der deutschen Bevölkerung. Es ist Zeit, uns zuzuhören!"[10] Mit der Akzeptanz eines „Diktatfriedens" hat das nichts zu tun.

4. Sogar Teile der Partei „Die Linke“ haben A. Schwarzer/S. Wagenknecht vorgehalten, sich nicht abzugrenzen und billigend in Kauf zu nehmen, dass Rechtsextreme die Manifest-Kundgebung unterstützen würden.[11] In das gleiche Horn stieß auch der „Spiegel“: „Bei der sogenannten Friedensdemonstration am Samstag in Berlin zeigten sich die Konturen dessen, was Sahra Wagenknecht in Wahrheit anstrebt: eine prorussische, antiamerikanische, national orientierte Sammlungsbewegung. Die AfD reagiert erfreut.“[12] Abgesehen davon, dass bei einer Kundgebung mit mehr als 10 000 Personen nicht zu verhindern ist, dass sich Rechtsextreme unter die Menge mischen, basiert auch dieser Vorwurf auf einer Falschaussage. So ist per Videoaufnahme dokumentiert, dass sich Sahra Wagenknecht vor dem Brandenburger Tor mit folgenden Worten deutlich von rechtsextremer Beteiligung distanziert hat: „Selbstverständlich haben Neonazis und Reichsbürger, die in der Tradition von Regimen stehen, die für die schlimmsten Weltkriege der Menschheitsgeschichte Verantwortung tragen, auf unserer Friedenskundgebung nichts zu suchen.“[13]

Selbst der grüne Co-Parteivorsitzende Omid Nouripour grenzte sich demagogisch ab und erklärte: „Der Vorsitzende der AfD ist einer der Erstunterzeichner des Manifests. Die Linkspartei muss sich fragen lassen, wie sie damit umgehen will, dass eines ihrer bekanntesten Gesichter zusammen mit AfD-Vorsitzenden Papiere unterschreibt.“[14] Nouripours Aussage ist falsch. Keineswegs gehörte der AfD-Vorsitzende zu den 69 Erstunterzeichnern; vielmehr mischte er sich unter die zahlreichen Befürworter des Aufrufs, was – jedem leicht nachvollziehbar – bei einer offenen Unterzeichnungssituation wie bei Change.org nicht zu verhindern ist.

Fazit

Bernhard Trautvetter hat die Kritik am Umgang mit dem „Manifest für Frieden“ auf den Punkt gebracht und verdeutlicht: „Die Kampagne gegen die Friedensbewegung stützt sich auf invalide Behauptungen, sie zersetzt demokratische Strukturen, indem sie Demokratinnen und Demokraten ausgrenzt, sie stärkt Kriegsgewinnler wie die Rüstungskonzerne in den NATO-Staaten sowie Nationalisten wie jene in der AfD, der sie mit der Behauptung, es gebe ein Bündnis unter ihrer Beteiligung, Aufmerksamkeit zukommen lässt; sie wertet den Militarismus auf, indem sie seine Narrative aufgreift; die Kampagne gegen die Friedensbewegung widerspricht den Lebensinteressen der Menschen nicht nur in unserem Land, da sie die Spannungen und die Risiken steigert, die mit der Eskalation der Gewalt verbunden sind. Und sie lenkt von vielen weltweiten Völkerrechtsbrüchen ab, in die NATO-Staaten aktiv verwickelt sind, etwa mit der Formulierung, man sei gegen den Krieg, so als gäbe es keine anderen Kriege etwa in der weiteren Golf-Region oder in Afrika."[15]

Ungeachtet mehrfacher Dementis von A. Schwarzer und S. Wagenknecht sowie anderer Erstunterzeichnern des „Manifests für Frieden" haben maßgebliche Politiker, Akademiker, Politikwissenschaftler und Journalisten ihre Vorurteile gebetsmühlenartig wiederholt. Von einer unabhängigen und kritischen Berichterstattung war die Presse – von wenigen Ausnahmen abgesehen – weit entfernt und weckte eher Erinnerungen an einen „eingebetteten Journalismus". Umso mehr ist von den Medien in der Demokratie zu erwarten, dass sie Argumente konträrer friedenspolitischer Positionen unabhängig und kritisch abwägen. Alle Formen der Berichterstattung mit kriegspropagandistischem Charakter und der Verunglimpfung von Andersdenkenden stehen in einem Gegensatz zum medialen Selbstanspruch als vierter Gewalt in einer Demokratie. Mehr noch: Sie stellen einen schlimmen Beitrag zur Aushöhlung demokratischer Strukturen dar.[16]

Anmerkungen

1 https://www.berliner-zeitung.de/politik-gesellschaft/frieden-fuer-die-ukraine-ein-friedensappell-aus-der-mitte-der-gesellschaft-li.332707, 1.4.2023 – 2.4.2023

2 https://www.deutschlandfunk.de/peter-brandt-initiiert-friedensappell-prominente-spd-mitglieder-unterschreiben-100.html, 1.4.2023 – 1.4.2023

3 Vgl. z.B. https://www.rnd.de/politik/manifest-fuer-frieden-junge-politiker-kontern-petition-von-wagenknecht-und-schwarzer-LDP5L5PETFBXJOEEHGMT4HSCY4.html, 24.2.2023 – 31.3.2023, oder https://www.berliner-zeitung.de/open-source/kommentar-meinung-krieg-waffenlieferungen-ukraine-konflikt-ist-das-manifest-fuer-frieden-ein-manifest-der-unterwerfung-li.321476, 25.2.2023

4 https://www.berliner-zeitung.de/news/annalena-baerbock-schmettert-ukraine-vorstoss-von-wagenknecht-und-schwarzer-ab-manifest-fuer-frieden-li.3166, 25.11.2023 – 30.3.2023

5 Siehe sein Interview in der Süddeutschen Zeitung, wo er sich für die Parallelität der politischen, humanitären und militärischen Unterstützung der Ukraine und für die Forcierung von Waffenstillstands- und Friedensverhandlungen im Sinne einer Doppelstrategie einsetzt:

6 https://www.sueddeutsche.de/projekte/artikel/kultur/juergen-habermas-ukraine-sz-verhandlungen-e159105/?reduced=true, 14.2.2023 – 6.3.2023, (hinter einer Bezahlschranke)

7 Vgl. https://rp-online.de/politik/deutschland/herfried-muenkler-nennt-wagenknecht-schwarzer-manifest-verlogen_aid-84912697, 14.2.2023 – 31.3.2023

8 https://www.change.org/p/manifest-f%C3%BCr-frieden – https://www.berliner-zeitung.de/news/gewissenloses-manifest-berliner-politologe-herfried-muenkler-verurteilt-friedensaufruf-von-alice-schwarzer-und-sahra-wagenknecht-li.317574, 14.2.2023 – 30.3.2023. Mit den Thesen Herfried Münklers setzt sich Matthias Kreck auseinander und gelangt zu folgender Einschätzung: „Die Kritik von Herrn Münkler hält einer wissenschaftlichen Analyse nicht stand. Und wenn er dem hochverehrten Kollegen Habermas als Reaktion auf dessen sehr nachdenklichen Artikel in der ‚Süddeutschen Zeitung' wünscht, dass er ‚etwas mehr Politikwissenschaftler' wäre, dann stellt sich angesichts der wissenschaftlichen Fehler, auf die ich in diesem Artikel hinweise, die Frage, ob Kollege Münkler den Grundkurs über gute wissenschaftliche Praxis besuchen sollte." In: https://www.berliner-zeitung.de/open-source/eine-kritik-an-der-kritik-von-herfried-muenkler-an-dem-manifest-fuer-frieden-li.320045, 21.2.2023 – 2.4.2023

9 https://www.berliner-zeitung.de/news/annalena-baerbock-schmettert-ukraine-vorstoss-von-wagenknecht-und-schwarzer-ab-manifest-fuer-frieden-li.316625,10.2.2023 – 30.3.2023

10 https://www.change.org/p/manifest-f%C3%BCr-frieden

11 Vgl. https://www.mdr.de/nachrichten/deutschland/politik/wagenknecht-schwarzer-manifest-frieden-afd-100.html, 4.3.2023 – 31.3.2023

12 https://www.spiegel.de/wissenschaft/mensch/kundgebung-in-berlin-querfront-ja-aber-bitte-diskret-kolumne-a-9abaaaab-c006-4cca-947a-f81465217086,26.2.2023 – 31.3.2023

13 Zitat nach der YouTube-Originalaufnahme: https://www.google.com/search?q=Sarah+Wagenknechts+Rede+am+Brandenburger+Tor+2023+Abgrenzung+gegen+Rechtsextreme&oq=Sarah+Wagenknechts+Rede+am+Brandenburger+Tor+2023+Abgrenzung+gegen+Rechtsextreme&aqs=chrome..69i57.19759j0j7&sourceid=chrome&ie=UTF-8#fpstate=ive&vld=cid:7c9181da,vid:I0AwgCYNz5s, 25.3.2023–30.3.2023

14 https://www.rnd.de/politik/omid-nouripour-die-aeusserungen-von-frau-wagenknecht-wirken-in-der-ukraine-wie-hohn-E6KEVS7BMNAN5ABYGVOUZY4KIQ.html, 24.2.2023 – 31.3.2023

15 Zitat aus dem noch unveröffentlichten Manuskript von Bernhard Trautvetter (3/ 2023): Die strategische Kommunikation der Militärlobby und die Kampagne gegen die Friedensbewegung

16 Positiv zu nennen ist im Gegensatz hierzu der journalistische Ansatz bei Malte Lehming im „Tagesspiegel", der jeweils fünf wichtige Fragen an die friedenspolitischen Kontrahenten stellt, die es abzuwägen gelte. Vgl. https://www.tagesspiegel.de/internationales/deutschland-streitet-uber-den-richtigen-weg-zum-frieden-beide-seiten-mussen-funf-fragen-beantworten-9359345.html, 16.2.2023 – 31.3.2023

Sahra Wagenknecht

Zurück zur Entspannungspolitik!

> „Wer A sagt, muss nicht B sagen. Er kann auch erkennen, dass A falsch war."   Bertolt Brecht

Der Krieg in der Ukraine und der daraufhin begonnene Wirtschaftskrieg lasten wie ein Alp auf Europa. Viele Menschen wissen nicht mehr, wie sie bei gestiegenen Preisen über die Runden kommen sollen. Der Krieg und die Sanktionspolitik werden mehr und mehr zu einer Belastung für die Demokratie und vergiften das gesellschaftliche Klima. Wer die Strategie, der Ukraine durch Lieferung von Waffen zu einem militärischen Sieg zu verhelfen und Russland in den Ruin zu treiben, infrage stellt, wird schnell als Gehilfe Putins denunziert. Doch die selbstgerechte Moralisierung, das Denken in schwarz und weiß, die Unterteilung in Gut und Böse – sie ist ein Teil des Problems. Ein erster Versöhnungsschritt bestünde darin, wieder den Raum zu öffnen für kritische Meinungen und Zwischentöne, für eine Analyse der Vorgeschichte des Krieges, für eine ehrliche Bilanz der westlichen Politik.

Jeder Krieg ist ein Verbrechen, das gilt auch für den russischen Angriff auf die Ukraine, der zu zigtausenden Toten, Leid und Zerstörung geführt hat. Aber auch der Westen hat im Umgang mit Russland und der Ukraine große Fehler gemacht. Nach dem Ende des Kalten Krieges gab es die Chance, ein gemeinsames Haus Europa zu bauen, in dem sich keine militärischen Blöcke mehr feindlich gegenüberstehen. Der Weg war frei für eine Weltordnung auf Basis der UN-Charta mit friedlichen und fairen Beziehungen zwischen gleichberechtigten Staaten. Doch schon kurz nach der Auflösung des Warschauer Pakts wurde in den USA die Wolfowitz-Doktrin formuliert, nach der kein kollektives Sicherheitssystem, sondern allein die USA als verbliebene Supermacht die Regeln einer „Neuen Weltordnung" bestimmen sollten.[1] Das Bestreben, die Doktrin durchzusetzen, erfolgte und erfolgt mit Gewalt, mit völkerrechtswidrigen Kriegen und mehr oder weniger offenen Operationen zum Regimewechsel – auch und gerade in Staaten, die enge Verbindungen zu Russland unterhielten. Parallel dazu ist die NATO in mehreren Runden gen Osten erweitert worden. Obwohl man wusste, dass dies für Russland eine rote Linie darstellt, bot die NATO der Ukraine im Jahr 2008 eine Beitrittsperspektive an. Gegen ausdrückliche Proteste der russischen Führung nahmen die USA Raketenbasen in Rumänien und Polen in Betrieb.

Auch die Europäische Union beging einen schweren Fehler, als sie die Ukraine im Rahmen von Verhandlungen über ein Assoziierungsabkommen nötigte, sich zwischen der EU einerseits und guten Beziehungen zu Russland andererseits zu entscheiden. Es hätte klar sein müssen, dass eine solche Ausschließlichkeitsformel ein Land wie die Ukraine mit ihrer heterogenen Bevölkerung zerreißen würde. Der Sturz des damaligen ukrainischen Präsidenten Janukowitsch im Februar 2014 löste denn auch einen Bürgerkrieg aus, in den nicht nur Russland mit der Annexion der Krim und der Unterstützung separatistischer Bestrebungen im Donbass eingriff. Schon zuvor nutzten die USA die Proteststimmung in der Ukraine, um auf eine rasche Absetzung des gewählten Präsidenten zu drängen und Jazenjuk als neuen Regierungschef der Ukraine zu etablieren, wie ein abgehörtes Telefonat belegt, welches die damalige für Europa zuständige US-Diplomatin Victoria Nuland mit dem US-Botschafter in Kiew führte. Obwohl sich Nuland in dem Gespräch mehr als abfällig über die EU äußerte[2] und rechtsextreme Kräfte bei der gewaltsamen Absetzung des im Jahr 2010 gewählten Präsidenten Janukowitsch eine wichtige Rolle spielten,[3] wird der Umsturz in der Ukraine „bei uns dargestellt als eine demokratische Revolution von begeisterten Pro-Europäern. Das war eine fabelhafte PR-Nummer, denn es ist nur ein Ausschnitt der Wahrheit. Es war ein vorbereiteter Staatsstreich. Die ersten Maßnahmen der Übergangsregierung waren gegen die russischstämmige Bevölkerung in der Ukraine gerichtet“,[4] so der ehemalige EU-Kommissar Günter Verheugen.

Zwar kam es unter Vermittlung von Deutschland und Frankreich zu den Friedensabkommen von Minsk, auf deren Einhaltung jedoch die Bundesregierung kaum gedrängt hat. Im Nachhinein erklärte die ehemalige Kanzlerin Merkel sogar, dass das Minsker Abkommen nur der Versuch gewesen sei, „der Ukraine Zeit zu geben. Sie hat diese Zeit auch genutzt, um stärker zu werden, wie man heute sieht.“[5] Im Jahr 2019 hat die Ukraine eine Mitgliedschaft in der NATO als Ziel in ihrer Verfassung verankert, und das Erreichen dieses Plans schritt auch stetig voran. Allein 2021 wurden sechs Militärmanöver mit ausländischer Beteiligung in der Ukraine abgehalten und die Präsenz von bis zu 4 000 US- und NATO-Soldaten zugelassen.[6] Um den Druck auf die NATO in Sachen Beitritt der Ukraine zu erhöhen, drohte Präsident Selenskyi im April 2021 mit der Wiederanschaffung von Atomwaffen.[7] Bei einer Rede im Oktober 2022 forderte er die NATO sogar auf, die „Möglichkeit eines Atomwaffeneinsatzes durch Russland" mit Hilfe von „Präventivschlägen" auszuschließen, „damit sie wissen, was ihnen blüht, wenn sie sie anwenden."[8] Auch wenn er es nicht so gemeint haben soll: Diese wie auch diverse russische Drohungen mit dem Einsatz von Atomwaffen zeigen, in welch brandgefährliche Sackgasse uns die Konfrontationspolitik geführt hat. Wir brauchen eine Rückkehr zur Entspannungspolitik, um eine weitere Eskalation zu verhindern. Ohne sie lassen sich auch drängende globale Probleme wie Erderwärmung und Umweltzerstörung nicht bewältigen.

Wie eine Politik der Entspannung funktionieren kann, haben Vermittler u. a. aus Israel im Frühjahr 2022 demonstriert. Der ehemalige israelische Regierungschef Naftali Bennett hat damals mit Selenskyi und mit Putin gesprochen, hat sich von beiden Seiten den Konflikt und die jeweiligen Interessen schildern lassen und auf Basis dessen versucht, Kompromisse zu finden. Ihm zufolge waren die Verhandlungen auf einem guten Weg: Russland war offenbar bereit, den territorialen Status Quo vor dem Krieg wieder herzustellen und Truppen aus der Ukraine zurückzuziehen, wenn die Ukraine ihrerseits auf einen NATO-Beitritt verzichtet. Auch über die Zukunft des Donbass und der Krim sowie Sicherheitsgarantien für die Ukraine wurde intensiv gesprochen – und so Bennett wörtlich: „Ich behaupte, dass es eine gute Chance auf einen Waffenstillstand gab, wenn sie ihn nicht verhindert hätten"[9] – und mit „sie" meint er führende NATO-Staaten, mit denen er jeden seiner Schritte eng abgestimmt hatte.

Wie viel Leid und Zerstörung wären vermieden worden, wenn man im März 2022 die Verhandlungen über einen Verständigungsfrieden zwischen der Ukraine und Russland unterstützt hätte? Stattdessen beschlossen die USA und ihre Verbündeten auf dem Gipfel in Ramstein im April 2022 die Lieferung von Panzern und anderen schweren Waffen. Bis Ende Mai 2023 unterstützte der Westen die Ukraine mit Waffen und Munition im Wert von mehr als 73 Milliarden Euro[10] – inzwischen liefern die USA sogar Streubomben, obwohl sie aufgrund ihrer verheerenden Folgen für die Zivilbevölkerung international geächtet sind.[11] Das Ergebnis dieser Politik ist desaströs für (fast) alle Seiten. Hunderttausende Ukrainer und Russen dürften bereits getötet, verstümmelt oder traumatisiert sein, Millionen Menschen sind geflüchtet, große Teile der ukrainischen Infrastruktur liegen in Trümmern, und mit einer raschen Rückeroberung des Donbass und der Krim ist ebenso wenig zu rechnen wie mit einer baldigen Aufnahme der Ukraine in EU und NATO. Russland hat mit der Invasion den ukrainischen Nationalismus weiter angefacht und statt die NATO auf Distanz zu halten, rückte sie mit dem Beitritt von Schweden und Finnland noch näher. Derweil hat sich Europa mit den Sanktionen gegen Russland selbst ins Knie geschossen. Insbesondere Deutschland drohen mit dem Wegfall günstiger Rohstofflieferungen der wirtschaftliche Abstieg, eine Deindustrialisierung und der Verlust von Millionen Arbeitsplätzen. Als politisches Anhängsel der USA verliert Europa an wirtschaftlicher Stärke und Einfluss in der Welt, während viele Schwellenländer beginnen, sich – auch als Reaktion auf die Sanktionspolitik – zusammenzuschließen.

Der Krieg in der Ukraine ist auf ein Versagen der Politik und der Diplomatie zurückzuführen. Er wäre zu verhindern und längst zu beenden gewesen, und er kann nicht durch die Lieferung von immer mehr Waffen und weitere Sanktionspakete, sondern nur durch Verhandlungen über einen Kompromissfrieden beendet werden. Der erste Schritt dazu wäre, die irreale Hoffnung auf einen ukrainischen „Siegfrieden" aufzugeben. Weitere Unterstützung der Ukraine ließe sich entsprechend an die Bedingung knüpfen, dass die ukrainische Führung wieder zu Verhandlungen mit Russland bereit ist. Die Waffen müssen endlich schweigen – mit der Perspektive, dass die Bevölkerung im Donbass in einigen Jahren selbst in einer Abstimmung unter internationaler Aufsicht entscheidet, wem sie zugehören will.

Zur Entspannung könnte es auch beitragen, wenn sinnlose Sanktionen aufgehoben und die Beziehungen mit Russland auf dem Feld der Kultur und des Sports normalisiert und der Austausch auf lokaler Ebene, etwa durch Städtepartnerschaften, wieder gepflegt würden. Und was spricht eigentlich dagegen, dass Deutschland die Nord-Stream-Pipelines repariert und wieder Gas aus Russland bezieht? Es gibt keinen anderen Weg als den einer Rückkehr zur Entspannungspolitik. Mit jeder Lieferung von Waffen wächst die Gefahr, dass dieser Krieg vollends eskaliert. Wir stehen so dicht vor einem Atomkrieg wie vielleicht nie zuvor in der Geschichte. Und was haben wir eigentlich aus unserer eigenen, schrecklichen Geschichte gelernt? Besteht unsere historische Verantwortung nicht gerade darin, für Ausgleich und Verständigung mit Russland einzutreten, statt Panzer für einen Stellvertreterkrieg gegen Russland zu liefern? Es gibt für diesen Konflikt keine militärische Lösung. Wir müssen endlich ausbrechen aus einer Spirale der Aufrüstung, Eskalation und Gewalt.

Anmerkungen

1 Michael von der Schulenburg, Die UN-Charta muss im Zentrum jeder Friedensbewegung stehen. In: Telepolis, 21. August 2023 – https://www.telepolis.de/features/Die-UN-Charta-muss-im-Zentrum-jeder-Friedensbewegung-stehen-9270305.html

2 „Fuck the EU“ bringt US-Diplomatin in Erklärungsnot. In: Die Welt, 7.2.2014 – https://www.welt.de/politik/ausland/article124612220/Fuck-the-EU-bringt-US-Diplomatin-in-Erklaerungsnot.html

3 „Jeder Ukrainer soll eine Schusswaffe tragen dürfen“. In: Der Spiegel, 23.4.2014 https://www.spiegel.de/politik/ausland/ukraine-krise-interview-mit-rechter-sektor-kommandeur-jarosch-a-965498.html

4 „Das Gemetzel muss beendet werden.“ Interview mit Günther Verheugen. In: Weser Kurier, 28.8.2023

5 „Hatten Sie gedacht, ich komme mit Pferdeschwanz?“ Interview mit Angela Merkel. In: Die Zeit, 7.12.2022

6 Ukraine lässt mehr NATO-Soldaten ins Land. In: RedaktionsNetzwerk Deutschland (RND), 26.1.2021 – https://www.rnd.de/politik/ukraine-lasst-mehr-nato-soldaten-ins-land-ausbildung-fur-kampf-gegen-separatisten-FZCJ2SGTHACNS2O25TYPC34OGY.html

7 Ukraine droht der NATO mit Wiederanschaffung von Atomwaffen. In: RND, 15.4.2021 – https://www.rnd.de/politik/ukraine-droht-der-nato-mit-wiederanschaffung-von-atomwaffen-4R53QMGBO6TFU6N6JEP5YG5PMY.html

8 Selenskyj spricht von Nato-Präventivschlägen – Kreml warnt vor „Drittem Weltkrieg“. In: RND, 7.10.2022 – https://www.rnd.de/politik/russischer-atomwaffen-einsatz-selenskyj-spricht-von-praeventivschlaegen-kreml-warnt-vor-weltkrieg-TDMSCUMHBTDJGJW6ZXGJEHU43E.html

9 Das Interview ist im Internet abrufbar unter: https://www.youtube.com/watch?v=qK9tLDeWBzs

10 Die Ukraine will wieder verstärkt Waffen produzieren. In: Handelsblatt, 1.8.2023 – https://www.handelsblatt.com/politik/international/ruestung-die-ukraine-will-wieder-verstaerkt-selbst-waffen-produzieren/29287684.html

11 USA liefern Streumunition an die Ukraine. In: Tagesschau, 8.7.2023 – https://www.tagesschau.de/ausland/amerika/usa-streumunition-ukraine-100.htm

Maria Buchwitz

Versöhnung im Krieg als christliche Aufgabe

„Audiatur et altera pars“ – „Man höre auch die andere Seite“
Inschrift im Saal des Westfälischen Friedens Münster

Versöhnung in Kriegszeiten ist viel schwieriger als in „normalen“ Zeiten. Krieg polarisiert und entwickelt eine brutale Eigendynamik. Jede Seite meint sich im Recht – es geht um Schwarz oder Weiß, um Sieg oder Niederlage. Die Standpunkte sind fest zementiert. Versöhnung hingegen setzt voraus, die Gegenseite mit den ihr eigenen Erfahrungen und Hintergründen „wahr zu nehmen“ und zu verstehen. Sie kommt nicht umhin, sich um die Wahrheit zu bemühen, die es in Kriegszeiten schwer hat, da diese immer begleitet sind von Propaganda auf beiden Seiten, mit Aufrüstung nicht nur des Militärs, sondern auch der Sprache, dem Aufbau von Feindbildern, ja mit der Entmenschlichung des Gegners. Jede Seite sucht Gründe, um den Krieg, der immer verbrecherisch und unmenschlich ist, der zahllose Menschen ihrer Heimat beraubt und traumatisierte Generationen hinterlässt, zu rechtfertigen. Der alte Satz „Im Krieg stirbt als erstes die Wahrheit“, gilt leider immer noch. Nicht umsonst war für Mahatma Gandhi, der sich sein ganzes Leben für Versöhnung zwischen Hindus und Muslimen starkmachte, die Suche nach der Wahrheit Lebensprinzip, bedeutete der Glaube an Gott für ihn Hingabe an Wahrheit und Wahrhaftigkeit. Nicht umsonst wurde in Südafrika 1996 von dem damaligen Präsidenten Nelson Mandela eine Wahrheits- und Versöhnungskommission geschaffen. Ohne die aufrichtige Suche nach der Wahrheit, auch nach den Umständen, die zum Krieg geführt haben, bleibt der Weg zur Versöhnung versperrt.

Zur Vorgeschichte des Ukrainekrieges

Der Angriff Russlands auf die Ukraine am 24. Februar 2022 ist ein nicht zu rechtfertigender Völkerrechtsbruch. Die NATO-Staaten unter Führung der USA tragen daran jedoch eine Mitschuld durch die Vorgeschichte, wobei wichtige Weichenstellungen hier nur skizzierbar sind. Verantwortlich für die kontinuierliche Verschlechterung der Beziehungen des Westens zu Russland war nach der

Auflösung des Warschauer Paktes und der Sowjetunion 1991 der Beschluss, entgegen mehrfach belegter mündlicher Vereinbarungen zwischen den damaligen Außenministern James Baker(USA), Deutschlands Hans-Dietrich Genscher und dem russischen Präsidenten Gorbatschow, die NATO kontinuierlich nach Osten hin zu erweitern. Hochrangige Berater und Politiker der USA, u. a. George Kennan, William Perry und William Burns warnten mehrfach davor, dass die Präsenz der NATO in der Ukraine die rote Linie Russlands überschreite und zu gewaltsamen Vergeltungsschlägen führen würde.

Hinzu kam der Sturz des rechtmäßig gewählten ukrainischen Präsidenten Victor Janukowitsch im Jahr 2014. Die neue von den USA mit massivem Militär unterstützte Regierung unter Präsident Poroschenko, ab 2019 von Präsident Selenskyj, wurde von großen Teilen der russischsprachigen Bevölkerung in der Ostukraine nicht anerkannt, was einen acht Jahre dauernden Bürgerkrieg nach sich zog. Das im Februar 2015 zwischen der Ukraine, Russland, Deutschland und Frankreich ausgehandelte Friedensabkommen Minsk II, zu dessen Realisierung sich die deutsche Bundesregierung in der UNO-Resolution 2202 verpflichtet hatte, ist laut mehrfacher öffentlicher Aussagen der ehemaligen Bundeskanzlerin, jedoch auch von französischer und ukrainischer Seite, nicht ernst genommen worden. Mehrfache Gesprächsangebote von Seiten Russlands, zuletzt noch im Februar 2022, über eine Entschärfung der angespannten Lage zu verhandeln, blieben von Seiten der NATO unbeantwortet.

Zur politischen und gesellschaftlichen Debatte des Ukrainekrieges

In der politischen Debatte zum Krieg in der Ukraine findet gegenwärtig – mit kräftiger Unterstützung der Leitmedien – die Umwertung aller Werte statt, die Jahrzehnte lang unsere Außenpolitik bestimmt haben: vom Ziel der Rüstungskontrolle und Abrüstung zur Aufrüstung, der vertrauensbildenden Maßnahmen, einer Politik der guten Nachbarschaft, zur scheinbar durch die sogenannte Zeitenwende begründeten notwendigen Konfrontation. Sicherheit wird nicht mehr gemeinsam mit, sondern gegen Russland gesucht, wie es die deutsche Außenministerin kürzlich beim Namen nannte. Unsere Freiheit und Sicherheit würde auch in der Ukraine verteidigt, heißt es – wie einst am Hindukusch. Unberücksichtigt bleibt, dass damit auch die Freiheit gemeint ist, angesichts immer knapper werdender Ressourcen unseren Wohlstand auf Kosten eines großen Teils der Menschheit zu verteidigen, so im Weißbuch der Bundeswehr nachzulesen. Zudem ist der Krieg in Europa bereits zurück seit dem völkerrechtswidrigen Angriffskrieg der NATO in Jugoslawien im Jahr 1999. Kriege und gewaltsame Konflikte sind seit Jahrzehnten Bestandteil des Alltags in vielen Ländern Afrikas, Südamerikas und anderen Staaten wie Afghanistan, Irak oder Libyen, die reichliche Erfahrungen mit völkerrechtswidrigen Kriegen der NATO-Länder gemacht haben. So erklärt sich, dass der globale Blick auf den Krieg in der Ukraine ein gänzlich anderer ist als der unsere. Dass wir auch hier der Wahrheit nicht ins Gesicht sehen, sondern mit zweierlei Maß messen, steht der Suche nach Frieden und Versöhnung im Weg. Wer sich bemüht, beide Seiten zu betrachten, wer allein die Vorgeschichte des russischen Angriffs auf die Ukraine thematisiert, sich aktuell für Schritte hin zu Frieden und Versöhnung ausspricht und damit nicht der Regierungslinie folgt, die seit inzwischen eineinhalb Jahren immer mehr Tabus fallen lässt, was die militärische Unterstützung der Ukraine betrifft, der/die wird schnell aus der öffentlichen Debatte ausgeschaltet. Prominente Beispiele sind die Politikwissenschaftlerin und Publizistin Ulrike Guérot und die langjährige Moskaukorrespondentin Gabriele Krone-Schmalz.

Der Krieg in der Ukraine ist nicht nur eine Katastrophe für das Land, sondern für die ganze Welt, da die Einkommensschere zwischen den Ländern und innerhalb der einzelnen Länder massiv auseinandergeht und immer mehr Gelder und Ressourcen für Tötungswerkzeuge aufzuwenden sind, anstatt die weltweit zunehmende Armut, den Hunger und die jetzt schon verheerenden Folgen des Klimawandels zu bekämpfen. An einigen Stellen, vor allem in den USA gibt es ein vorsichtiges Umdenken, da unklar ist, wie lange es noch mit der unbegrenzten militärischen Unterstützung weitergehen kann. Auf der anderen Seite hängt das Prestige sowohl der die Ukraine unterstützenden NATO als auch das Prestige Russlands vom Ausgang des Krieges ab. Keine Seite kann es sich leisten zu verlieren. Dass die USA und Russland über etwa 90 % der weltweiten Nuklearwaffen verfügen, bedeutet eine Bedrohung weit über die Ukraine hinaus, nicht zuletzt wenn man noch die zunehmende Gefahr des Einsatzes von Nuklearwaffen aufgrund technischer oder menschlicher Fehler hinzunimmt. Reicht uns der Horror in Hiroshima und Nagasaki nicht aus, um spätestens jetzt zu erkennen, dass Kriege heute nicht mehr geführt werden dürfen?

Zur christlichen Perspektive

„Liebet eure Feinde“ – Lukas 6, 27

Die internationale ökumenische Friedensbewegung in der katholischen Kirche, pax christi, verdankt sich der Bereitschaft zur Versöhnung, als französische Christinnen und Christen nach dem Zweiten Weltkrieg ihren deutschen Schwestern und Brüdern die Hand reichten. Dieses Geschenk weiterzugeben, ist unser Auftrag, zumal wir Christen denjenigen im Namen tragen, durch den wir die Versöhnung mit Gott empfangen haben. Der christliche Auftrag zu Frieden und Versöhnung durchzieht die Evangelien und das Leben Jesu von den Seligpreisungen bis hin zum Gebot der Feindesliebe. Die Botschaft Jesu ist klar; er stellt sich gegen die Gewaltherrschaft des Römischen Reiches, beantwortet jedoch Gewalt niemals mit Gegengewalt. Jesus hat keine Ethik für das „stille Kämmerlein“ gelehrt, sondern unsere Mitarbeit am Kommen des Gottesreiches gefordert. Seine Botschaft ist die vom Reich Gottes des Friedens, der Versöhnung und der Gerechtigkeit für alle Menschen. Der Theologe Johann Baptist Metz schreibt in seinem vielbeachteten Buch „Compassion“: „Die Rede von Gott ist allemal universalistische Rede … Er ist nur ‚mein Gott‘, wenn er auch ‚dein Gott‘ sein kann, er ist nur ‚unser Gott, wenn er auch als Gott aller anderen Menschen bekannt und angebetet werden kann. Gott eignet sich nicht zur Legitimierung und Befestigung des Freund-Feind-Verhältnisses unter den Menschen. Der Gottesgedanke ist – elementar – ein Friedensgedanke.“ Die deutschen Bischöfe haben in ihrem Wort „Gerechter Friede“ aus dem Jahr 2000 etwas von der Friedensbotschaft der Evangelien wiedergegeben (Gerechter Friede 164).

Aufgabe beider Kirchen und ihrer Amtsträger wäre es heute, sich aktiv für einen sofortigen Waffenstillstand einzusetzen und wirklich alles dafür zu tun, um den Boden für Friedensverhandlungen zu bereiten. Papst Franziskus hätte wesentlich mehr Unterstützung von der deutschen Bischofskonferenz verdient. In seiner Enzyklika „Fratelli tutti“ über die Geschwisterlichkeit aller Menschen erklärt er die vollkommene Abschaffung der Atomwaffen zu einer moralischen und humanitären Pflicht (Fratelli tutti, 262). Er stellt sich nicht auf eine Seite, sagt Nein zu einer Polarisierung in die Guten und die Bösen und stößt immer wieder neue Friedensinitiativen an. Das macht Mut und ist der Weg heraus aus der Spirale der Gewalt und hin zur Versöhnung.

Mögliche Versöhnungsschritte

„Versöhnung heißt, dass wir zusammen arbeiten müssen, um das Erbe des Unrechts aus der Vergangenheit zu tilgen." – Nelson Mandela

Aufgabe der reichen Industrieländer ist es auch, das Erbe der kolonialen Vergangenheit und des Neokolonialismus zu überwinden, um zu einer echten multilateralen Zusammenarbeit auf Augenhöhe zu gelangen – das ist das Gebot der Stunde. Schritte zur Versöhnung beinhalten auf politischer Ebene eine Stärkung und grundlegende Reform der UN, damit sich der Sicherheitsrat gemäß der Charta von Paris von der Konfrontationslogik hin zu einem Instrument gemeinsamer Sicherheit zu entwickeln vermag.

Aktuell entfernen wir uns fatalerweise mehr und mehr von diesem Ziel. Jedoch gilt es, hier einen langen Atem zu haben, denn anders lösen wir die große Zukunftsaufgabe der Menschheit, angesichts der fortschreitenden Erderwärmung das Überleben aller Menschen einschließlich der nachfolgenden Generationen zu sichern, nicht. Wir brauchen nichts weniger als eine grundlegende Kurskorrektur – weg von jeder Systemkonkurrenz, die die eigene Sichtweise anderen Ländern aufzwingen will, weg von der Suche nach Lösungen von Konflikten auf dem Schlachtfeld wie im vergangenen Jahrhundert und hin zu Friedensverhandlungen, zu einem klugen Interessenausgleich aller und zu einer fairen globalen Wirtschafts- und Handelspolitik.

Es gibt keine Normalität in unseren globalen Beziehungen, die durch den Ukrainekrieg gestört sei und zu der wir zurückkehren müssten, damit in Europa wieder Frieden herrscht. Hier bietet das im Jahr 2018 von der evangelischen badischen Landeskirche entwickelte Szenario „Sicherheit neu denken" gute Anregungen zum Weiterdenken. In fünf Schritten zeigt es Wege auf, was zu tun ist, um von der militärischen zur zivilen Sicherheitspolitik zu gelangen. Allein die ersten beiden Vorschläge „Gerechte Außenbeziehungen" und „Nachhaltige EU-Nachbarschaft" zeigen, dass Gerechtigkeit, das Teilen unseres Wohlstandes, der erste Schritt ist, auf dem Versöhnung und Frieden fußen. Setzen wir uns als Mitglieder der einen Menschheitsfamilie mit all unserer Kraft für dieses Ziel ein – noch ist es nicht zu spät!

Markus Meckel

Perspektiven für Frieden und Sicherheit in Europa

Im 21. Jahrhundert ein Angriffs-, Eroberungs- und Vernichtungskrieg gegen einen friedlichen Nachbarn mitten in Europa, gegen ein Land, von mir immer wieder besucht – das hätte ich bei aller Skepsis gegenüber Putin doch nicht für möglich gehalten.

Meist sind internationale Konflikte und Kriege durch eine komplizierte Lage gekennzeichnet. Hier ist dagegen nach meiner Überzeugung alles, was die Analyse und Bewertung betrifft, ganz einfach: Es gibt einen autokratischen Präsidenten in Russland, der Angst vor Demokratie und Freiheit hat – in seinem Land selbst, denn das würde ihn hinwegfegen, sowie in seiner Nachbarschaft, denn das könnte auch in Russland Schule machen. Ein Präsident, der der Vision der Wiedererrichtung des alten russischen Imperiums folgt, welches auch in der Sowjetunion weitergelebt hatte – und mit ihm zerfiel. Der Angriffskrieg ist nicht nur gegen die Ukraine gerichtet, er zielt darauf ab, die Grundlagen der internationalen Ordnung zu zerstören. Gleichzeitig untergräbt er die Zukunftsperspektiven Russlands selbst.

Inzwischen dauert der Krieg nun schon fast achtzehn Monate lang. Anders als viele es befürchtet haben, ist es der Ukraine mit der Waffenhilfe des Westens gelungen, die Eroberungen und das Vordringen der russischen Armee zu stoppen, ja, einige Gebiete sogar zurückzugewinnen. Ungeheure Grausamkeiten und Kriegsverbrechen gegen die ukrainische Zivilbevölkerung traten zu Tage. Ukrainische Kinder werden zu Tausenden entführt, um sie zu russifizieren, eine Praxis, die wir schon aus der Nazizeit kennen – damals durch Deutsche vollzogen. Die Zerstörungen in der Ukraine sind immens, gezielt zerstört Russland ukrainische Infrastruktur, um die Versorgung der Bevölkerung zu erschweren oder gar zu unterbinden. Ein besonderes Verbrechen dürfte auch die Sprengung des Kachowka-Staudamms mit den verheerenden Folgen für Hunderttausende bedeuten.

Niemand weiß, wie lange der furchtbare Krieg noch dauert, in dem nicht nur die ukrainische Armee, sondern ein ganzes Volk sich gegen seine Eroberung und Vernichtung wehrt. Gleichzeitig zeigen sich die Folgen des Krieges nicht nur in ganz Europa, sondern global. Fehlender Weizen aus der Ukraine und Russland hat die Hungersnöte in der Welt bedrohlich verschärft. Russland droht nach einer Zeit geregelter Exportsicherung, ukrainische Schiffe mit Weizen zu bombardieren. Putin will neue Flüchtlingsströme erzeugen, nutzt sie als Waffe, um uns in der EU selbst an die Grenzen unserer Möglichkeiten zu bringen und möglichst die Akzeptanz für die Ukrainehilfe in der Bevölkerung des Westens zu untergraben.

Gewiss ist auch danach zu fragen, wie es dazu kommen konnte – und auch danach, warum man in Deutschland und im Westen überhaupt so lange vor der Entwicklung dahin die Augen verschlossen hat. Ich möchte mich jedoch vorrangig den Fragen der Zukunft zuwenden. Es ist oft gesagt: Der Krieg gegen die Ukraine ist ein Angriff auf die internationale, auf Werten und anerkanntem Recht basierende Ordnung, deren Entstehen auf die Schrecken zweier Weltkriege zurückzuführen ist (UNO-Charta). Schon in den Zeiten des Kalten Krieges war es eine schwere Herausforderung, die Charta und ihre Grundlagen zu bewahren. Das Dilemma ist mehr als offensichtlich: Wir müssen diese internationale Rechtsordnung als Basis des Zusammenlebens auf diesem Globus zu bewahren suchen – trotz der Attacken vieler, dazu gehört ja nicht nur Russland! China und die Türkei haben ganz andere Interessen und suchen in den jeweils eigenen Regionen das Recht des Stärkeren durchzusetzen – und auch die USA sind nicht immer frei davon gewesen. Umso wichtiger ist heute die Erkenntnis, dass Solidarität mit der Ukraine von zentraler Bedeutung ist – und sie gleichzeitig die Verteidigung unserer Rechtsordnung beinhaltet, die Putin gezielt zerstören will. Und so ist dieser Krieg auch unser Krieg! Nun aber ist Russland eine Atommacht – und wir können nicht einfach direkt an der Seite der Ukraine und zu ihrem Schutz in diesen Krieg eintreten, wie wir es 1999 taten, als Milosevic die Kosovaren vertrieb und ein vermutlicher Völkermord drohte.

Geschlossenheit und Neukonstituierung des Westens

Es war wohl nach dem 24. Februar nicht nur für Putin, sondern auch für viele von uns überraschend, wie schnell und klar der Westen auf den Überfall reagiert hat. Die vorher so zerstrittene EU war in einer für sie ungewöhnlichen Schnelligkeit zu gemeinsamem Handeln fähig – und das auch noch gut abgestimmt mit den USA, Kanada und den Briten. Das war ein Hoffnungszeichen.

Die Herausforderungen, die auf die Menschen nicht nur in Deutschland und Europa zukommen, sind immens, und wir alle wissen, dass wir sie nicht allein bewältigen können, sondern nur in der Gemeinschaft der EU und der NATO, also des Westens insgesamt. Für dessen Geschlossenheit oder auch eine integrierte Sicherheitspolitik in der NATO ist es wichtig, dass man sich gegenseitig vertrauen kann. Im Rahmen einer solchen Struktur verfügt kein Land allein über alle Fähigkeiten, weshalb sich sofort die Frage stellt: Können wir uns auf die anderen verlassen? Werden sie im Falle einer eigenen Gefährdung alle Risiken eingehen, ihre Ressourcen einbringen und vollen Beistand leisten? Nur wenn dies Vertrauen da ist, wird es gelingen.

Putin musste erkennen, dass er sich verrechnet hatte. Alle Versuche, den Westen zu spalten und zu schwächen, haben letztlich nicht gefruchtet. Die NATO stellt sich neu auf als Sicherheitsanker des Westens. Ja, Länder, die sich bisher als neutral definierten, suchen die Sicherheit im Bündnis. Finnland und Schweden als Teil der NATO – das ist ein wichtiges Signal! Beide Länder werden auch wichtig sein, wenn es darum geht, dass künftig die europäischen Länder innerhalb der NATO ein deutlich größeres Gewicht haben werden und auch mehr Ressourcen aufzubringen haben. Ob das mit 2 % des Bruttosozialprodukts getan ist, muss sich noch zeigen.

Europa hat in sehr viel höherem Maße für seine Sicherheit selbst verantwortlich zu sein. Die USA dürften ihren Schwerpunkt mehr auf den asiatischen Raum verlagern – aber, wenn sie einer rationalen Politik folgen, weiter der zentrale Sicherheitspartner der Europäer in der NATO bleiben. Aber wer weiß, was nach den nächsten Wahlen in den USA geschieht. Schon der Gedanke daran, muss uns dankbar dafür machen, dass wir mit Joe Biden einen erfahrenen Außenpolitiker und verlässlichen, starken Partner im Weißen Haus haben! Doch gleichzeitig muss es uns bedenklich stimmen, dass unsere Sicherheit in so hohem Maße von unsicheren Wahlergebnissen in den USA abhängt.

Die Ukraine hat kürzlich ihre NATO-Mitgliedschaft beantragt. Ich teile die Haltung der meisten NATO-Länder, dass es heute vor allem darauf ankommt, dass wir der Ukraine alle nur erdenkliche Hilfe und militärische Unterstützung zu ihrer Verteidigung angedeihen lassen, aber eben nicht selbst Kriegsteilnehmer werden. Nach dem Krieg jedoch wird die Ukraine ihren Platz in der NATO haben – alles andere wird teurer und verringert den Grad notwendiger Sicherheit, die auch für den Wiederaufbau eine zentrale Bedingung darstellt.

Für absehbare Zeit ist Sicherheit in Europa als Sicherheit vor Russland zu konzipieren. Mit welchem Russland wir es künftig zu tun haben werden, ist heute offen. Gleichzeitig bleibt es zu hoffen und ist alles dafür zu tun, dass Russland sich in Zukunft als verlässliches Glied der internationalen Staatengemeinschaft erweist und damit auch wieder Partner in Sicherheitsfragen wird.

Die von der EU angenommene Herausforderung und Schritte zur Versöhnung

Es ist in der deutschen Öffentlichkeit nach meinem Eindruck nicht ausreichend wahrgenommen worden, welch grundlegenden Politikwechsel die EU – nach dem russischen Angriffskrieg – in der Ukraine vollzogen hat. Die Bereitschaft, die Ukraine und Moldau (und Georgien, sobald es sich dafür reif erweist), einen Kandidatenstatus zu geben, ist wirklich ein von vielen und mir selbst lang ersehnter Durchbruch und Politikwechsel, der zuvor fast undenkbar schien. Mit Recht setzt sich die Bundesregierung gleichermaßen dafür ein, dass sich endlich auch die Perspektive des Westbalkans in einer aktiven europäischen Politik wiederfindet. Möge es damit nun rasch vorangehen.

Natürlich kann es keinen Schnell-Beitritt zur EU geben; sie ist eine Rechtsgemeinschaft – und dieses Recht ist mit seinen Institutionen erst noch auf den Weg zu bringen. Dazu gehört auch ein Ende der Oligarchenherrschaft und endemischen Korruption – nicht zuletzt für die Ukraine eine große Herausforderung.

Einen Vorschlag für den Weg in die Mitgliedschaft möchte ich aber doch machen. In den 1990er Jahren ohne Chance, halte ich ihn nach wie vor für sinnvoll und hilfreich: ein Beobachterstatus im Europäischen Parlament für jene Länder, die sich im Beitrittsprozess zur EU befinden. Solche Beobachter – die den verschiedenen Parteien (in der Regierung wie der Opposition) angehören – würden die Entscheidungsabläufe und die politische Kultur im EP kennenlernen und die Diskurse in ihre Heimat tragen. Ihre Erfahrungen dürften zu mehr Realismus und Differenzierung in den öffentlichen Debatten beitragen. Ein Kenntnistransfer in beide Richtungen! Der Zuwachs an Verständnis und Wissen, wie schon in den Kriegsmonaten begonnen, erleichtert vieles und ist dauerhaft und institutionell sicherzustellen. Die jeweiligen Beobachter sollten in ihren Ländern gewählt werden – womit es einen Europawahlkampf in diesen

Staaten gäbe. Man stelle sich das politische Signal vor: ein Europawahlkampf in der Ukraine.

Vielleicht haben wir es inzwischen gelernt: Der europäische Osten ist für uns eine Schicksalsfrage! Wir müssen ihn – weit mehr als bisher – besser kennenlernen und in seiner differenzierten Geschichte ernst nehmen. Dafür werden noch viele Anstrengungen nötig sein. Ganz akut besteht die riesige Aufgabe der Wiederaufbauhilfe für die Ukraine. Hier sind gemeinsam gewaltige Leistungen und beträchtliche Maßnahmen erforderlich.

In dem Bemühen, den Krieg zu beenden und Schritte der Versöhnung einzuschlagen, haben verschiedene Appelle dazu aufgerufen, in Verhandlungen einzutreten, statt Waffen zu liefern. Dazu seien im Folgenden einige Überlegungen beigesteuert. Der Ruf nach Verhandlungen und Frieden ist verständlich und nachvollziehbar – wer wollte keinen Frieden! Das gilt wohl zuerst für die Betroffenen, die überfallenen Ukrainer. Der Adressat eines solchen Appells ist sodann der Aggressor, der seine Truppen zurückziehen und den Terror beenden muss. In den ersten Wochen des Krieges fanden parallel zu den Kämpfen auch direkte Gespräche statt, in denen Präsident Selenskyj weitreichende Angebote machte. Russland war jedoch nicht bereit, seine Kriegsziele aufzugeben, die eine Vernichtung der Ukraine als unabhängiger Nation zur Folge haben. Schließlich kamen die Verhandlungen zum Erliegen, als sich bei den ersten Rückeroberungen durch die Ukrainer zeigte, welche furchtbaren Verbrechen in der Zeit der Besatzung an der ukrainischen Zivilbevölkerung begangen wurden. Jeder, der die Ukraine aufruft, die Selbstverteidigung und den Versuch der Rückeroberung des besetzten ukrainischen Territoriums zu unterlassen, muss sich bewusst sein, dass damit auch die Akzeptanz der russischen Besatzung über die ukrainischen Gebiete und ihre Bevölkerung verbunden ist. Deshalb bin ich überzeugt, dass es der ukrainischen Seite überlassen bleiben muss zu entscheiden, ob und wann und mit welchen Zielen sie in Verhandlungen mit dem Aggressor eintreten will. Die Forderung von außen an die Ukraine gerät in die Gefahr, zynisch zu sein – insbesondere dann, wenn sie damit einhergeht, der Ukraine durch die Verweigerung von Waffen die Möglichkeit der Selbstverteidigung zu nehmen.

Wann immer es sein wird – den Krieg dürften vermutlich in der letzten Phase Verhandlungen beenden. Dann kommt es darauf an, das Ergebnis abzusichern. Wer wollte darauf vertrauen, dass Putin (oder ein Nachfolger) sein Wort hält und dauerhaft akzeptiert? Hat Russland doch bisher jedes von Putin unterzeichnete Abkommen gebrochen! Umso mehr bedürfen die Vereinbarungen einer internationalen Absicherung und Garantie. Wir sollten uns heute schon darauf einstellen, dass auch wir dann gefordert sind – und uns und die eigene Bevölkerung darauf vorbereiten. Das trifft auch für jene zu, die bereits heute nach Verhandlungen rufen. Eine solche Sicherheitsgarantie aber bedeutet, dass wir bei einem erneuten Überfall und Rechtsbruch selbst Kriegspartei und verpflichtet sind, aktiv einzuschreiten.

Der Krieg Russlands gegen die Ukraine hat eine lange Vorgeschichte in der russischen Geistesgeschichte, in welcher den Ukrainern die Anerkennung als eigenes Volk mit eigener Identität und Sprache verweigert wurde. Diese Geschichte mit aufzuarbeiten, wird eine wesentliche Voraussetzung sein, um wirkliche Versöhnung zu ermöglichen. Heute gehörten dazu als erstes die Anerkennung und Verurteilung des russischen Angriffskrieges und eine Solidarisierung mit der Ukraine als dem Opfer der Aggression. Für jeden Russen, der in Russland lebt, ist eine solche öffentliche Äußerung schlicht unmöglich, ohne sofort Opfer heftigster Sanktionen zu werden. Das imperiale Russland ist eben gleichzeitig eine Diktatur und mehr und mehr ein totalitärer Staat, der nicht nur den Nachbarn die Freiheit und Unabhängigkeit verweigert, sondern auch den eigenen Bürgern.

Eine solche klare, für die Zukunft Russlands unendlich wichtige Haltung kann heute fast nur im Exil geäußert und gelebt werden. Glücklicherweise ist das auch Realität. Viele Russen (und Belarussen), die sich heute im Exil befinden, engagieren sich genau in diesem Sinne – ich nenne nur „Memorial International“, die den Friedensnobelpreis erhielten, oder die kleine Organisation „Demokrati-JA“ in Deutschland. Diese und Tausende andere brauchen unsere Unterstützung, nicht zuletzt, um eben auch eine russische Stimme für die Freiheit und das internationale Recht zur Geltung zu bringen. Gleichzeitig erfahren sie selbst vielerlei Ausgrenzung – schlicht, weil sie Russen sind. Hier sind Russen heute ähnlichen Schwierigkeiten ausgesetzt wie deutsche Nazigegner im Widerstand und Zweiten Weltkrieg. Sie hatten es oft schwer, nicht abgelehnt zu werden, nur weil sie Deutsche waren. Deshalb ist es gerade für uns Deutsche wichtig, die Gemeinschaft derer, die für Freiheit und die Rückkehr zur internationalen Rechtsordnung eintreten, auch für Russen und Belarussen offenzuhalten. Für Russland als Staat wird es ein weiter Weg sein, nach dem Krieg wieder als Mitglied der internationalen Gemeinschaft Anerkennung zu finden. Viel hängt davon ab, wie der Krieg endet. Für Nazi-Deutschland ging dieser Weg nur über die bedingungslose Kapitulation. Es stellt sich die Frage, ob Russland auch ohne eine solche Niederlage fähig und bereit ist, die Truppen zurückzuziehen. Zurzeit ist das nicht zu erwarten.

Die der ukrainischen Seele zugefügten Wunden werden jeden Tag größer – eine Last für die Zukunft und Herausforderung für die Betroffenen selbst und uns als ihre Partner. Sie werden viel Empathie brauchen, Hilfe und Verständnis. Gleichzeitig aber sind gerade jene zu unterstützen, bei denen aus den schlimmen Erfahrungen nicht Hass erwächst, sondern die Bereitschaft, eine tragfähige Zukunft zu bauen und Nachbarschaft neu zu gestalten. Wo heute schon – etwa in Berlin – Deutsche, Russen und Ukrainer sich gemeinsam um Flüchtlinge aus der Ukraine kümmern, entstehen Inseln der Hoffnung und Versöhnung, die unverzichtbar sind.

Michael Schmid

Hass und Krieg verlernen

Wegen meines Wehrdienstes vor fünfzig Jahren bin ich Kriegsdienstverweigerer und Pazifist geworden. Bei meinem ersten und einzigen Scharfschießen hat mich der neben mir stehende Ausbilder aufgefordert, ich solle „dem bösen Russen mitten ins Gesicht schießen“. Das hat mir nachdrücklich vor Augen geführt, für was ich da trainiert werden sollte. Auf wildfremde Menschen schießen, seien es Russen oder Angehörige anderer Nationen – das wollte ich nicht. Ich bin Mitglied von pazifistischen Organisationen geworden: dem „Internationalen Versöhnungsbund“ und der „Deutschen Friedensgesellschaft-Vereinigte KriegsdienstgegnerInnen“, später dem „Bund für Soziale Verteidigung“. In diesem Zusammenhang habe ich die Grundsatzerklärung der „War Resisters‘ International“ unterzeichnet: „Der Krieg ist ein Verbrechen an der Menschheit. Ich bin daher entschlossen, keine Art von Krieg zu unterstützen und an der Beseitigung aller Kriegsursachen mitzuarbeiten.“ Diese Selbstverpflichtung gilt für mich bis heute. Den russischen Angriff auf die Ukraine vom 24. Februar 2022 verurteile ich daher als ein Verbrechen – wie jeden anderen Krieg.

Allerdings ist nach meinem Verständnis von Politik – und das nicht nur aus pazifistischer Sicht – darauf zu bestehen, die Vorgeschichte einzubeziehen. Ein großer Teil der Verantwortung ist auf die konfrontative Zuspitzung, die vom Westen ausging, zurückzuführen. Nach Ende des Kalten Krieges hat die große Chance bestanden, eine gesamteuropäische Friedensordnung unter Einschluss Russlands aufzubauen, von Michail Gorbatschow als „Haus Europa" vorgeschlagen. Stattdessen haben insbesondere die USA in ihrer Siegermentalität das Gegenteil aus dem Vorschlag Gorbatschows gemacht: Die NATO dehnte sich immer weiter in Richtung Osten aus, intensivierte die militärische Zusammenarbeit mit der Ukraine, rüstete das Land massiv auf und stellte ihm die NATO-Mitgliedschaft in Aussicht. Bei alledem sind russische Sicherheitsbedenken in den Wind geschlagen worden. Hätte man Putin versichert, dass es keine NATO-Mitgliedschaft der Ukraine geben werde, wäre es zu einem russischen Einmarsch in die Ukraine wohl nicht gekommen. Doch selbst, wenn sich Putin provoziert gefühlt hätte oder sogar – absichtlich – provoziert worden wäre, hätte er die Ukraine nicht angreifen dürfen. Ein Verbrechen lässt sich mit nichts rechtfertigen.

Mit jedem weiteren Kriegstag setzt sich das sinnlose Blutvergießen fort. Waffenlieferungen aus Deutschland und anderen NATO-Staaten befeuern den Krieg und verlängern das Leid der Menschen. Je früher der Waffengang gestoppt und mit Verhandlungen begonnen wird, umso besser. Vorschläge hierzu liegen von verschiedenen Seiten bereits vor. Deutschland sollte selbst endlich diplomsche Initiativen ergreifen, humanitäre Hilfe für die Ukraine zur Verfügung stellen, weiter geflüchtete Menschen aufnehmen. Vor allem sollte sich die Bundesregierung an die Seite jener Menschen in den Kriegsländern stellen, welche die Logik des Krieges durchbrechen wollen, wie z. B. die „Ukrainische Pazifistische Bewegung" um Yurii Sheliazhenko. Zehntausende haben sich auf allen Seiten des Ukrainekrieges – in Russland, Belarus und der Ukraine – den Kämpfen entzogen. Sie sehen sich aufgrund ihrer Haltung gegen den Krieg starken Repressionen ausgesetzt. Initiiert durch „Connection e.V." haben sich dreißig Organisationen aus Europa zur Kampagne „#ObjectWarCampaign" zusammengeschlossen, um sich dafür einzusetzen, Kriegsdienstverweigerern und Deserteuren aus den genannten Ländern in Deutschland und der EU Schutz und Asyl zu geben.

Eine solche Kehrtwende bleibt vor dem Hintergrund, dass in unserem Land seitens nahezu aller politischen Parteien und in den Leitmedien eine unglaubliche Stimmungsmache zugunsten der militärischen Unterstützung der Ukraine stattfindet, eher Wunschdenken. Es ist offenkundig, dass in Kriegszeiten die Reihen fest geschlossen und keine Zweifel an der eigenen Position zugelassen werden. Während wir, wie es heißt, „die Guten" sind, wird Putin – oder auch das ganze russische Volk – als „das absolut Böse" dargestellt, der russische Präsident gar mit Hitler verglichen. Feindbilddenken und Hass haben sich breit gemacht. Ich fühle mich zurückversetzt in meine Bundeswehrzeit vor über fünfzig Jahren, als alles auf den Kampf gegen „den bösen Russen" ausgerichtet war. Fassungslos sehe ich, wie militarisiertes Denken mehr und mehr um sich greift. Berichtet wird fast ausschließlich aus der Optik der NATO.

Vor diesem Hintergrund, dem ständigen Trommeln für den Krieg und für Waffenlieferungen, ist der Meinungskorridor in weiten Teilen der Medien erschreckend schmal geworden. Abweichende und sich gegen die einseitige Berichterstattung gerichtete Stimmen sind selten zu hören. Im Gegenteil. Es finden regelrechte systematische Hetz- und Verleumdungskampagnen gegen jene statt, die es wagen, die veröffentlichte Meinung in Frage zu stellen. Wer für Verhandlungen und Waffenstillstand eintritt, wird als „Lumpenpazifist" (Sascha Lobo) diffamiert, wer Angst vor einem Weltkrieg ausdrückt, zum „Putin-Versteher" gemacht oder zu „Putins fünfter Kolonne" gezählt und der Verbreitung von dessen Propaganda bezichtigt. Je prominenter die Abweichler sind, umso mehr werden sie von Kommentatorinnen und Kommentatoren niedergemacht. So etwa Gabriele Krone-Schmalz oder Ulrike Guérot. Teilweise wird sogar der Versuch unternommen, ihre beruflichen Perspektiven einzuschränken oder gar zu vernichten, Veranstaltungen zu verbieten oder auch Kritik zu kriminalisieren.

Leitmedien behaupten, sie repräsentierten die Vierte Gewalt, kontrollierten die Mächtigen und ermöglichten Demokratie, kritisieren aber statt der Regierungspolitik diejenigen, die zu ihr in Opposition stehen. Statt einer unparteiischen Berichterstattung und Kommentierung sind sie zum politischen Aktivismus übergegangen und treiben die politische Debatte zu Krieg und Frieden in ihrem Sinne voran. Ein besorgniserregender Zustand der Demokratie in unserem Land!

Wie lassen sich diese Dissonanzen und Konflikte überwinden? Natürlich wäre es wünschenswert, alle Akteure besännen sich darauf, was eine lebendige Demokratie ausmacht: Rede- und Meinungsfreiheit, Streitgespräche über kontroverse Ansichten, Respekt vor der Meinung Andersdenkender, Dialog… Leider sehe ich nicht, wie das momentan im Großen geschehen könnte. Doch wem immer es möglich ist, zumindest kleine Schritte zu gehen, sollte sie gehen. Es wäre bereits ein Fortschritt, wenn einzelne Medienschaffende verinnerlichte Glaubenssätze und Annahmen in Frage stellten und nicht weiter tabuisierten. Wer hat den Mut auszubrechen? Wer geht auf Andersdenkende zu, lässt sie fair zu Wort kommen? Gut wären ebenfalls runde Tische, an denen Menschen mit unterschiedlichen Positionen zusammensitzen, um sich auszutauschen. Wie das z.B. vorbildlich die Projektgruppe „Münchner Sicherheitskonferenz verändern e.V." macht, die seit 2019 jährlich ein „Munich Peace Meeting" als nicht öffentliches Fachgespräch organisiert. Bei dieser Veranstaltung findet ein Dialog zwischen Vertretern von Friedenswissenschaft, -arbeit und -bewegung sowie mit der Leitung bzw. dem Team der Münchner Sicherheitskonferenz zu Aspekten der Sicherheits- und Friedenspolitik statt. Dabei ist wichtig, dass den Teilnehmenden ein gleichberechtigter, respektvoller Austausch sowie eine Erweiterung ihres Horizonts ermöglicht wird.

Von existentieller Bedeutung ist zugleich eine Besinnung darauf, worin die wirklichen globalen Herausforderungen bestehen, die wir zu bewältigen haben und auf die sich unsere Aufmerksamkeit richten sollte: Klimaerhitzung, Hunger, soziale Ungleichheit, atomare Vernichtung. Insbesondere die menschengemachten Bedrohungen bedürfen allergrößter, internationaler Anstrengungen. Dem steht die volle Konzentration so vieler Ressourcen auf die militärische Unterstützung der Ukraine im Krieg gegen Russland und die irrsinnig weltweite Aufrüstung entgegen. Stattdessen sind endlich eine zivile Konfliktbearbeitung und eine konfliktpräventive Außenpolitik in den Vordergrund zu stellen. Unbedingt gehört zur künftigen Krisen- und Gewaltprävention die Arbeit an der Basis für ein nachhaltiges, solidarisches, ökologisches und weitgehend gewaltfreies Gemeinwesen, das niemanden ausschließt und das in der Lage ist, sich gegen militärische Übergriffe sozial zu verteidigen. Damit sich überhaupt etwas in diese Richtung bewegt, bedarf es wohl unzähliger Initiativen von unten und aus der Zivilgesellschaft.

Ebenfalls gilt es, sich der sowohl nach innen wie der nach außen gerichteten Feindbilder anzunehmen und diese zu überwinden. Zum Feindbildabbau leisten nicht zuletzt kulturelle Aktivitäten Bedeutendes. Gerade dort, wo aktuell Ausgrenzung und Ausschluss alles Russischen aus unserem öffentlichen Leben stattfindet, sind Brücken zu bauen. In Bremen gibt es z. B. im Rahmen der „Deutsch-Russischen Friedenstage e.V." eine auf hohem Niveau angesiedelte und von der Bremer Volkshochschule mitgetragene Veranstaltungsreihe „Russische Lyrik im Spiegel der Zeit", die stets ein großes Echo findet und Vorurteile widerlegt.[1] Zu nennen ist auch das von Peter Bürger jüngst initiierte pazifistische Editionsprojekt „Tolstoi-Friedensbibliothek" (www.tolstoi-friedensbibliothek.de), das einen kostenfreien, vollständigen Zugang zu den pazifistischen, sozialkritischen, (religions-)philosophischen und theologischen Schriften Leo N. Tolstois bietet.

Ich wünsche mir schließlich, dass sich viele Menschen durch den letzten Text der im März 2023 verstorbenen Antje Vollmer berühren und zum Nachdenken anregen lassen. Er endet mit einem an alle gerichteten Vermächtnis: „Der Hass und die Bereitschaft zum Krieg und zur Feindbildproduktion ist tief verwurzelt in der Menschheit, gerade in Zeiten großer Krisen und existentieller Ängste. Heute aber gilt: Wer die Welt wirklich retten will, diesen kostbaren einzigartigen wunderbaren Planeten, der muss den Hass und den Krieg gründlich verlernen. Wir haben nur diese eine Zukunftsoption."[2]

Anmerkungen

1 Vgl. https://deutsch-russische-friedenstage.de/2023/06/es-war-schoen-lyrik-von-jessenin-und-majakowskij/ – 29.7.2023

2 Antje Vollmer, Vermächtnis einer Pazifistin: „Was ich noch zu sagen hätte". In: Berliner Zeitung. Online-Ausgabe, 23.2.2023, aktualisiert am 17.3.2023 – vgl. https://www.berliner-zeitung.de/politik-gesellschaft/ein-jahr-ukraine-krieg-kritik-an-gruenen-antje-vollmers-vermaechtnis-einer-pazifistin-was-ich-noch-zu-sagen-haette-li.32044 – 19.7.2023

Wolfgang Däubler

Wie in der guten alten Zeit

Ein Freund schickt mir eine Mail. Gabriele Krone-Schmalz soll einen Friedenspreis bekommen – und das lässt einigen Leuten keine Ruhe. So wird geschrieben: „Gabriele Krone-Schmalz hat den russischen Propagandanarrativen den Weg in die politischen Debatten bei uns bereitet und damit ihren Anteil daran, dass sich in Deutschland Politik und Öffentlichkeit lange vom Putin-Regime an der Nase herumführen ließen." Bis heute trete sie vor allem als publizistische Übersetzerin der russischen Propaganda in Erscheinung. Mein Freund ist entsetzt über die Art der Kritik.

Wer jemals einen Vortrag von ihr gehört hat, wird die Vorwürfe in der Tat als abwegig empfinden. Aber es ist klar, dass sie Informationen vermittelt und daraus Konsequenzen ableitet, die nicht in das herrschende „Narrativ" passen. Und wenn man dies in Bezug auf einen „schlimmen, bösartigen, hinterhältigen Feind" wie Herrn Putin tut, ist man automatisch dessen Sprachrohr.

Für mich stellt das nichts Neues dar, und deshalb hält sich mein Entsetzen auch in Grenzen. Stattdessen kommen Jugenderinnerungen hoch. Ich habe mal in einer Studentengruppe ohne einen Hintergedanken die Meinung geäußert, die Frau von Nikita Chruschtschow, dem damaligen sowjetischen Generalsekretär, sei eigentlich eine ganz sympathische Person. In ihrem Habitus wirkte sie wie eine gutmütige alte Oma. Fassungslosigkeit bei den andern. Was ich denn da für einen Unsinn rede, so jemand könne man doch nicht sympathisch finden. Die Reaktion war ungefähr so, als hätte ich gesagt, Unzucht mit Kindern sei nicht so schlimm, die hätten doch auch ihre Freude daran.

Etwa ein Jahr später, das heißt 1960, machte ich mit einem studentischen Reisebüro eine Fahrt nach Moskau, Sotschi und Kiew. Mich beeindruckte die Freundlichkeit der Menschen im Alltag. Wenn man – selbst in einem sehr mangelhaften Russisch – irgendetwas fragte, bekam man immer eine fürsorgliche Antwort. Und alles war weniger hektisch als bei uns. Im Bus legte jeder seinen Fahrpreis in einen großen Plastiktopf, ohne dass es irgendeine Kontrolle gab. Und in Moskau standen wegen des heißen Sommers überall große Tankwagen mit „Kwas"; man nahm sich ein Glas, desinfizierte es und erhielt für einen

Spottpreis eine Menge zu trinken. Im Zug wurde man angesprochen, ob man nicht einen Tee haben oder Schach spielen wolle. Man war gewissermaßen bei Freunden angekommen.

Einen solchen Reisebericht zu veröffentlichen, wäre undenkbar gewesen. Niemand hätte ihn gedruckt. Erzählt habe ich es bei Freunden, die sich aber ein wenig wunderten. Sie sagten nicht: „Du bist denen auf den Leim gegangen" – aber wahrscheinlich dachten sie es. Zumindest brachten sie meine Schilderung in einen negativen Kontext: „Sicher gab es viele Schwarzfahrer!" Oder: „Sind viele Gläser geklaut worden?" Und im Zug wollten sie dich ja nur ausfragen, weil die armen Leute nur selten einem Ausländer begegnen. Das Böse muss nun mal böse sein, auch wenn es nicht ganz so schlimm gewesen war wie bei der Studentengruppe. Schließlich erzählte ich lediglich vom Alltag und sagte nichts von der Politik.

Rund zwanzig Jahre später habe ich in Schwäbisch Hall bei einer Demonstration zum 1. Mai gesprochen. Es ging nicht um die schlimmen Russen, sondern um die Ungerechtigkeiten in unserem eigenen Land. Das „Haller Tagblatt" berichtete ganz objektiv darüber. Doch dann erschien ein Leserbrief: Wie könne man denn nur einen solchen Bericht schreiben? Meine Rede enthalte viel mehr kommunistische Propaganda als eine ganze Ausgabe des „Neuen Deutschland".

In all diesen Fällen mag die Tabuisierung von Meinungen noch einen erklärbaren Sinn machen: Die Sowjetunion und die DDR wurden als Bedrohung empfunden – ob zu Recht oder zu Unrecht, sei dahingestellt – und da hörte der rationale Diskurs und das wirkliche Zuhören schon immer auf. Aber heute? Russland ist ein Oligarchenstaat, der unsere Gesellschaftsordnung nicht bedroht. Und trotzdem hat man mit vergleichbaren Angriffen zu rechnen, wenn man Positives über Russland sagt oder auch nur ein wenig Verständnis äußert. Wie ist das zu erklären?

Die offizielle Legitimation ist die Beschwörung der „werteorientierten" Demokratie. Man muss sich gegen den Aggressor stellen. Einverstanden, Putin ist ein Aggressor. Gleichzeitig darf man aber nach Kräften vergessen, dass wir bei anderen Aggressionskriegen wie z. B. gegen den Irak nie verlangt haben, den Präsidenten des Aggressorstaates vor ein internationales Tribunal zu stellen. Und man muss auch vergessen, dass wir in Afghanistan selbst mitgemacht haben. Viele Menschen sprechen daher der „werteorientierten" Demokratie ungefähr so viel Überzeugungskraft zu wie der Beschwörung des kommunistischen Ideals kurz vor dem Ende des „realen Sozialismus“ in Osteuropa.

In Wahrheit gibt es einen Krieg um die Köpfe. Putin ist zwar ein Kapitalistenfreund, befindet sich aber auf der Seite der falschen Kapitalisten. Auch ist er mit dem wirklichen Gegner verbündet, der Volksrepublik China, die in der Wirtschaft viel aus unseren Fehlern gelernt hat und deshalb mehr erreicht als wir. Wer im Kampf um die Köpfe nicht den vorgestanzten Meinungen entspricht und stattdessen selber denkt und zum Nachdenken auffordert, stellt eine Gefahr dar. Das zeigt sich sehr treffend am Beispiel der Journalistin Alina Lipp. Sie berichtete schon vor dem Krieg aus der Ostukraine von den Angriffen der ukrainischen Armee, und nun schildert sie auf Telegram und YouTube ihre dortigen Kriegserfahrungen. Sie sei besonders gefährlich, meinte vor einiger Zeit der Präsident des Bundesamts für Verfassungsschutz, weil sie von dem überzeugt sei, was sie sage. Solche Leute sind in der Tat gefährlich. Sie rütteln an den Fundamenten des ideologischen Gebäudes, in dem wir zu leben und zu denken haben. Sollten wir vielleicht alle ein bisschen „gefährlicher“ werden?

Joachim Schuster

Entspannungspolitik statt perspektivloser Konfrontation

Der russische Angriffskrieg hat die europäische Sicherheits- und Friedensordnung, nach dem Ende der Systemkonfrontation 1990 in der Charta von Paris vertraglich fixiert, zerstört. Ihre Grundpfeiler, wie die Achtung der territorialen Souveränität aller Staaten und der Verzicht auf die Anwendung oder Androhung von Gewalt, wurden von Russland schlicht ignoriert. Ohne Zweifel ein gravierender Verstoß gegen das Völkerrecht, der scharf zu verurteilen ist.

Seither herrscht Krieg in Europa. Längst ist er in das Stadium eines Abnutzungs- oder Stellungskrieges übergegangen. Keiner der beiden Seiten gelingt es, relevante militärische Vorteile zu erlangen. Auch die sogenannte Frühjahrsoffensive der Ukraine zur Befreiung der besetzten Gebiete, hat kaum Geländegewinne gebracht. Es ist aber davon auszugehen, dass die Kampfhandlungen der letzten Monate zehntausende Opfer auf beiden Seiten gefordert haben. Auch wenn keine bestätigten Zahlen verfügbar sind, gehen manche Beobachter sogar davon aus, dass seit Beginn des Krieges vor mehr als 500 Tagen mittlerweile über 500 000 getötete oder verletzte Soldaten zu beklagen sind.

Eigentlich läge es angesichts der militärischen Lage nahe, möglichst rasch zu einem Waffenstillstand als erstem Schritt hin zu einer Verhandlungslösung zu kommen. Dies wird jedoch mit Verweis auf den russischen Völkerrechtsbruch von der ukrainischen Regierung als auch von vielen Politikern in Deutschland und Europa abgelehnt. Ohne die militärische Befreiung sämtlicher von Russland besetzter Gebiete oder ohne den vollständigen Rückzug der russischen Streitkräfte aus der Ukraine sei eine Verhandlungslösung politisch nicht akzeptabel. Denn dann hätte ja Russland gewonnen und sähe sich dazu ermuntert, weitere Länder zu überfallen.

Diese Erzählung wird eingebettet in einen größeren Zusammenhang. Die Veränderungen in der internationalen Politik gelten als neue Zweiteilung der Welt. Hier Demokratien, die friedlich für Wohlstand für alle eintreten. Und da Autokratien unter Führung von China und Russland, denen jedes Mittel Recht ist, um ihre nationalistischen, imperialen Interessen durchzusetzen. Die Demokratien seien daher gezwungen, die Herausforderung anzunehmen, um den Autokraten und ihren Helfern mit allen politischen, wirtschaftlichen aber auch militärischen Mitteln ihre Grenzen aufzuzeigen.

Auch wenn sich die Ansicht von der angeblichen Bipolarität schon bei einer etwas genaueren Betrachtung als interessengeleitete Propaganda entpuppt und die neue Komplexität der internationalen Politik keineswegs adäquat abbildet, scheint sie handlungsleitend für den politischen Mainstream in Berlin - von den Grünen über die Liberalen und den Konservativen bis hin zu Teilen der Sozialdemokratie - und in den meisten Mitgliedstaaten der EU zu sein.

Entspannungspolitik ist politischer Realismus

Trotz der Erfolglosigkeit dieser Politik, gibt es kaum Anzeichen bei den westlichen Staaten für ein Umdenken. Im Gegenteil: Das Verlangen nach mehr von der bisher erfolglosen Strategie wird im politischen Mainstream nicht hinterfragt. Alle, die sich ihrer militärischen Logik entziehen, werden als Putin-Versteher diffamiert oder als naive und realitätsferne Menschen hingestellt, die nicht begriffen haben, dass man der russischen Regierung nur mit Gewalt beikommen könne. In dem ideologischen Diskurs ist man sich auch nicht zu schade, die in den 1960er und 1970er Jahren entwickelte Entspannungspolitik zu diskreditieren. Entspannungspolitik, gleichgesetzt mit dem Begriffspaar „Wandel durch Handel", sei mit den heutigen autokratischen Staaten lediglich ein Wunschtraum nicht realitätstauglicher Weltverbesserer. Setze man Putin keine wirksamen militärischen Grenzen, werde dieser nach und nach auch andere europäische Staaten überfallen und irgendwann vor Berlin stehen.

Nun sind Diffamierungen Andersdenkender in Kriegszeiten keineswegs etwas Ungewöhnliches. Unverständlich ist aber, dass selbst vormals linke Kräfte bei den Grünen und der SPD diese Parolen übernehmen. Es scheint, als hätten sich die Politiker und Politikerinnen nicht einmal ansatzweise mit Entspannungspolitik auseinandergesetzt. Dabei wäre das gar nicht so schwer. Es würde schon viel helfen, sich einfach noch einmal die Rede „Wandel durch Annäherung" durchzulesen, die Egon Bahr am 15. Juli 1963 in der Evangelischen Akademie Tutzing gehalten hat.[1]

Die Überlegungen zur Entspannungspolitik „entspringen dem Zweifel, ob wir mit der Fortsetzung unserer bisherigen Haltung das absolut negative Ergebnis der Wiedervereinigungspolitik ändern können ... Die Voraussetzungen zur Wiedervereinigung sind nur mit der Sowjet-Union zu schaffen." Ausgangspunkt war also die nüchterne Einschätzung der damaligen Situation und der Erfolglosigkeit der vorhergehenden, über 15 Jahre betriebenen Konfrontationspolitik des Kalten Krieges. Bahr sieht sich im Einklang mit der Politik der USA unter Präsident Kennedy. „Die amerikanische Strategie des Friedens lässt sich auch durch die Formel definieren, dass die kommunistische Herrschaft nicht beseitigt, sondern verändert werden soll ... Das klingt paradox, aber es eröffnet Aussichten, nachdem die bisherige Politik des Drucks und Gegendrucks nur zu einer Erstarrung des Status quo geführt hat." Für die deutsche Politik schlussfolgert er, „dass die Politik des Alles oder Nichts ausscheidet." Und zumindest hat Bahr auch schonungslos analysiert, mit welchem Typ von Politikern sie es zu tun hatten: „Ulbricht [der damalige Vorsitzendes des Staatsrates der DDR, J.S.] konnte sich halten, nicht obwohl, sondern gerade weil er der letzte Stalinist ist." Anschließend setzt er sich mit der Frage auseinander, inwieweit der Handel mit dem Osten zu intensivieren sei. Denn auch damals gab es die Diskussion, ob die Möglichkeit bestünde, die Sowjetunion durch einen Stopp der wirtschaftlichen Zusammenarbeit dazu zu bringen, die DDR aus dem sowjetischen Einflussbereich zu entlassen und eine Wiedervereinigung zu erreichen. Bahr gelangte zu dem Schluss. „Es ist eine Illusion zu glauben, dass wirtschaftliche Schwierigkeiten zu einem Zusammenbruch des Regimes führen könnten." Umgekehrt machte er sich keine falschen Vorstellungen über die Folgen einer wirtschaftlichen Zusammenarbeit. „Das Ziel einer solchen Politik kann natürlich nicht sein, die Zone zu erpressen, denn kein kommunistisches Regime, und schon gar nicht das so gefährdete in der Zone, kann sich durch Wirtschaftsbeziehungen in seinem Charakter ändern lassen." Und natürlich war Bahr bewusst, dass man sich umgekehrt nicht in ökonomische und damit auch politische Abhängigkeiten begeben darf. Unter Bezug auf die USA vertrat er die Auffassung, „dass so viel Handel mit den Ländern des Ostblocks entwikkelt werden sollte, wie es möglich ist, ohne unsere Sicherheit zu gefährden." Abschließend charakterisiert er in wenigen Worten das Wesensmerkmal der entspannungspolitischen Konzeption, die Interessen und Ängste des gegnerischen Systems grundsätzlich anerkennt aber durch die eigene Politik zu entschärfen versucht: „Das ist eine Politik, die man auf die Formel bringen könnte: Wandel durch Annäherung."

Die Entspannungspolitik war die konzeptuelle Grundlage für die Ost- und Außenpolitik der sozialliberalen Koalition nach 1969 unter Bundeskanzler Willy Brandt. Sie wurde in den folgenden Jahren auch von anderen sozialdemokratischen Regierungen in Europa weiterentwickelt. Letztlich hat sich die Überzeugung durchgesetzt, dass Frieden gerade in Zeiten einer konfrontativen globalen Ordnung nur als gemeinsame und umfassende Sicherheit zu garantieren sei. Gemeinsam, weil Sicherheit nur zu gewährleisten ist, wenn sich auch der reale oder vermeintliche Gegner im Staatensystem sicher fühlt. Umfassend, weil Frieden nur dann dauerhaft erreichbar ist, wenn die grundlegenden Voraussetzungen für eine friedliche Gesellschaft – insbesondere die Überwindung von Hunger und Verelendung – gegeben sind.

Ohne Zweifel besaß die Entspannungspolitik einen wesentlichen Anteil an den Verbesserungen der Lebensbedingungen in der DDR sowie an der Abmilderung der Systemkonfrontation, die die Welt in der Kuba-Krise von 1962 an den Abgrund eines nuklearen Vernichtungskrieges gebracht hatte. Und auch zum Zusammenbruch der Sowjetunion Anfang der 1990er Jahre trug die Entspannungspolitik einiges dazu bei, auch wenn sie nicht der einzige ursächliche Faktor dafür war. Sie hat auch nicht zur Verbannung von Kriegen auf dieser Welt geführt. Während der Zeit der Systemkonfrontation gab es vielfältige Stellvertreter-Kriege in den Staaten des globalen Südens, in denen die Führungsmächte im Westen und im Osten versucht haben, ihre globalen Interessen blutig durchzusetzen.

Parallelen zwischen damals und heute

Betrachtet man die aktuelle Situation im Ukraine-Krieg wird die Aktualität der von Bahr dargelegten Grundprinzipien der Entspannungspolitik offensichtlich. Es zeigt sich, dass die Konfrontationspolitik in Form des Krieges, aber auch der westlichen Sanktionspolitik nicht die gewünschten Ergebnisse bringt. Zudem erweist sie sich als brandgefährlich, setzte sie doch eine militärische Eskalationslogik in Gang, die schwer zu stoppen ist. Sicherlich war es richtig, die Ukraine mit vornehmlich defensiv ausgerichteten Waffen zu unterstützen, um eine Verteidigungsfähigkeit gegen die russische Aggression zu gewährleisten. Die Versuche aber, durch Lieferung immer schwererer Waffensysteme einen militärischen Sieg der Ukraine zu erzielen, haben sich in der Vergangenheit als Illusion erwiesen. Im Gegenteil, derartige Hilfen wurden von russischer Seite mit weiterer Eskalation beantwortet. Da Russland auch in Zukunft noch über ein umfangreiches Potential verfügt – bis hin zum Einsatz von Atomwaffen – spricht nichts dafür, dass künftig mit der Lieferung neuer Waffensysteme – etwa weitreichende Marschflugkörper – eine Wende im Krieg oder gar ein Sieg der Ukraine erreichbar ist. Die Eskalationsspirale birgt zudem die Gefahr, dass die Waffenlieferungen westlicher Staaten von Russland als Kriegseintritt der NATO oder einzelner NATO-Länder gewertet werden. Der russische Außenminister hat dies im Zusammenhang mit dem UN-Gipfel zuletzt deutlich konstatiert. Bei einer militärischen Auseinandersetzung Russlands mit den westlichen Ländern wäre auch ein Nuklearkrieg nicht mehr ausgeschlossen.

Da die aktuelle Konfrontationsstrategie keinerlei positive Perspektive bietet, sollte verantwortungsvolle Politik mit diplomatischen Mitteln eine Veränderung und Verbesserung der Lage anstreben. Oberstes Ziel der ukrainischen und westlichen Politik hat es daher zu sein, auf einen Waffenstillstand hinzuwirken. Wie auch die Entschärfung der Kuba-Krise vor nunmehr 61 Jahren wäre ein solcher Waffenstillstand noch nicht die Herstellung einer gerechten und stabilen Friedens- und Sicherheitsordnung in Europa. Aber er wäre die Grundbedingung, um eine derartige Ordnung überhaupt zu erreichen.

Das Umschwenken von umfassender Konfrontation auf eine Entspannungspolitik erfordert ein grundlegend verändertes Herangehen. Als Bedingung für einen Waffenstillstand zu fordern, Russland müsse sich vollständig zurückziehen, ist zwar emotional nachvollziehbar, aber politisch unrealistisch und kontraproduktiv. Dem russischen Verständnis nach wäre es gleichbedeutend mit einer vollständigen Niederlage.

Bei Friedensverhandlungen wären schwierige Fragen zu lösen. Dementsprechend ist nicht zu erwarten, dass sich kurzfristige Lösungen finden lassen. Auch der historische „Wandel durch Annäherung" war ein Prozess über mehrere Jahrzehnte. Am Beginn würde nur das Bekenntnis beider Seiten stehen, für begrenzte Zeit keine weitere militärische Gewalt anzuwenden. Alles andere ist in zähen Verhandlungen zu erreichen. Von zentraler Bedeutung sollte es sein, die Sicherheitsinteressen beider Konfliktparteien ernst zu nehmen. Dabei spielt es eine unerhebliche Rolle, ob man die Sicherheitsbedenken Russlands nachvollziehen kann. Es mag zwar aus westlicher Sicht selbstverständlich sein, dass die NATO als Verteidigungsbündnis Russland nicht bedroht und insofern eine weitere Osterweiterung keine Probleme bereitet. Eine stabile Friedenslösung macht es aber erforderlich, die durch Russland angenommene Bedrohung durch die NATO nicht in den Wind zu schlagen. Umgekehrt braucht die Ukraine Sicherheitsgarantien. Ein weiteres wesentliches Element für eine dauerhafte Friedenslösung sollte eine Wiederbelebung der Rüstungskontrolle und Abrüstung zwischen Russland und der Ukraine wie dem Westen sein.

Entspannungspolitik in der neuen Multipolarität

Zu einem Waffenstillstand und anschließenden Friedensverhandlungen gehören immer mindestens zwei, wobei bisher beide Kriegsparteien wenig Bereitschaft zu voraussetzungslosen Gesprächen gezeigt haben. Da es zum Krieg erst vor dem Hintergrund der geopolitischen Veränderungen für Russland gekommen ist, besteht auch die Chance, dass die internationale Staatengemeinschaft Druck aufbauen kann, um beide Seiten – insbesondere Russland – zu einem Waffenstillstand mit sich daran anknüpfenden Verhandlungen zu bringen.

In den letzten Jahren hat sich ein neues multipolares System herausgebildet, in dem zwar die USA und China miteinander um die globale Vorherrschaft ringen, aber viele weitere globale Akteure existieren, die eine hohe Eigenständigkeit und Handlungsmacht aufweisen. Die These von einer neuen Bipolarität zwischen Autokratien und Demokratien bildet die neue Multipolarität keineswegs ab. So sind etwa Brasilen, Indien und Südafrika nach wie vor eigenständige Demokratien, die je nach Interessenlage mit Russland oder China aber eben auch mit den westlichen Staaten kooperieren. Ebenso verhalten sich viele andere Staaten des globalen Südens. Zudem ist das Verhältnis zwischen China und Russland keineswegs nur von Harmonie geprägt. So erhebt China nach wie vor Anspruch auf Teile des russischen Territoriums. Und schließlich hat es angesichts der intensiven wirtschaftlichen Verflechtungen mit den westlichen Staaten auch kein Interesse an einer dauerhaften Konfrontation.

Schließlich setzt der dramatisch voranschreitende globale Klimawandel Anreize und Zwänge für eine neue Qualität internationaler Kooperation. Militärische Konflikte stehen der Notwendigkeit, den Planeten vor hausgemachten Zerstörungen zu retten, diametral entgegen. Umgekehrt dürfte der Klimawandel den Nährboden für neue militärische Konflikte bilden. Sicherheit ist vor diesem Hintergrund global nur als umfassende vorstellbar.

Die deutsche Politik steht heute wie in den 1960er Jahren vor der Wahl, eine perspektivlose Konfrontationspolitik mit dramatischem Eskalationspotential fortzuführen oder mutige Initiativen für eine moderne Entspannungspolitik zu ergreifen. Letztere wird viel Ausdauer und Kreativität erfordern und kurzfristig nur begrenzte Erfolge haben. Aber sie wäre die adäquate Antwort auf die Herausforderungen des Ukrainekrieges, der neuen Multipolarität und des Klimawandels.

Anmerkungen

1 Vgl. Egon Bahr, „Wandel durch Annäherung“ – Rede in der Evangelischen Akademie Tutzing, 15. Juli 1963. In: Deutschlandarchiv, 8/1973, S. 862 f. Daraus auch die folgenden Zitate

Olivier Elmer

Versöhnung als Politik?

Auf dem deutschen Soldatenfriedhof im flämischen Vladslo stehen Käthe Kollwitz und ihr Mann Karl dem Grab ihres Sohnes Peter gegenüber. Die Figurengruppe ist aus Granit. Das Grab ist echt. Käthe Kollwitz hatte dem Drängen ihres minderjährigen Sohnes, in den Krieg zu ziehen, nachgegeben und ihren Mann überzeugt, es ihr gleich zu tun. Die in Granit gehauene Trauer zeugt von der Grausamkeit und Sinnlosigkeit eines Krieges, in den Peter Kollwitz verblendet zog. Als der spätere Theologe der Bekennenden Kirche Karl Barth sah, wie die Theologenzunft seiner Zeit die Entfesselung des Ersten Weltkriegs vielfach begrüßte, zumeist gar christlich verbrämte, war er entsetzt. Und als er nach Ende des Zweiten Weltkriegs Zeuge der atomaren Aufrüstung wurde, lehnte er sie als ihr prominenter Gegner ab. Sein Motto: „Willst du den Frieden, bereite den Frieden vor!" Doch im September 1938, angesichts der Bedrohung der Tschechoslowakei durch Nazi-Deutschland, verdeutlichte er seinem Prager Kollegen Josef Hromádka: Militärischer Widerstand gegen Hitlerdeutschland sei notwendig! – Karl Barth ist ein gutes Beispiel für eine situativ differenzierte, weit gefasste, aber doch stringente pazifistische Haltung.

Ypern ist von Vladslo nicht weit entfernt. Im Ersten Weltkrieg von den Deutschen zerstört, wurde es später wiederaufgebaut und im Zweiten Weltkrieg erneut von Deutschen eingenommen. Wer es betritt, merkt dem Stadtbild auf den ersten Blick nichts von seiner Kriegsgeschichte an. Doch Fassaden heilen keine Wunden. Es stellt sich die Frage: Kann ein Krieg gerechtfertigt sein?

Dem Ausdruck vom „gerechten Krieg" ging es begriffsgeschichtlich wie dem alttestamentarischen Grundsatz „Auge um Auge". Auch diesem lag ein Konzept des Einhegens maßloser Gewalt zugrunde – nicht die Billigung, Anwendung und Verbreitung des Rache-Gedankens, mit dem er assoziiert wird. Augustin und andere haben sich gleichfalls bemüht, den Krieg nicht zu feiern, sondern ihn einzugrenzen. Nicht ihn moralisch überhöhen, sondern ethisch prüfen – unabhängig vom Schindluder, der später mit dem Begriff getrieben wurde. Nur eine legitime Autorität sollte bei Vorliegen eines zulässigen Grundes – wie der Verteidigung – kriegerisch eingreifen dürfen. Die Intervention sollte letztes Mittel zur Wiederherstellung des Rechts sein, mit „gerechten Absichten“ unternommen werden und die Perspektive des Friedens mit dem Gegner beinhalten. Und dabei die Zivilbevölkerung schonen sowie keine unverhältnismäßigen Mittel anwenden.

Gerade Letzteres ist immer wieder zu prüfen, denn der Zweck heiligt nicht alle Mittel. Die Diskussion um die Legitimität der Lieferung von Streubomben an die Ukraine zeigt, dass immer die Gefahr besteht, den Einsatz unverhältnismäßiger Mittel mit dem Schein nach rationalen Gründen – wie hier dem Fehlen anderer Munition – zu rechtfertigen. Und individuelle Rechte wie das auf Kriegsdienstverweigerung sind auch und gerade in Kriegszeiten zu gewährleisten – was in der Ukraine schon vor der Invasion nicht vollständig der Fall gewesen ist.

Es dürfte kein Zweifel bestehen, dass die Ukraine alle klassischen Kriterien eines „gerechten Krieges“ erfüllt. Dabei ist es im Hinblick auf die ethische Rechtfertigung unerheblich, ob es bei der Entstehung des Konflikts Faktoren auf Seiten des angegriffenen Landes oder auf Seiten Dritter gibt, die verschärfend gewirkt haben. War die Politik „des Westens“ riskant, weil sie russische Interessen überging? Oder hat sie im Gegenteil die „kleinen“ osteuropäischen Länder in ihren Sicherheitsbedürfnissen nicht ernst genug genommen, weil sie, den Maximen einer „Realpolitik“ folgend, zu sehr darauf fixiert war, die Interessenlage der Großmacht Russland anzuerkennen? All dies mag Gegenstand historischer und politischer Analysen sowie im Rahmen einer künftigen Sicherheitsarchitektur hilfreich sein. Doch auch diese Untersuchungen werden nur fruchtbar sein, wenn sie Fakten und Mythen trennen. So ist die Legendenbildung etwa um eine kriegslüsterne NATO Teil der Desinformations-Strategie des Kremls. Was auch immer die zeitgeschichtliche Erforschung der westlichen Politik der letzten zwei Jahrzehnte gegenüber Russland ergibt – sie sollte nicht als Rechtfertigung dazu dienen, Versuche der Diplomatie – wenn auch letztlich unzulänglich wie im Minsker Abkommen – pauschal zu verdammen. Oder gar die in einem ganz anderen Kontext praktizierte Entspannungspolitik unter Willy Brandt zu diskreditieren.

Ob und wie die in den Kriterien des „gerechten Krieges“ eingeforderte Perspektive auf Frieden zu ihrem Recht kommen kann, ist umstritten. Ein sofortiger Waffenstillstand, oft gefordert, soll die Zahl der Opfer begrenzen. Doch unabhängig davon, ob solches Streben angesichts der möglicherweise imperialistischen Ziele eines zunehmend faschistoiden Russlands realistisch sein dürfte, ist aus ethischer Sicht zu fragen: Wer kann das fordern? Es ist legitim, dass die die Ukraine unterstützenden Staaten abwägen, in welcher Form sie Unterstützung gewähren, um das zweifellos vorhandene Eskalationsrisiko zu vermindern.

Der Philosoph Jürgen Habermas hat dies zu Recht betont. Doch zu welchen Opfern eine angegriffene Bevölkerung bereit ist, kann nur sie selbst entscheiden – und alle Daten und Berichte, die hierzu vorliegen, weisen auf eine breite Unterstützung für den Kurs der ukrainischen Regierung hin. Einzig die ukrainische Bevölkerung kann entscheiden, ob sie bereit ist, den Preis für einen unter Druck zustande gekommenen sofortigen Waffenstillstand zu tragen. Denn dieser kann weitere Opfer des russischen Imperialismus zur Folge haben – und in einen hegemonialen „Frieden" münden oder, wie Dolf Sternberger es formuliert hat, in einen (Pseudo-)Frieden durch Unterdrückung.

Das Gutachten der führenden deutschen Friedensforschungsinstitute 2023 hat deutlich gemacht, dass Waffenlieferungen derzeit die Bedingungen für einen gerechteren Waffenstillstand verbessern, sofern die Eskalationsgefahr immer mit bedacht wird. Dennoch bleibt Diplomatie wichtig: Gesprächskanäle mit der russischen Führung sind offenzuhalten, um das Eskalationsrisiko durch Missverständnisse zu minimieren. Aber auch, um Russland klar zu machen, dass es andere als gewalttätige Wege aus dem Konflikt gibt. Eine Sanktionspolitik aber, die auch den wissenschaftlichen Austausch mit Russland auf ein Minimum begrenzt, kappt nicht nur zivile Verbindungen, sondern verhindert die Lösung globaler Probleme, etwa im Bereich des Klimaschutzes.

Es gilt aber darüber hinaus im innerdeutschen Diskurs, zweierlei zu beachten: Zum einen darf es zu keiner Diskreditierung des Pazifismus kommen – man denke nur an den Vorwurf des „Lumpen-Pazifismus" durch den Publizisten Sascha Lobo. Pazifistische Positionen sind ein wichtiges Korrektiv gegenüber bellizistischem Pathos und geistiger Verengung. Sie tragen erheblich dazu bei, in der „Zeitenwende" nicht alles preiszugeben, was es zu bewahren gilt: die Stärkung ziviler Konfliktlösung, die Konzeption einer tragfähigen, nicht allein militärisch gedachten Sicherheitsarchitektur und eine restriktive, nach klaren Kriterien bemessene Rüstungsexportpolitik. Gerade den Kirchen mit ihrer friedensethischen Tradition kommt hierbei eine wichtige Rolle zu.

Zum anderen ist der Diskurs zu entgiften: Die Dämonisierung und Ausgrenzung führen sonst dazu, dass eine „Verständigung", die nur noch innerhalb der eigenen „Blase“ stattfindet, ins Leere läuft. Zivilgesellschaftlich bedeutsam dürften in diesem Rahmen die Akteurinnen und Akteure des Kulturlebens sein. Gerade auf künstlerischer und literarischer Ebene bieten sich Beiträge zu einem entgifteten Diskurs an. Die Tatsache, dass es im heutigen Russland riskant ist, Tolstois Roman „Krieg und Frieden“ demonstrativ hochzuhalten, sollte uns ermuntern, Tolstoi zu lesen, statt ihn zu verbannen. Ukrainische Bibliotheken, die systematisch Tolstoi, Puschkin oder Tschechow aus ihren Beständen entfernen, stärken nicht die „ukrainische Identität“, sondern verengen sie nationalistisch. Auch wenn es verständlich sein mag, dass Ukrainerinnen und Ukrainer gegenwärtig wenig Lust auf russische Literatur, Kunst und Musik verspüren.

Und Versöhnung? Sie kann nur am Ende eines langen Prozesses stehen. Ihre Grundlage ist die Wahrheit – die klare Benennung von Schuld als Basis einer Friedensordnung, die diesen Namen verdient. Denn ohne Wahrheit keine Gerechtigkeit. Wie es heißt im Buch Jesaja: „Der Gerechtigkeit Frucht wird Friede sein.“

Clemens Ronnefeldt

Was tun – in Zeiten des Krieges?

Wahrnehmung der Debatte um den Ukraine-Krieg und der Diskussionskultur allgemein

Außenministerin Annalena Baerbock kündigte zu Beginn des Krieges an, Russland durch Sanktionen „ruinieren“ zu wollen und verlegte die Schwerpunkte wichtiger Reden – wie z.B. vor der UNO-Vollversammlung – auf emotional berührende Themen wie die Geburt eines Kindes im Kiewer U-Bahn-Schacht und ihr eigenes Mutter-Sein – statt auf diplomatische Initiativen zur Beendigung des Krieges. Widerspruch zu Annalena Baerbock und Anton Hofreiter kam u.a. von der ehemaligen – inzwischen verstorbenen – Bundestagsvizepräsidentin Antje Vollmer (Bündnis 90/Die Grünen), die sich bereits im Vorfeld des Ukraine-Krieges für eine neue Entspannungs- und Versöhnungspolitik zwischen Ost und West eingesetzt hatte. Auf SPD-Seite versucht(e) Rolf Mützenich Reste des Erbes von Egon Bahr und Willy Brandt und deren Ostpolitik zu bewahren.

Warnungen waren seit Beginn des völkerrechtswidrigen russischen Überfalls auf die Ukraine aus Kreisen ehemaliger Generäle zu hören, die darauf hinwiesen, dass die Lieferung schwerer Waffen der potentielle Weg in den Dritten Weltkrieg bedeuten könnte. Beim Verlangen nach Panzern für die Ukraine fiel das Engagement von Marie-Agnes Strack-Zimmermann, der Vorsitzenden des Verteidigungsausschusses des Deutschen Bundestages, in Talkshows und Interviews auf. Dass sie u. a. Mitglied im Präsidium der Deutschen Gesellschaft für Wehrtechnik sowie beim Förderkreis Deutsches Heer ist und es daher zu ihren Präsidiums-Mitglied-Aufgaben in den beiden zentralen Rüstungslobby-Organisationen zählt, sich für Waffenproduktion und Waffenexport einzusetzen, hat der Verein „Lobbycontrol" deutlich zur Sprache gebracht, aber nicht verhindert, der Lobbyistin in Presse, Funk und Fernsehen Tor und Tür zu öffnen.

Dass die Firma Rheinmetall 2011 einen Vertrag mit der russischen Regierung über mehr als 100 Millionen Euro zum Bau eines Trainingszentrum in Russland zur Kriegsführung vor allem in Städten abschloss, wo in den letzten Jahren jeweils etwa 30 000 russische Soldaten ausgebildet wurden, ist seit dem 24. Februar 2022 öffentlich kaum in Erinnerung gerufen worden.

Als das italienische Außenministerium im Mai 2022 einen Deeskalationsplan mit dem UNO-Generalsekretär sowie den G7-Staaten abstimmte, fand dieser kein Echo bei der Bundesregierung, ebenso wenig wie der chinesische Friedensplan vom Februar 2023.

In nahezu allen Talkshows waren Befürworter von Waffenlieferungen an die Ukraine stets in der Mehrheit, während die Bevölkerung in Deutschland bei diesbezüglichen Umfragen sich mit leichten Abweichungen zu unterschiedlichen Zeiten im Schnitt etwa zu gleichen Hälften die Waage hielt. Moderatoren und Journalisten, die für sich nicht in Anspruch zu nehmen berechtigt sind, gewählt zu sein, trieben gewählte Volksvertreter mit immer neuen Forderungen nach noch mehr Waffen für die Ukraine vor sich her. Persönlichkeiten des öffentlichen Lebens, die Aufrufe für Waffenstillstandsverhandlungen unterstützten, wurden angefeindet und als herzlos gegenüber der ukrainischen Bevölkerung kritisiert. Sascha Lobo führte den Begriff des „Lumpen-Pazifismus" ein, was Erinnerungen an deutschnationale Vorurteile aus der Zeit vor

1914 und nach 1918 gegenüber dem organisierten Pazifismus wachrief. Der Krieg polarisierte nicht nur wie nach 1914 die öffentliche Debatte, sondern auch private Dialoge in hohem Maße.

Wie sind die Dissonanzen und Konflikte überwindbar?

Krieg ist das Schlimmste, was Menschen sich antun können. Wenn Staaten, die über Atomwaffen verfügen, involviert sind, ist die Ungewissheit über den Ausgang der kriegerischen Handlungen schwer auszuhalten. Jeder Mensch verfügt über Spiegelneuronen – und die tägliche Flut von Bildern, die das Leid vor allem der ukrainischen Zivilbevölkerung zeigt, ist nicht nur für empathische Personen schwer erträglich. Das Bedürfnis nach konkreten Handlungen ist in Kriegszeiten groß, auch das Bedürfnis zu wissen, wer „die Guten" und wer „die Bösen" sind – und „den Guten" beizustehen und „die Bösen" zurückzudrängen. Gefühle von Ohnmacht, Wut und Verzweiflung machen es angesichts des blutigen Wahnsinns schwer, einen klaren Kopf zu bewahren, um konstruktiven, deeskalierenden Schritten Bahn zu brechen. Während die einen auf das Recht der Ukraine verweisen, sich als Opfer eines Angriffskrieges zu verteidigen, auch auf das Recht, ein russisches Besatzungsregime mit all seinen brutalen Folgen zu verhindern und sich die Freiheit zu bewahren – und dafür Waffen und die uneingeschränkte Solidarität aus dem Westen anzufordern, fragen sich andere, wo das Ganze denn endet, wenn weiter auf die militärische Karte gesetzt wird, mit der die Atommacht Russland kaum zu besiegen ist – und die Ukraine, selbst wenn sie Donbas und Krim militärisch zurückeroberte, dies mit ungezählten Toten, an Körper und Seele Verletzten sowie der Zerstörung weiter Teile des Landes bezahlen würde.

Zum Zeitpunkt der Abfassung dieses Beitrages ist niemand in der Lage, wirklich zu wissen, wie der Krieg ausgehen wird – und das Aushalten der Ungewissheit von weiteren Schritten und deren Konsequenzen in die eine oder andere Richtung ist schwer zu ertragen. Die auf einen „Siegfrieden" der Ukraine setzenden Kräfte erklären, es gäbe keine andere Option. Was aber wird geschehen, wenn der Krieg ganz anders verläuft – oder gar zum Einsatz von Atomwaffen führt?

Ist es nicht eine Lehre aus dem Ersten Weltkrieg, dass allerspätestens 1916, als keine Seite mehr Geländegewinne machen konnte, ein Waffenstillstand das

Leben unzähliger junger Menschen gerettet hätte, wenn die Kriegsparteien bereit gewesen wären, ihre Kampfhandlungen aufzugeben?

In der öffentlichen Debatte sind nur wenige Stimmen hörbar, die für den zivilen Widerstand eintreten und auf dessen starke Befürwortung in Umfragen vor dem Krieg durch die ukrainische Bevölkerung verweisen – die sich nach dem russischen Überfall vom 24. Februar 2022 dafür in vielen Städten und Gemeinden ausgesprochen hat.

Hilfreiche Grundhaltungen zu Versöhnungsschritten

Das Aushalten und Austragen politisch kontroverser Meinungen gehört zum Wesensmerkmal einer Demokratie. Grundvoraussetzung des offenen Austausches ist, dass die verschiedenen Seiten sich vorurteilsfrei zuhören und tolerant miteinander umgehen. Dies setzt wiederum Konflikt- und Dialogfähigkeit, insbesondere Akzeptanz, voraus, ebenso Angstfreiheit, vor allem vor dem mutigen Bekennen von Überzeugungen, die einem harmonischen Ausgleich widersprechen.

Die Einstellung „Wenn jemand eine andere Meinung hat, kann ich von dieser Person lernen", gibt eine andere Denkweise wieder als: „Du liegst falsch – und ich werde dich überzeugen, dass meine Auffassung die einzig richtige ist." Im persönlichen Dialog erscheint mir der Satz des persischen Dichters Rumi hilfreich: „Jenseits von richtig und falsch liegt ein Ort. Dort treffen wir uns."

Geht es um Leben und Tod, ist Gelassenheit nicht unbedingt die erste Tugend vieler Menschen. Und dennoch: Durch Abbruch des Gesprächs, weil die andere Person eine andere Meinung vertritt, wird weder der Krieg in der Ukraine beendet, noch mehr Frieden im persönlichen Umfeld hergestellt – weshalb Besonnenheit und Bedachtsamkeit in vielen Situationen m. E. eine gute Wahl sind.

Als Minimalkonsens wäre es hilfreich, auch nach langen und harten Gesprächen zu akzeptieren, dass beide Seiten gute Argumente haben – und am Ende Einigkeit darüber besteht, dass es einen Dissens in zentralen Fragen des Krieges gibt. In der Politik, in den Kirchen, in Friedensorganisationen und in Familien ließen sich so zunehmend gefährlicher werdende Spaltungen und Unversöhnlichkeiten überwinden.

Förderlich dürfte es auch sein, ungeachtet aller Unterschiede nach Gemeinsamkeiten zu suchen – und damit Kontroversen leichter erträglich zu machen.

Als historisches Beispiel für einen fairen Umgang mit Andersdenkenden sei der Ethiker, Politiker und Pädagoge Friedrich Wilhelm Foerster genannt. Der bedeutende Mentor der Friedensbewegung in der Weimarer Republik hat aus seiner Gegnerschaft zu Militaristen, Nationalisten und Kriegstreibern nie einen Hehl gemacht, ist dabei in seiner Wortwahl aber nie verletzend geworden oder unter die Gürtellinie gegangen – obwohl seine Widersacher ihn als „übelstes Stinkgewächs am Giftbaum des deutschen Pazifismus" diffamierten.

Bei der Suche nach Verständigung ist zu berücksichtigen, dass es die Menschen in der Ukraine sind, die allein das Recht zur Entscheidung darüber haben, wie sie sich gegen den russischen Überfall verteidigen wollen.

Zu konstruktiven Gemeinsamkeiten für Menschen unterschiedlicher Meinungen im Ukrainekrieg gehört z.B. die Aufnahme von ukrainischen Geflüchteten, die Hilfe bei Sprachkursen und Behördengängen, Spenden für Organisationen wie „Caritas International" oder die Forderung nach Schutz und Asyl für Kriegsdienstverweigerer aus Russland, Belarus und der Ukraine.

Zum grundlegenden Problem des Umgangs mit Gewalt

Als Hilfe bei der Versöhnung von Menschen unterschiedlicher Standpunkte zum Ukraine-Krieg bietet sich die gemeinsame Lektüre des Buches „Verwandlung der Mächte – Eine Theologie der Gewaltfreiheit" von Walter Wink an (Regensburg 2014). Zum „Mythos der erlösenden Gewalt" schreibt er auf den Seiten 49 und 50:

„Die Geschichten, die die Regenten in herrschaftlich strukturierten Gesellschaften sich und ihren Untergebenen erzählen, bilden das, was wir heute als den Mythos der erlösenden Gewalt bezeichnen können. Er verankert den Glauben, dass Gewalt rettet, dass Krieg Frieden bringt, dass Macht Recht schafft. Dies ist eine der ältesten und ständig wiederholten Geschichten der Welt.

Der Glaube, dass Gewalt ‚rettet', ist so erfolgreich, weil er uns keineswegs wie ein Mythos vorkommt. Gewalt scheint einfach in der Natur der Dinge zu liegen. Sie funktioniert. Sie erscheint unausweichlich, das letzte – oft auch das erste – Mittel bei Konflikten …

Der Mythos der erlösenden Gewalt ist die einfachste, bequemste, spannendste, unkomplizierteste, irrationalste und primitivste Darstellung des Bösen, die

die Welt je gekannt hat. Darüber hinaus werden in dieser Ausrichtung auf das Böse praktisch alle heutigen Kinder (vor allem Jungen) im Prozess der Reifung sozialisiert."

Auf Seite 59 heißt es unter der Überschrift „Der nationale Sicherheitsstaat":

„Ein noch wichtigerer Aspekt des Mythos der erlösenden Gewalt ist sein Beitrag zu internationalen Konflikten… Dieser Mythos etabliert in der Mitte des Staates eine Religion des Patriotismus und verleiht darüber hinaus dem Imperialismus dieser Nation eine göttliche Bestätigung. Auf diese Weise bietet der Mythos der erlösenden Gewalt eine Spiritualität des Militarismus.

Kraft göttlichen Rechts hat der Staat die Macht, das Leben seiner Bürger als Opfer zu fordern, um die Privilegien weniger zu erhalten. Durch göttliches Dekret nutzt er Gewalt, um die Welt von den Feinden des Staates zu reinigen… Der Mythos der erlösenden Gewalt dient als innerer Geist des nationalen Sicherheitsstaates. Er liefert die göttliche Legitimierung für die weltweite Unterdrückung der Armen und die Gewinnung von Reichtum aus den ärmeren Ländern."

In dem Kapitel „Nicht zu dem werden, was wir hassen", gibt der Autor (Seite 109 f.) zu bedenken:

„‚Wer mit Ungeheuern kämpft', warnt der Philosoph Friedrich Nietzsche, ‚mag zusehn, dass er nicht dabei zum Ungeheuer wird'…

‚Man wird immer zu dem, was man am stärksten bekämpft', warnte Carl Gustav Jung…

‚Die größte Schwäche der Gewalt', bemerkt Martin Luther King, ‚ist, dass sie in eine Abwärtsspirale führt, die genau das, was sie zerstören will, erzeugt'."

Den „Mythos der erlösenden Gewalt" zu erklären, darüber zu sprechen und differenzierte Sichtweisen mit Perspektiven für eine Überwindung der Eskalationsspirale in die öffentliche Diskussion einzubringen, halte ich für einen zentralen Beitrag zu Versöhnungsschritten in Zeiten des Krieges.

Hermann Vinke

Den Krieg mit Worten beenden, nicht mit Waffen

Zu den Kämpfen in der Ukraine und den Aussichten auf Frieden und Versöhnung

Der russische Angriffskrieg gegen die Ukraine hat bislang nur ein Anfangsdatum: 24. Februar 2022. Ein Ende der Kämpfe ist nicht abzusehen. Und je länger der Krieg dauert, desto ungewisser sein weiterer Verlauf, desto unklarer die Aussichten auf einen Waffenstillstand – von Frieden und Versöhnung zwischen den Kriegsparteien ganz zu schweigen.

Gewissheiten gibt es in der mit den modernsten Waffen geführten militärischen Auseinandersetzung nur wenige. Vieles deutet im Sommer 2023 auf ein Patt hin, auf einen Abnutzungskrieg, bei dem das Stichwort „Verdun" fällt, also die Erinnerung an die mörderische Schlacht um die Festung Verdun im Ersten Weltkrieg, bei dem im Frühsommer 1916 Deutsche und Franzosen wochenlang um Geländegewinne von wenigen Quadratmetern kämpften und am Ende einen Totenacker mit unzähligen Gefallenen hinterließen. Vergeblich warteten damals Kaiser Wilhelm II. und die Oberste Heeresleitung unter Hindenburg und Ludendorff auf einen Durchbruch.

Allein mit dem Gleichstand der Kämpfe in der Ost- und Südukraine hat der Krieg dort eine überraschende Entwicklung genommen. Die Großmacht Russland, anfangs auf dem Weg, die Hauptstadt Kiew zu überrollen, an der Süd- und Ostfront mit beachtlichen Geländegewinnen, erreichte bislang keines ihrer Kriegsziele. Die russische Föderation musste stattdessen im restlichen Europa enorme strategische Rückschläge hinnehmen: Die Erweiterung der NATO um Finnland und Schweden, überhaupt die Stärkung der westlichen Verteidigungsallianz und die forcierte Aufrüstung fast aller europäischen Staaten – der Kontinent droht immer mehr, in ein Militärlager verwandelt zu werden.

Die zweite Einsicht bezieht sich auf die Menschen in der Ukraine. Ihr Widerstand gegen den völkerrechtswidrigen Angriff nötigt Außenstehenden ungeteilte Bewunderung ab. Der Wille zum Durchhalten ist offensichtlich ungebrochen – trotz der vielen Toten an der Front sowie in den mit Raketen, Marschflugkörpern und Drohnen attackierten Gebieten.

Das Ausmaß der Zerstörung von Dörfern und Städten sowie Versorgungszentren in der Ukraine ist schon jetzt so gewaltig, dass sich die Frage stellt: Wie lange kann die Infrastruktur des Landes überhaupt noch aufrechterhalten und instandgesetzt werden?

Die Eigendynamik des Krieges und die Schreckensbilder von Tschernobyl

Die dritte Erkenntnis nach eineinhalb Jahren Krieg lautet: Beiden Seiten – den Angreifern wie den Angegriffenen – droht das Heft des Handelns zu entgleiten. Der Krieg beginnt, sich zu verselbständigen. Das mörderische Geschehen nimmt eine verhängnisvolle Automatik an. Dass der Patriarch der Russisch-Orthodoxen Kirche, Kyrill I., ein ehemaliger KGB-Agent mit einem geschätzten Vermögen von vier Milliarden US-Dollar, die seit eineinhalb Jahren andauernden Luftschläge auf unschuldige Menschen ausdrücklich begrüßt, zeigt des Weiteren die Absurdität des Krieges.

Die Sprengung des Kochawka-Staudammes Anfang Juni 2023 im Süden der Ukraine ist Ausdruck dieser brutalen Eigendynamik. Die riesigen Wassermassen überfluteten sowohl ukrainisches Gebiet als auch die von russischen Truppen besetzten Territorien; sie rissen unzählige Menschen in den Tod, verwüsteten fruchtbares Ackerland und verwischten vorübergehend den Frontverlauf im eigentlichen Kriegsgebiet. Westliche Militärexperten vertraten die Auffassung, Russland habe die Sprengung des Staudammes und die darauffolgende Explosion des Wasserkraftwerkes ausgelöst und ziehe daraus militärisch den größeren Nutzen, weil der ukrainische Vormarsch durch die Flutwelle gestoppt werde.

Die Behauptung hatte nicht lange Bestand, denn die Ukraine setzte mit ihren Truppen die Rückeroberung besetzter Gebiete schon bald darauf mit unverminderter Härte und Entschlossenheit fort. Auch wenn die Ukraine als Auslöser der Staudamm-Sprengung kaum infrage kommt, gibt es keine abschließende Antwort auf die Frage: Wer oder was hat diese Wahnsinnstat zu verantworten?

Die Gefechte um die Kernkraftblöcke Saporischtja, die ihr Kühlwasser aus dem Kochawka-Stausee beziehen, unterstreichen ebenfalls die Sinnlosigkeit des Krieges. Russische Einheiten kontrollieren das größte europäische Atomkraftwerk. Es wird nach wie vor von ukrainischen Technikern und Ingenieuren in Betrieb gehalten. Das Dauerdrama um Saporischtja ruft die Schreckensbilder der Nuklearkatastrophe von Tschernobyl am 26. April 1986 ins Gedächtnis zurück.

Die Ruine des havarierten Reaktors habe ich bei meinen Reisen in die Ukraine zwei Mal besucht, noch bevor man den mobilen Sarkophag über die strahlenden Trümmer zog. Halb Europa war 1986 von atomarer Verseuchung bedroht oder betroffen. Noch Jahre später litten in Krankenhäusern in Gomel und anderen Städten in Belarus, damals am stärksten heimgesucht, Kinder, Jugendliche und Erwachsene unter heimtückischen Strahlenkrankheiten. Wie ist es möglich, dass ein Staatsmann wie Wladimir Putin die drohende Wiederholung einer solchen Katastrophe billigend in Kauf nimmt?

Weitere fassungslos machende Fragen: Wie kommt ausgerechnet die Ukraine dazu, von den USA Streubomben zu beziehen? Und weshalb stimmte US-Präsident Joe Biden der Lieferung überhaupt zu? Aus guten Gründen sind Streubomben seit 2008 international geächtet. Über 120 Nationen, darunter Deutschland, Frankreich und Großbritannien, haben die UN-Konvention gegen Streubomben unterschrieben.

Die von einer Trägerbombe großflächig verteilten Sprengsätze gefährden als Blindgänger am Boden nicht nur Soldaten, sondern auf lange Zeit hin auch die Zivilbevölkerung. Wenn ukrainische Truppen weiter vorrücken, bringen nicht explodierte Sprengkörper auch die eigenen Soldaten in Gefahr.

Mit dem Einsatz der Streumunition beschädigt der ukrainische Präsident Wolodomir Selenskyj zudem die eigene Glaubwürdigkeit, selbst wenn Russland die Waffe ebenfalls einsetzt. Mit Irrationalität und Unvernunft ist auch dieser Krieg nicht zu gewinnen, weder militärisch noch moralisch. Auf eine überzeugende und deutliche Kritik am Einsatz von Streubomben durch die ukrainische Armee aus dem Bundespräsidialamt in Berlin, von der Bundesregierung und dem Außenministerium wartete die Öffentlichkeit vergeblich.

Deutsche Mitverantwortung und Hilfe

An der Eskalation der Kämpfe im Ukrainekrieg ist unser Land seit einigen Monaten unmittelbar beteiligt. Deutschland trägt deshalb eine Mitverantwortung an der Eigendynamik, die entstanden ist. Die Bundesrepublik steht nach den

USA an zweiter Stelle der Lieferanten von Munition und schwerem Kriegsgerät. Nach anfänglichem Zögern ist der Transfer systematisch erweitert und mit hohen Geldbeträgen verstärkt worden. Panzer und Panzerspähwagen, made in Germany, spielen im Kriegsgeschehen bereits eine nicht zu unterschätzende Rolle.

Die deutsche Unterstützung für die Ukraine geschieht auf drei Ebenen, und jede hat ein beachtliches Ausmaß erreicht, sodass auch die deutsche Bevölkerung die Folgen deutlich zu spüren bekommt. Der politische Beistand der Bundesregierung für die von Russland angegriffene Nation fiel von Beginn an klar und eindeutig aus. Die völkerrechtswidrige Invasion stieß zu Recht auf einhellige Kritik und klare Ablehnung.

Bereits mit der Besetzung der Halbinsel Krim im Jahre 2014 hat sich Präsident Putin massiv ins Unrecht gesetzt. Die Installation von Marionetten-Regimen im ostukrainischen Donbass war überdies ein Akt der Aneignung fremden Territoriums. Der Kremlherrscher biegt sich die Geschichte des 20. Jahrhunderts zurecht, um sein Vorgehen zu rechtfertigen. Der wahrheitswidrige Umgang mit historischen Zahlen und Fakten wirkt jedoch durchsichtig und entlarvt sich selbst als ein Lügengebilde.

Die humanitäre Unterstützung der Bundesrepublik für die Ukrainer kann sich ebenfalls sehen lassen. Nach Kriegsbeginn haben die Deutschen innerhalb weniger Monate über eine Million Geflüchtete aus der Ukraine aufgenommen. Damit beweist unser Land nach der Flüchtlingswelle 2015 zum zweiten Mal innerhalb weniger Jahre, dass Hilfe für Menschen in Not in Deutschland kein Fremdwort ist, sondern praktisch gelebt wird. Abgesehen von wenigen Pöbeleien und einigen zerstochenen Reifen an Autos mit ukrainischen Kennenzeichen verläuft die Aufnahme der Kriegsflüchtlinge bisher erstaunlich reibungslos. Zumeist handelt es sich dabei um Frauen mit ihren Kindern, die kein Zuhause mehr besitzen, Frauen, deren Männer vielfach an der Front kämpfen.

Der Streit um die Waffenlieferungen und Botschafter Andrij Melnyk

Der finanzielle und militärische Beistand Deutschlands – die dritte Ebene der Unterstützung für die Ukraine – hat im Sommer 2023 ein Ausmaß erreicht, das mit anderen Ursachen zu deutlichen Einschränkungen auf fast allen Feldern der Innenpolitik führt. So haben, abgesehen von der Verteidigung, fast alle Ressorts im Bundeshaushalt für 2024 Kürzungen und zum Teil tiefe Einschnitte hinnehmen müssen. Zum Beispiel fehlen Mittel für die Bekämpfung der Kinderarmut in der Bundesrepublik.

Die direkte Lieferung von Rüstungsgütern in das Kriegsgebiet ist in Deutschland von Anfang an höchst umstritten gewesen – verständlich für ein Land, das die Verantwortung für zwei Weltkriege im vergangenen Jahrhundert trägt; verständlich auch für eine Bevölkerung, die nach 1945 gelernt hat, dass sich selbst auf kleinerem Raum in Frieden ganz gut leben lässt und eine Politik der Gewalt alles bis dahin Erreichte in Frage stellt. Zudem war die außenpolitische Zurückhaltung nach Jahrzehnten einer Politik, die sich an einer guten Nachbarschaft sowohl mit dem Westen wie auch dem Osten orientierte, gut begründet.

Die „Zeitenwende" – für die meisten Deutschen in ihrer Lebensspanne seit dem Zweiten Weltkrieg bereits die dritte nach dem Zerfall des Sowjetkommunismus und der Wiederherstellung der Einheit – stellt einen Umbruch großen Ausmaßes dar, sowohl international wie national. Mit ihr sollten jedoch die bisher als ehern anerkannten Grundsätze des Miteinander der Völker nicht sogleich über Bord geworfen werden, weil Putin einen Krieg gegen die Ukraine führt.

Als die Ampelregierung aus SPD, Grünen und FDP Anfang 2022 dem Drängen der Ukraine auf militärische Unterstützung nicht sofort und ohne Nachdenken über mögliche Folgen nachgeben wollte, stellten sich ihr vor allem einzelne Abgeordnete aus den eigenen Reihen in den Weg. Wortgewaltig und ohne Rücksicht auf die zuvor vertretene eigene antimilitaristische Gesinnung forderten sie die Lieferung von Munition und schwerem Kriegsgerät bis hin zum legendären deutschen Gefechtspanzer „Leopard 2".

Zumeist handelt es sich um Parlamentarier, die den Zenit ihrer politischen Karriere bereits überschritten haben oder bei der Besetzung von Posten in der neuen Bundesregierung zu kurz gekommen sind. Flankiert von den Medien, die sich bereitwillig als Verstärker ihrer Forderungen zur Verfügung stellten, gelangten sie zu unverhoffter Popularität.

Als ihr wichtigster Verbündeter agierte der damalige ukrainische Botschafter in Deutschland, Andrij Melnyk. Der Diplomat legte die sonst übliche Zurückhaltung ab und mischte sich ungeniert in die deutsche Innenpolitik ein. Dabei bediente Melnyk sich einer Ausdrucksweise, die nicht nur die Grenzen der Höflichkeit sprengte, sondern gegenüber seinem Gastland unverschämte Züge annahm. Für seine Attacken vor allem auf Bundeskanzler Olaf Scholz boten ihm Fernsehtalkshows und Radiomagazine eine willkommene Bühne.

In der Öffentlichkeit entstand so der Eindruck, Deutschland allein sei verpflichtet, der Ukraine das nötige Kriegsgerät zur Verfügung zu stellen, damit Kiew dem Aggressor erfolgreich die Stirn bieten könne. Auch europäische Nachbarländer erhöhten den Druck auf Berlin, endlich Panzer in Richtung Osten auf die Schiene zu setzen, sodass Olaf Scholz in schwere Bedrängnis geriet. Doch statt der Öffentlichkeit die nachvollziehbaren Gründe für seine Zurückhaltung bei den geforderten Waffenlieferungen zu erläutern, verhandelte er hinter den Kulissen hektisch mit NATO-Verbündeten, voran mit den USA, um in der Rüstungsfrage eine einheitliche Linie herzustellen.

Erst als er die amerikanische Administration schließlich auf seine Seite gezogen hatte – Präsident Joe Biden stellte ein US-Kontingent von Abrams-Panzern in Aussicht –, wandte der Bundeskanzler sich an die Öffentlichkeit und versprach ein umfangreiches Liefer-Paket einschließlich Flugabwehr und Panzer vom Typ „Leopard 2“. Doch kaum war der Deal Berlin/Washington bekannt geworden, da betrachteten es die europäischen NATO-Verbündeten plötzlich als gar nicht mehr so eilig mit der eigenen Überstellung von Rüstungsgütern in die Ukraine.

Das Kapitel um die Waffenlieferungen westlicher Länder, einschließlich der Rolle der Medien, bedarf einer gründlichen Aufarbeitung, denn längst sind noch nicht alle Details bekannt. Allerdings verdichtet sich der Eindruck, dass auf mehreren Ebenen falsch gespielt wurde und bei einigen Parlamentariern die eigene Profilierung ausschlaggebend war, statt den Blick auf die Gefahr einer Eskalation des Krieges zu richten. Das Risiko eines Übergreifens der Kämpfe auf andere Staaten und auch eines drohenden Einsatzes nuklearer Waffen durch Russland ist bis heute nicht ausgeräumt. In dem Zusammenhang stellt sich die nächste Frage: Warum überlässt die deutsche Friedensbewegung den Panzer-Protagonisten das Feld, statt auf der Straße für eine Deeskalation zu demonstrieren?

Weiterhin gibt es zum Ukrainekrieg mehr Fragen als Antworten. Der Krieg ist zu beenden – nicht mit Waffen, sondern mit Worten, so naiv es klingen mag. Das Ende der Kämpfe ist festzulegen. Darauf sind die politischen und diplomatischen Bemühungen zu richten. Denn Krieg zerstört alles, was uns Menschen wichtig und wesentlich ist, selbst unsere Sprache, die es nicht vermag, in Worte zu fassen, was seit dem 24. Februar 2022 in der Ukraine an Kriegsverbrechen, an Leid, Vernichtung und Zerstörung geschehen ist.

Schritte zur Versöhnung mögen schwer vorstellbar sein, wenn Nacht für Nacht Raketen, Marschflugkörper und schwere Artillerie von russischen Stützpunkten und Kriegsschiffen auch auf zivile Ziele in der Ukraine – auf Wohnhäuser, Schulen, Getreidesilos – abgefeuert werden. Und dennoch: An einer Versöhnung zwischen Russland und der Ukraine kommen beide nicht vorbei.

Nach dem Zweiten Weltkrieg war Versöhnung selbst über die zahllosen Massengräber hinweg möglich. Die Bereitschaft zum friedlichen Zusammenleben setzt ein anderes Denken voraus, eine Haltung, die weit über das Militärische hinausgeht, die sich nicht an den Zielen der Militärs, der Macht- und Eroberungspolitiker orientiert, sondern die Menschen im Blick behält.

Dietmar Köster

Zwischen Eskalation und Diplomatie

Der völkerrechtswidrige Angriffskrieg Russlands gegen die Ukraine scheint nicht schnell zu enden.[1] Die Begründung dafür lautet: Solange beide Seiten glauben, den Krieg zu „gewinnen“, ist die Aussicht auf Frieden gering. Das russische Regime musste sein anfänglich formuliertes Ziel, die Ukraine als Staat zu zerstören und zu annektieren, angesichts der realen militärischen Lage aufgeben. Seine Absicht, die eroberten Gebiete einschließlich der Krim zu russifizieren, wird Moskau weiterverfolgen. Die Ukraine hat das Völkerrecht auf ihrer Seite, sich mit Waffen zu verteidigen. Sie strebt danach, die russischen Truppen von allen besetzten Gebieten zu befreien. Obwohl die Pläne der Ukraine völkerrechtlich begründet sind, ist es schwer vorstellbar, wie die Krim kurzfristig durch Eroberungen wieder unter die Kontrolle von Kiew gelangen soll. Ihre aktuelle Gegenoffensive ist festgefahren und schafft nur wenige Kilometer Geländegewinne. Mittlerweile haben wir es mit einem schrecklichen „Abnutzungskrieg“ im Osten der Ukraine zu tun, in dem täglich Menschenleben sinnlos geopfert werden.

Die Aussicht auf ein Kriegsende ist offenbar in weite Ferne gerückt, stattdessen dreht sich die Eskalationsspirale weiter. Russland setzt seine Angriffe auf die zivile Infrastruktur fort und begeht Kriegsverbrechen. Die Weigerung, das Getreideabkommen zu verlängern, die anschließenden Bombardierungen u.a. von Getreidesilos in ukrainischen Häfen wie Odessa und selbst von Häfen an der Donau, nur wenige hundert Meter von Rumänien und damit von der NATO entfernt, zeigen die hohe Kriegsgefahr für ganz Europa. Die Kriegslogik – die Auffassung, den Krieg nur durch eine militärische Niederlage Russlands zu beenden – führt dazu, dass die USA die Ukraine mit international geächteter Streumunition versorgt und diese bereits eingesetzt wird. Wenn nur wenige Tage vor dem Auslaufen des Getreideabkommens auf der russischen Krimbrücke Explosionen stattfinden, stehen alle Zeichen auf Eskalation.

Dabei stellte das Getreideabkommen ein „Leuchtfeuer der Hoffnung in einer unruhigen Welt“ dar, so UN-Generalsekretär Guterres. Unter Vermittlung der UNO und der türkischen Regierung war es gelungen, das Getreideabkommen zu verlängern, das zur Ernährungssicherheit in der Welt beigetragen hat. Infolge des beendeten Abkommens nimmt die Hungersnot zu. „Es wird überproportional Länder am Horn von Afrika treffen, die bereits von Dürre betroffen sind“.[2] Im UN-Sicherheitsrat hat China Russland aufgefordert, ein neues Getreideabkommen mit der Ukraine abzuschließen.

Moskau rechtfertigte seine Haltung damit, dass aufgrund der Sanktionen des Westens der russische Handel mit Düngemittel und Getreide in der Welt eingeschränkt ist. Die EU hat formal Ausnahmeregelungen hierfür getroffen, die aber die praktischen Finanz- und Transportprobleme nicht gelöst haben. Hierzu hatte Guterres nochmal einen Vorschlag unterbreitet, den Putin allerdings verwarf. Die russischen Argumente wirken eher vorgeschoben.

Die EU als Friedensnobelpreisträgerin und Friedensmacht ist ihrer Verantwortung bislang kaum gerecht worden. In ihr dominiert eindeutig eine bellizistische Sichtweise, die sich an einer militärischen Niederlage Russlands mittels Waffenlieferungen an die Ukraine festmacht.[3] Diplomatische Initiativen bleiben im Wesentlichen aus.

Die EU und ihre Mitgliedstaaten unterstützen die Ukraine ökonomisch, politisch, finanziell und humanitär sowie auch mit Waffen zu Recht. Sie hat der Ukraine mit militärischer Ausrüstung in Höhe von 11,5 Milliarden € geholfen. In diesem Jahr 2023 werden 18 Milliarden € zur gesamtwirtschaftlichen Stabi-

lisierung bereitgestellt. Die EU-Außenminister beraten eine weitere Aufstockung der Finanzen für Waffenkäufe an die Ukraine in Höhe von 20 Milliarden € für die Jahre 2024 bis 2027 im Rahmen der sogenannten European Peace Facility (EPF). Insgesamt beläuft sich die EU-Unterstützung auf 50 Milliarden €.[4] Ebenso arbeitete die EU an einem Wiederaufbauprogramm. Die Ukraine hat den Kandidatenstatus für die EU-Mitgliedschaft erhalten. Umfangreiche Sanktionspakete sollen Russland unter ökonomischen Druck setzen. Das Ziel der Sanktionen, Russland in die Knie zu zwingen und den russischen Angriff auf die Ukraine zu stoppen, wurde bislang nicht erreicht. Die Sanktionen haben ökonomische Auswirkungen vor allem im Bereich der Hochtechnologien und verhindern den Umbau der russischen Wirtschaft, die sich zuvörderst auf den Handel mit Rohstoffen konzentriert, was wenig Perspektive hat. Allerdings wird für die russische Wirtschaft in 2023 ein leichtes Wachstum bis zu einem Prozent prognostiziert, während beispielsweise Deutschlands Wirtschaft in eine stagnative bis rezessive Phase im Herbst hineinrutschen wird.[5]
Mit der Inkraftsetzung der sogenannten Massenzustromrichtlinie hat die EU den Menschen aus der Ukraine, die vor den Schrecken des Krieges fliehen, den Fluchtweg eröffnet. Ihre Zugänge zum Arbeitsmarkt, zum Bildungswesen und zum Sozialstaat sind erleichtert worden. Insgesamt sind in der EU vier Millionen Flüchtlinge aus der Ukraine untergebracht worden. Allerdings hat die Regelung nur für alle Flüchtlinge aus der Ukraine zu gelten. Auch Menschen aus Drittstaaten, die vor dem Krieg aus der Ukraine fliehen, müssen einen sicheren Aufenthalt in der EU bekommen. Die geleistete Solidarität der Menschen bei der Aufnahme der Flüchtlinge ist großartig. Kommunen sind hier allerdings von Bund und Land deutlicher zu unterstützen.

Bei den Waffenlieferungen an die Ukraine besteht das hohe Risiko, dass der Westen in den Krieg hineinrutscht. Kampfflugzeuge und weitreichende Raketen steigern die Gefahr und sind daher abzulehnen. Aus der Perspektive eines Sieges um jeden Preis haben die Waffenlieferungen mittlerweile eine Eigendynamik entwickelt, die uns zu einem Dritten Weltkrieg führen kann.[6]

Daher ist es das Wichtigste, trotz aller beschriebenen Probleme, so schnell wie möglich einen Waffenstillstand zu erzielen. Je länger der Krieg dauert, umso mehr wird die Ukraine zerstört.[7] Mit dem Waffenstillstand würde das Töten gestoppt, und es müsste an einer nachhaltigen und gerechten Friedenslösung gearbeitet werden. Der Kern einer Friedensvereinbarung wäre eine neutrale

Ukraine, ein Stopp der weiteren NATO-Erweiterung und die Garantie der Sicherheitsinteressen der Ukraine sowie der Rückzug der russischen Truppen vom Territorium der Ukraine, mindestens bis hinter die Linien vor Beginn des Kriegs am 24. Februar 2022. Die Souveränität und territoriale Integrität der Ukraine sind zu garantieren. Auch wenn zunächst territoriale Zugeständnisse – so schmerzhaft sie auch sein mögen – einzukalkulieren sind. Dies bedeutet nicht, dass die russische Annexion der Krim völkerrechtlich anerkannt wird. Es sollte eine offene Perspektive für die Krim geben, auch wenn eine militärische Rückeroberung kurzfristig nicht realistisch zu sein scheint. Ein für beide Seiten vertretbarer Kompromiss ist auszuhandeln.

Der Krieg hat ein immenses Eskalationspotenzial. Und zwar sowohl innerhalb der Ukraine als auch über ihre Grenzen hinaus, weil er sich von einem Invasions- zu einem Stellvertreterkrieg mit internationaler Beteiligung auf beiden Seiten ausgeweitet hat und weil es sich um einen Krieg mit einer Atommacht handelt. Die Ziele der Ukraine wie die Rückeroberung der Krim dürften ohne direkte NATO-Unterstützung nicht realisierbar sein. Es bestehen bedeutsame Unterschiede zwischen der Ukraine und der EU, die kein Interesse an der direkten Einbeziehung der NATO durch Flugverbotszonen, Bodentruppen und ähnlichem haben kann.

Es ist ein gefährlicher Irrweg, wenn einseitig nur auf Waffen gesetzt und nicht zugleich auch nach politischen Lösungen gesucht wird. Dies spiegelt sich auch im Bewusstsein der Bürger wider: Mindestens die Hälfte der Bundesbürger ist sehr besorgt, dass sich der Krieg auch auf die Staaten des Westens ausweitet und es zu einem Weltkrieg kommt. Dazu gehört die Kritik, dass es zu wenige diplomatische Initiativen gibt.[8]

Beispiele für Diplomatie und für Verhandlungen existieren bereits, wie etwa beim Gefangenenaustausch und den Bemühungen der Internationale Atomenergiebehörde (IAEA), in einer Art Pendeldiplomatie eine demilitarisierte Zone um das Atomkraftwerk Saporischschja zu schaffen. Des Weiteren ist zu versuchen, das Getreideabkommen zu erneuern. Weitergehende diplomatische Initiativen sollten von starken Persönlichkeiten des öffentlichen Lebens bzw. Präsidenten beispielsweise Brasiliens, Südafrikas, Chinas und der USA begleitet werden.

China hat einen 12 Punkte-Plan für neue diplomatische Initiativen vorgeschlagen, den der Westen vorschnell abgelehnt hat. Der Plan enthält Anknüpfungspunkte für Verhandlungen wie die Forderungen nach Einhaltung der Souveränität und territorialen Integrität, einem Waffenstillstand, der Sicherung der Atomkraftwerke und anderes mehr. Natürlich ist zu kritisieren, dass der russische Angriffskrieg nicht eindeutig als völkerrechtswidrig verurteilt und der Rückzug der russischen Soldaten nicht gefordert wird. Auf jeden Fall ist Chinas Position zu unterstützen, dass es im Krieg zu keinem Einsatz von Atomwaffen kommen und auch nicht damit gedroht werden darf. Das ist ein deutliches Zeichen an Putin, der damit in der Öffentlichkeit immer wieder Ängste schürt. Auch Selenskyj zeigte sich in einer ersten Reaktion offen für die Vorschläge Chinas.

Ein anderer Vorgang weist auf die mögliche Gesprächsbereitschaft Russlands. In der ersten Woche des März 2022 bemühte sich der damalige Premierminister Israels, Naftali Bennett, um einen Waffenstillstand zwischen Russland und der Ukraine. Beide Seiten hatten sich in der dritten Märzwoche auf Eckpunkte verständigt: Die Ukraine verpflichtete sich, der NATO nicht beizutreten und keine westlichen Militärbasen auf ihrem Territorium zuzulassen, während Russland die territoriale Integrität der Ukraine anerkennen und alle russischen Besatzungstruppen abziehen sollte. Die Chance auf einen Frieden wurde leider vertan. Bennet meint, sein Eindruck sei gewesen, dass der Westen keine Vereinbarung wollte.[9]

Auch Wolfgang Ischinger, der ehemalige Leiter der Münchener Sicherheitskonferenz, plädiert mittlerweile für mehr Diplomatie. Berlin müsse Verhandlungen vorbereiten und russische Forderungen durchdenken. Man solle erarbeiten, was man künftig zu möglichen Verhandlungen beitragen könne.[10]

Mit dem russischen Angriffskrieg ist die gesamte internationale Politik stärker auf Konfrontation ausgerichtet. Doch die internationalen Probleme wie die Klimakrise, soziale Ungleichheit und der Hunger in der Welt, Flucht und Migration, Kriege sind nicht durch Aufrüstung zu lösen. Die Klimakrise wird u.a. zu verheerenden Folgen für die Ernährungssicherheit führen. Ein Drittel der Weltbevölkerung kann sich laut UN-Welternährungsbericht 2022 keine gesunde Ernährung erlauben.[11] Nach den Berechnungen des US-Ökonomen Robert Pollin würde ein nachhaltiger Global Green New Deal, der die Klimakatastrophe noch verhindern könnte, etwa 4,5 Billionen US-Dollar jährlich kosten, etwa fünf Prozent der globalen Wirtschaftsleistung. Das wäre durchaus finanzierbar, wenn weltweit die Militärausgaben gesenkt würden. Die neue Hochrüstung droht daher den Weg zu einem ernsthaften ökologischen Umbau zu blockieren.[12] Umso mehr ist weiter nach Möglichkeiten der Kooperation zu suchen.

Notwendig ist ein neues Verständnis von Sicherheit in der internationalen Politik. Wir brauchen eine Außenpolitik, die verstärkt auf multilateraler Kooperation beruht und auch autokratische Staaten einschließt. Zugleich ist auf der zentralen Bedeutung von Menschenrechten in den internationalen Beziehungen zu insistieren. Es hat zu einer immer wieder neu abzuwägenden Balance zwischen Werten und Interessen zu kommen. Die einfache Entgegensetzung von demokratischen gegen autokratisch/autoritäre Staaten ist in einer multilateralen Weltordnung unterkomplex. Daher benötigen wir auch in Zukunft Rüstungskontrolle und Abrüstung. Es bedarf der Entwicklung diplomatischer Lösungen der laut SIPRI 56 weltweiten Konflikte, die die Welt beherrschen[13] und die tagtäglich tausenden von Menschen das Leben kosten, hunderttausende Menschen zur Flucht zwingen sowie Natur und Gesellschaften dauerhaft zerstören. Ebenso ist das Vertrauen in die internationalen Beziehungen zu stärken.
Die eindringlichen Warnungen von Jürgen Habermas oder von Jeffrey Sachs[14] vor einem Nuklearkrieg sind ernst zu nehmen.* Die wichtigste Aufgabe ist deshalb: So schnell wie möglich einen Waffenstillstand zu vereinbaren und Verhandlungen für einen stabilen Frieden in der Ukraine aufzunehmen. Eine europäische Friedens- und Sicherheitsarchitektur hat den Gedanken der Entspannungspolitik aufzugreifen, dass gemeinsame Sicherheit immer die Sicherheit des Gegenübers einschließt. Schon aus geographischen Gründen ist perspektivisch eine Sicherheits- und Friedensordnung in Europa nur mit Russland herstellbar.

* The media tell us, we should not be afraid of a nuclear war. „Let me tell you: Be afraid." (J. Sachs, 2023)

Anmerkungen

1 Nicole Deitelhoff, Kein Frieden in Sicht. In: Tagesschau, 12.6.2023 –https://www.tagesschau.de/inland/gesellschaft/friedensgutachten-friedensforschung-100.html – 18.7.2023

2 „Dolchstoß" für die Hungernden. In: taz, 18.7.2023 – https://taz.de/Russland-beendet-Getreideabkommen/!5948398/ –26.7.2023

3 Josep Borrell, Wir müssen der Ukraine den Sieg ermöglichen. In: Handelsblatt, 6.2.2023 – https://www.handelsblatt.com/meinung/gastbeitraege/gastkommentar-wir-muessen-der-ukraine-den-sieg-ermoeglichen/28963228.html – 27.7.2023

4 euronews vom 8.3.2023: EU-Unterstützung der Ukraine: seit Kriegsbeginn 50 Milliarden Euro. In: euronews, 8.3.2023 – https://de.euronews.com/next/2023/03/08/eu-unterstutzung-der-ukraine-seit-kriegsbeginn-50-milliarden-euro – 27.7.2023

5 IWF optimistischer für Weltwirtschaft, nicht für Deutschland. In: Deutsche Welle, 25.7.2023 – https://www.dw.com/de/iwf-optimistischer-für-weltwirtschaft-nicht-für-deutschland/a-66343077 – 26.7.2023

6 Jürgen Habermas, Ein Plädoyer für Verhandlungen. In: Süddeutsche Zeitung, 14.2. 2023 – https://www.sueddeutsche.de/projekte/artikel/kultur/juergen-habermas-ukraine-sz-verhandlungen-e159105/?reduced=true

7 Johannes Varwick, Warum Realpolitik im Ukraine-Krieg mich ins Abseits manövriert hat. In: Berliner Zeitung, 13.1.2023 – https://www.berliner-zeitung.de/politik-gesellschaft/gastbeitrag-politikwissenschaftler-johannes-varwick-warum-realpolitik-im-ukraine-krieg-mich-ins-abseits-manoevriert-hat-li.303282 – 15.1.2023

8 Umfragen: Die Haltung der deutschen Bevölkerung zum Krieg gegen die Ukraine: Waffen, Sanktionen, Diplomatie. Russland-Analyse Nr. 437. In: Bundeszentrale für politische Bildung, 26.5.2023 – https://www.bpb.de/themen/europa/russland-analysen/nr-437/521589/umfragen-die-haltung-der-deutschen-bevoelkerung-zum-krieg-gegen-die-ukraine-waffen-sanktionen-diplomatie/ – 27.7.2023

9 Naftali Bennet wollte den Frieden zwischen Ukraine und Russland: Wer hat blockiert? In: Berliner Tageszeitung, 6.2.2023 – https://www.berliner-zeitung.de/open-source/naftali-bennett-wollte-den-frieden-zwischen-ukraine-und-russland-wer-hat-blockiert-li.314871 – 26.7.2023

10 Wolfgang Ischinger, Regierung muss Verhandlungen vorbereiten. In: ZDF, 26.3. 2023 – https://www.zdf.de/nachrichten/politik/ischinger-ukraine-russland-diplomatie-verhandlungen-frieden-100.html – 27.7.2023

11 Zahl der Hungernden deutlich gestiegen. In: Tagesschau, 6.7.2022 – https://www.tagesschau.de/ausland/un-ernaehrungsbericht-101.html – 26.7.2023

12 Fabian Scheidler, Ukraine: Warum Verhandlungen unabdingbar sind. In: Blätter für deutsche und internationale Politik, Juli 2023, S. 37-40

13 Jörg Kronauer, Kriege gibt es viele. In: junge Welt, 13.6.2023 – https://www.jungewelt.de/artikel/452686.kriege-gibt-es-viele.html – 26.7.2023

14 Jeffrey Sachs, The Geopolitics of Peace in a Post-Western World, März 2023 – https: static1squarespacecomstatic/5d59c0bdfff8290001f869d1/t/6409875a55644c1ff7c2b8c/1678346075089/The+Geopolitics+Of+Peace_Allama+Iqbal+Lecture+2023March+2+2023.pdf – 21.3.2023

Peter Sörgel

Wer, wenn nicht die Gewerkschaften, kann glaubhaft Frieden fordern? – Ein Weckruf

Die treibende Rolle, die Deutschland bei der Entfesselung von zwei Weltkriegen gespielt hat, die Verbrechen gegen die Menschlichkeit, der Völkermord an Juden, Slawen, Sinti und Roma, die millionenfachen Kriegsopfer machten weltweit die Gewerkschaften in allen Ländern zu entschiedenen Kriegsgegnern. Es waren Arbeiter und Bauern, die auf den Schlachtfeldern von Verdun und Stalingrad ihr Leben gelassen haben. „Nie wieder Krieg" war nach dem Zweiten Weltkrieg die Parole, die Millionen Menschen einte. In der Bundesrepublik gab es bislang zwei weitreichende politische Entscheidungen, die Hunderttausende auf die Straße brachte, um gegen Entscheidungen der Politik zu protestieren.

„Kampf dem Atomtod" und NATO-„Doppelbeschluss"

Als 1957 die Pläne der Bundesregierung unter Konrad Adenauer bekannt wurden, die Bundeswehr mit taktischen Atomwaffen auszustatten, veröffentlichten am 12. April 1957 Otto Hahn und Carl Friedrich von Weizsäcker zusammen mit weiteren prominenten bundesdeutschen Atomwissenschaftlern den „Göttinger Appell". Eindringlich warnten sie vor den militärischen und politischen Folgen. Am 10. März 1958 forderte der bundesweit verbreitete Aufruf „Kampf dem Atomtod" die Bevölkerung zum Widerstand auf. Obwohl die übergroße Mehrheit der Westdeutschen Atomwaffen für die Bundeswehr ablehnte, erlaubte der Deutsche Bundestag am 25. März 1958 mit der Stimmenmehrheit der CDU/CSU-Fraktion die Aufstellung solcher Waffen unter dem Oberbefehl der NATO. DGB und SPD wollten eine Volksbefragung durchführen, um den Beschluss zu kippen, aber das Bundesverfassungsgericht entschied am 30. Juli 1958, dass die Befragung verfassungswidrig sei.

In den fünfziger Jahren begann der „kalte Krieg". USA und NATO standen die Sowjetunion und der Warschauer Pakt gegenüber. Die Ära des „Wettrüstens" führte zu immer gefährlicheren Verwerfungen. Die Militärs erprobten Nuklearwaffen – und kalkulierten den milliardenfachen Tod der Zivilbevölkerung ein. Gleichzeitig fanden weitere „konventionelle“ Kriege statt. Der 20jährige Vietnamkrieg mit geschätzten zwei Millionen getöteten Zivilisten und unzähligen Kriegsverbrechen der USA erschütterte bis 1975 die Weltöffentlichkeit.

Ende der Siebzigerjahre begann eine neue Phase des Wettrüstens. Anlass war die Stationierung sowjetischer SS 20 Raketen in Osteuropa. Daraufhin kündigte die NATO im Dezember 1979 an, neue Mittelstreckenraketen mit Atomsprengköpfen in Westeuropa aufzustellen. Zu den energischen Befürwortern der neuen Militärstrategie gehörte Bundeskanzler Helmut Schmidt. Er sah das strategische Gleichgewicht in Europa gefährdet.

Der NATO-Doppelbeschluss, in der Bevölkerung heftig umstritten, führte zu mächtigen Friedensbewegungen in den USA und in Westeuropa. Von einem Atomkrieg in Europa wäre die Bevölkerung der Bundesrepublik besonders betroffen gewesen. Es kam zu Großdemonstrationen. Den „Krefelder Appell“, im November 1980 vorgestellt, unterschrieben bis 1983 über vier Millionen Bundesbürger. Am 10. Oktober 1981 versammelten sich 350000 Demonstranten im Bonner Hofgarten zu einer Kundgebung. Und am 10. Juni 1982 waren es sogar 500000, die sich gegen den Besuch des US-Präsidenten Ronald Reagan auf der NATO-Gipfelkonferenz in Bonn wandten. In New York protestierten im Juni 1982 eine Million Menschen gegen die Aufrüstung, in Amsterdam 400000, in Den Haag 550000 und in Lissabon 200000. In vielen weiteren Ländern und Städten Europas und der USA sorgten sich Menschen um den Weltfrieden.

Trotz des starken friedenspolitischen Engagements verschoben sich die politischen Rahmenbedingungen gewaltig. US-Präsident Carter (Demokratische Partei) trat zwar 1980 für eine zweite Amtsperiode an, aber er verlor die Kongresswahlen deutlich. Sein Nachfolger, der Republikaner Ronald Reagan, erhöhte die Rüstungsausgaben drastisch, erklärte die Sowjetunion zum „Reich des Bösen“ und rief zu einem weltweiten Kreuzzug gegen den Kommunismus auf. Er setzte zudem die Ratifizierung des Salt II-Abrüstungsvertrags aus.

Der Konfrontationskurs der USA führte dazu, dass immer mehr Abgeordnete der SPD, unterstützt vom DGB und besonders der IG Metall, den Nachrüstungsbeschluss ablehnten. Wortführer der innerparteilichen Opposition waren Erhard Eppler und Oskar Lafontaine. Hans-Dietrich Genscher und die FDP nutzten die internen Auseinandersetzungen in der SPD über den friedenspolitischen Kurs, um einen Koalitionswechsel hin zur CDU voranzutreiben. Am17.

September 1982 zerbrach das Regierungsbündnis, Helmut Schmidt trat zurück, und zwei Wochen später wählte der Bundestag Helmut Kohl zum Kanzler.

Am 6. März 1983, ein halbes Jahr vor dem Gewerkschaftstag der IG Metall, fanden Bundestagswahlen statt. Die CDU/CSU sah sich mit 48,8 % Stimmen eindrucksvoll bestätigt. Die SPD erreichte mit Hans-Jochen Vogel nur 38,2 % – für damalige Verhältnisse ein Desaster. Plötzlich befand sich die SPD in der Opposition. Die IG Metall stand gegen eine konservative Regierungsmehrheit und musste sich neu sortieren.

Gewerkschaftstag der IG Metall im Oktober 1983

In dieser aufgeheizten Situation fand vom 9. bis 15. Oktober der 14. ordentliche Gewerkschaftstag der IG Metall in München statt. Sein Motto: „Mit Reformen aus der Krise, Arbeit für alle, Mitbestimmung und soziale Demokratie". Hauptthema des Kongresses war der Kampf gegen die hohe Arbeitslosigkeit von 2,3 Millionen. Auch die personellen Wechsel an der Gewerkschaftsspitze spielten eine bedeutende Rolle. Eugen Loderer wurde als 1. Vorsitzender verabschiedet, Hans Mayr zum Nachfolger und Franz Steinkühler zum stellvertretenden Vorsitzenden gewählt.

Mein Lebensweg führte mich 1973 zu der Klöckner-Hütte in Bremen, damals der größte Bremer Industriebetrieb mit über 7000 Beschäftigten. Seit Mai 1977 Vorsitzender des 250-köpfigen meinungsstarken IG Metall-Vertrauensleutekörpers, nahm ich in dieser Funktion als ordentlicher Delegierter der IG Metall-Verwaltungsstelle Bremen an dem Gewerkschaftskongress in München teil. In der Diskussion auf dem Gewerkschaftstag hatte der NATO-Doppelbeschluss einen hohen Stellenwert. Brisant war auch, dass Georg Benz, Vorstandsmitglied der IG Metall, gegen den Willen von Eugen Loderer 1981 auf der Kundgebung im Bonner Hofgarten aufgetreten war. Zudem sollte einen Monat nach dem Gewerkschaftstag, am 22. November 1983, der Deutsche Bundestag über die Raketenaufstellung entscheiden.

In Vorbereitung des Kongresses hatten sich die Beschlussorgane der IG Metall (Vertreterversammlungen) von etwa sechzig Verwaltungsstellen – von Lörrach bis Nordenham – gegen die Raketenstationierung ausgesprochen.[1] Der Vorstand griff die breite Diskussion in den Gliederungen der IG Metall auf und legte dem Gewerkschaftstag die Entschließung „Frieden, Entspannung und Abrüstung“ vor, welche die Großmächte aufforderte, „Lösungen zu finden, die eine Stationierung neuer Mittelstreckenraketen ausschließen und in der Folge zum Abbau aller in Europa stationierten und auf Europa gerichteten Waffen dieser Art führen.“ Weiter plädierte der Gewerkschaftstag für „die beiderseitig kontrollierte Schaffung einer atomwaffenfreien Zone in Europa“ und erklärte: „Die Stationierung von Pershing II und Cruise Missiles in der BRD verstößt gegen das Friedensgebot des Grundgesetzes und muss verhindert werden.“[2]

Offen blieb in der Entschließung, wie die Stationierung neuer Raketensysteme abzuwenden wäre. Bloße Appelle an die Regierung reichten vielen Delegierten nicht. Sie wollten Aktionen, die der Gewerkschaftstag festlegen sollte – wie der DGB-Bundesvorstand, der alle Gewerkschaftsmitglieder aufgefordert hatte, am 5. Oktober 1983 in den Betrieben für fünf Minuten die Arbeit niederzulegen, um damit ein Zeichen gegen die weltweite Aufrüstung zu setzen. Delegierte aus Ulm brachten einen Ergänzungsantrag ein, in dem es hieß: „Sollte die Stationierung von Mittelstreckenraketen durchgeführt werden, fordert der Vorstand der IG Metall die Mitglieder auf, gewerkschaftliche Aktions- und Kampfformen bis hin zur Arbeitsniederlegung gemäß § 2 unserer Satzung durchzuführen.“[3] Der Antrag, der einen Generalstreik einschloss, löste eine heftige Debatte aus.

38 Delegierte meldeten sich zu Wort. Mancher Beitrag dauerte 10-15 Minuten, viele hatten hohes Niveau, und die Delegierten folgten den Reden mit großer Aufmerksamkeit. Das Für und Wider zur Verschärfung der Entschließung hielt sich die Waage, aber der neugewählte IG-Metall Vorstand sprach sich gegen Kampfmaßnahmen im Falle der Stationierung neuer Raketen aus. Am Ende der Diskussion warb Hans Mayr mit seiner Autorität für die Annahme einer Entschließung, die die sofortige Einleitung von Kampfmaßnahmen ausschloss. Er führte aus: „Nach unserer Auffassung hat dieser Paragraph 2 in der Satzung einen ganz anderen historischen Hintergrund … Es wurde daran gedacht, einen neuen Faschismus in der Bundesrepublik Deutschland zu verhindern. Das ist der historische Hintergrund des Paragraphen 2. Ich möchte nicht haben, dass der Gewerkschaftstag zulässt, dass auf einmal ohne Verbindung zum Grundgesetz dieser Paragraph anders interpretiert wird, als damals gedacht war. Dies sind die entscheidenden Gründe, weshalb ich den Gewerkschaftstag bitte, dem Änderungsantrag der Antragsberatungskommission zuzustimmen.“[4]

Die Argumentation des IG Metall-Vorsitzenden zu den historischen Wurzeln von Paragraph 2 wirkte stark auf die Delegierten. Wie von der Kommission vorgeschlagen, wurde die Entschließung um folgende Passage ergänzt: „Sollte die Stationierung von Mittelstreckenraketen zu einer Situation führen, in der die demokratische Grundordnung als Ganzes bedroht ist, fordert der Vorstand der IG Metall in Zusammenarbeit mit dem DGB die Mitglieder auf, gewerkschaftliche Aktions- und Kampfformen bis hin zur Arbeitsniederlegung gemäß Paragraph 2 unserer Satzung durchzuführen.“[5] Mit diesen Änderungen nahmen die Delegierten die Entschließung ohne Gegenstimme an.

Einen Monat später, am 22. November 1983, entschied sich der Bundestag erwartungsgemäß mit der CDU/FDP-Mehrheit von 286 zu 225 Stimmen für die Aufstellung der neuen Raketensysteme. 108 Raketen wurden in Baden-Württemberg stationiert. In den folgenden Monaten und Jahren gab es Großdemonstrationen und Sitzblockaden vor Raketenstandorten. Großen Anteil daran hatten die Grünen, dabei waren auch Gewerkschaftsmitglieder. Protestaktionen in den Betrieben haben nach den Beschlüssen des Bundestages nicht stattgefunden.

Weitere Entwicklung und Einschätzung

Die IG Metall hat sich in den 1980er Jahren vehement für Frieden und Abrüstung eingesetzt, vor allem in vielen Gliederungen der Organisation. Junge Kolleginnen und Kollegen organisierten sich in den damals 170 (!) Ortsjugendausschüssen der IG Metall, diskutierten über Krieg und Frieden und bereiteten Aktionen vor. Die IG Metall war ihrer historischen Verantwortung gerecht geworden. Sie setzte wichtige Impulse für die Politisierung der Mitglieder, beeinflusste die Friedensbewegung und wirkte in die ganze Gesellschaft. Kein Delegierter auf dem Gewerkschaftstag ahnte allerdings, dass die weltpolitische Entwicklung anders verlaufen würde. Weit verbreitet war die Vorstellung, dass die Stationierung von neuen, zielgenaueren Raketen auf westeuropäischen Boden ein Schritt zum dritten Weltkrieg sei.

Es kam ganz anders. Die Sowjetunion war nicht mehr in der Lage, den gigantischen Rüstungswettlauf mitzuhalten. Der Staatshaushalt war auch wegen sinkender Öleinnahmen überfordert. Nicht einmal die Grundversorgung der Bevölkerung ließ sich noch garantieren. Senkte man die Verteidigungsausgaben, wären die freiwerdende Haushaltsmittel für eine Reform der desolaten Planwirtschaft einsetzbar – so die Überlegungen von Michael Gorbatschow. Die Großmächte einigten sich auf weitreichende Abrüstungsverträge. 1987 unterzeichneten Reagan und Gorbatschow den INF-Vertrag, in dem der Abbau aller landgestützten atomaren Kurz- und Mittelstreckenraketen in den USA und der Sowjetunion vereinbart wurde. Bis Mai 1991 verschrotteten beide Seiten mehr als 2500 Mittelstreckenraketen. Die Gefahr eines drohenden Weltkriegs war gebannt. In den nächsten 25 Jahren lebten vor allem die Menschen auf dem europäischen Kontinent in einer friedlichen Welt – trotz weiterer weltpolitischen Umwälzungen in anderen Regionen. Die sowjetische Planwirtschaft war nicht reformierbar, die UdSSR zerfiel, ebenso der Staatenbund. Auch das Kernland Russland stand vor dem Aus. Hunger grassierte, das Rentensystem brach zusammen, die Lebenserwartung der Bevölkerung sank.

Der Warschauer Pakt als Gegenstück zur NATO kollabierte. Die Menschen in der DDR und in den anderen osteuropäischen Ländern wollten Freiheit, Wohlstand und eine demokratische Verfassung. Die Mauer fiel, womit sich die friedliche Wiedervereinigung der beiden deutschen Staaten verband. Der russische Präsident Vladimir Putin bettelte 2001 im Deutschen Bundestag um die Aufnahme in die westliche Gemeinschaft und warb für ein „Europäisches Haus von Lissabon bis Wladiwostok“. Die Abgeordneten standen auf und spendeten frenetischen Beifall. Dabei blieb es.

Das Verhältnis zu Russland verschlechterte sich zunehmend. Viele Chancen einer möglichen Annäherung zwischen Europa, der BRD und Russland wurden nicht genutzt oder ausgeschlagen. Seit dem russischen Einmarsch in die Ukraine im Februar 2022 befinden wir uns in einer neuen Eiszeit. Viele Anzeichen deuten darauf hin, dass wir uns mitten in einem gefährlichen Strudel befinden, der zu einem großen Krieg in Mitteleuropa führen kann.

Friedensbewegung heute und Gewerkschaftstag der IG Metall

Es gibt wenige Aussichten auf eine ähnlich große und bedeutende Friedensbewegung wie in den 1980er Jahren. Allenfalls kleine Initiativen am Rande machen Mut. So haben Peter Brandt, Reiner Braun, Reiner Hoffmann und Michael Müller im März 2023 den Aufruf „Frieden schaffen! Waffenstillstand und gemeinsame Sicherheit jetzt!“ initiiert. Von besonderer Bedeutung sind folgende Aussagen: „Die Welt braucht Frieden. Das Wichtigste ist, alles für einen schnellen Waffenstillstand zu tun, den russischen Angriffskrieg zu stoppen und den Weg zu Verhandlungen zu finden … Frieden kann nur auf der Grundlage des Völkerrechts und auch nur mit Russland geschaffen werden."

Über 200 bekannte sozialdemokratische Politiker und Gewerkschafter haben den Appell unterschrieben. Zu den Unterzeichnern gehören mit Franz Steinkühler, Klaus Zwickel, Jürgen Peters und Detlef Wetzel auch ehemalige Vorsitzende der IG Metall, mit denen ich über Jahrzehnte hinweg zusammengearbeitet habe. Sie setzen damit ein deutliches Signal. Aber es ist so wie in vielen anderen Fällen. Nur für kurze Zeit werden solche Vorschläge diskutiert. Meist heftig kritisiert, verschwinden sie alsbald wieder. So ist es beinahe allen kritischen Stimmen seit den ersten Tagen des Ukrainekriegs gegangen. Nichts scheint in der Lage zu sein, die sich verfestigende Kriegsstimmung aufzubrechen.

Vom 22. bis 26. Oktober 21023 findet der 25. ordentliche Gewerkschaftstag der IG Metall in Frankfurt am Main statt. Dort ist der Ukrainekrieg ein Thema; es gibt dazu bereits einen Vorstandantrag und weitere ca. 20 Anträge aus den Geschäftsstellen. Im zuvor gefassten Beschluss des Beirates der IG Metall lautet eine zentrale Aussage: „Wir unterstützen alle Forderungen an die russische Regierung, alle Kampfhandlungen unverzüglich einzustellen und ihre Truppen zurückzuziehen. Unser aller Ziel muss zugleich darin bestehen, mit Nachdruck nach diplomatischen Lösungen zu suchen, sie von den wesentlichen Akteuren der internationalen Staatengemeinschaft einzufordern, um einen schnellstmöglichen Waffenstillstand zu ermöglichen. Alle internationalen Möglichkeiten, Strukturen und Kanäle sind zu nutzen, um den Druck zu erhöhen, damit es zu Verhandlungen für Frieden kommt. Frieden kann nicht auf dem Schlachtfeld erreicht werden." Leitgedanke ist, den Krieg rasch zu beenden. Wie die Debatte auf dem Gewerkschaftstag verläuft und welche Durchschlagskraft die einzelnen Anträge haben, bleibt abzuwarten. Im Unterschied zu den 1980er Jahren werden die Diskussionen nicht begleitet sein von großen Demonstrationen und Kundgebungen für eine friedliche Zukunft.

Wir in Europa leben seit 78 Jahren in Frieden. Arbeitskämpfe, gewerkschaftliche Aktionen, mochten sie auch noch so schwer sein, fanden in einem wirtschaftlich und politisch stabilen Europa statt. Kriege hat es anderswo gegeben. Wir glaubten, das sei die Normalität. „Es wird schon irgendwie gut gehen", und „Wir können ja eh nichts machen!" Das entspricht momentan offenbar dem Denken einer weitgehend apathischen Bevölkerung. Verlorengegangen ist die Angst vor einem Krieg, die 1983 auf dem Münchner Gewerkschaftstag quer durch die Reihen ging, und die ein Delegierter so ausdrückte: „Es ist ein schwacher Trost für uns, dass bei einem atomaren Krieg mit den heutigen schrecklichen Massenvernichtungswaffen zumindest in unserem Lande, wahrscheinlich in ganz Europa, kein Unterschied mehr sein wird zwischen Arm und Reich. Alle, die davon betroffen sind, werden umkommen."[6]

Im Gegensatz zu anderen Ländern in der EU gibt es in der BRD starke Gewerkschaften. Im Dachverband, dem Deutschen Gewerkschaftsbund sind 5,6 Millionen Arbeitnehmer organisiert. Allein die beiden Schwergewichte IG Metall und Verdi haben 2,1 bzw. 1,9 Millionen Mitglieder. Gewerkschaften in der BRD sind durchsetzungsfähig, führen erfolgreiche Lohn- und Gehaltsverhandlungen und besetzen an vielen Stellen Konfliktfelder, die im Widerspruch zum Regierungshandeln stehen.

Das gilt auch für den Ukrainekrieg. Gewerkschaften sind nicht einer Kabinettsdisziplin verpflichtet, sie müssen nicht einer Bündnislogik folgen, sie haben die arbeitende Bevölkerung zu vertreten. Im Ukrainekrieg sind es auf beiden Seiten die kleinen Leute, die in den Krieg ziehen müssen und auf dem Schlachtfeld geopfert werden. Die Gewerkschaften in Deutschland können mit Nachdruck Verhandlungen der Kriegsparteien ohne Vorbedingungen fordern. Dass sie dieser Aufgabe gerecht werden, bleibt in der Verantwortung ihrer Mitglieder.

Anmerkungen

1 14. ordentlicher Gewerkschaftstag der IG Metall München, 9. bis 15. Oktober 1983. Protokoll Bd. II – Entschließungen und Anträge, S. 3-46
2 METALL – Mitgliederzeitung der IG Metall, Nr. 21, Oktober 1983, S. 19
3 14. ordentlicher Gewerkschaftstag der IG Metall. Protokollband, S. 289
4 Ebd., S. 401
5 Der Gewerkschafter – Monatsschrift für die Funktionäre der IG Metall, Dezember 1983, S. 14
6 14. ordentlicher Gewerkschaftstag der IG Metall. Protokollband, S. 374

Margot Käßmann

Stoppt das Töten in der Ukraine – Mein Engagement für den Frieden*

Als Mitglied der Deutschen Friedensgesellschaft/ Vereinigte KriegsdienstgegnerInnen (DFG-VK)

Am 24. Februar 2022 hat die russische Armee die Ukraine überfallen. Niemand in der Friedensbewegung leugnet, dass Putin Täter und die Ukraine Opfer ist, wie jetzt immer wieder mit dem Vorwurf der Täter-Opfer-Umkehr unterstellt wird. Aber wir sehen mit Sorge eine beispiellose Militarisierung in Denken, Politik und Sprache. „Tapferkeit", „Heldenmut", „Erhöhen von Blutzoll", „totaler Sieg". Hinter den Begriffen aber verbergen sich Menschen und unermessliches Leid!

Bertha von Suttner, Friedensnobelpreisträgerin 1905 und eine der Gründerinnen der Deutschen Friedensgesellschaft hat in ihrem Roman „Die Waffen nieder" vor über 130 Jahren die Absurdität des Krieges beschrieben. Wer kämpft eigentlich für was und für wen? Welches entsetzliche Sterben von Soldaten wird sodann einfach mit „Er ist gefallen" umschrieben? Gefallen? Nein: Getötet! Ermordet! Elendiglich verreckt – Soldaten wie Zivilisten. Der Film „Im Westen nichts Neues", 2023 mit vier Oscars ausgezeichnet, zeigt das ganze Elend des „Menschenschlachthauses" (Wilhelm Lamszus). Zur selben Zeit gibt es in der Ukraine einen Stellungskrieg, ähnlich wie damals in Verdun. Dort kamen mehr als 300000 Männer sinnlos ums Leben. Der Film führt uns die enormen Zerstörungskapazitäten der gewaltigen Tötungsmaschinerie des industrialisierten Krieges ebenso eindringlich vor Augen wie den mörderischen Grabenkrieg mit seinen starren Fronten und Minenfeldern, aber was die Waffen, die wir heute liefern, anrichten, darüber erfahren wir nichts.

Es gibt im Krieg keine guten und schlechten Waffen. Außenministerin Baerbock erklärt, „unsere Waffen schützen Leben". Ist das so? Vor allem töten und

** Überarbeitete Fassung der Rede der Verfasserin vom 16. September 2023 bei der Kundgebung „Stoppt das Töten in der Ukraine" der DFG-VK auf dem Stuttgarter Schlossplatz*

verkrüppeln sie! Inzwischen sind 120 000 russische und 70 000 ukrainische Soldaten ums Leben gebracht worden. Die „Hannoversche Allgemeine Zeitung" schätzt die Zahl der Verletzten auf fast 300 000. Wann endlich ist Schluss mit dem Wahnsinn? Bei einer Million? Wann ist eine angemessene Verhandlungsposition erreicht? Ich denke: Jetzt – und so schnell wie irgend möglich.

Ständig lautet das Gegenargument: Putin will nicht mit sich reden lassen. Stimmt das wirklich? Und sollen Verhandlungen nur durch noch mehr Tote möglich sein? Verhandlungen, so Heribert Prantl, können auch herbeiverhandelt werden. Waffenstillstand heißt nicht Kapitulation, sondern eröffnet die Möglichkeit zu sondieren, wie ein Kompromissfrieden zu erreichen ist. Wo sind neben all den Militärstrategen die kundig-engagierten Diplomaten? Wo bleibt die große internationale Friedensinitiative?

Wir wollen als Kriegsgegner nicht, dass der Konflikt noch weiter verschärft oder gar ausgeweitet wird und noch mehr Waffen in das Kriegsgebiet geliefert werden. Denn mit ihnen, so der Philosoph Jürgen Habermas, werden wir mitverantwortlich für all die Toten.

Zudem: 300 000 junge Männer haben Russland verlassen und das Odium, Feiglinge zu sein, auf sich genommen. Sie verweigern das Töten und sollten als politisch Verfolgte bei uns Asyl erhalten. Stattdessen droht ihnen Abschiebung. Männer in der Ukraine zwischen 18 und 60 Jahren dürfen das Land nicht verlassen. Mehr als 163 000 von ihnen sind allein im ersten Kriegsjahr nach Deutschland geflohen. EU-weit beträgt die Zahl der wehrpflichtigen geflüchteten Ukrainer 650 000, so Özge Inan im Gespräch mit Heike Krieger am 14. September 2023 im „Freitag". Kiew erwägt, ihre Auslieferung zu beantragen, was mit europäischen Werten nicht übereinstimmt. Kriegsdienstverweigerung ist ein anerkanntes Menschenrecht.

Wir dürfen uns nicht von Feindbildern verführen lassen: Hier die Guten, dort die Bösen. Wladimir Putin hat Schuld auf sich geladen und den völkerrechtswidrigen Krieg begonnen, er könnte ihn sofort beenden. Ich wünsche mir, dass er für sein Handeln einzustehen hat. Und wir fordern, dass die russische Armee sich zurückzieht. Aber ich mache nicht jeden jungen russischen Soldaten dafür verantwortlich. Mein Vater war achtzehn Jahre alt, als der Zweite Weltkrieg begann. Sofort eingezogen, blieb er Soldat, bis er mit 25 in amerikanische Kriegsgefangenschaft geriet. Er diente in der Armee der Täter. Aber er war auch Opfer – und hat den Krieg bis zum Ende seines Lebens gehasst.

Wir befinden uns in einer Spirale der Eskalation, angeheizt durch Waffenlieferungen aus dem Westen an die Ukraine. Erst hieß es: Helme, dann: ausschließlich Verteidigungswaffen und keine letalen Waffen. Jetzt: Angriffspanzer und Marschflugkörper. Die offizielle „Liste der militärischen Unterstützungsleistungen" an die Ukraine der Bundesregierung (Stand 7.8.2023) umfasst ausgedruckt zwölf DIN A 4-Seiten: 10 Kampfpanzer Leopard 1 A5, 18 Kampfpanzer Leopard 2 A6, 40 Schützenpanzer Mader mit Munition, 15 510 Schuss 155mm Artilleriemunition, 5 Mehrfachraketenwerfer MARS II mit Munition, 14 Panzerhaubitzen 2000 und so weiter und so weiter. Materialien für 22 Milliarden Euro sind inzwischen transferiert worden.

Seit vielen Jahren engagiert sich die Friedensbewegung gegen Rüstungsexporte. Wir haben vor allem kritisiert, dass man entgegen dem tradierten politischen Konsens stets Waffen in Krisen- und Kriegsgebiete geliefert hat, so beispielsweise an Saudi-Arabien, das im Jemen Krieg führt. Mit dem Beginn des russischen Angriffskrieges auf die Ukraine gibt es offensichtlich keinerlei Zurückhaltung mehr. Eigentlich wollte die Ampel-Regierung die Exporte zurückfahren und ein Kontrollgesetz auf den Weg bringen. Stattdessen waren 2021 und 2022 mit Rüstungsexporten in Höhe von je fast zehn Milliarden Euro, so das ZDF am 27. Dezember 2022, in der Geschichte der Bundesrepublik die Jahre mit den höchsten Zahlen auf diesem Gebiet, die es je gegeben hat. Auch die weltweite Aufrüstung nimmt rasant zu. Daran verdient vor allem die Rüstungsindustrie. Seit dem Beginn des Krieges in der Ukraine ist die Aktie von Rheinmetall von 90 auf 262 Euro gestiegen. Die Prognosen sind bestens, meinen Analysten – und stufen die Aktie als „attraktiv" ein.

Ingeborg Bachmann hat treffend gesagt: „Die Geschichte lehrt dauernd, aber sie findet keine Schüler." Das scheint auch heute zu gelten. Kampfpanzer, Schützenpanzer, Panzerhaubitzen, Munition. Die USA liefern inzwischen sogar Streumunition an die Ukraine. Die Reaktion in Deutschland wirkt wie ein achselzuckendes „Na und?" Setzt man hier nicht ein klares und unnachgiebiges Stoppschild, werden die NATO-Staaten zur Kriegspartei. Die Konvention aus dem Jahr 2008 ächtet die Waffe. Nur *eine* Bombe verstreut im wahrsten Sine des Wortes je nach Größe über hundert kleine Bomben, die noch Jahrzehnte später explodieren können. Kinder halten sie oft für Spielzeug und werden zerfetzt. In vielen Ländern sind die grauenvollen Folgen dokumentiert. Die Osloer Konvention ist von 110 Staaten unterzeichnet worden, nicht aber von den USA, von Russland und der Ukraine. Daher das Achselzucken mit der Unschuldsmine: Was geht uns das an?

Ich finde, es geht uns sehr viel an. Inzwischen scheint der Zweck alle Mittel zu heiligen. Rückfragen zu Waffenlieferungen sind nicht mehr erlaubt. Der Kurs ist unbedingt zu halten. Taurus Marschflugkörper, F16 Kampfflugzeuge, Streubomben – es gibt kein Limit mehr, allenfalls bei Atombomben vielleicht oder auch hoffentlich. Der Zweck lautet: Die Ukraine muss um jeden Preis gegen den Aggressor Putin siegen. Der setzt schließlich auch Streubomben ein. Das gleicht der Argumentation von Kindern: Er hat mich gehauen, also haue ich zurück. Aber Erwachsene wissen eigentlich: Irgendjemand muss die Eskalationsspirale unterbrechen!

Wir lehnen als Friedensbewegung Waffenlieferungen ab! Auch schwerere Geschütze, Kampfjets und U-Boote werden den Krieg nicht beenden. Ein Stillstand der Waffen tut not! Bertha von Suttners Appell ist und bleibt aktuell: „Die Waffen nieder!" Deshalb fordern wir die Bundesregierung auf, sich mit aller Kraft dafür einzusetzen, damit internationale Anstrengungen unternommen werden, die zu einem Waffenstillstand und anschließenden Friedensverhandlungen führen. Nur so findet das Elend der Menschen in der Ukraine ein rasches Ende.

Als evangelische Christin

Jahrhundertelang haben Kirchenvertreter die Waffen gesegnet. Und auch heute sehen wir wieder solche Bilder. Patriarch Kyrill rechtfertigt den russischen Einmarsch in die Ukraine, als sei Russland angegriffen durch westliche Werte wie Freiheit, Gleichberechtigung, Anerkennung homosexueller Lebenspartnerschaften. Ich betrachte das als Gotteslästerung, Blasphemie.

Die Kirchen der Welt sind stets in die Irre gegangen, wenn sie Gewalt legitimiert haben. Im Evangelium findet sich dafür keinerlei Grundlage. Jesus hat gesagt „Steck das Schwert an seinen Ort!" Und noch mehr: „Liebet Eure Feinde!" – nach den Worten des Friedensnobelpreisträger Martin Luther King das Schwerste, was Jesus uns hinterlassen hat. Das ist sehr richtig. Aber es ist zuallererst eine bleibende Mahnung, sich nicht in Feindbilder hineintreiben zu lassen. Und genau das geschieht zurzeit in einer massiven und infantilen Weise: Da die bösen, ja barbarischen Russen. Hier die guten und tapferen Ukrainer.

Doch es geht um Menschen, die getötet werden! Soll ich mich mitfreuen, wenn in sogenannten sozialen Netzwerken gefeiert wird, dass mehr als 400 junge russische Soldaten ums Leben kamen, weil sie aus Heimweh am 1. Januar Nachrichten vom Handy zu ihren Familien geschickt haben und dadurch zu orten gewesen sind? Nein! Alle Toten im Krieg haben mein Mitgefühl, denn sie sind alle Opfer. Zuallererst ukrainische Zivilistinnen und Zivilisten, deren Heimat zerstört wird, die Vertreibung, Folter, Vergewaltigung und Verschleppung von Kindern ausgesetzt sind. Die Bilder zeigen: Der Krieg verroht die Menschen auf unfassbare Weise. Aber auch die ukrainischen und russischen Soldaten haben unser Mitgefühl verdient.

„Krieg soll nach Gottes Willen nicht sein", haben die Kirchen der Welt 1948 gemeinsam proklamiert. Darum geht es. Mir ist bewusst, dass wir schuldig werden können, wenn wir gegen Waffenlieferungen plädieren, die Menschen in der Ukraine zu ihrer Verteidigung anfordern. Es gehört zur Demut eines Menschen einzugestehen, dass dies der Fall ist. Aber schuldig kann auch werden, wer für Waffen plädiert. Denn Waffen töten. Dafür werden sie produziert und sind sie da. Und daran wird sehr gut verdient, wie der Höhenflug der Rheinmetall-Aktie uns schändlich vor Augen führt.

Als ich mit einer Freundin den Nachlass ihres Vaters sortiert habe, stießen wir auf ein „Gebetbuch für den deutschen Soldaten im Felde". Dort waren auch die Zehn Gebote aufgeführt. Unter dem fünften, „Du sollst nicht töten", stand in Klammern: „Gilt nicht im Kriegsfall!" So einfach dürfen wir es uns nicht machen!

Die Gewaltspirale ist zu durchbrechen! Jesus hat uns dazu ermutigt. Er fordert uns auf, dem Feind die andere Wange hinzuhalten, wenn er uns schlägt, die zweite Meile mitzugehen, wenn wir zur ersten gezwungen werden. Das bedeutet nicht, passiv zu sein. Es birgt einen Moment der Überraschung, eine aktive Form des Widerstandes und ist am Ende ein enormer Kraftakt, der Frieden möglich machen kann. Und um das klarzustellen: Als Deutsche formuliere ich keine Forderungen an die Ukraine. Aber ich erwarte Friedensinitiativen von meinem Land – und nicht einfach nur immer weitere Waffenlieferungen

Christinnen und Christen leben in Deutschland ebenso wie in Russland, der Ukraine, den USA. Ich wünsche mir, dass die Kirchen der Welt mit ihren Oberhäuptern wie ihren Mitgliedern sich energisch für ein sofortiges Schweigen der Waffen einsetzen.

Als Großmutter von sieben Enkelkindern

Wenn ich an meine Enkelkinder denke und an all die Kinder in der Ukraine, in Russland, in Syrien, im Jemen, dann sind 100 Milliarden Euro für Rüstung zusätzlich zum Bundeswehretat von schon mehr als 80 Milliarden Euro allein in unserem Land keine Investition in ihre Zukunft. Was sie brauchen, sind Mittel und Maßnahmen zur Verhinderung der Klimakatastrophe. Ihre Zukunft wird lebenswert durch Milliarden Euro, die für Bildung und soziale Projekte zur Verfügung gestellt werden. Unsere Erde ist bedroht durch die rücksichtslose Ausbeutung aller Ressourcen. Und Krieg ist eine der schlimmsten Zerstörungskräfte. Inzwischen hat Deutschland – die Verpflichtungen im Rahmen der EU und die Leistungen für Geflüchtete in unserem Land nicht eingerechnet – 22 Milliarden Euro an Hilfsleistungen für die Ukraine gezahlt. Wenn es all diese Mittel plus 100 Milliarden Euro in die Aufrüstung steckt, aber nur 2,4 Milliarden für Kindergrundsicherung aufwendet, zeigt sich erbarmungslos, wo die Prioritäten liegen – und was für die Humanität und die Inhumanität ausgegeben wird …

Der Ruf nach Waffen ist durchaus nachvollziehbar. Aber als Demokratin plädiere ich für das Recht, eine andere Haltung einzunehmen. In der jetzigen Debatte vermisse ich den Respekt dafür, dass es auch diese Position geben kann. Wer Waffenlieferungen ablehnt, wird gnadenlos diffamiert als Putinversteherin und Lumpenpazifist, als naiv, dumm und ahnungslos hingestellt. Und der Bundeskanzler erklärt, die für den Frieden eintreten, seien „gefallene Engel aus der Hölle“ und redeten einem Kriegstreiber das Wort. Das ist eines demokratischen Diskurses unwürdig. Und, das sei deutlich gesagt, wir führen diese Debatte nicht stellvertretend für die Ukraine, sondern in Deutschland.

Gewiss gibt es im ersten Affekt ein Selbstverteidigungsrecht. Aber nach der akuten Reaktion auf die Bedrohung ist eine für beide Seiten akzeptable Lösung zu finden. Ich zwinge niemandem meine Haltung auf, denn niemand kann für andere Position beziehen. Aber in Verantwortung auch mit Blick auf die deutsche Geschichte und mit Blick auf die Zukunft unseres Landes, halte ich es als Deutsche für richtig, keine Waffen in ein Kriegsgebiet zu liefern. Bis Anfang 2022 war das einmal Konsens …

Wer sich gegen Waffenlieferungen ausspricht, wird in letzter Zeit auch mit dem äußerst rechten politischen Spektrum in Verbindung gebracht. Dagegen verwahren wir uns! Wir lassen uns nicht instrumentalisieren. Deshalb haben wir als DFG-VK gesagt: „Für Menschen und Gruppen aus dem nationalistischen und antidemokratischen Spektrum ist bei unseren Aktionen kein Platz." Wir treten ein für eine Überwindung von Nationalismus und Rassismus, die Menschlichkeit und Gemeinschaft möglich macht. Wer Unfrieden gegen andere Menschen sät, tritt nicht für den Frieden ein!

Wir brauchen für die Zukunft dieser Welt keine Aufrüstungsprogramme, sondern dringend Abrüstung und ein Ende der atomaren Bedrohung durch Verzicht auf Atomwaffen in allen Staaten. Es sind nicht ständig mehr und „bessere" Waffen zu produzieren. Rheinmetall muss nicht sein! Wir wollen die Welt endlich, endlich entwaffnen. Um der Kinder dieser Welt willen ist es unser Ziel, zivile Konfliktbewältigung zu lernen, Mediation, gewaltfreie Formen von Widerstand einzuüben.

Der 1945 hingerichtete Theologe Dietrich Bonhoeffer, der gern von Waffenlieferungsbefürwortern zitiert wird mit dem Bild, man müsse dem Rad der Geschichte in die Speichen greifen, hat sehr deutlich gesagt: Es gibt keinen Frieden auf dem Weg der Sicherheit. Dem Rad in die Speichen fallen, das heißt für mich heute: Keine weiteren Ausgaben für Militär, sondern Investitionen für soziale Zwecke, für Bildung und den Erhalt der Natur.

Dafür treten Pazifistinnen und Pazifisten in aller Welt ein. Sie tun das wie heute hier in Stuttgart und auch in Ostermärschen schon seit dem Jahr meiner Geburt 1958. Das ist mehr als sinnvoll. Denn Ostern bringt die Hoffnung mit sich, dass Gewalt und Tod nicht das letzte Wort haben. Deshalb werden wir gewaltfrei für Frieden und Abrüstung eintreten, solange es nötig ist – und gerade heute ist es mehr als nötig!

Heike Springhart

An der Seite von Opfern der Gewalt

„Frieden auf Erden". Das ist eine der zentralen Hoffnungen im Christentum. Seit dem 24. Februar 2022 ist sie besonders ohrenbetäubend. Die Sehnsucht nach Frieden auf dieser Welt und in Europa, in der Ukraine, ist so groß wie die Ratlosigkeit, wie dieser Friede endlich gelingen kann. Ein Ende des Angriffskriegs Putins ist auch nach 1 ½ Jahren nicht in Sicht.

Ist der Satz „Frieden schaffen ohne Waffen", der in den frühen 1980er Jahren vom badischen Friedensaktivisten Ulli Thiel geprägt wurde, noch mehr als ein Satz für Predigten im sonntäglichen Gottesdienst? Nicht nur die politischen Debatten darüber, wie auf die Aggression Putins angemessen zu reagieren ist, drehen sich seit Ende Februar 2022 je länger je mehr im Kreis. Auch die kirchliche und theologische Friedensethik ist durch den Angriffskrieg auf die Ukraine angefragt. Sie muss sich auch anfragen lassen. Nicht, weil plötzlich nicht mehr gilt, was einmal getragen hat, sondern weil wir ethische Positionierungen immer wieder daraufhin befragen müssen, ob sie noch angemessen sind und ob sie angesichts der konkreten Situationen und Kontexte Bestand haben.. Die Situation in der Ukraine ist komplex, weil die Akteure im Krieg mehr sind als Russland und die Ukraine.

Der Friede, von dem im Christentum geredet und gesungen wird, ist umfassender Friede, Shalom. Wohlergehen für alle, das Schweigen der Waffen, Friede im Kleinen zwischen Menschen. Das ist eine Vision, die auf Erden immer nur in Teilen Wirklichkeit ist. Zu deutlich sehen wir, dass umfassendes Wohlergehen und genügend zu essen für alle, Frieden und das Schweigen der Waffen nicht der Realität entspricht.

Aus christlicher Sicht ist die Aufrichtung dieses umfassenden Friedens Gottes Sache. Am Shalom orientiert sich das politische und gesellschaftliche Engagement für den Frieden. Er ist die Orientierung für unser Nachdenken über den Frieden und das Engagement für den Frieden. Die Vision des Friedens, von dem die biblischen Texte sprechen, verändert die Wirklichkeit und ist der Orientierungsrahmen für das friedensethische Nachdenken.

Wir brauchen auch in Sachen des Friedens die Kraft der Unterscheidung. Dazu gehört der Blick darauf, was unsere Verantwortung ist, aber auch die realistische Wahrnehmung der Grenzen dessen. Als Kirche bezeugen wir in dieser Gesellschaft und in dieser Welt die Verheißungen, die weit über das hinausgehen, was in unserer Gestaltungsmacht steht. Wir sind als Christinnen und Christen im weiten Horizont der biblischen Verkündigung vom Bund des Friedens zwischen Gott und den Menschen im Alten Testament bis hin zu den Engeln von den Feldern in Bethlehem aus der Weihnacht unterwegs. Mit der Verheißung des großen Friedens im Ohr sind wir realistisch und bescheiden und gehen mutig und demütig Schritte hin zum Frieden, wissend um die Begrenztheit unserer Bemühungen und die Möglichkeit, dass auch die verheißungsvollsten Ansätze scheitern können.

Das bedeutet allerdings nicht, dass wir uns aus der gesellschaftlichen und politischen Verantwortung zurückziehen. Es bedeutet aber sehr wohl, dass wir ehrlich und selbstkritisch unsere Haltung, unsere Sprache und unsere Überzeugungen daraufhin überprüfen, wo sie zur Ideologie zu werden drohen.

Aus christlicher Sicht prangern wir die humanitären Folgen des Krieges an: Flucht und Vertreibung, Kriegsverbrechen und Verbrechen gegen die Menschlichkeit, Menschenhandel, Folter, sexuelle Übergriffe und Gewalt gegen Frauen und Menschen mit anderer geschlechtlicher Orientierung. Diese Haltung hat ihren Grund in der Parteilichkeit Christi für die von Gewalt Betroffenen, für die Mühseligen und Beladenen.

Immer geht es um die Perspektive, von der aus formuliert wird, was dem Frieden dient. Die Forderung nach und der Einsatz für Gewaltlosigkeit sind ein starkes Signal, wenn sie von denen kommen, die von Gewalt unmittelbar betroffen sind. Sofern wir nicht unmittelbar betroffen sind, kann unsere Aufgabe nicht darin bestehen, den Bedrohten Gewaltlosigkeit nahezulegen und ihnen das Recht auf Selbstverteidigung abzusprechen. Aber wir tun alles, um jene Kräfte zu stärken, die dem Frieden dienen, die Gewaltlosigkeit wagen und die den Weg der Versöhnung beschreiten. Das beinhaltet auch, klar zu benennen: Krieg widerspricht Gottes Willen!

Neben den konkreten Gefahren des Krieges und der Waffengewalt ist in den Debatten um den Krieg und in den Reaktionen auf das, womit wir nicht erst seit dem 24. Februar 2022 konfrontiert sind, immer wieder eine Form der Ideologisierung zu beobachten.

Friedensethik und theologische Reflexion haben die Aufgabe, solche Ideologisierungen aufzudecken und mit dem scharfen und zweiten Blick auf die Komplexitäten, die Dilemmata und auch auf die Ratlosigkeit zu sehen und ihr einen Raum zu geben.

Das gilt auch für die Rede von der „Zeitenwende". Deren ideologischen Gehalt gilt es klar und deutlich zu kritisieren. Mit der Rede von der „Zeitenwende" hat Bundeskanzler Olaf Scholz im März 2022 eine radikale Neuorientierung der deutschen Sicherheits- und Außenpolitik gefordert. Auch von Seiten der theologischen Ethik ist der Begriff immer wieder aufgenommen worden, ergänzt um die Einschätzung, dass die Friedensethik insgesamt und die Ausrichtung einer am Primat friedenslogischer Optionen orientierten Haltung gescheitert sei.

Zugleich ist in den politischen Argumentationsmustern immer wieder die Rede von einer „Verteidigung der westlichen Werte". Eine solche Ideologisierung erschwert die nüchterne sachliche Debatte. Die Frage kann nicht sein, welches Wertesystem gewinnt, sondern: Wie kann es gelingen, dass Frieden und Versöhnung das Zusammenleben in einer diversen und pluralen, demokratischen Gesellschaft ermöglichen? Dessen Stärke zeigt sich darin, dass unterschiedliche Wertesysteme in konstruktiven Streit miteinander treten und um zukunftsträchtige Antworten auf gegenwärtige Fragen gerungen wird.

Dem Gedanken eines Scheiterns der bisherigen Friedensethik liegt die Vorstellung zugrunde, als müsse Friedensethik sich siegreich durchsetzen oder eben scheitern. Eine solche Vorstellung übersieht, dass auch und gerade das Arbeiten für den Frieden sich in tastenden, mutig experimentierenden und auf langatmige Prozesse bauenden Wegen vollzieht.

Zwischen „Nie wieder Krieg!" und „Nie wieder Faschismus!" liegen die Optionen der ethischen und politischen Debatten. Auch die Dilemmata liegen je länger je mehr vor unseren Augen. Klar ist: Der Bruch des Völkerrechts und die brutale Missachtung der Menschenrechte durch Russland dürfen keinen Erfolg haben. Ebenso klar ist: Die militärische Gewalt bringt jeden Tag neuen Tod und Zerstörung und schafft keinen Frieden.

Wir brauchen den Mut zur Demut angesichts der Konflikte in der gegenwärtigen Situation. Friedensethik ist stark, wenn sie Dilemmata nicht vorschnell auflöst, sondern benennt und auf dieser Basis erarbeitet und dafür eintritt, was den Frieden fördert und ihm dient. In einer Bedrohungssituation wie der, die wir erleben, stellt sich die Frage, ob der Einsatz militärischer Gewalt zur Abwehr der russischen Aggression moralisch gerechtfertigt ist.

Das zweite Dilemma besteht in der Frage, ob es moralisch gerechtfertigt ist und wenn ja, in welcher Form, den Abwehrkampf durch ausländische Regierungen zu unterstützen. Das dritte Dilemma besteht darin, ob die Kirchen aus moralischen Gründen das militärische Handeln mittragen oder sich auf diplomatische Friedensbemühungen und zivile Hilfe für in Notlage geratenen Menschen konzentrieren sollen.

Der weite Horizont der Hoffnung auf den umfassenden Frieden bietet den Rahmen dafür, auch angesichts der Dilemmata das Mögliche zu tun. Dazu gehört humanitäre Hilfe für die Menschen, die von Krieg und Gewalt betroffen sind. Dazu gehört auch, die Gesprächskanäle zu nutzen, die es beispielsweise im Rahmen der Kirchen gibt, um jene Kräfte zu stärken, die sich für gewaltfreie Konfliktlösungen einsetzen und die nach dem Ende des Krieges zum Aufbau einer friedlichen und demokratischen Gesellschaft beitragen können. Auch friedenspädagogische Projekte und Friedensforschung sind den Schritten auf dem Weg zu einem gerechten Frieden zuzurechnen. Dass auch verheißungsvolle Ansätze scheitern können, führt zu Realismus, darf aber keinesfalls dazu führen, nicht alles in unserer Macht Stehende zu tun, um zum Frieden beizutragen.

Im Blick auf den gesellschaftlichen Diskurs brauchen wir den Mut für eine neue Kultur der Ratlosigkeit und Nachdenklichkeit. Sie steht einer verletzlichen Kirche und Gesellschaft gut zu Gesicht, weil so neue Zwischenräume für einen realistischen Blick auf die Komplexität der Lage entstehen. Es darf nicht darum gehen, schulterzuckend zu schweigen. Aber eine theologisch begründete Kultur der Ratlosigkeit öffnet den Blick dafür, dass politische Entscheidungen, unter Handlungsdruck vollzogen, immer auch Entschlüsse bleiben, die nicht frei von Schuld sind.

In den Gesprächen im Rahmen der weltweiten Ökumene und in der kritischen Auseinandersetzung mit Kolonialismus und Ideologisierungen jeder Couleur haben wir gelernt, dass der eigene theologische, kirchliche und persönliche Standpunkt sich einem Kontext verdankt und damit notwendig begrenzt ist. Die Wahrheit – auch das, was moralisch richtig ist – liegt nicht vollständig in unserer Hand. Wir entdecken sie, wir suchen nach ihr und ringen um sie, aber sie ist immer größer als wir selbst.

Die konkreten Herausforderungen angesichts des Krieges in der Ukraine und die Spannung zwischen der Hilfe für die von Gewalt Bedrohten und Betroffenen und dem Festhalten an der Kraft gewaltloser Konfliktlösungen sowie die damit verbundenen Dilemmata lassen sich nicht schwarz-weiß auflösen. Deshalb geht es auch um den Mut, zu dieser Unauflöslichkeit zu stehen, der Ratlosigkeit Raum und Worte zu geben, Gottes Bewegung in die Welt wahr- und aufzunehmen und dann nach Kräften das Friedensdienliche zu tun.

Vor diesem Hintergrund liegt unser Hauptaugenmerk darauf, die Kräfte zu stärken, die dem Frieden dienen, die Gewaltlosigkeit wagen und die sich auf den Weg der Versöhnung machen. Wir haben es mit unterschiedlichen Gewaltkonstellationen zu tun, die wir als Kirche in den Blick nehmen müssen. Wir stehen an der Seite von Opfern von Gewalt.

In all dem ist es die Aufgabe der Kirche, am Überschuss der Hoffnung festzuhalten und diesen in die gesellschaftlichen Debatten hineinzubringen. Es geht darum, realistisch, differenziert und nüchtern hinzusehen, wo himmelschreiende Gewalt geschieht und realistisch zu sehen, wo die Grenzen unserer Verantwortungs- und Machtsphäre liegen.

Realismus im theologischen Sinn bedeutet aber auch, darum zu wissen, dass das, was uns trägt, größer ist als unsere Vernunft, unsere Erkenntnis und unsere Verantwortung.

Wir werden den umfassenden Frieden nicht schaffen. Es gibt keine direkte Linie von der Vision des umfassenden Friedens zu einem Maßnahmenkatalog. Aber was in unserem Verantwortungsbereich geschieht, hat sich an der Vision von Frieden und Gerechtigkeit zu orientieren. Unsere Aufgabe ist es, alles in unserer Macht Stehende zu tun, um Gesprächskanäle offenzuhalten, denen, die um friedliche Lösungen ringen, den Rücken zu stärken, konkrete humanitäre Hilfe zu leisten, Traumatisierten und Geflüchteten sichere Räume und Zuflucht zu gewähren und so den Boden dafür zu bereiten, dass Wege der Versöhnung entstehen. Damit es eine Zeit nach dem Krieg gibt, in der der Friede eine Chance hat. Eine Zeit, in der die christliche Vision wahr wird, die wir in dieser Zeit mit besonders offenen Ohren und Herzen hören: Friede auf Erden!*

* *Auf ausdrücklichen Wunsch der Autorin ist ihr Beitrag nicht lektoriert worden.*

Detlef Bald

Krieg – und die Friedensethik – Gedanken an Dietrich Bonhoeffer

Die „Zeitenwende" des Jahres 2022 eroberte rasch ihren Platz im Alltag der Deutschen. Kampfrhetorik prägte die Nachrichten. Kaum eine Sendung ohne grün-grau gefleckte Tarnfarben des Militärischen. Waffen und Rüstung avancierten zum Medien-Thema par excellence. Die Aufrufe der selbst ernannten Militärexperten des Parlaments für Waffentypen aller Art bleiben unvergessen. Ehemalige Generäle erklärten die professionelle Taktik der Truppen. Es ging um unsere Sicherheit. Nationaler Pathos erklang. Desinformation verschleierte die Sicht. Alles zum Schutz von Demokratie, Freiheit und Menschenrechten: Krieg in der Ukraine.

Zum breiten Diskurs in der deutschen Öffentlichkeit

Kaum eine Analyse zur Vorgeschichte des geopolitischen Wandels oder zum Handeln der politischen Akteure in Europa ist erkennbar; kaum eine Analyse zu den aktuellen Ursachen und zeithistorischen Hintergründen des imperialistischen Angriffs von Seiten Russlands findet sich; kaum eine Analyse klärt über die reale Lage der Demokratie, des Rechtsstaats oder rechter Traditionen in der Ukraine auf. Selektive Fakten und die Schilderungen vom Leiden Einzelner behindern das Urteil.[1] Der Appell an die Gefühle ist grenzenlos, liefert sogleich die Lösung mit: das Böse bedroht das Gute. Delegitimierung und Ignoranz auf beiden Seiten. Die Leitmedien generalisieren die Botschaften von Vertretern aus Politik und anderen Interessenfeldern: Die Wirkungen in der Öffentlichkeit bleiben nicht aus, wie zwei Zitate, die als repräsentativ gelten mögen, zeigen: „Es ist auch Zeit für Waffen!" ist das eine, das andere: „Den USA nicht in den Arm fallen." Das erste aus einer Rede auf dem Kirchentag in Nürnberg im Juni 2023, wenig später begründete das zweite den Einsatz von Streumunition; beide Aufrufe stammen von Frank-Walter Steinmeier, dem Bundespräsidenten. Hier zeigt sich das sprachlich moralisierend-verkürzende Narrativ von hoher politischer Relevanz. Eine vereinheitlichende, kollektive Haltung der Gesellschaft in Form einer schleichenden, halb verdeckten Gesinnung mit dem Anspruch, solche Rüstung sichere „unsere" Freiheit, hat sich durchgesetzt, eine sich mit dem Schein des Friedens schmückende Militarisierung um sich gegriffen.

Feindbilder kursieren, illustrieren die Kriegsbilder; die realen von den konstruierten kaum zu unterscheiden, beide in der Welt des „tik-tok-war" grenzenlos gesteigert ins Phantastische. Gefühlswelten werden bedient. Bis ins Absurde reichen die verzerrten Abbilder der Gegner in Ost wie West. Und die Kriegswirklichkeit vorgeführt in Bildern typisch-banaler Machart. Das Elend der Menschen korrespondiert mit den materiellen Zerstörungen durch technisch innovative Produkte der modernen Rüstungsindustrie und deren System des Vernichtens aus der Ferne. Ein System-Fortschritt, täglich wieder und wiederbelebt – zum Töten.

Allein die seit Februar 2022 geführten Debatten in Politik und Gesellschaft sind kaum dazu angetan, Voraussetzungen für einen Frieden nach Maßgabe einer bilateralen Akzeptanz zu schaffen. Eher verschärft sich die Lage im Sinne der wenige Tage vor der NATO-Tagung in Vilnius 2023 erörterten Modelle eines Friedens nach einem Waffenstillstand zwischen Kiew und Moskau.[2] „Dauerhafte Sicherheit" sahen die Experten in drei Optionen „maximal, verlässlich und dauerhaft gewährt": die erste kreiste um eine Demilitarisierung Russlands mit Regimewechsel, die zweite Variante betraf eine nukleare Bewaffnung der Ukraine seitens des Westens, und drittens ging es schließlich um „Sicherheitszusagen" an die Ukraine, noch vor ihrem NATO-Beitritt. Statt harte, realistische Fakten abzuwägen, bedienen und fördern die ersten beiden Optionen Angst-Spekulationen und nähren militärische Bedrohungen. Lösungsvorschläge für einen Frieden in Europa lassen sich damit nicht verbinden.

Unterfüttert ist die Gemengelage militaristischer Denkmuster von begleitenden Erklärungen und Spruchbändern in Talk-Shows und Interviews. Deutschnationale Wertvorstellungen aus den Arsenalen der kaiserlichen Armee, der Reichswehr sowie der Wehrmacht feiern ihre frisch-fromm-fröhliche Auferstehung und Revitalisierung. Traditionalistische Unbefangenheit greift zurück auf das Leitbild des Soldaten als „Krieger, die kämpfen und auch töten müssen" – Krieger einer rauen Männergesellschaft der ewig gültigen soldatischen Werte, wie zuletzt im Vernichtungskrieg des NS-Regimes.[3] Dabei schienen Leitfiguren wie die eines archaischen Kämpfers in der Bundeswehr überwunden. Doch schon vor dem Ukraine-Krieg und nun noch mehr im Verbund mit ihm hat sich eine idealtypisch (um-)gedeutete Militärgeschichte, von den Medien dabei vielfach und weitgehend unterstützt, in den Vordergrund geschoben.

Fazit zu den Dissonanzen in der Debatte

Die politische und gesellschaftliche Debatte um die Verteidigung der Ukraine hat in der Bundesrepublik Irritationen und Orientierungsprobleme offenbart. Die Ursache dafür ist sicherlich nicht auf den Angriffskrieg Russlands zurückzuführen. Es geht um grundsätzliche Fragen, die den Wertewandel und die Identität der Deutschen betreffen. Hierzu gibt es seit vielen Jahren einen Meinungsstreit. Auffallend ist, dass der Frieden als der Gegenpol zum Krieg dabei keine oder höchstens nur eine untergeordnete Rolle spielt. Er hat auch im gegenwärtigen Diskurs keinen wirklichen Platz, findet sich diskreditiert oder gar diffamiert. Deutlich geworden ist dies, als zwei, in ihrer Art besondere Frauen, eine Friedensresolution formulierten und gleich Hunderttausende der Forderung nach einem Waffenstillstand zwischen Kiew und Moskau zustimmten. Sofort ist die Friedens-Initiative ins Lächerliche gezogen worden und ihre Gegner stuften sie als unangebracht, überflüssig und gefährlich ein; man klassifizierte sie als Non-Thema ab. Ebenso haben Gustav Heinemanns Worte, einst vor Soldaten gesprochen: „Kämpfen können, um nicht kämpfen zu müssen", längst ihre Bedeutung eingebüßt. Der weite Horizont, der einst mit einer Friedenspolitik verbunden war, ist in weite Ferne gerückt. Die Friedenswissenschaften bleiben bedeutungsschwach; ihr Status ließ sich im öffentlichen Diskurs marginalisieren, reduziert auf eigene Kreise. Zudem berücksichtigt sie nicht, was Persönlichkeiten, die in ihren Analysen und Prognosen Wesentliches zu der Problematik Krieg und Frieden, Gesinnungs- und Verantwortungsethik oder der Behandlung und Bewertung von Anlässen und Ursachen von Kriegen gesagt haben.

Krieg und Frieden – Dietrich Bonhoeffers Lehren

Zu denen, die im Umgang mit Krieg und Kriegsgeschehen Bahnbrechendes geleistet haben, zählt Dietrich Bonhoeffer. Sein Denken bietet Überlegungen dazu an, wie die Komplexität der endlos verknäulten Ereignisse zu analysieren, einzuordnen oder aufzulösen sind, um aus den Wirrnissen die Interessen, Fakten und Zusammenhänge herauszuschälen; die eine Bewertung der Realität, der Politik und der Kriegs-Konstellation bietet als Voraussetzung dafür, dem Ruf nach Frieden Geltung zu verleihen. Bonhoeffer gehört wie Friedrich Wilhelm Foerster in die erste Reihe jener Friedensethiker, die zu ihren Einsichten kamen, nachdem sie intensiv historisch-empirische Studien zum Krieg und seinen Ursachen betrieben hatten.[4] Bonhoeffer unternahm eine machtpolitisch akribische Analyse der europäisch-amerikanischen Zivilisation und deren wirtschaftlichen und politischen Interessen. Ausgangspunkt dafür waren der Ursprung und die Bewegungskräfte der Macht und Ideologie des NS-Regimes.[5]

Die erste Erkenntnis von Bonhoeffer lautete: „Die Geschichte des Westens belehrt uns, dass dies eine Geschichte der Kriege gewesen ist."[6] Die Politik der letzten Jahrhunderte verdanke sich der modernen Militärtechnik, um mit ihr Reichtum und Wohlstand des „Abendlandes" zu sichern – durch Ausbeutung der Rohstoffe und die Errichtung von Kolonien in der Welt. Die globale Herrschaft sei ökonomisch bedingt, habe neben der „Gier" eine Vielzahl weiterer Motive. Bonhoeffer gelangte zu dem Schluss, „die Mächte der Erde" stünden gegen den Frieden: „das Geld, die Wirtschaft, der Trieb zur Macht, ja selbst die Liebe zum Vaterland" hätten ihre Bedeutung „für den Hass der Völker".[7] Machtkämpfe stärkten politische Rivalitäten, führten hier zu Überlegenheit, dort zum Nachteil, heizten die emotionale Befindlichkeit der „Gedemütigten" und „Entehrten" an; am Ende entstand ein Schmelztiegel der Gewalt, „politische Extreme gegen politische Extreme, Fanatisierte gegen Fanatisierte". Bonhoeffer benannte eine Summe von Faktoren für Konfliktlagen, in denen die Politik die permanente Militärrüstung zur Stärkung ihrer Machtmittel nutzen würde: „Eine Welt, die in Waffen starrt wie nie zuvor."[8]

Das von Bonhoeffer umrissene Bedingungsgefüge eines Konflikts, hier in aller Kürze skizziert, lässt im aktuellen Stadium des Krieges in der Ukraine nur den Schluss zu, dass die Breite der genannten Faktoren kaum Gegenstand der öffentlichen Diskurse ist; die zumeist propagandistischen Verzerrungen geben kaum Anlass, die gegenwärtige Kriegskonstellation in voller, erst recht in der internationalen Verzahnung bewerten oder verstehen zu können; deren Zusammenwirken in historischer und aktueller Bedeutung gilt für die Ukraine wie für Russland, aber ist kaum ersichtlich.

Die Verwüstungen, das Elend der Bevölkerung sowie die Opfer unter den Soldaten auf beiden Seiten der Front bezeichnete Bonhoeffer schon zu Beginn der 1930er Jahre als drohendes Inferno des industrialisiert-technischen „totalen Vernichtungskrieges". Daher akzeptierte er nicht mehr die Lehre vom „bellum iustum", erst recht nicht, weil der „totale Krieg" alle Normen außer Kraft setze. „Alles ist recht und erlaubt, was der eigenen Sache dient", grenzenlos, „in dem alles – auch das Verbrechen – gerechtfertigt wird."[9]

Die erste Maxime der Friedensethik von Bonhoeffer galt daher der Kriegsverhinderung. Es ist zu erwähnen, auch wenn seine Überlegungen bereits vor dem Krieg in der Ukraine hätten Berücksichtigung finden müssen. Ausgangspunkt für solche Handlungsanweisung ist sein weltumspannender Vorschlag, sich auf Toleranz und Respekt zu gründen: nämlich „alle Bande der Geschichte, des Blutes, der Klassen und der Sprachen" zu überwinden. Die Menschen und Völker suchten Frieden für ein freies Leben. Entscheidend seien: „erstens die Wahrheit und zweitens das Recht." Diese Ziele hätten Geltung im Innern der Staaten sowie auf der internationalen Ebene zwischen den Staaten, wo häufig in vermeintlicher Ruhe nur ein Pseudo-Frieden herrsche. „Dort, wo eine Gemeinschaft des Friedens Wahrheit und Recht gefährdet oder erstickt, muss die Friedensgemeinschaft zerbrochen und der Kampf angesagt werden." Wandel zum Frieden geht nicht ohne Kampf, den Bonhoeffer im Konsens mit M. Gandhi als gewaltfreien Widerstand verstand. In die Sprache der Gegenwart übertragen, hieße dies, die seit mehr als einem Jahrzehnt erkannten und bekannten Spannungen zwischen Russland und der Ukraine hätten zumindest im Bereich der diplomatischen Aktivitäten oder ziviler Initiativen aufgegriffen werden müssen, um einem friedlichen Interessenausgleich näherzukommen. Doch solche, Entspannung fördernden Schritte gab es nicht; dies zählt zu den eingangs dargelegten Defiziten des breiten Diskurses.

Kriegsverhinderung blieb für Bonhoeffer stets das erste Ziel für „eine Welt, die in Waffen starrt wie nie zuvor, die fieberhaft rüstet, um durch Rüstung den Frieden zu gewährleisten." Mit Blick auf die Gewaltpotentiale und deren weiterer Anhäufung antwortete Bonhoeffer in der berühmten Rede in Fanö auf die selbst gestellte Frage „Wie wird Friede?" in theologischem Furor: „Sollte Gott nicht doch gesagt haben, wir sollten wohl für den Frieden arbeiten, aber zur Sicherung sollten wir wohl Tanks und Giftgas bereitstellen?" Starke Worte für die Erkenntnis, es werde „überall Friede und Sicherheit verwechselt".

Bonhoeffer stellte die Begriffe strikt einander gegenüber und gelangte zu der zentralen Aussage seiner Friedensethik: „Es gibt keinen Weg zum Frieden auf dem Wege der Sicherheit."[10]

Und: wie wird Friede?

Militärische Mittel der Sicherheit stellen nach Bonhoeffer keinen Weg zum Frieden dar. Auch in der Ukraine führen dauerhafte Aufrüstung und Waffenlieferungen nicht zum Frieden. Bereit zum Frieden zu sein, verlangt realistischen Interessenausgleich auf beiden Seiten; daher kann die Botschaft in der gegenwärtigen Kriegslage, wenn Frieden eine Chance haben soll, sich überhaupt nicht auf die Alternative von Sieg und Kapitulation gründen; sie gehören für beide, für die Ukraine wie für Russland, in den Bereich der illusorischen Politik. Zunächst dürfte nach den Gedanken von Bonhoeffer ein Waffenstillstand Vorrang haben – um sofort weiteres Elend und fortgesetzte Zerstörungen zu beenden.

Selbstverständlich sind die friedensethischen Grundsätze von Dietrich Bonhoeffer nicht einfach übertragbar, sind sie doch in der Auseinandersetzung mit dem NS-Regime entstanden. Gleichwohl gibt seine Analyse, wie die ethisch leitende Idee des Friedens mit der Realität zu verbinden ist, vielfältige Anregungen. Sie sind zeitübergreifend und hilfreich in jeder Krisen- und Kriegslage.

Anmerkungen

1 Beispiele für Ausnahmen sind Albrecht Koschorke, Die Tage des Westens sind gezählt. In: Die Zeit, 2.3.2023; Heribert Prantl, Fest des Redens. In: Süddeutsche Zeitung, Pfingsten 2023, oder der Neuabdruck von Herbert Riehl-Heyse, Die Geister einer Ausstellung. In: Süddeutsche Zeitung, 6.10.2022

2 Vgl. Margarete Klein/Claudia Major, Dauerhafte Sicherheit für die Ukraine. Von Ad-hoc-Unterstützung zu langfristigen Sicherheitsgarantien als NATO-Mitglied, Berlin 2023 (= SWP-Aktuell, Nr. 44), S. 3 und 6

3 Sönke Neitzel, Deutsche Krieger. Vom Kaiserreich zur Berliner Republik. Eine Militärgeschichte, Berlin 2021

4 Vgl. Reinhard Gaede, Kirche – Christen – Krieg und Frieden. Zur Diskussion im deutschen Protestantismus in der Weimarer Republik, Bremen 2018; Karl Holl, Pazifismus in Deutschland, Frankfurt am Main 1988

5 Vgl. die Friedensethik in Leben und Werk Bonhoeffers bei Detlef Bald, Dietrich Bonhoeffer 1906-1945. Der Weg in den Widerstand. „Ich bete für die Niederlage meines Landes", Darmstadt 2021, S. 56 ff.

6 Dietrich Bonhoeffer, Das Recht auf Selbstbehauptung. In: Dietrich Bonhoeffer Werke (DBW), Bd. 11, Berlin 1994, S. 220

7 D. Bonhoeffer, Die Kirche und die Welt der Nationen. In: DBW, Bd. 13, 1994. S. 295

8 D. Bonhoeffer, Ansprache in Gland. In: DBW, Bd. 11, S. 354 f.

9 D. Bonhoeffer, Ethik. In: DBW, Bd. 6, Berlin 1992, S. 100

10 D. Bonhoeffer, Kirche und Völkerwelt. In: DBW, Bd. 13, 1994, S. 300

Elmar Klink

Statt Kriegsrede Entfeindung und Ent–Rüstung

„Und immer wieder wächst das Gras..."
Gerhard Gundermann (1955-1998)

„Stell' dir vor, es ist Krieg – und keiner geht hin..." – einst gängiges Motto der Antikriegs- und Friedensbewegung nach 1945 zu Zeiten des Kalten Kriegs und West-Ost-Gegensatzes, heute ein Appell, der Kriegspropagandisten und -treibern allenfalls ein müdes Lächeln abringt. Als die Welt unter einem allgemeinen Kriegs- und atomaren Katastrophenzwang stand und litt (Korea, Nahost, Kuba, Vietnam, Europa etc.), sah das noch anders aus und galt: Wer als erster Atomwaffen einsetzt, stirbt durch Vergeltung als zweiter. Man nennt das noch immer „Gleichgewicht des Schreckens". Heute heißt es im Russland-Ukraine-Krieg, der schon 2014 begann, auf den Kopf gestellt wieder: „Es ist Krieg – und wir gehen hin. Wir unterstützen das Töten und Morden, und wir liefern die nötigen Waffen dazu." Verkehrte, fehldiagnostizierte „Zeitenwende"-Welt, die einen Rückfall in die allseits bekannte Barbarei von Krieg, Gewalt und Gegengewalt, von Angst, Bedrohung, Hass und Vergeltung markiert.

Obwohl wir es nach dem „Zeitalter der Extreme" (E. Hobsbawm), nach zwei verheerenden Weltkriegen mit nahezu 70 Millionen Getöteten und über 300 neuen Kriegen und Gewaltkonflikten nach 1945 (nach Angabe des Stockholmer Friedensforschungs-Instituts SIPRI) eigentlich besser wissen und machen sollten. Obwohl es als höhere Schiedsinstanz eine konfliktvermittelnde und -bearbeitende UNO gibt, die in ihrer Charta, von fast allen Nationen unterschrieben, in Konfliktfällen einen Gewaltverzicht und ein primäres Verhandlungsgebot für die Staaten vorsieht. Krieg und angewandte Waffengewalt machen die Welt weder sicherer noch friedlicher. Krieg gebiert oft Folgekrieg – und unter der dünnen Decke trügerischen Friedens sei noch immer der Krieg herauslesbar, so dem Sinn nach der französische Philosoph und Machtanalytiker, Michel Foucault. „Krieg ist Frieden", erklärt George Orwell in „1984". Fast jeder kennt den Namen des britischen Sozialisten und satirischen Schriftstellers, der 1948 in seinem Roman eine düstere Perspektive auf einen permanenten dritten Weltkrieg zwischen den Blöcken Ozeanien, Eurasien und Ostasien entwarf. Vor dem Hintergrund unserer Gegenwart mutet das fast schon prophetisch an. Seine Prognose kommt dem nahe, was der Philosoph und Publizist Robert Kurz in seinem Buch „Weltordnungskrieg“ (2003) detailliert diagnostizierte und treffend analysierte.

Der vom Christentum, von Marx und Gandhi inspirierte Philosoph, Kriegsgegner und Friedensdenker des 20. Jahrhunderts Nikolaus Koch (1912-1991) prägte zu Beginn der 1950er Jahre den Begriff des modernen „Fünfkriegs“: militärisch, politisch, wirtschaftlich, ideologisch, psychologisch. Womit jeder Krieg, der diese Charakteristika mehr oder weniger in sich trägt, zu einem „totalen“ wird. Beispielhaft erfüllt der Russland-Ukraine-Krieg in seinen Formen, mit seinen diversen Beteiligten und Unterstützern, ihren jeweiligen Interessen und Aktivitäten all diese Merkmale. 1981 gründeten Koch und andere eine Bürgerinitiative für deutsch-europäische Blockfreiheit, die durch verschiedene Basisinitiativen helfen sollte, den Ost-West-Gegensatz dialogisch zu entschärfen und zu überwinden. Die Ukraine muss gewinnen, Russland soll verlieren, heißt es. Wunsch und Realität vermischen sich bis ins Unkenntliche. Der autokratische Kriegsherr Putin figuriert als Verbrecher und Diktator, ein Dämon, nicht bereit, über Entspannung und Frieden Gespräche zu führen. Mit dem könne und dürfe man nicht reden. Dabei ist es noch nicht lange her, da saßen die Mächtigen der Welt mit ihm an einem Tisch, spendeten seiner Vision eines westlich-russischen Ausgleichs sowie einer weitreichenden Verständigung und Zusammenarbeit regen Beifall.

Nur das ist nicht gemeint: diplomatisch wie politisch beharrlich den Dialog ansteuern, die Vermittlung und Aussöhnung, um das elende Töten zu beenden, die Sicherheit aller zu garantieren durch zivile, nicht militärische Stärke und Einigung. Vieles ist bereits im Vorfeld falsch gemacht worden. Die schon bald in den 1990er Jahren gegen anderslautende mündliche Zusicherung begonnene NATO-Osterweiterung markiert einen solch fundamentalen, folgenschweren Fehler. Der US-Diplomat und Erfinder des „Containment“ (Eindämmung) gegenüber der Sowjetunion, George F. Kennan (1904-2005), völlig unverdächtig, ein Jelzin- oder Putin-Versteher gewesen zu sein, aber ein exzellenter Russland-Kenner, warnte 1996 in einem Artikel in der „New York Times“ eindringlich vor genau dieser militärisch-politischen Bündnisausdehnung nach Osten bis an Russlands Türschwelle, die, so Kennan, Moskau nie akzeptieren könne und werde. Man hat die Warnung in den Wind geschlagen und sich auf den Weg in die Konfrontation und Provokation begeben. Wenn Deutschland bis 2026 eine Brigade mit 5 000 Soldaten in Litauen stationieren will, so missachtet es die NATO-Russland-Grundakte.

Wir kennen die irreführende Lesart des deutschen Ex-Innenministers, Gerhart Baum (FDP), die NATO bedrohe niemanden. Wir begreifen, was uns blüht, wenn seine Parteikollegin und Verteidigungsausschuss-Vorsitzende, Marie-Agnes Strack-Zimmermann, der Bundeswehr offiziell ein Feindbild Russland überstülpen will. Die forsche Liberale und Kriegsbefürworterin redet bei ihren TV-Talk-Auftritten gerne Tacheles. Für sie ist klar, „der Westen führt und klärt die Ukraine auf" in diesem Krieg, und „auf lange Sicht geht es um Interessen…". Bei dem von Deutschen angeführten, zehntägigen NATO-Manöver „Air Defender 2023" mit fast 10 000 beteiligten SoldatInnen, ging man neben großangelegter Truppenverlegung als Szenario auch davon aus, dass eine feindliche „Macht aus dem Osten" die Bundesrepublik bereits zur Hälfte erobert habe, die vereint zurückgeschlagen werden müsse. Zugleich übten insgesamt 9 000 russische und NATO-Soldaten samt Kriegsgerät zu Luft und Wasser in der Ostsee quasi auf Sichtweite den militärischen „Ernstfall". Die zivil-militärischen Maßgaben der neuen Nationalen Sicherheitsstrategie der BRD stellen eine politische und soziale Militarisierung dar. Berlins kombinierte diplomatische, politische, wirtschaftliche und militärische Indopazifik-Strategie zieht die Bundesrepublik Deutschland hinein in den bedrohlichen Macht- und Interessenkonflikt des USA-China-Gegensatzes, ein Weltkriegsgrund Nr. 1 im 21. Jahrhundert – und ein Spiel mit dem Feuer.

Nicht zu verstehen ist, wie sich die Leiterin einer einst renommierten Friedens- und Konfliktforschungs-Stiftung in TV-Talks dazu hergibt, die Rolle einer parteiischen Kriegs- und Waffenbefürworterin zu spielen. Sorgenvoll sinnt sie darüber nach, ob „wir" es schaffen, genügend Munition in die Ukraine zu liefern – statt einen unabhängigen kritischen Standpunkt zu vertreten. Darum wohl wird Frau Professor Deitelhoff wieder gern ins Fernsehen eingeladen, quasi zu „friedenswissenschaftlicher" Drapierung. Der Mangel an selbstreflektierter Distanz zu ihrem politikwissenschaftlichen Sujet ist erstaunlich und zugleich befremdlich. Fleißig und ohne Umschweife folgt sie dem Ruf der Waffen, so auch bei der Vorstellung des jährlichen „Friedensgutachtens" führender deutscher Friedens-, Konfliktforschungs- und Sicherheitspolitik-Institute in Frankfurt, Bonn, Hamburg oder Kiel im Juni 2023. Bisher eigentlich ein bewährter „Background“ und Orientierungsrahmen für die Friedensbewegung, verlas sie bei der Bundespressekonferenz das Gruppenstatement, von dem man streckenweise den Eindruck erhielt, als handle es sich eher um ein von der Bundesregierung bestelltes Kriegsgutachten. Eine fundamentale Auseinandersetzung mit dem Thema Krieg und Frieden vor dem Hintergrund des Verlaufs der jüngeren deutschen Geschichte sowie eine darauf beruhende Haltung zu dem Ukraine-Krieg und seiner Vorgeschichte finden nicht statt. In der Argumentation historisch wurzellos, wird nicht einmal der Versuch unternommen, Lehren aus der deutschen Geschichte zu ziehen – und verabsäumt, auf dieser Grundlage vor machtpolitisch inspirierten Entscheidungen zu warnen, deren Risiken mit existenzgefährdenden Folgen einhergehen. Von Mal zu Mal stellen wir fest: Wir befinden uns im Krieg, haben den Kriegsdiskurs zu bedienen und mitzutragen, ansonsten sind wir Friedfertigen abgemeldet und „aus der Zeit“, so Kanzler Scholz, der seine Abkehr von einer kritischen Haltung gegenüber der US-Politik als „Jugendsünde“ abtut und sich damit als „Wendehals“ entpuppt.

74 Prozent der Befragten wollen laut neuer ZDF-Umfrage die Kriegs-Unterstützung der Ukraine beibehalten bzw. noch steigern. 23 Prozent sind für Verringerung. Aber 55 Prozent wollen mehr diplomatisches Bemühen von deutscher Seite, wonach man vergebens Ausschau hält. Weil es, wie der SPD-Vorständler Ralf Stegner, nach eigenem Bekunden „Kriegsgegner“, ansonsten aber dezidierter Apologet des Pro-Ukraine-Schlingerkriegskurses des Bundeskanzlers, wissen will, im Verborgenen geschehe. Doch wir wissen, niemand ruft niemand an, auch nicht im Geheimen. Die Frage nach den Ursachen des Ukraine-Krieges weist Stegner den Historikern zu. Im Rahmen der gegenwärtigen Auseinandersetzung sei sie nicht „nützlich“. So kann man die Mitverantwortung des Westens auch übergehen.

Grün-feministische deutsche Außenpolitik setzt sich weiter diplomatisch munter und engagiert für ihre Anti-Russland- und Anti-China-Koalitionen ein. Die 55 Prozent, die ein anderes Nachdenken über den Krieg signalisieren, dokumentieren, behauptet der CDU-Außenpolitiker und militante Ukraine-Unterstützer, Norbert Röttgen, keinen Widerspruch. Er funktioniert sie zu einem „Sowohl-als-auch“ um. Was irgend an Bedenken vorgebracht werden kann, wird in Neusprech-Manier nivelliert und eingeebnet. Noch einmal: „Krieg ist Frieden.“

Die öffentlich-rechtlichen TV-Medien betätigen sich vielfach als Steuerungsinstrument hierfür, indem sie nur einseitig bis in akzeptierte „Nuancen“ die

Pro-Kriegs-Haltung für mehr Waffen zu Wort kommen lassen und die gegenteilige pazifistische Seite totschweigen. Man kann seit Februar 2022 das Durchdringen in TV-Talk-Medien, etwa von Ute Finckh-Krämer (Plattform „Zivile Konfliktbearbeitung"), Bascha Mika („Frankfurter Rundschau") oder auch von Johannes Varwick, Sicherheitspolitik-Experte an der Universität Halle, abweichender Meinungen zum Krieg an einer Hand abzählen. Aber jede Woche reden von bequemen Sesseln bei TV-Talks aus vermeintliche und echte Militärexperten über Tod und Verderben bringende Waffen-Eskalation. Weitab vom mörderischen Krieg erörtern und kommentieren die Parteigänger der Kriegs- und Gewaltpolitik, welcher Waffen und welcher militärischen Schritte es für die Ukraine bedarf, um zum Erfolg, d.h. zum „Sieg" zu gelangen. Das ist angesichts so vieler Toter schamlos und obszön. Die subtil angelegte Meinungsmanipulation ist zu Recht schon von Richard David Precht und Harald Welzer in ihrem Buch „Die vierte Gewalt" (2022) thematisiert und offengelegt – und sofort sind sie dafür abgestraft worden.

Ist „Frieden schaffen ohne Waffen" denn überhaupt noch zeitgemäß, wird bei „Anne Will" gefragt. Einen sichtlichen Beweis für Zweifel am Frieden lieferte im Juni der 38. Evangelische Kirchentag in Nürnberg. Sein biblisches Kairos-Motto „Jetzt ist die Zeit!" stellte Bundespräsident Frank-Walter Steinmeier (SPD) in seinem Grußwort konterkarierend auf den Kopf, als er sagte, „jetzt ist auch die Zeit für Waffen". Bei früheren Kirchentagen hätte er für einen solchen Affront anhaltende Buhrufe geerntet. Das Kirchenvolk aber pflichtete dem Mainstream für den humanitären, „gerechten Krieg" bei. Dabei hat die mittelalterliche Kirchenlehre vom gerechten Krieg seit der letzten EKD-Friedensdenkschrift von 2007 als endlich überwunden und ersetzt zu gelten. Das neue Leitbild eines „gerechten Friedens" akzeptiert nur noch in einem engen UN-Rahmen „rechtserhaltender Gewalt" defensives militärisches Handeln – und verwirft alles Übrige. Und das ist noch unbefriedigend genug. 200 evangelische „Seelsorger in der Bundeswehr" (früher: Militärseelsorger) sorgen noch immer für Betreuung und Absegnung soldatischen Handelns bis hin zum Töten im Gefecht. Die bekannteste evangelische Repräsentantin des pazifistischen Kirchenflügels, die Ex-Landesbischöfin und ehemalige EKD-Vorsitzende, Pastorin Margot Käßmann, hat sich gar nicht erst nach Nürnberg aufgemacht. In einem ARD-Interview vorab betonte die kritische Theologin, sie könne eine Pro-Krieg-Haltung nicht aus dem zweiten Evangelium herauslesen.

Ein Hauptpodium beim zentralen evangelischen ChristInnentreffen galt am Samstagvormittag der Frage „Welchen Frieden wollen wir?" Es traten auf der Generalinspekteur der Bundeswehr, Carsten Breuer, der grüne Staatssekretär im Wirtschaftsministerium, zuständig für Waffenausfuhren (auch in die Ukraine), Sven Giegold, die badische evangelische Landesbischöfin Heike Springhart sowie der EKD-Friedensbeauftragte und mitteldeutsche Landesbischof Friedrich Kramer. Die Bischöfin sagte angesichts 2000jähriger jesuanischer Friedensethik halbherzig, „Christen dürfen sich nicht der Gewalt ergeben", und bezog sich auf den „göttlichen Shalom". Der grüne Waffenexporteur gab sich christlich streitbar als Anwalt der Opfer (auf Ukraine-Seite). Der hochrangige Bundeswehr-General blieb seltsam blass und aussagelos. Einzig Bischof Kramer brachte die historische Dimension ins Spiel, indem er angesichts deutscher tötender Waffen in der Ukraine an eine „deutsche Blutschuld" gegenüber der sowjetisch-russischen Bevölkerung aus dem Zweiten Weltkrieg erinnerte. Das ungleiche Gespräch freilich litt an einseitig-abstraktem Bezug auf Verantwortungsethik und den moralischen Aspekt. Die Interessen und Ziele der direkt und indirekt beteiligten Kriegs-Mächte, die ebenso einer ethischen Überprüfung unterliegen, blieben unerörtert.

Einer der bedeutendsten frühen deutschen Kriegs- und Gewaltkritiker war neben dem Friedensnobelpreisträger Ludwig Quidde der christliche Philosoph, Pädagoge und Politiker, Friedrich Wilhelm Foerster (1869-1966). Er vertrat einen streng ethisch gebundenen Gerechtigkeits-Pazifismus. Wie kaum ein anderer erkannte er klar die Kontinuität seit Beginn des Deutschen Kaiserreichs von Nationalismus und Militarismus, die durch die Weimarer Republik hindurch ins Dritte Reich führte und den Nationalsozialismus wesentlich begünstigte. Nach den Wirren der deutschen Revolution legte er 1920 sein Buch „Mein Kampf gegen das nationalistische und militaristische Deutschland" vor, eine noch heute überaus lesenswerte Anklageschrift, die den herrschenden Schichten und Verantwortlichen ins Gewissen redete, sie aufforderte, ihren „Schwertglauben" aufzugeben und stattdessen auf der Grundlage einer Aussöhnung mit Polen und Frankreich am Aufbau eines neuen Europas mitzuarbeiten. Vergeblich. Bereits 1922 musste Foerster vor extrem-nationalistischer Anfeindung – und weil ihm das Schicksal Matthias Erzbergers und Walther Rathenaus drohte – ins Schweizer Exil fliehen. Ihm sei das zeitlose Schlusswort aus einem Beitrag für die bedeutende Wochenzeitung „Das Andere Deutschland" eingeräumt, in der er am 7. August 1926 zu der Frage „Wer ist ein Pazifist?" – so auch der Titel des Artikels – erklärte:

„Ein Pazifist ist ein Kriegsgegner und Kriegsdienstverweigerer, ein Feind der Rache und Gewalt, kurz das Gegenteil von all dem, was uns in den Weltkrieg hineingeführt hat und heute in eine neue Katastrophe zu werfen droht. Mit solchem bloßem Nein-Sagen gegenüber der irregeleiteten Tatkraft des Kriegsmenschen aber erzielt man keine weltgeschichtlichen Wirkungen, weder im Hause, noch im Berufe, noch im Klassenkampf, noch in der großen Politik … Der Pazifist bekämpft das Widersittliche durch das geistig-sittliche Mittel des eigenen höheren Beispiels in der Geltendmachung der eigenen Interessen, durch die Organisation des Rechtsgedankens und der Rechtsfindung, durch jede Art von positiver Tatkraft in der Zusammenordnung der Interessen, in der Kunst des Ausgleichs, in der Weisheit umsichtiger Verträge, in der Bändigung der kopflosen Leidenschaften, in der Disziplin des Urteils, in der Erziehung zur Objektivität, in der Übung des ‚Denkens an die Andern' … Pazifismus ist nicht Preisgabe des Kampfes gegen die Gewalt, nein, ganz im Gegenteil, er ist die höchste Steigerung dieses Kampfes, nämlich so, dass wir das Unrecht nicht nur dort auszurotten suchen, wo es sich im Gegner darstellt, sondern vor allem in uns selbst, auf Seite der Unsrigen: So erst werden wir Logiker des Kampfes gegen das Böse, so erst bekommt unsere Sache Ganzheit und Tiefe."[1]

Die Kriegsdenker und -lenker werden den Widerspruch und Widerstand nicht aus der Welt schaffen, denn: „Immer wieder wächst das Gras."[2]

Anmerkungen

1 Zitiert nach Helmut Donat/Lothar Wieland (Hrsg.), Das Andere Deutschland – Unabhängige Zeitung für entschieden republikanische Politik. Eine Auswahl 1925-1933. Mit einem Vorwort von Ingeborg Küster, Königstein i.Ts. 1980, S. 89 f.) In gekürzter Form auch in: Helmut Donat/Karl Holl, Die Friedensbewegung – Organisierter Pazifismus in Deutschland, Österreich und in der Schweiz. Mit einem Vorwort von Dieter Lattmann, Düsseldorf 1983, S. 119

2 Eine längere Fassung des Beitrages, der auf einem zweiteiligen 21-Seiten-Manuskript mit weiteren Literaturangaben beruht, ist auf Anfrage als docx-Datei zu beziehen unter: Elmar.Klink@gmx.de

Siegfried Kratzer

Mit Putin auf der Himmelsbank?

„Wenn das stimmt, dass Gott wirklich ein gnädiger Gott ist, dann müsste ich ja einmal zusammen mit Hitler und Putin auf der Himmelsbank sitzen. In so einen Himmel will ich aber nicht kommen!“ Teilnehmerin einer Fortbildungstagung für Religionspädagogen, 2023

Die Bösen und die Guten

Putin ein Verbrecher wie Hitler, einer, der sich nicht an Verträge hält und ein friedliches Land überfällt. Wer wollte es den Ukrainern verübeln, sich zu verteidigen? Der Westen sieht es als seine Pflicht an, den Bedrängten beizustehen. Die Guten im Westen kämpfen gegen die Bösen im Osten! Doch stimmt das? Die Fakten sehen anders aus. Noch vor einigen Jahrzehnten haben „anständige“ Deutsche in hunderten von Konzentrationslagern, Folterkellern und in der Öffentlichkeit Millionen Männer, Frauen und Kinder auf brutale Weise gequält und getötet. Ein Morden, ohne Beispiel in der Geschichte der Menschheit. Die beiden Weltkriege waren Angriffs-, Eroberungs- und Vernichtungskriege, die von Deutschland ausgingen. In der Sowjetunion verloren 1941-1945 über 24 Millionen Menschen ihr Leben. Nach dem Krieg war der Vorsatz „Nie wieder Krieg!“ bald vergessen. Die Wiederaufrüstung und Eingliederung der Bundesrepublik Deutschland in die NATO fanden statt. 1945 verpflichteten sich die Siegermächte in der UN-Charta, auf Gewalt als Mittel der Politik zu verzichten. Das Gegenteil war der Fall. Die Kriege in Korea und Vietnam, der Afghanistan-Krieg, die Suez-Krise, der Falklandkrieg, der rechtswidrige Einmarsch der USA in den Irak folgten ebenso wie die Kriege unter NATO-Mitbeteiligung in Libyen (2011), Syrien (2014) und im Jemen (2014). Zehn Jahre lang versprühte die US-Luftwaffe über Südvietnam neunzig Millionen Liter des Umweltgiftes „Agent Orange“. Weit über eine Million Menschen starben daran. Noch heute leiden nachkommende Generationen unter den verheerenden Folgen. Bei dem völkerrechtswidrigen Überfall auf Jugoslawien (1999) hatte die NATO – wie auch schon zuvor – keine Hemmungen, geächtete Streubomben zu verwenden. Vom Westen gelieferte Waffen kamen beim Massaker von Odessa, beim Putsch auf dem Maidan und im Donbass zum Einsatz, wo ukrainische

Truppen wider das Minsker-Abkommen die russische Bevölkerung unter Beschuss nahmen (etwa 15000 Tote). In fast allen Fällen „ging es nicht zuletzt auch darum, die USA beziehungsweise die NATO als Träger des Gewaltmonopols über große Teile der Welt zu etablieren.“[1]

„Nicht der Krieg ist der Ernstfall, sondern der Frieden“

In seiner Antrittsrede als Bundespräsident forderte Gustav Heinemann 1969, dass in Friedenszeiten alles zu unternehmen sei, um Kriege zu vermeiden: „Ich sehe als Erstes die Verpflichtung, dem Frieden zu dienen. Nicht der Krieg ist der Ernstfall…, sondern der Frieden…, in dem wir uns alle zu bewähren haben.“[2]

Der Militärhistoriker und Friedensforscher Wolfram Wette spricht vom Versagen des Westens im Vorfeld des russischen Überfalls auf die Ukraine: „Es hätte auf jeden Fall größere Aufmerksamkeit auf die Bedrohtheitsgefühle der Russen gerichtet werden müssen. Am Beispiel: Wenn man sich selbst sagt, ich bedrohe doch niemanden mit meinem Tun, ist das nur die eine Seite des Problems. Wenn aber der Andere sich dadurch bedroht fühlt, ist das die andere Seite.“[3] Der ehemalige US-Außenminister James Baker versicherte 1990 dem Staatschef der damaligen Sowjetunion Michail Gorbatschow, dass „sich die gegenwärtige Militärhoheit der NATO nicht einen Zoll in östlicher Richtung ausdehnen wird.“ Die Antwort von Gorbatschow auf die mündlich gegebene Zusage: „Ganz gewiss wäre jede Erweiterung der NATO über ihren bisherigen Bereich inakzeptabel.“[4] Angesichts der ausgehandelten Zusagen sollte man nicht vom bösen Willen Russlands reden, wenn es die vollzogenen und geplanten NATO-Osterweiterungen als Bruch eines Versprechens sieht. Der jetzige CIA-Chef William Burns zeigte bereits 1994 Wege auf, die osteuropäischen Staaten zu sichern, ohne ihnen eine NATO-Mitgliedschaft zuzusagen. Er warnte eindringlich vor den negativen Folgen eines NATO-Beitritts der Ukraine, denn der sei „eine deutlich rote Linie für jede Führung in Russland“,[5] „eine direkte Herausforderung russischer Interessen.“[6] Man kann die Reaktion Russlands nicht anders deuten: Der militärisch Schwächere hat die fatale Konsequenz gezogen, einen Angriffskrieg als „präventive Verteidigung“ zu starten. Unter dem Druck der Angst wurde „die Vernunft zur Unvernunft“ verbogen. Und: „Aus Furcht vor den Gefahren der Realität machte man die Realität immer gefährlicher."[7] Bald nach Kriegsbeginn wurde eine Chance vertan: Ende März 2022 haben russische und ukrainische Vertreter in Istanbul ein Waffenstillstands-Dokument entworfen, in dem Russland auf den Sturz der ukrainischen Regierung verzichtet hätte und die Ukraine zu Verhandlungen über einen neutralen Status und über die Krim bereit gewesen wäre. Jedoch war die Devise des britischen Premiers Boris Johnson: „Keine Einigung mit Russland, solange die Ukraine nicht die Peitsche in der Hand hat!"[8] Zusätzlich erklärte der US-Verteidigungsminister, dass die USA die Gelegenheit nutzen wollten, „um Russland im Zuge des Ukraine-Kriegs auf Dauer militärisch und wirtschaftlich zu schwächen."[9]

Hilfe, Fortsetzung des Krieges und Aufrüstung – der falsche Weg?

Man muss doch helfen, wenn ein anderer überfallen wird! Täglich wird in den Medien das Leid in der Ukraine thematisiert – und sogleich ertönt der Ruf nach wirkungsvollen Gegen- und Vergeltungsmaßnahmen. Gelassenere Positionen dringen kaum durch. Verhandlungsforderungen gelten als sinnlos, weil auf keiner Seite Gesprächswille zu erkennen sei. Die EKD-Ratsvorsitzende Annette Kurschus plädiert dafür, die Gräben nicht weiter zuzuschütten, hält es aber weiterhin für richtig, die „Ukraine mit Waffen gegen den russischen Angriffskrieg zu unterstützen." Und: „Das Gebot ‚Du sollst nicht töten' bedeute auch, man dürfe nicht zusehen, wie unschuldige und wehrlose Menschen mitten in Europa getötet würden."[10] Was genau meint sie damit? Erhalte ich, wenn mein Nachbar getötet wird, eine Lizenz zum Töten à la James Bond? Und was würde Jesus dazu sagen?

Auf dem Evangelischen Kirchentag in Nürnberg äußerte sich Bundespräsident Steinmeier überaus einsichtsvoll: „Wenn Russland seine Soldaten zurückzieht, dann ist der Krieg zu Ende – wenn die Ukraine ihre Verteidigung einstellt, dann ist das das Ende der Ukraine." Und im Rückgriff auf das Kirchentagsmotto rief er aus: „Jetzt ist auch die Zeit für Waffen!" Eine merkwürdige, verkürzte Logik, beruhend auf Fangfragen ähnlichen Gegenüberstellungen, die nur eine Antwort zulassen. Da keine Seite aufhört, den Siegfrieden zu gewinnen, sind noch mehr Waffen zu liefern und Menschen zu töten? Was anderes gibt es offenbar für ihn – im Unterschied zu Gustav Heinemann – nicht. Es gilt aber: Wenn man der Meinung ist, dass nicht jede Gewaltanwendung verwerflich sei, so hat man doch die Pflicht, alles zu versuchen, um die Gewaltanwendung einzuschränken – und nicht eine Art Zeitalter für Waffen auszurufen.

Der bayerische Landesbischof Heinrich Bedford-Strohm bringt eine große Nachdenklichkeit in der evangelischen Friedensethik ins Spiel bzw. weist darauf hin: „Das Bewusstsein ist groß, dass eine bloße Berufung auf die Gewaltlosigkeit Jesu jedenfalls dann nicht ausreicht, wenn sie aus einer eigenen sicheren Position heraus anderen gravierende Opfer… abverlangen würde.“[11] Aber man darf, so ist gleichermaßen abgehoben zu fragen, „aus einer eigenen sicheren Position heraus“, sich auf die Gewalt berufen und ihre Anwendung hinnehmen oder gar fördern? Bedform-Strohm empfiehlt uns, einer vernünftigen Überlegung Rechnung zu tragen. Aber was ist an der Tötung von zehntausenden Angreifern noch besonnen oder weitsichtig, wenn dadurch zehntausende Verteidiger das Leben verlieren? Selbst wenn wir davon ausgehen würden, dass Jesus es als ein Recht anerkannte, Gewalt anzuwenden, so hat er doch seine Anhänger stets beschworen, auf dieses Recht zu verzichten, wenn sich dadurch mehr Gutes erreichen lässt.

Angesichts der täglich zunehmenden Opferzahlen stellt sich die Frage, ob nicht das Leid durch Fortsetzung des Krieges viel größer wird, als es ohnehin schon ist, zumal die militärischen Hilfsaktivitäten ganz andere Absichten verfolgen: die dauerhafte militärische und wirtschaftliche Schwächung Russlands zugunsten der Erweiterung des US-Macht- und Einflussbereiches.[12] Der finanzielle Aufwand für die Aufrüstung sprengt die Vorstellungskraft: Über eine Billion US-Dollar wenden die NATO-Länder bislang jährlich für Militärausgaben auf. Tendenz steigend. Nicht 2 % des Bruttoinlandsprodukts sollen die Mitgliedstaaten der NATO künftig aufbringen, sondern 2,5 oder gar drei bis 4 %. Das würde für Deutschland eine jährliche Steigerung des Wehretats von bislang 32 auf 50 oder gar 100 Milliarden Euro bedeuten. Spricht da jemand von Kinderarmut?

Verhandlungen, gewaltloser Widerstand und ziviler Ungehorsam

Eine bedingungslose Kapitulation ist weder von Russland noch von der Ukraine zu erwarten. Es bleibt zudem eine Illusion, dass Russland durch eine Gegenoffensive der Ukraine in die Knie gezwungen und die ukrainische Souveränität wieder voll hergestellt werden könnte; es sei denn, man würde sie mit Angriffswaffen ausstatten, die es erlaubten, den Krieg ins Innere Russlands zu tragen. Doch welches Risiko wäre damit verbunden – nicht zuletzt auch für uns. Vergessen wir nicht: Täglich sterben „Menschen, die nie darüber abstimmen konnten, ob sie für diese Ziele ihr Leben lassen wollen, weder auf russischer noch auf ukrainischer Seite.“[13]

Den traditionellen freundschaftlichen Beziehungen täte es keinen Abbruch, wenn die deutsche Regierung bei den westlichen Partnern auf vorbereitende Verhandlungen drängen würde. Entsprechende Signale sollte auch Russland über bestehende Kommunikationskanäle erhalten. Zu solchen Initiativen des Westens ist es bislang noch nicht ernsthaft gekommen. Der vormalige Leiter der Münchner Sicherheitskonferenz, Wolfgang Ischinger, fordert eine diplomatische Initiative aus Berlin, um die Ukraine zu unterstützen. „Verhandlungen aufzunehmen, ist weder ein Zeichen von Schwäche noch irgendein Zugeständnis. Es ist einfach das Bemühen, Konflikte anders als auf dem Schlachtfeld zu lösen.“[14]

Offenbar ist Ischinger weiter als mancher Landesbischof und führender Politiker. Friedensforscher haben herausgefunden, „dass religiöse Akteure oft eine entscheidende friedensstiftende Rolle spielen“, weil sie meist einen Vertrauensvorschuss, einen Bonus, auch über religiöse, kulturelle, ethnische oder nationale Grenzen hinweg“ genießen. Außerdem ist „ihre Motivation, Frieden zu stiften … nachvollziehbar und ganz wichtig“, zumal sie nicht „mit Druck oder Zwang, sondern nur mittels ihrer Überzeugungskraft, durch Wort und Tat“ handeln.[15] Menschen mit einer solchen Einstellung werden leider schnell als „Putinversteher“ abgetan und ausgegrenzt. Will man aber „mit jemandem reden oder vermitteln, … muss ‚man‘ verstehen, was seine Beweggründe und Motive, was seine Ziele sind.“[16] Das heißt nicht, dass man diese gut finden und akzeptieren muss.

Die Einstellung der Religionslehrerin im Eingangszitat findet sich oft bei Christen. Doch das Auftreten Jesu leitet eine Zeitenwende ein, die alles Bisherige auf den Kopf stellt. Für Strafe, Gewalt, Rache und Vergeltung ist kein Raum mehr. Bei Jesu Verhaftung zückt Petrus – ganz erfüllt von einer „responsibility of protect“ – das Schwert, um seinem in Bedrängnis geratenen Herrn zu Hilfe zu kommen. Jesus aber weist ihn schroff zurecht. „Stecke dein Schwert an seinen Ort, denn wer das Schwert nimmt, der soll durchs Schwert umkommen.“ (Matthäus 26, 52) Er verzichtet sogar auf die militärische Hilfe himmlischer Heerscharen. Zuletzt setzt er noch eins drauf: Er heilt seinem Gegner, dem von Petrus verwundeten Kriegsknecht, das Ohr. Als ihm später einer einen Backenstreich versetzt, liefert Jesus mit seiner Frage ein Beispiel für gewaltlosen Widerstand: „Habe ich übel geredet, so beweise es, dass es böse sei; habe ich aber recht geredet, was schlägst du mich?“ (Johannes 18, 23) Die Wahrheit und Haltung Jesu ist eindeutig: „Bekämpft nicht das Böse, sondern überwindet es mit Gutem.“ (Römer 12,21) Das mag man als fromme Bibelweisheit empfinden, die nichts mit der Wirklichkeit zu tun hat. Es bleibt aber eine allgemeingültige Lebenserfahrung: Das Böse nimmt zu, je mehr man es bekämpft. Jesus leitet damit eine Zeitenwende ein, von der meist nur in Gottesdiensten und bei erbaulichen Bibelstunden gesprochen wird, die sich aber im Denken und Handeln der Christen viel zu wenig niederschlägt. Es gilt, nicht nur *an* Jesus zu glauben, sondern auch so zu handeln *wie* Jesus. In einer wissenschaftlichen Studie an der Harvard-Universität wurden in 300 Konfliktfällen die Effekte von gewaltlosem und gewaltsamem Widerstand untersucht. Das Ergebnis: Ziviler Widerstand ist doppelt so erfolgreich wie gewaltsamer. Naturgemäß bringt er weniger Todesopfer mit sich, weniger Zerstörung von Städten, Landschaften und Infrastruktur. Er erhöht die Chancen zu wirklicher Demokratisierung und führt überdies schneller zum Erfolg.[17]

Martin Luther King antwortete auf die Frage nach dem Sinn von gewaltlosen Aktionen und zivilem Ungehorsam: „Warum Sitzstreiks, Aufmärsche und dergleichen? Wäre der bessere Weg nicht der der Verhandlung gewesen? … Gerade das ist ja der Zweck der gewaltlosen direkten Aktion: Sie will eine Krise herbeiführen, eine schöpferische Spannung erzeugen … Sie will diese Probleme so dramatisieren, dass man nicht mehr an ihnen vorbeikann.“[18] Martin Luther Kings Aktionen und Worte sind beispielgebend. Wäre es nicht notwendig, dass sie auch und gerade heute – in Zeiten des Krieges und des Hasses – ihre aufrüttelnde und versöhnende Wirkung entfalteten?

Anmerkungen

1 Jürgen Wagner, Nato-Aufmarsch gegen Russland oder wie ein neuer Kalter Krieg entfacht wird, Berlin 2016, S. 22 f.
2 Wolfram Wette, Ernstfall Frieden – Lehren aus der Geschichte seit 1914 (= Schriftenreihe Geschichte & Frieden, Bd. 38, Bremen 2016, S. 9
3 Wolfram Wette, Diesen Krieg hätte man verhindern können – Ukrainekrieg und Militarismus. In: Begegnung und Gespräch, III/2022, Nr. 195 (begegnung-online.de)
4 Klaus von Dohnanyi, Nationale Interessen – Orientierung für deutsche und europäische Politik in Zeiten globaler Umbrüche, München 2022 S. 66
5 Burns, Back Channel, S. 413, zitiert nach Klaus von Dohnanyi, Nationale Interessen, S. 103
6 Ebd. S. 109
7 Eugen Drewermann, Nur durch Frieden bewahren wir uns selber – Die Bergpredigt als Zeitenwende, Ostfildern 2023, S. 44
8 Ebd. S. 241
9 Dağdelen Seven, Russland ruinieren und China vernichten – Die Kriegsziele des Wertewestens und die Torpedierung einer Verhandlungslösung. In: Wolfgang Gehrcke/Christiane Reymann (Hrsg.): Ein willkommener Krieg? – NATO, Russland und die Ukraine, Köln 2022, S. 85
10 E. Drewermann, Nur durch Frieden, S. 91
11 zeit-online, 25. April 2022, 7.23 Uhr
12 Siehe dazu die Erklärung des US-Verteidigungsministers Lloyd Austin am 25. April 2022 nach seinem Besuch in Kiew. Vgl. dazu Dağdelen Seven, Russland ruinieren und China vernichten. In: W. Gehrcke/Ch. Reymann, S. 80-89
13 Fabian Scheidler, Warum Verhandlungen unabdingbar sind. In: Blätter für deutsche und internationale Politik, Juli 2023, S. 37-40
14 Markus Weingardt, Wenn morgen die Waffen schweigen, ist damit noch kein Konflikt gelöst. In: der freitag + digital, 20.6.2023
15 Ebd.
16 Ebd.
17 Ebd.
18 Zitiert nach M. Weingardt, Was Frieden schafft – Religiöse Friedensarbeit – Akteure, Beispiele, Methoden, Gütersloh 2014, S. 32

Eugen Drewermann

Die Bergpredigt als Zeitenwende – Plädoyer für friedliebende „Engel aus der Hölle"

Sonntag, 27. August 23. Kanzler Scholz hält am Marienplatz in München eine Rede, die volksnah dem Publikum das Konzept seiner Regierungsform erklären soll. Eine relativ kleine Gruppe demonstriert mit Plakaten in den Händen für den Frieden. Genau das aber veranlasst den Leiter der „Zeitenwende" zu der Bemerkung: „Das sind vielleicht gefallene Engel, die aus der Hölle kommen, weil sie letztendlich einem Kriegstreiber das Wort reden."

Der Vorfall ist bemerkenswert, weil er verdeutlicht, wie regierungsamtlich man seit dem 27. Februar 2022 in der BRD zu denken hat: Die „Zeitenwende" ist und soll sein eine Umkehrung in allem, bis hinein in die religiösen Grundlagen unseres Fühlens, Denkens und Handelns. Die Friedensengel, die den Hirten auf den Fluren Bethlehems die Ankunft des Erlösers aus einer Welt der Machtgier, Geldgier und Gewalt verkündeten, sind, folgt man Scholz, in Wahrheit Teufel; sie sind die Störenfriede der perversen Umdefinition von „Frieden" in Kriegsfähigkeit und Kriegsbereitschaft.

100 Milliarden Euro Sondervermögen für die Aufrüstung des Militärs – das sei, so sagt man, recht verstandene Verantwortung für unsere Sicherheit und Freiheit. Endlose Waffenlieferungen für einen „Siegfrieden" Selenskyjs, von Panzerhaubitzen über Leopard II-Panzer bis hin zu F16-Kampfflugzeugen aus den Niederlanden und Dänemark, Streubomben und uranhaltige Panzerknacker aus den USA, Sprengstoff in Fülle, Drohnen, bald wohl auch die erbetenen Taurus-Marschflugkörper mit einer Reichweite von ca. 500 km – das, heißt es, schaffe auf dem Schlachtfeld die notwendige Stärke für den Durchbruch einer gerechten und wertebasierten Friedensordnung. 95 000 bereits getötete Russen, mit denen im Dezember 2022 Selenskyj in Washington die Schlagkraft und die Tüchtigkeit der ukrainischen Armee im Umgang mit dem Tötungsmaterial aus Nato- und EU-Beständen rühmen mochte, seien gerechtfertigt zum Schutz von Menschenleben, wird behauptet; jedoch nach vorsichtigen Schätzungen der CIA stehen wir derzeit schon bei etwa 500 000 Toten und Verwundeten auf beiden Seiten, und täglich, stündlich steigen die Opferzahlen weiter.

Was da passiert, ist keine Zeitenwende, es ist der Rückfall in die Barbarei eines längst überholt geglaubten Kriegsdenkens, das sich vergebens als Beitrag zum Frieden tarnen möchte. Bei wie viel 100 000en von Toten soll denn diese Art von „menschlicher Verantwortung" gesiegt haben? Sie hat längst jedwede Menschlichkeit verloren. Es muss endlich damit Schluss sein. Verhandlungen statt der Verlängerung der wechselseitigen Vernichtung, Kompromisse im gemeinschaftlichen Interessenausgleich statt der Fortsetzung des militärisch maßgerechten Mordens, Verständigung statt der kriegsüblichen Verteufelung des Gegners und inzwischen aller, die sich gegen die Kriegsentschlossenheit des Kanzlers wenden; und vor allem: Schluss mit der Politik der Abschreckung und demonstrierten Stärke. Sie führt nicht zu Aussöhnung und zu Frieden, sie dehnt nur das Terrain der Angst und der Friedhöfe weiter aus.

Beigebracht werden soll der Salto mortale in die Mentalität der Vorzeit unter dem Namen „Zeitenwende", die fortan zu gelten habe, weil es keine andere Antwort auf Putin gäbe. Doch wieso? Als wahre Zeitenwende liegt seit jetzt 2 000 Jahren die Bergpredigt vor, man müsste nur mal hören, was sie sagt. Stattdessen schützt man vor, man könne mit der Bergpredigt nicht regieren; das stimmt, sofern man Politik weitermachen will wie bisher. Doch eben diese Welt, in der ein Krieg dem anderen die Hand reicht und ihm den Grad der Grausamkeit gesteigert weitergibt, mag und vermag die Bergpredigt endlich und ein für allemal zu ändern, grundsätzlich, prinzipiell, durch eine radikale Umkehr der bisherigen Geschichte.

Was bedeutet es, wenn Kanzler Scholz gerade dieses Ansinnen als teuflische Versuchung von sich weist? Es ist nicht nur, dass er damit die Botschaft Jesu und die Menschen, die ihr folgen, im Namen seines Politikverständnisses verteufelt und so die politische Pragmatik selbst zur Religion erhebt, er wähnt sich offensichtlich selber in der Rolle des Erzengels Michael, der die gefallenen Engel mit gezücktem Schwert zurücktreibt in die Hölle. Schon 1918 in der letzten großen Offensive an der Westfront glaubten die Deutschen, daß ihr Nationalpatron Sankt Michael sie mit dem Planquadratbeschuß aus Krupps Kanonen nach Paris begleiten werde. Und jetzt? Auch im Osten offenbar nichts Neues, wohl aber Schlimmeres: Nach 27 Millionen Toten, die wir im Zweiten Weltkrieg in Russland hinterlassen haben, tragen wir keine Scheu, die alte Russophobie hinter der Fahne der Ukraine vor uns her zu tragen und nach dem Wunsch der USA die Absicht, Rußland zu ruinieren, ernsthaft für eine nicht-verbrecherische Außenpolitik zu halten und sogar noch zu erklären, in unglaublicher Geschichtsverleugnung, Russland sei kein Teil Europas.

So viel steht fest: Ein Friede ohne Russland ist in Europa schlicht nicht möglich. Indessen, manches spricht dafür, dass manche in den USA gar nicht „den" Russen fürchten, sondern den Plan des Russen Gorbatschow, dem wir die Wiedervereinigung verdanken: Entmilitarisierung vom Ural bis zum Atlantik. Im Jahre 1989 lag der Friede fertig auf dem Tisch. Aber ein Wirtschaftraum von Lissabon bis Wladiwostok, Frieden zwischen Deutschland und Russland hätte das Ziel einer unipolaren amerikanischen Weltherrschaft gefährdet; das galt es zu verhindern – mit immer neuen Kriegen, die vom Westen ausgingen und Millionen Menschen in Tod und Elend stürzten, die Zahl der NATO-Staaten aber von 16 auf inzwischen 32 erhöhten und die Militärausgaben, 800 Milliarden Dollar alleine in den USA, das Zehnfache des Rüstungshaushalts Russlands, in allen Mitgliedstaaten ins Astronomische emportrieben. Wie anders sähe die Welt aus ohne den Willen, Russland und China militärisch einzukreisen und wirtschaftlich zu überdehnen, nur um dem Rest der Welt den dollargestützten Hegemonialanspruch des Westens vorzuschreiben! Das Leid, das die Politik aus Macht- und Geldgewinn verursacht, schreit zum Himmel, und es verlangt danach, nicht länger mehr den Massenmord an Millionen Menschen als unvermeidbar für die Art unserer Politik zu rechtfertigen und in zynischer Nonchalance hinzunehmen, sondern als unerträglichen Skandal zu begreifen und die menschliche Wahrheit der Bergpredigt dagegenzusetzen.

Leo Tolstoi und Gandhi haben recht: Wer Frieden will, *muss* mit der Bergpredigt regieren. Frieden entsteht nicht in der Friedhofsruhe einer Unzahl von Zerbombten und Zerfetzten, Verbrannten und Verstümmelten, von Panzerketten Überrollten und von Hell-fire-Raketen Überraschten; so erzeugt man nur immer wieder neuen Hass und eskaliert die Skrupellosigkeit im Einsatz immer scheußlicherer Mordgeräte, die man als Mittel von mehr Menschlichkeit vermarktet. Der Weg zu ihr führt nicht durch die Blutmühle militärischer Unmenschlichkeit; anders gesagt: zum Frieden kommt man nicht mit der Friedlosigkeit von unablässigen Kriegsvorbereitungen. Man kann nicht Trauben von den Dornen und Feigen von den Disteln ernten, sagt die Bergpredigt (Matthäus 7, 16). Es trifft nicht zu, dass ein vermeintlich guter Zweck ungute Mittel heiligt, vielmehr verhält es sich gerade umgekehrt: die eingesetzten Mittel entscheiden über das, was man erhält. – An wenigstens drei Punkten lässt in gebotener Kürze die humane Evidenz der Bergpredigt in ihrem konsequenten Nein zu jedem Krieg sich zeigen.

Nur die Gewaltfreien werden das Land besitzen (Matthäus 5, 5) oder: Von Heimatlosigkeit und wirklicher Beheimatung

Die Zeit, in welcher Jesus lebte, weist eine wichtige Parallele zu dem Problem auf, vor dem wir gerade jetzt in der Ukraine-Frage stehen, mit dem wir aber allezeit und allerorten quer durch die menschliche Geschichte konfrontiert sind: Was tun bei einem ungerechten Angriff und im Status feindseliger Unterwerfung und Besatzung? „Man muß die Heiden aus dem Lande jagen", erklärten die Guerillakämpfer in den Bergen Galiläas damals. „Gott hat dem Abraham und seinen Nachkommen das Land gegeben. Nur wenn wir den heiligen Boden Israels reinigen von den unreinen und gottlosen Römern, kann Gott sein Reich unter uns neu errichten." Für die „Dolchmänner" (die Sikkarier, die „Terroristen") war der Hass auf die imperiale Politik des Kaisers Augustus größer, als er zwischen nationalistischen Ukrainern und zaristischen Russen jemals war. Krieg galt ihnen als Gottesdienst. Für Augustus indessen bedeutete die Machtausdehnung Roms eine Verbreitung von Recht und Ordnung in der Welt – vom Capitol in Rom bis hin zum Capitol in Washington hat dieses Denken sich erhalten. Wo Rom herrscht, halten Frieden, Fortschritt, Freiheit Einzug.

Für Jesus war schon die Idee der Pax Romana so viel wie eine teuflische Versuchung (Matthäus 4, 9-10), und eine Pax Americana wäre ihm nicht anders vorgekommen. Gewalt schafft keine Güte. Und auch ein neues Großreich Davids hätte nichts zu tun mit dem Reich Gottes, das die Engel als Botschaft des Friedens mit der Person Jesu ineins verkündeten. Man muss wählen zwischen Jesus und Barabbas (Markus 15, 6-15) und zwischen Christus und Augustus. Gott „herrscht" als Kraft der Liebe und der Sanftmut in den Herzen aller Menschen, und seine Herrschaft gründet sich nicht auf die Schwerter und die Stichwaffen von Legionären und Rebellen. Wer wirklich an ihn glaubt, sieht auch in Römern keine Feinde, sondern Menschen, vereint und geeint unter einem Himmel, so weit und grenzenlos wie für die Vögel und die Wolken, von dem herab die Sonne scheint über „Gerechte" ebenso wie über „Ungerechte" und aus dem Gott es regnen läßt über „die Guten" wie „die Bösen" (Matthäus

5, 45). Gott hebt die Unterschiede unter Menschen auf und lässt sich nicht missbrauchen als Lieferant von Waffen und von Stacheldraht. Nicht wie man über Menschen siegt, sondern wie man sie sieht in ihrer Not und wie man ihnen beisteht, ist die Frage.

So tat es Jesus exemplarisch, indem er ausgerechnet die verhassten Geldeintreiber Roms, die Zöllner, zu sich einlud. Er sah sich wie ein Arzt, der zu den Leidenden und nicht zu den „Gesunden" geht (Markus 2, 17). Einladen statt ausgrenzen, verstehen statt verurteilen, zuwenden statt abwenden – so und nicht anders, glaubte er, erfülle sich die Bitte: „Dein Reich komme, Dein Wille geschehe." (Matthäus 6, 10) Er riskierte damit seine eigene Ausgrenzung – wegen Kontaktschuld (Markus 2, 16). Doch wer für Frieden eintritt, mag die propagandistische Polarisierung der Kriegstreiber persönlich provozieren – angstvoll vermeiden kann und darf er sie wohl nicht. Auch nicht das Hohngelächter der alles besserwissenden „Realpolitiker".

Denen konnte er nur sagen: „Ihr wollt euer Vaterland verteidigen? Doch wenn ihr dafür Menschen tötet, verliert ihr den Grund unter euren Füßen. Erinnert euch der Worte Gottes an Kain, als er seinen Bruder Abel tötete. ‚Die Stimme des Blutes schreit zu mir aus der Erde, … die ihren Mund auftuen musste, um das Blut deines Bruders aus deiner Hand zu empfangen … Unstet und flüchtig wirst du sein auf Erden'." (Genesis 4, 11-12) Wie kann man jemals noch nach Hause kommen, wenn dort all die Gespenster derer hausen, die man getötet hat, um seinen alten Wohnraum wiederzubesetzen? Als Sieger kannst du stolz sein? Nein, als Mörder wirst du dich verachten, und nicht mehr achtenswert, sondern verächtlich werden dir diejenigen erscheinen, die dir als Pflicht beibringen wollten, du müsstest gegen das Gebot verstoßen, das Gott dir so wie allen Menschen tief ins Herz geschrieben hat: Du sollst nicht töten (Exodus 20, 13). Selbst wenn du von Gott oder Christus nichts mehr hören magst – auf dein Gewissen musst du hören, und es sagt dir unaufhörlich gerade dies: Nach Hause kommst Du nur in Eintracht mit den Menschen, die dort leben, nicht mit Vernichtung und Vertreibung.

Leiste dem Bösen keinen Widerstand (Matthäus 5, 39) oder: Vom Ende eines Teufelskreises

Im Grunde weiß das jeder; doch eben deshalb steht das Militär vor einer paradoxen Aufgabe: es muss aus ganz normalen Menschen Soldaten machen, Sondereinsatzkräfte schulen und Killerprofis züchten. Man muss die Tötungshemmung abtrainieren, indem man das Erschießen und Erstechen anderer Menschen als Routineaufgabe einübt. Die Skrupel, die der Einzelne dabei empfindet, kann man durch zwei einfache Tricks verringern: durch Gruppengeist und durch Gehorsam.

In Uniform hat man nicht länger mehr ein Einzelner zu sein, der selber denkt und fühlt, man hat zu tun, was alle tun; man hat zu machen, was befohlen wird. Nicht Selbstständigkeit – Unterordnung und Gehorsam werden jetzt gefordert, und abverlangt wird unter Eid sogar der Schwur, ergangenen Kommandos unverzüglich nachzukommen. Solch Entmündigung im Gleichschritt bietet subjektiv den Vorteil einer völligen Entlastung: Man trägt für das, was man beim Ausschütten von Napalm oder beim Ausklinken von Bomben tut, keinerlei eigene Verantwortung. Befehl ist Befehl! Alle Soldaten der Welt, eidlich verpflichtet, handeln – bis auf wenige Ausnahmen – so, und sie beweisen damit, dass es eine Lüge ist, einen Soldaten als einen Bürger in Uniform zu bezeichnen. Ein Soldat hat nicht mehr zu hören auf sich selber, auf die Lehre seiner Eltern und Erzieher, er hat zu hören auf die schrille Stimme seines Drill-Sergeants, und wenn der brüllt: Kill them, kill the sand niggers (alle Araber und Muslime), so schrei es nach und tu's!

Solange es das Militär gibt, kann es kulturell keinen Fortschritt geben. In allen Staaten bildet das Militär eine Parallelwelt und Kontrastgesellschaft zu der Welt des Bürgers. Raub, Lüge, Heimtücke und Mord gelten für Zivilisten als Verbrechen, doch als verdienstvoll rühmt man sie bei den Siegesparaden heimkehrender Truppen, auf dass sie im Gejubel der Bevölkerung die leise Stimme des Gewissens übertönen mögen. Man hat nichts falsch gemacht, man wird als Held gefeiert, man geht als Vorbild ins Geschichtsbuch ein; so also kann und wird man weitermachen. Bereits den 16jährigen Jungen und Mädchen bringen inzwischen Jugendoffiziere in den Schulen bei, dass „unsere" Außenpolitik die Pflicht hat, „humanitär einzugreifen" – wie 1999 mit Bombern über Belgrad, wie 2001 für zwanzig Jahre in Afghanistan, wie 2014 in Syrien bei der Regime-Change-Politik der USA …

Jedoch um das Militär wirklich, wie in der „Zeitenwende“ jetzt gewünscht, „in der Mitte der Gesellschaft ankommen“ zu lassen, genügt es nicht, Mädchen das Machtgefühl beim Panzerfahren und Jungen die Überlegenheit im Cockpit eines Tarnkappenbombers erleben zu lassen, es kommt darauf an, die gesamte Moral zu einer Waffe umzuformen. Man kann Menschen in Massen guten Gewissens nur dann töten, wenn es sich gar nicht eigentlich um Menschen handelt, sondern um Unmenschen, Untiere, Schädlinge, Verbrecher, die kein Recht auf Leben haben.

Behilflich bei der Dehumanisierung des „Gegners“ ist in jeder Kriegspropaganda unsere Neigung, bipolar in Schwarz und Weiß, in Gut und Böse Menschen einzuteilen. Dabei sind „wir“ natürlich stets die Guten. Es ist der Gegner, der uns angreift; wir haben damit, dass wir angegriffen werden, so wenig zu tun wie der Flottenbau Kaiser Wilhelms II. oder die Ostausdehnung der NATO. Da dieser Selbstbetrug jedoch relativ leicht durchschaubar ist, muss man das Freund-Feind-Denken auch nach innen hin durchsetzen. Wie sagt doch Scholz: Wer jetzt noch Frieden will, redet einem Kriegstreiber das Wort! So werden Scholz, Pistorius und Baerbock aber selber zu Kriegstreibern. Dies ganze Denken ist verkehrt, und wieder bietet uns die Bergpredigt einen alles verändernden Ausweg.

„Richtet nicht“, sagt sie. „Was siehst du den Splitter im Auge deines Bruders und nimmst nicht wahr den Balken im eigenen Auge?“ (Matthäus 7, 1-3) Natürlich gibt es Gutes und Böses, doch beides hat seine Ursachen, und wir begehen regelmäßig einen schweren Fehler, wenn wir das Böse als Erscheinungsform bekämpfen wollen, statt seine Gründe anzugehen; dann würden wir sehr bald unsere Eigenbeteiligung und Mitverursachung am „Bösen“, das wir anderen vorwerfen, zu Gesicht bekommen. Fast immer ist das Böse, das wir zu beklagen haben und für das wir andere anklagen, das Symptom unserer eigenen Arroganz und unseres mangelnden Verständnisses.

Vor allem in der Vorphase von Kriegen spielt der Faktor Angst die größte Rolle. Wenn wir im Ernst von den Regierenden den Glauben übernehmen, wir könnten nur in Ruhe schlafen, weil wir mit Wasserstoffbomben die Großstädte jedweden Gegners mit Millionen Toten pulverisieren könnten, hausen wir als Gefangene im Irrenhaus einer Politik der paranoischen Psychose. Von allen Seiten müssen wir uns als bedroht empfinden, und unsere Sicherheit soll wesentlich in einem Potential des militärisch maximalen Mordens gesucht werden. Die Folge ist, dass wir die menschliche Vernunft nicht für die Lösung, sondern zur Vergrößerung des Kriegs gebrauchen. Wir haben Angst und flüchten uns in Abschreckung und Angstverbreitung – und sind noch stolz darauf, wie weit wir in diesem Wahnsinn bereits gekommen sind. Wir wollen oder können nicht begreifen, dass unsere Sicherheit identisch mit der Sicherheit unseres angenommenen Gegners ist. Mit Aufrüstung und Militärmanövern steigern wir lediglich die Kriegsgefahr. Wer Frieden will, muss einer solchen Politik entschieden widersprechen, und eben darin findet er die wichtigste Beihilfe in der Bergpredigt.

Es gibt wohl keinen Satz, den man derart energisch in der hohen Politik zurückweist und als unerfüllbar hinstellt wie die Worte Jesu in Matthäus 5, 39: „Ich sage euch: Leistet dem Bösen keinen Widerstand. Wenn dich jemand auf die rechte Wange schlägt, dann halte auch die andere hin." – „Das kann ich nicht und will ich auch nicht", ist die Antwort vieler bereits im privaten Leben, und im Politischen herrscht unisono die Auffassung vor, dass ohne stete Produktion immer verheerenderer Mordgeräte und ohne die Präparation von Hunderttausenden von Kriegsverwendungsfähigen verantwortbare Sicherheit für die Bevölkerung nicht zu erzielen sei. Doch was für eine „Sicherheit" ist da gemeint? „Dem halte noch die andere Wange hin"? – das ist unmöglich? Aber es muss möglich sein!

Man schaue in der NATO-„Philosophie" sich nur mal die Debatte um die „Erstschlagskapazität" an, deren Erringung wesentlich auch die NATO-Osterweiterung mitsamt der Stationierung von Raketen dicht an den westrussischen Grenzen gewidmet ist. Wieder lösen wir das Angstproblem durch Angstverbreitung: „Wenn Du mich angreifst, werde ich dich ebenso angreifen."

Wir suchen uns mit allen Mitteln abzusetzen von dem inkarnierten Bösen in Gestalt von Adolf Hitler; selbst Putin müssen wir als Wiedergänger Hitlers darstellen, um ihm geschlossen und entschlossen genug militärisch entgegenzutreten. Doch gerade damit folgen wir exakt dem Denken, das Hitler im Ersten Weltkrieg schon gelernt hatte: „Ich bin Nationalsozialist und als solcher gewohnt zurückzuschlagen." Dies seine Erklärung 1939 bei Eröffnung des Zweiten Weltkriegs. „Ab jetzt wird Bombe mit Bombe vergolten." Gleiches für Gleiches, und für das Grausige immer noch Grauenhafteres. Das ist die immanente Logik im Vorlauf und im Ablauf jedes Krieges.

Wir kommen aus dem angstgejagten Albtraum menschlicher Geschichte nur heraus, indem wir diesen Punkt der Bergpredigt als Bürger den Regierenden zur Pflicht erheben: kein Denken mehr in Erst- und Zweitschlägen, Schluss mit den Drohkulissen mörderischer Stärke, das Ende einer Rechtsvorstellung in den Begriffen von Vergeltung und Bestrafung; statt dessen Auflösung der Gründe, die den anderen in Angst versetzt und zu Gewalt getrieben haben. Die Abschaffung des Militärs im Geist der Bergpredigt wäre tatsächlich eine Zeitenwende, wie wir sie dringend nötig haben. Indem wir aber, wie der Kanzler, diejenigen verteufeln, die sich dafür engagieren, und sie als „Engel aus der Hölle" titulieren, richten wir uns nur immer weiter im Inferno unserer Geschichte ein.

Ihr könnt nicht Gott dienen und dem Mammon (Matthäus 6, 24) oder: Wider die Wirkungseinheit von Krieg und Kapital

Wer, wie die „Mächtigen" der Welt, alles daran setzt, seine Macht zur Groß- und Weltmacht aufzublähen, der braucht dazu vor allem Geld. Machtgier und Geldgier bilden immer eine Einheit, und ihr Ergebnis sind stets neue Kriege. In Deutschland beispielsweise haben wir nicht Geld genug für Personalausgaben: für Lehrer in den Schulen, für Pflegekräfte in den Altenheimen und den Krankenhäusern, für Erzieher in den Kindergärten, für Sozialarbeiter in den Kreisen der sozial Gefährdeten oder Gescheiterten – für all die haben wir nicht Geld genug; auch haben wir kein Geld für Millionen Menschen, die aus Irak, Afghanistan, Syrien, Jemen und Nordafrika vor den Folgen der Kriege auf der Flucht sind, die USA, EU und Nato glaubten, machtpolitisch führen zu sollen; jedoch für Rheinmetall in der Beschaffung möglichst vieler Panzer und Patronen haben wir wie im Handumdrehen Milliarden Euro zur Verfügung, desgleichen für die Lockheed-Werke bei der Bestellung atomwaffenfähiger F35-Bomber.

Der Unterschied ist deutlich: In einem kapitalistischen Wirtschaftssystem investieren Unternehmer einzig in Projekte, bei denen mehr Gewinn in Aussicht steht, als man an Vorkosten bezahlen müsste. Das Personal in Sozialberufen kostet Geld, ohne Rendite einzubringen, und das erklärt, warum wir wohl für Waffen, aber nicht für Menschen Geld aufbringen. Geld wird zu Kapital, wenn es den einen Zweck verfolgt, mehr Geld mit ihm zu erwirtschaften, und so ist unser Wirtschaftssystem selbst: kapitalistisch.

Ein solches System kann nicht Frieden wollen. Es selber ist ein Wirtschaftskrieg in wechselseitiger Vernichtungskonkurrenz. Welche Kriege, die in der Zeit des Kolonialismus oder des US-amerikanischen Imperialismus geführt wurden und werden, galten und gelten nicht dem Gewinn wichtiger Rohstoffe – von Erdöl bis Uran, von Kupfer bis Bauxit? Was wir benötigen, müssen wir haben, und um es billiger zu bekommen als unsere Konkurrenten, müssen wir die Bevölkerung ausbeuten und mit allen Mitteln vom Balkan bis zur Ukraine dafür sorgen, daß uns gefällige Regierungen an die Macht gelangen und an der Macht bleiben.

Man kann die Wirtschaftskriege aber auch direkt über den IWF oder die Weltbank führen, um durch unfaire Handelsrelationen auf dem Weltmarkt bestimmte Länder so weit zu verschulden, dass sie unter uns günstigen Bedingungen Kredite akzeptieren müssen, die sie in Ewigkeit erpressbar machen. Oder wir nutzen unser Geld direkt als Waffe. Die USA alleine sanktionieren gegenwärtig 37 Länder, um sie sich gefügig zu machen, und man sagt, der Krieg 2011 in Libyen gegen Muammar al-Gaddafi habe unter anderem den Versuch unterbinden sollen, in Afrika eine Währung unabhängig vom Dollar einzuführen. Hunger, Elend, Bildungsmangel – all das sind in einem gewinnorientierten Wirtschaftssystem keine Aufgaben zur Beseitigung, sondern Chancen für eine erfolgreiche Spekulation an der Börse.

Wo Geld indessen mehr wert ist als Menschenleben, ist Geld kein Zahlungsmittel mehr, sondern ein absoluter Wertmaßstab. Man kann, hat man nur Geld genug, sich alles leisten, was man will. Alles nur Wünschbare kann Geld bedeuten; drum tritt es auf als das Allesbedeutende, demgegenüber alles wertlos wird, was sich nicht auf dem Markt in Geldform „realisieren" lässt. Ein solches Geld als absoluter Wert ist Gott, und seine Religion ist eine Lebensform, in der sich alles dreht um Geldbesitz und Geldgewinn. Die Spanier im Jahre 1521 gaben sich erschrocken über die Menschenopfer der Azteken für ihren Kriegsgott Huitzilopochtli; aber der Götze Geld, dem das sich christlich nennende Europa nebst seinen Ablegerkulturen huldigt, hat ungleich mehr an Menschenopfern eingefordert als alle Heidengötter insgesamt.

Hinnehmen soll man als Folge dieser Art zu denken die rücksichtslose Ausrottung und kalt berechnende Zerstörung der Natur. Wertschöpferisch ist nach diesem ökonomischen Verständnis allein die menschliche Arbeit; die Meere, Urwälder, Savannen mit all ihren Tier- und Pflanzenarten haben keinen Eigenwert; erst wenn sie jemand als sein Eigentum im Krieg erobert oder mit Geld einkauft, ist ein gewisses Stück Natur als wertvoll zu betrachten. Schon deshalb halten alle Staaten sich ihr Militär, um als eine ihrer wichtigsten Aufgaben nach innen wie nach außen die Eigentumsrechte ihrer wohlhabenden Bürger zu verteidigen.

Zum Frieden gelangen wir nach den Worten der Bergpredigt demgegenüber nur dadurch, dass wir den Götzendienst des Geldes einstellen. Wir müssen uns entscheiden: „Ihr könnt nicht Gott dienen und dem Mammon", meint Jesus (Matthäus 6, 24).

Die Verführungskraft des Geldes beruht psychologisch, wie der Besitz von Waffen, ganz analog auf dem vergeblichen Versprechen größerer Sicherheit gegenüber den Wechselfällen des Lebens. Mit Geld kann man scheinbar Versicherungen eingehen gegen Krankheit, Unfall, Hausbrand, Diebstahl – gegen alles Mögliche. In Wahrheit aber gibt es einen solchen Schutz nicht. Mit all den Sorgen um die Zukunft können wir unser Leben nicht auch nur um ein weniges verlängern (Matthäus 6, 27). Es ist deshalb bereits ein folgenschwerer Irrtum anzunehmen, wir besäßen überhaupt so etwas wie ein Eigentum. Alles, was wir sind und was wir zu besitzen meinen, ist ein Geschenk des Himmels; uns gehört im Grunde gar nichts.

Man mag gegen diese Ansicht protestieren und erklären, man habe doch sein Geld sich mühsam und rechtschaffen durch eigener Hände Arbeit wohl verdient, so dass man darauf rechtmäßig einen Anspruch habe als Besitz. Doch was sich da als bürgerlicher Rechtstitel gebärdet, fußt auf dem nämlichen Betrug: Gewiss, wir haben unser Geld redlich erarbeitet; doch ist es deshalb schon unser Verdienst? Dass wir arbeiten konnten, hing zum Beispiel ab von unsrer geistigen und körperlichen Unversehrtheit – sie wurde uns geschenkt; wir haben sie nicht machen noch verdienen können.

Schließlich aber ist der ganze Kapitalismus ein grandioser Schwindel. Geld ist nicht dafür da, mit ihm noch mehr Geld zu erwerben, etwa indem wir Geld verleihen und durch Zinsgewinne uns an der Armut anderer bereichern. Geld ist in Jesu Augen nichts als eine Gabe zum Weitergeben. So gilt der Satz: „Gib dem, der dich bittet, und wende dich nicht ab von dem, der etwas von dir borgen will." (Matthäus, 5, 42) Jemand, der so denkt, ist kein Knecht des Kapitals mehr. Er hat endgültig keinen Grund mehr, Menschen umzubringen, um irgendwelche „Rechte" durchzusetzen oder zu verteidigen. Und auch der Staat hat seine Macht verloren. „Man muss Gott mehr gehorchen als den Menschen“, weiß er (Apostelgeschichte 5,29). Wenn ihm der Staat befehlen will zu lernen, wie man Menschen tötet, wird er ihm den Befehl verweigern.

Als Helmut Schmidt und Jacques Chirac im deutschen Fernsehen einmal auch über Religion zu sprechen kamen, bekannte der Franzose sich als Christ und Katholik, der deutsche Kanzler aber erklärte sich als Atheisten. „Warum?“ fragte Chirac erstaunt. – „Das kann ich dir begründen“, gab Helmut Schmidt zur Antwort: „Russland 1943. Am Nachmittag kam der Militärpfarrer und sagte, dass Gott auch diesen Krieg in seinen Händen hält. Eine Nachtlang hat mich das getröstet. Am anderen Morgen wusste ich: Er hat unrecht.“ Schmidt hörte auf, an Gott zu glauben, und blieb dafür gehorsam als Soldat. Wie anders aber wäre es gekommen, er hätte zu dem Militärpfarrer gesagt: „Sie lügen sich die Welt zurecht. Gott will entschieden keinen Krieg“? Dann hätte er, vertieft im Glauben, das Soldatsein nicht länger mehr als Pflicht verstanden – und sich dagegen aufgelehnt. Gewiss, man hätte ihn dafür verfolgt und allerlei Böses über ihn verbreitet (Matthäus 5, 11), jedoch zu fürchten hätte er das nicht gehabt.

Egal wie Kanzler Scholz Menschen verteufelt, die eine Politik des Friedens wollen, und egal auch, wie westliche Mainstream-Medien Krieg propagieren und jeden als Putin-Versteher diffamieren, der für Verständigung und Frieden eintritt – wir werden das Geschenk des Menschseins erst zu würdigen vermögen, wenn wir unerschrocken all dem Unmenschlichen, das Krieg bedeutet, grundsätzlich widerstehen.

Jutta Kausch-Henken

Nie wieder Faschismus! Nie wieder Krieg! Gedanken zum Krieg in der Ukraine

Ich bin in einem katholischen Elternhaus aufgewachsen. Ich war ein braves Kind. 1968, mit sechzehn Jahren, ging ich gegen die Notstandsgesetze auf meine erste Demo, ohne genau zu wissen, was die Gesetze genau waren. Auf jeden Fall stellten sie eine Gefahr für die Demokratie dar – so viel wusste ich. Mit Siebzehn trat ich in Clubs auf und sang begeistert vor GI's Folksongs und Chansons.

Nach dem Abitur ging ich nach West-Berlin, studierte, machte politisches Kabarett. Der US-Krieg in Vietnam, der nicht zu übersehen war, und der Putsch in Chile ließen das Bild vom netten GI bröckeln. An Gott glaubte ich nicht mehr, dafür daran, dass man die Welt ändern kann. 1980 war ich Mitinitiatorin der Initiative „Künstler für den Frieden". Die Durchsetzung des NATO-Doppelbeschlusses haben wir – trotz großer Friedensbewegung – nicht verhindern können. Aber dem Thema Frieden bin ich treu geblieben und habe nie nachgelassen, dafür auf die Straße zu gehen.

Seit eineinhalb Jahren ist wieder Krieg in Europa. Er wird voller Inbrunst von unserem Parlament befeuert, und ich stelle entsetzt die Frage: Wie kann das sein? Haben wir als die Nachkommen einer Nation, die zwei Weltkriege zu verantworten hat, noch immer nichts begriffen? Seit dem Zweiten Weltkrieg tragen wir Deutsche das Mantra vor uns her: Nie wieder Faschismus, nie wieder Krieg! Das ist gesellschaftlicher Konsens. Eine Doktrin. Aber beim etwas genaueren Hinsehen stellt sich schon die Frage: Ist das ernst gemeint mit: Nie wieder Krieg?

Hat Deutschland nicht klandestin oder auch offen Kriege unterstützt und tut das immer noch, die der Sicherung der Handelsrouten dienten und dienen, aus „humanitären Gründen", oder gegen Autokratien geführt wurden und werden? Da kann man doch den Schluss ziehen: Es sind nur Kriege gemeint, bei denen UNS die Bomben auf den Kopf fallen, die die Deutschen nie wieder wollen.

Faschismus? Den bekämpft die Bundeswehr doch überall! Zum Beispiel in Jugoslawien 1991, als das wiedervereinigte Deutschland mithalf, Belgrad zu bombardieren, um, so die Rechtfertigung, ein zweites Ausschwitz zu verhindern. Nur gab es da gar kein zweites Auschwitz.

Oder am Hindukusch. Da wurde laut damaligem Verteidigungsminister Peter Struck die Sicherheit und Freiheit der Bundesrepublik im Krieg gegen die Taliban verteidigt. Und die sind ja mindestens so schlimm wie Faschisten.

Und jetzt muss Deutschland die ach so demokratische Ukraine unterstützen, weil die für unsere Werte kämpft: Nie wieder Faschismus, nie wieder Krieg? Im Ernst?

Noch vor wenigen Jahren konnten wir in unseren Medien Berichte darüber lesen, hören und sehen, wie die Faschisten in der Ukraine an Macht und Einfluss gewinnen und dass die Menschenrechte in diesem Land keinen Pfifferling wert sind. Nun wird darüber nichts mehr berichtet. Jetzt ist, wie durch ein Wunder, das Land zum Hort der Demokratie geworden. Kein kritisches Wort mehr über das Verbot von oppositionellen Parteien, das Aushebeln von Arbeitnehmerrechten und faschistischen Brigaden.

Der Faschist und Judenmörder Stepan Bandera ist zum Freiheitskämpfer mutiert. Wann wird es einen Kniefall von Olaf Scholz geben vor einem neuerrichteten Bandera-Denkmal, um die unverbrüchliche Freundschaft zwischen der Ukraine und Deutschland symbolträchtig zu besiegeln, die ja beide auf der richtigen, der Siegerseite der Geschichte stehen? Die Bundesrepublik ist zu einem Musterschüler der Kriegsbefürworter geworden. Soll die Welt noch einmal am deutschen Wesen genesen?

Bertolt Brecht sagte einst: „Das Gedächtnis der Menschheit für erduldete Leiden ist erstaunlich kurz." Unser Gedächtnis für *verursachte* Leiden ist womöglich noch viel kürzer!

Die Dauerberieselung in unseren Medien mit den als Argumenten getarnten immer gleichen Sprüchen, dass es im Krieg in der Ukraine um Freiheit und Demokratie gehe, hat zuwege gebracht, dass mehr und mehr Menschen in unserem Land überzeugt sind, Waffenlieferungen seien notwendig, um zum Frieden zu gelangen. Ja, selbst ehemalige Freunde, Gefährten, „Gleichgesinnte" stimmen das Hohe Lied des Waffengangs an: Pflugscharen zu Schwertern! Wie kann das sein?

Ein sachlicher und kontroverser, nach Antworten suchender Diskurs ist nicht mehr möglich. Freundschaften sind zerbrochen, Familien zerstritten oder sprachlos, die Fronten sind klar: Wer Zweifel am Handeln unserer Regierung formuliert, ist ein Putin-Versteher oder – noch schlimmer – rechtsoffen oder gar ein die Nähe zum Faschismus Suchender.

Ich denke manchmal, Einstein hatte recht mit dem Satz: „Zwei Dinge sind unendlich, das Universum und die menschliche Dummheit, aber bei dem Universum bin ich mir noch nicht ganz sicher."

Ich glaube kaum noch daran, die Welt zu verändern. Jetzt gilt es, sie zu bewahren, damit unsere Enkel sie vielleicht verändern können.

Aber wie? Ein erster Schritt wäre, einander zuhören und miteinander reden. Wir müssen zurück zu alten Weisheiten: Zum Beispiel Helmut Schmidt: „Lieber 100 Stunden umsonst verhandeln, als eine Minute schießen." Oder Erich Fried: „Solange nicht der Untergang der Menschheit hundertprozentig feststeht, lohnt es sich, dagegen zu arbeiten."

Josef Freise

Zur Bedeutung zivilgesellschaftlicher Begegnungsinitiativen

„Versöhnung bezeichnet die Herstellung normaler und, wenn möglich, guter Beziehungen, welche die Bearbeitung der Vergangenheit und die Eröffnung einer gemeinsamen Zukunftsperspektive einschließt"[1] – so die Definition des „Jena Zentrums für Versöhnungsforschung". Sie verweist mit dem Bezug auf die Vergangenheit darauf, dass Versöhnung nicht nur eine Frage der Vernunft und des Wissens darstellt, sondern tiefer geht und die Gefühlsebene betrifft. Durch Krieg verursachte Traumata – Gefühle der Ohnmacht, der Wut, Verzweiflung, Trauer und der Angst – stehen einer Versöhnung entgegen – und es braucht Zeit, bis sie sich wandeln. Daraus folgt, dass auch eine kollektive Versöhnung zwischen Völkern, die sich im Krieg hasserfüllt gegenüber gestanden haben, nicht ohne Zeit und eine Bereitschaft zur Verständigung auskommt. Umso bedeutsamer sind zivilgesellschaftliche Versöhnungsinitiativen von Einzelnen oder von Gruppen. Sie bereiten die Befriedung zwischen Ländern und Völkern vor.

Versöhnung lässt sich nicht einfach durch „vernünftiges Denken“ herstellen; sie vollzieht sich in tieferen Schichten menschlichen Seins. In der von Edmund Husserl begründeten lebensweltlichen philosophischen Schule der Phänomenologie werden das Bewusstsein und das Sein unterschieden. Versöhnung vollzieht sich auf der Seins-Ebene, der wir uns durch Wahrnehmung, Schauen und Introspektion nähern. Der Wiener Neurologe und Psychiater Viktor E. Frankl spricht in Bezug auf die Seinsebene vom Tiefenbewusstsein, zu dem wir einen Zugang nicht durch das Denken, sondern eher durch Intuition, Spüren, Hineinhorchen in uns selbst gelangen. Liebeserfahrungen reichen z.B. in unser Tiefenbewusstsein hinein – wie auch Erfahrungen der Vergebung und Versöhnung. Ob meine Liebe zu einem Menschen so weit geht, dass ich mich an ihn binde, ob das Vertrauen zu ihm wirklich auf Dauer trägt, das kann ich intensiv wünschen und hoffen: Ich spüre es, aber herbeiführen vermag ich es nicht.

Versöhnung ist nicht machbar. Sie kann, ist die Zeit dafür reif, als Möglichkeit erkannt werden. Der evangelische Theologe Maximilian Schell hat seine Dissertationsschrift deshalb „Wegbereitung der Versöhnung“ genannt.[2] Versöhnung darf Menschen nicht oktroyiert werden. Sie ist immer nur ein Angebot. Ein Mensch kann sich nicht selber zwingen, mit anderen Frieden zu schließen. Er muss zuerst die Möglichkeit der Versöhnung in sich fühlen.

Monolithische und kollektive Identitätsentwicklung

Der israelische Sozialpsychologe Dan Bar On hat eine Brücke zwischen dem individuellen und dem kollektiven Verständnis von Versöhnung gebaut.[3] Er unterscheidet Formen kollektiver Identität und zieht eine Parallele zur Entwicklung individueller Identität. Bei Kindern sieht er eine monolithische Phase: Kleinkinder haben ein grundlegendes Urvertrauen und lernen langsam zwischen dem Nahen und dem Fremden zu unterscheiden. Sie bringen den engen Bezugspersonen in der Familie Vertrauen entgegen und „fremdeln“ mit unbekannten Menschen. Dem entspricht ein Freund-Feind-Schema und ein Positiv-Negativ-Denken. Kinder leben dann von Märchen mit den guten und den bösen Geistern, mit Feen und Hexen.

Im Laufe der Zeit erkennen Kinder, dass die Welt nicht nur schwarz und weiß ist. Es kommt zum Zerfall des monolithischen Blocks und zur Neukonstruktion einer komplexen Identität. Heranwachsende lernen, dass ihre Eltern keine

Götter sind, sondern Menschen, die ihnen oft Gutes getan, aber auch Leid zugefügt haben. Sie fühlen sich, wenn es gut geht, mit ihren Eltern verbunden, lieben sie weiter und betrachten sie zugleich kritisch.

Das ist auch die Herausforderung für kollektive Identität. Ich bin Deutsche/r und dankbar für Vieles in meiner Sozialisation in Deutschland, und ich bin mir zugleich des Schreckens und der fürchterlichen Gräueltaten des nationalsozialistischen Deutschlands bewusst. Das Wissen um die dunklen Seiten der deutschen Geschichte, zu denen neben dem Nationalsozialismus auch die koloniale deutsche Geschichte gehört, beinhaltet zugleich eine Verantwortung dafür, dass so etwas nie wieder geschehen darf. Die Leugnung dieser Verpflichtung durch rechtspopulistische und rechtsradikale Kreise, die den Holocaust wie der ehemalige AfD-Vorsitzende Gauland als „Fliegenschiss der Geschichte“ kleinreden, ist Kennzeichen eines weiterhin verbreiteten monolithischen Denkens.

Krisenzeiten und vor allem Kriegszeiten verstärken die Gefahr eines Rückfalls in monolithische kollektive Identitätsstrukturen – es gibt dann nur noch die Guten (auf der eigenen Seite) und die Bösen (auf der gegnerischen Seite). „Die Logik des Krieges erzwingt eine klare Aufteilung der Welt in zwei Seiten: Angreifer und Verteidiger, Gegner und Verbündete. Sie duldet keine Distanzierung, denn alle Kräfte sollen für den Kampf mobilisiert werden. Distanz gilt als Feigheit oder Verrat. Moralisch entspricht dem eine Aufteilung der Welt in die eindeutig gute und die eindeutig böse Seite.“[4]

Monolithisches Denken aufgrund von Kriegstraumata

Der Rückfall in monolithisches Denken wird befördert und begünstigt durch kollektive traumatische Erfahrungen. Im Kontext des Angriffskriegs auf die Ukraine ist das zu erkennen. Viele ukrainische wie russische Menschen sind transgenerationell traumatisiert durch die Kriegserfahrungen ihrer Eltern und Großeltern sowie durch die deutsche und die sowjetische Diktatur. Traumatische Erfahrungen von Menschen brennen sich in das kulturelle Gedächtnis eines Volkes, einer Gruppe ein. Traumabearbeitung erfordert das ehrliche Anschauen der Wahrheit des Leidens, das Menschen erlitten bzw. zugefügt haben, und das Betrauern des Unrechts und des Leides. Erst die Trauer ermöglicht einen Neubeginn und das Überwinden des Leides, einen Neuanfang, der auch Verhaltens- und Politikänderungen nach sich zieht. Findet dieser mühsame Prozess nicht statt, besteht die Gefahr, dass die traumatischen Erfahrungen weiter wirken und sich möglicherweise wiederholen. Dan Bar On zitiert Naomi, eine Überlebende des Gettos in Lodz: „Hitler ist tot. Aber er kann sein Ziel immer noch erreichen, nämlich wenn wir den Hass, das Misstrauen, den Schmerz und die gesamte Unmenschlichkeit, der wir jahrelang ausgesetzt waren, verinnerlichen.“[5]

Was derzeit in Russland und in der Ukraine passiert, ist nur vor dem Hintergrund der individuellen und kollektiven Kriegstraumata zu verstehen. Sie führten in der Ukraine und in Russland zu diametral entgegengesetzten Geschichtserzählungen.[6] In der Ukraine wird Stalins Terror mit dem Holodomor (übersetzt: Mord durch Hunger) erinnert: Stalin nahm bei der Zwangskollektivierung der Kulaken, der ukrainischen Großbauern, die Hungersnot in den Jahren 1932 und 1933 bewusst in Kauf und nutzte sie auf zynische Weise zur Disziplinierung der Ukrainerinnen und Ukrainer. In Russland und bei den mit Russland verbundenen Ukrainern insbesondere in der Ostukraine wird dagegen die Kollaboration der Organisation Ukrainischer Nationalisten (OUN) mit den deutschen Besatzern und die Komplizenschaft bei den Pogromen gegen die jüdische Bevölkerung im Jahr 1939 angeprangert. Genau dies will man aber in der Ukraine nicht hören, denn Aktive der OUN sind dort „Helden“, die gegen die Sowjetunion gekämpft haben. Dass sie oft auch Antisemiten und Mitläufer oder gar Mittäter bei der durch die deutsche Besatzung brutal betriebenen Judenvernichtung waren, wird geflissentlich übersehen. Dies anzuerkennen, würde das Bestreben nach nationaler Selbstbehauptung stören.

Auch die christlichen Kirchen in der Ukraine blieben weitgehend stumm bei der Verfolgung der Juden. Die deutsche Okkupation erschien ihnen nach den Erfahrungen mit der im Jahr 1939 erfolgten Besatzung Stalins und mit der atheistischen Lehre des Kommunismus als das kleinere Übel.

Bedeutung von Versöhnungsinitiativen auf der mittleren Ebene

Menschen stehen in den von Polarisierung geprägten Kriegszeiten in der Gefahr, jedwedes Mitgefühl für die „auf der anderen Seite“ zu verlieren. Grenzüberschreitende Empathie in Kriegszeiten ist schwierig. Wenn Menschen dazu in der Lage sind, ist das Gold wert. Den Faden zu den Gegnern nicht abreißen zu lassen, kann wichtig sein für Nachkriegszeiten. Dann sind gerade diese Menschen Brückenköpfe für eine Verständigung und in der Lage, ihre interpersonellen Begegnungs- und Versöhnungserfahrungen in kollektive Versöhnungsprozesse einzubringen. Oft sind es einzelne Menschen oder Gruppen, die dabei helfen, den Blickwinkel zu öffnen und ein offenes Ohr für beide Seiten zu behalten.

Der amerikanische Friedensforscher Jean-Paul Lederach unterscheidet Friedens- und Versöhnungsebenen an der Basis, auf der mittleren Ebene der Multiplikatoren und auf der oberen Ebene der politischen Diplomatie.[7] Dabei betont er die besondere strategische Bedeutung der mittleren Ebene, des „middle-out-approach". Interaktive Prozesse der Verständigung und gegebenenfalls der Versöhnung auf der mittleren Ebene der MultiplikatorInnen, der Ebene im Gemeinwesen in Stadt und Land, bereiten kollektive Verständigung und Versöhnung vor.

Von der mittleren Ebene aus sind sowohl Bildungsprozesse an der Basis, als auch politische Prozesse in der Politik zu beeinflussen. Evangelische Pfarrer aus der pazifistischen Bewegung haben mit anderen Aktiven in der Zeit der Wiederaufrüstung nach dem Zweiten Weltkrieg in Deutschland ihren Einfluss auf die politische Spitze dahingehend geltend gemacht, dass als Ersatzdienst für die neu eingerichtete Wehrpflicht auch ein „anderer Dienst im Ausland" möglich wurde. So leisteten die internationalen Freiwilligendienste wie „Aktion Sühnezeichen/Friedensdienste" sowie der „Internationale Christliche Friedensdienst Eirene" an der Basis einen wichtigen Beitrag, indem sie junge Menschen zu einem Friedens- und Versöhnungsdienst u. a. in Länder entsandten, in denen ihre deutschen Väter und Großväter Gräueltaten verübt hatten. Auch die Unterstützung und Festigung kollektiver Versöhnung durch das Deutsch-Französische und das Deutsch-Polnische Jugendwerk sind hier zu erwähnen.

Die Begegnungen im Rahmen der internationalen Jugendarbeit fördern die Fähigkeit, grenzüberschreitende Empathie auszugestalten und Feindbilder abzubauen. Im schulischen Geschichtsunterricht tragen die länderübergreifend entwickelten deutsch-französischen und deutsch-polnischen Geschichtsbücher dazu bei, die Perspektive zu wechseln und die Welt aus unterschiedlichen Blickwinkeln sehen zu lernen.

Die Versöhnung zwischen Deutschland und Polen durch die Ostverträge wurde in den 1960er Jahren vom Bensberger Kreis mit vorbereitet, einem von Walter Dirks und Eugen Kogon initiierten Zusammenschluss katholischer Intellektueller aus dem Umfeld der „Katholischen Friedensbewegung Pax Christi“. Sie reisten regelmäßig nach Polen und baten um Vergebung für die von Deutschland begangenen Verbrechen. Sie forderten u. a. den Verzicht der Heimatvertriebenen auf Rückkehr, eine Revision der Geschichtsbücher und eine Wiedergutmachung für die polnischen Opfer des Nationalsozialismus.[8]

Ukrainekrieg und die ausstehende Versöhnung

Beim Abfassen des vorliegenden Beitrags (August 2023) dauert der Krieg in der Ukraine an. Was ist zu tun, damit Versöhnung eine Chance erhält? Damit Versöhnungsprozesse in Gang kommen, ist es notwendig, dass der Krieg in der Ukraine so schnell wie möglich durch einen Waffenstillstand eingefroren wird. Entsprechende Bemühungen müssen oberste Priorität haben. Solange Menschen im Krieg getötet werden, verhärten sich die Gefühlswelten auf beiden Seiten weiter, der Hass steigert sich – und Versöhnung rückt in immer weitere Ferne. Ein Waffenstillstand ist noch kein Friedensabkommen. Es geht erst einmal darum, dem Töten ein Ende zu setzen. Von daher wird verständlich, dass viele VersöhnungsaktivistInnen – wie auch der Autor dieses Beitrags – einen verantwortungsethischen Pazifismus vertreten. Dieser hat nichts zu tun mit einem passivem sich Ergeben in die Niederlage und die Unterdrückung. Verantwortungsethischer Pazifismus kennt den gewaltfreien Widerstand und bemüht sich in jeder Situation um gewaltfreie Lösungen; die Kriegsparteien sind zugleich aufgefordert, ein Waffenstillstandsabkommen zu schließen, das keine Ungerechtigkeit festschreibt, aber ungeklärte Konfliktherde benennt und eine „transitional justice-Perspektive“ aufzeigt. Von allen Kriegsparteien respektierte UNO-Truppen, die für Sicherheit sorgen, sind in der Ukraine zu stationieren. Umstrittene Regionen wie das Donbass-Gebiet ließen sich unter ihre Aufsicht stellen, bis sich die Zugehörigkeit durch international beaufsichtigte Referenden geklärt hat.

Wenn die Waffen schweigen, können innerlich versöhnte MultiplikatorInnen aus der Zivilgesellschaft und auch internationale Fachkräfte eines zivilen Friedensdienstes auf beiden Seiten die Prozesse kollektiver Versöhnung unterstützen. Erfahrungen damit wurden nach dem Ende des Jugoslawienkriegs gesammelt, als es u. a. darum ging, Geflüchtete bei ihrer Rückkehr zu begleiten.

Je länger Kriege andauern, desto schwerer haben es Prozesse der Versöhnung. Es ist dann zu befürchten, dass die intergenerationell weitergegebenen individuellen und kollektiven Traumata unbewältigt bleiben, dass sie alte und neue Feindbilder produzieren und das Entfesseln neuer Kriege fördern.

Anmerkungen

1 Jena Zentrum für Versöhnungsforschung (JCRS): https://www.uni-jena.de/forschung/forschungsprofil/profillinien/wissenschaftliche-zentren/jena-zentrum-fuer-versoehnungsforschung-jcrs – 6.8.2023

2 Vgl. Maximilian Schell, Wegbereitung der Versöhnung. Öffentliche Theologie im Kontext gesellschaftlicher Versöhnungsprozesse, Leipzig 2021. Schell bezieht zusätzlich zum sozialwissenschaftlichen Versöhnungsansatz auch einen theologischen mit ein, auf den in diesem Beitrag nicht weiter eingegangen wird.

3 Vgl. zum Folgenden Dan Bar On, Die „Anderen“ in uns. Dialog als Modell der interkulturellen Konfliktbewältigung. Sozialpsychologische Analysen zur kollektiven israelischen Identität, Hamburg 2002

4 Albert Scherr, Die Soziale Arbeit muss auf die „Zeitenwende“ reagieren. In: Sozial Extra, Nr. 5/2022, S. 382–389 – Online unter: https://link.springer.com/article/10.1007/s12054-022-00529-5 – 6.8.2023

5 Dan Bar On, Die Last des Schweigens: Gespräche mit Kindern von Nazi-Tätern, Hamburg 1996, S. 55

6 Vgl. dazu Helga Hirsch, ‚Nur wir haben überlebt‘ – Holocaust in der Ukraine – https://www.deutschlandfunk.de/nur-wir-haben-ueberlebt-holocaust-in-der-ukraine-zeugnisse-100.html – 6.8.2023

7 Vgl. Jean-Paul Lederach, Der Beitrag Dritter beim Aufbau des Friedens. Eine Perspektive des „Friedens von unten“. In: Josef Freise/Eckehard Fricke (Hrsg.), Die Wahrheit einer Absicht ist die Tat. Friedensfachdienste für den Süden und den Norden, Idstein 1997, S. 45-56

8 Vgl. dazu Bensberger Kreis, Ein Memorandum deutscher Katholiken zu den polnisch-deutschen Fragen, München 1968

Martin Arnold

Information und Abwägung: „Den Krieg im Frieden gewinnen!“

Gestern kam in einer Stammtisch-Runde das Thema Krieg sowie Meinungen über den Russland-Ukraine-Krieg auf. Alle wussten: „Das erste Opfer des Krieges ist die Wahrheit.“ Ein älterer Mann fragte: Wie können wir vermeiden, manipuliert zu werden? Er selbst versuche es so: Informationen jeweils aus der Sicht der verschiedenen Beteiligten sammeln, sie prüfen, so gut es geht, und sich gegenüberstellend seine Meinung bilden. In der Schule habe er die *dialektische Erörterung* gelernt: Pro- und Kontra-Argumente ausführlich abwägen. – Ja, das mache ich auch. Es ist aufwändig, aber nötig. Jüngere akademisch Gebildete sagten, dass dies in ihrer Schulzeit nicht vorkam, sie vielmehr üben mussten, die eigene Position plausibel zu präsentieren und Gegenargumente klein zu machen. Nanu? Gehört die geistige Anstrengung des Abwägens nicht mehr zum Bildungskanon? Erklärt dies, dass ich in Presse, Rundfunk und Fernsehen oft das zuhörende Ringen und die redliche gemeinsame Würdigung verschiedener Argumente vermisse?[1] Gegensätzliche Meinungen kommen in liberalen Medien zu Wort, aber sie bleiben mit ihren Argumenten nebeneinander stehen. Wo findet ein Dialog statt? Haben jüngere JournalistInnen abwägendes Bedenken und dessen Methoden nicht gelernt? Und die PolitikerInnen? Welche geistige Durchdringung der Sachlage ging Äußerungen voraus wie „Russland ruinieren“, „Wir führen Krieg gegen Russland und nicht gegeneinander“?

Was ist zu bedenken?

Bedeutende politische Veränderungen wurden durch methodisch kluges aktiv gewaltfreies Vorgehen herbeigeführt. 1989 endete die DDR-Diktatur. Zu den sehr unterschiedlichen Ursachen zählen die Aktivitäten verschiedener Gruppen für Demokratie und Umwelt, bewusst gestaltet in der Gewaltfreiheitstradition Dr. Martin Luther Kings: mutig und trotz Repressionen beharrlich und unbeirrt. Dr. King hatte von Gandhi gelernt – und so auch die in der DDR. „Eines der Schlüsselereignisse in der Geschichte des 20. Jahrhunderts … die [gewaltfreie] Demission des Britischen Weltreiches in Indien". Sie löste weltweit Dekolonisation aus.[2] Kwame Nkrumah erstritt mit Gandhis Methoden zehn Jahre nach Indien die Unabhängigkeit Ghanas. Die (mit der Hilfe von Hildegard Goss-Mayr) systematisch vorbereitete „Rosenkranz-Revolution" auf den Philippinen überwand 1986 die Marcos-Diktatur. 2002 schafften auf Madagaskar engagiert-demokratische Kritiker, ebenfalls nach planmäßiger Vorbereitung, gewaltfrei die Ratsiraka-Diktatur (Vorbild: Nordkorea) ab. Die „Singende Revolution" erstritt 1987-1991 ihre Freiheit selbst gegen sowjetische Panzer und erreichte die Unabhängigkeit Litauens, Lettlands und Estlands.

In vielen Fällen ist der Einsatz für Selbstbestimmung und Demokratie ohne Waffen gegen militärisch gestützte Herrschaft(sversuche) durch Anwendung der Kraft aktiver Gewaltfreiheit gelungen. Auch die hohen *Erfolgschancen* und die Einsicht in die *Wirkungsweise* machen diese Form der Auseinandersetzung erwägenswert – auch gegen Militärs, eine Strategie, die *Soziale Verteidigung* (SV) genannt wird. Dass mit Waffengewalt große Veränderungen erreichbar sind, wird in Schulen wie ein roter Faden durch die Geschichte gelehrt. Dass und wie gewaltfreie Methoden – auch gegen Bewaffnete – ebenfalls einen bedeutenden politischen Wandel bewirken können, ist als Konzept historisch neu.

Erfolgschancen

Gandhi: „Die Kraft von Liebe und Mitleid ist unendlich viel größer als die Kraft von Waffen." Mit „Kraft von Liebe und Mitleid" umschrieb er seine Streitkunst „Satyagraha". Mao Zedong behauptete hingegen: „Politische Macht kommt aus den Gewehrläufen." Was trifft zu? Die US-Politikwissenschaftlerinnen Chenoweth und Stephan untersuchten, um eine Antwort darauf zu finden, 323 mit oder ohne Waffen begonnene Aufstände und Kampagnen zwischen 1900 und 2006 weltweit. Das Ergebnis[3] überraschte sie: Die Erfolgsquote gewaltfreier Aufstände war mit 53 % doppelt so hoch wie die der gewaltsamen (26 %).

Die Arbeit erhielt Preise und Auszeichnungen, das Ergebnis verdient höchste Beachtung. Es widerlegt eine kaum problematisierte Annahme: Die Anwendung von Waffen gilt fast überall als das stärkste Mittel in Konflikten – eine Fehleinschätzung, die Unsummen wertvoller Ressourcen verschlingt und die Menschheit gefährdet.

Gandhi: „Wir staunen in diesen Tagen immer wieder über die verblüffenden Entdeckungen auf dem Gebiet der Gewalt. Aber ich behaupte: Noch viel mehr ungeahnte und sogar für unmöglich gehaltene Entdeckungen wird es auf dem Gebiet der nonviolence geben."[4] Die Kraft der Gewaltfreiheit wird unterschätzt. Gleichwohl hat sie weltweit Menschen inspiriert und spektakuläre Erfolge ermöglicht. Ihre zunehmende Bedeutung nach Indiens Befreiung 1947 und dem Ende der Marcos-Diktatur 1986 zeigt die folgende Grafik:

Anzahl und Entwicklung gewaltfreier und gewaltsamer Aufstände 1900-2019

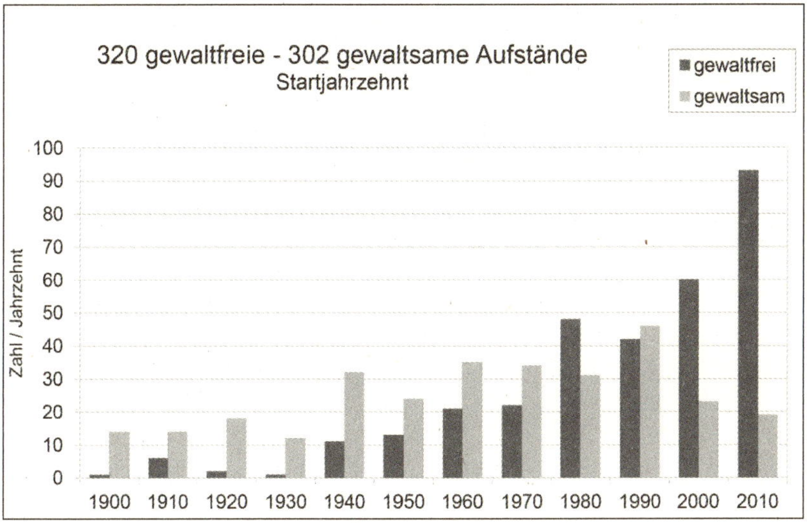

Grafik von Jan Stehn, 2023 (nach E. Chenoweth)

Wirkungsweisen

Gewaltlos Gewalt besiegen? Wie das? Gandhis Aktivitäten zusammen mit den indischen Massen verblüfften weltweit durch ihre Wirksamkeit ohne Gewalt. Von den vielen Erklärungsversuchen sind am bekanntesten: „Moralisches Jiu Jitsu"[5], „Moral Power", „Conversion, Accommodation, Nonviolent Coercion" durch „198 Methods of Nonviolent Action".[6] Die quantitativ forschenden Wissenschaftlerinnen machten die Zahl der Teilnehmenden sowie eine Vielfalt von Aktionsformen als Hauptfaktoren für die Erfolge aus. Journalisten stellten als vermeintliches „Erfolgsrezept" folgende Merkmale fest: „Stören + opferbereite gewaltfreie Disziplin + Eskalieren".[7]

Wie antworten Gandhi und andere, die selbst Grundkonzepte und Methoden gewaltfreier Aktionen entwickelt und erfolgreich angewandt haben, auf die Frage, wie solches Handeln Gewalt überwinden kann? Lässt sich die Wirkungsweise aktiver Gewaltfreiheit religiös neutral beschreiben, obwohl sie in der Sicht ihrer SchöpferInnen jeweils mit ihren Weltanschauungen verbunden ist? Neben dem Hindu Gandhi haben die Christin Hildegard Goss-Mayr und der Atheist Bart de Ligt eigene Gewaltfreiheitskonzepte entwickelt und mit Erfolg eingesetzt. Gemeinsam sind ihnen diese zwei Kern- und drei Hauptelemente:[8]

a) Das erste Kernelement ist die Verwurzelung des Handelns im Menschenbild: Der Mensch hat – neben der Potenz zu schädigendem Handeln („Gewalt") – eine innere Kraft, eine *Potenz* ähnlich der Sprachfähigkeit, die ebenso wie diese mit der Neigung verbunden ist, sie zu praktizieren: die *Energie sowie die Neigung, Gutes zu tun,* kann z.B. durch Hilfeleistungen gestärkt werden, sie ist ansprechbar und abrufbar, sie kann in Bewegung, in Aktion kommen. Im Laufe des Lebens geformt, kann sie wie das Sprachvermögen mehr oder minder hoch, auch bewusst methodisch entwickelt und zur Haltung oder einem *Begegnungskonzept* werden. Unter den vielen Benennungen in verschiedenen Kulturen (Liebe, Güte, People Power, ruhige oder verändernde Kraft)[9] bevorzuge ich den Begriff *Gütekraft*, die Gandhis „Erläuterung"[10] nahe kommt.

b) Die drei Hauptelemente der Wirkungsweise sind:

– *Unabhängiges Handeln*, das sich nicht allein am „Gegen" orientiert, sondern auch konstruktiv sein kann und möglichst klar auf das Ziel gerichtet ist, den fraglichen Missstand abzubauen.

– *Resonanz*, „Ansteckung": Die Wahrnehmung gütekräftigen Handelns zum Abbau eines Missstands weckt die Neigung zum Mitschwingen (Spiegelneuronen-Effekt?). Das Mitmachen anderer Menschen kann sich zu einem Massenphänomen ausweiten (z. B. „Fridays für Future").

– *Nichtzusammenarbeit* mit dem Missstand ist das zweite Kernelement der Wirkung; sie hat zwei wichtige Aspekte:

1.) Wir unterstützen oft ungewollt oder unbewusst, was wir eigentlich ablehnen; es lohnt sich, selbstkritisch danach zu suchen. Denn unser eigenes Verhalten können wir ändern – das anderer nicht! –, und so einen Missstand selbst zumindest ein Stück weit abbauen. Auch wenn der Eigenanteil gering sein mag

– das neue Handeln kann andere „anstecken“ – mit erheblichen Folgen (s.o.).

2.) Machtpolitik: Selbst die brutalsten Diktatoren sind nur so lange mächtig, wie Menschen ihnen gehorchen. Große Missstände sind durch systematischen Abbau der sie stützenden Pfeiler überwindbar, wenn die Hauptverantwortlichen nicht überzeugt, sondern entmachtet werden. So ist das Ende der Diktatur auf den Philippinen 1986 systematisch vorbereitet und u. a. durch gütekräftiges Ansprechen von Soldaten zum Gutestun, also das Unrechtsregime nicht zu verteidigen, erreicht worden. Sie nannten es „Würde anbieten“. Auf den Philippinen ergab die Analyse zum ersten Aspekt, dass die Angst der Engagierten eine starke Stütze des Regimes war – bis sie diese „in Würde“ überwanden.

Ultima Ratio: Soziale Verteidigung

Der britische Admiral Stephen King-Hall erkannte bereits vor siebzig Jahren, dass moderne Waffentechnik (Atombombe) das zu zerstören droht, was verteidigt werden soll. Der ehemalige Bundeswehr-Offizier Rolf Bader belegte 2023 in einer weitergreifenden Studie die „Strukturelle Nichtverteidigbarkeit“ moderner Industriestaaten.[11] Diese Aspekte sind bei der Betrachtung der militärischen Option mitzubedenken wie die o.a. Bemerkungen zum immensen Ressourcenverbrauch und der Gefährdung der Menschheit durch die Eskalationsgefahr, die Umweltzerstörung und den Beitrag zur Klimakatastrophe. Fazit: Der Einsatz des Militärs ist heute keine vernünftige, keine verantwortbare Option mehr. Die aktuellen Kriege und die sich spürbar steigernden Unwetter zeigen es längst. Doch wenn es geschieht: Wie sollen sich die Angegriffenen verhalten? Bleibt nur die Kapitulation? Nein. Soziale Verteidigung bietet einen Ausweg aus dem Dilemma zwischen Militäreinsatz und Kapitulation. King-Hall beschrieb in dem Buch „Den Krieg im Frieden gewinnen“ 1958 als einer der ersten das Konzept der gewaltfreien Verteidigung gegen militärische Invasion. Gandhi-Experten entwickelten es international weiter, was in Deutschland zur Gründung des „Bundes für Soziale Verteidigung“ (http://soziale-verteidigung.de/) führte. Als 1990 die USA, Russland, Deutschland, Frankreich und Großbritannien u.a. vereinbarten, „die Sicherheitsinteressen eines jeden zu berücksichtigen“ (2+4-Vertrag), ist am SV-Konzept kaum weitergearbeitet worden. Die Konzeption der baltischen Staaten beschreibt u.a. den gewaltfreien Widerstand der Bevölkerung in besetzten Gebieten. Die Frage ist heute nicht mehr, ob SV eine wirksame Form der Gegenwehr ist, sondern wie sich ihre Wirksamkeit durch geeignete Vorbereitung realisieren und steigern lässt. Im Dilemma zwischen *A der Ukraine militärisch helfen mit dem Ziel, sie (und womöglich andere Länder) vor der Unterwerfung durch Putin-Russland zu bewahren,* auf der einen und *B weiteres massenhaftes Töten, Zerstören ganzer Städte und Eskalationsgefahr bis zum Atomkrieg vermeiden* auf der anderen Seite entscheiden Politik und große Medien durchweg für A. Sie gehen davon aus, dass B nur durch Aufgabe des Widerstands erreichbar sei. SV zeigt den Ausweg: Bei Besetzung ist militärischer Widerstand zu Ende, SV kann beginnen – statistisch etwa mit der gleichen Erfolgschance wie A.[12] Wird sie gut vorbereitet und öffentlich kommuniziert, kommt ihr deshalb auch eine von Invasionen abhaltende Wirkung zu. SV ist außerdem gegen illegitime militärische Machtübernahme im Innern wirksam, wie der Kapp-Lüttwitz-Putsch 1920 zeigt.

Die schrecklichen Bilder vom Russland-Ukraine-Krieg erzeugten 2022 erneut Angst vor militärischer Bedrohung und bei vielen daher Zustimmung zu militärischen Maßnahmen. SV war weitgehend unbekannt. Um das zu ändern und das SV-Konzept zu aktualisieren, wurde 2022 „Wehrhaft ohne Waffen" (https://wehrhaftohnewaffen.de/) gegründet.

Abwägen

2021 hat der Friedensforscher Maciej J. Bartkowski der Ukraine die gewaltfreie Verteidigung vorgeschlagen.[13] Er führt Umfragen in der Ukraine an, die eine große Bereitschaft dazu zeigten, sowie historische Feststellungen:

> Bewaffneter Widerstand gegen Invasionen dauerte im Durchschnitt dreimal so lange wie seine gewaltlosen Pendants, war immer mit enormen menschlichen und infrastrukturellen Kosten verbunden, hatte eine viel geringere Wahrscheinlichkeit, danach eine Demokratie aufzubauen, und zerstörte oder traumatisierte die Zivilgesellschaft.
> Im Gegensatz dazu führte gewaltfreier Widerstand viel schneller zum Erfolg als bewaffneter Kampf (historische Statistik seit 1900); bleibt selbst bei einem Scheitern die Struktur der Zivilgesellschaft erhalten, sodass sie den Kampf später wieder aufnehmen kann – und die Chancen für den Aufbau einer Demokratie sind viel höher als bei einem erfolgreichen bewaffneten Widerstand.

UkrainerInnen Ratschläge zu erteilen, ist nicht unsere Sache. Unsere Aufgabe besteht darin, die SV hier vorzubereiten. Wenn wir es nicht tun, werden bei einem Angriff die Befehlshaber entscheiden, was geschieht. Jetzt ist also die Zeit, SV aufzubauen. „Der Friede ist der Ernstfall." (Gustav Heinemann) Der erste Schritt: Information – im persönlichen wie im gesellschaftlichen Bereich (siehe Kampagne „Wehrhaft ohne Waffen"). Es ermöglicht ein reifes Abwägen, das auf Versöhnung hoffen lässt.

Anmerkungen

1 Ausnahmen gelegentlich bei https://www.zdf.de/kultur/unbubble-100.html – 27.7.23, sowie bei „hart aber fair"

2 Gita Dharampal-Frick, Das „Endspiel" des British Raj. Indiens Aufbruch in die Unabhängigkeit. Josef Becker zum 75. Geburtstag. In: Geschichte in Wissenschaft und Unterricht, Heft 48/1997, S. 3

3 Erica Chenoweth/Maria Stephan: Why Civil Resistance Works, New York 2011

4 M. Gandhi, Harijan, 25-8-1940; THE COLLECTED WORKS OF MAHATMA GANDHI, The Publications Division, Ministry of Information and Broadcasting, Government of India, vol. LXXII, S. 400. Übers. M.A.

5 Richard B. Gregg, Die Macht der Gewaltlosigkeit. Mit einem Vorwort von Martin Luther King, Gladenbach 1982 (1. Auflage Philadelphia)

6 Gene Sharp, Gandhi Wields the Weapon of Moral Power, Ahmedabad 1960; Gene Sharp, The Politics of Nonviolent Action. 3 Bde., Boston 1973

7 Oft wird zu wenig berücksichtigt, dass die Art der Fragestellung bestimmt, auf welchem Gebiet die Antworten erscheinen. Dadurch wird leicht unangemessenen verallgemeinert. Zu den von Chenoweth und Stephan empirisch ermittelten Zahlen und den öffentlich überraschenden, von den Journalisten Engler festgestellten „Erfolgsfaktoren" sind weitere Aspekte des gewaltfreien Vorgehens für die Wirkungen wesentlich. Mark Engler/Paul Engler, THIS IS AN UPRISING. How Nonviolent Revolt Is Shaping the Twenty-First Century, Nation Books 2016

8 Martin Arnold, Gütekraft, Freiburg/Overath 2011. 4 Bde. – siehe https://www.matin-arnold.eu/ – 27.7.2023

9 Viele weitere siehe 2020-0119GkAusdrWeltweitOhnReferenzn.pdf (martin-arnold.eu) – 27.7.2023

10 „'Satyagraha', that is to say, the Force which is born of Truth and Love". In: Satyagraha in South Africa, Ahmedabad 1972, S. 102

11 R. Bader, Strukturelle Nichtverteidigbarkeit. Zur Aktualität der Verletzbarkeit moderner Industriestaaten. In: Wissenschaft und Frieden, 41. Jg., Heft 3/2023. S. 42-45

12 E. Chenoweth/M. Stephan, Why Civil Resistance Works, S. 72 f.

13 https://www.nonviolent-conflict.org/blog_post/ukrainians-vs-putin-potential-for-nonviolent-civilian-based-defense/ – 28.7.23

Ekkehard Lentz (†)

Entschieden der Kriegspolitik entgegenstellen!

„Realitätsferner Unterwerfungspazifist“, „Armer Kerl, du russischer Troll“, „Kollaborateur Ekkehard empfiehlt Kapitulation“, „Warum Leute wie Sie nicht ins geliebte Russland abdampfen“, „Geht euch Vatnicks nicht mal langsam die Lust an der Propaganda aus?“ „Rubelnutte“, „Sie sind eine Schande für unser Land!“ „So, jetzt ab in den Keller – Rubel zählen“ usw. usf. Das sind Kostproben eines Shitstorms auf meinem Twitter-Account.[1]

Ich hatte es gewagt, nach dem Fußball-Länderspiel Deutschland gegen die Ukraine am 12. Juni 2023 in einem Tweet darauf hinzuweisen, dass im Bremer Weserstadion die Parole „ZSU“ gerufen wurde, die Abkürzung „Zbroini syly Ukrainy“, zu deutsch: „Bewaffnete Kräfte der Ukraine“. Auf der Tribüne entrollten Fans ein Banner mit der Aufschrift „Danke, jetzt habe ich Leopard“. Zur Illustration war nicht der Panzer, sondern ein lustiger Leopard abgebildet, also das Tier. Es sollte witzig sein… Bereits vor dem 24. Februar 2022, dem russischen Einmarsch in der Ukraine, erhielt ich nach Stellungnahmen für Frieden und Deeskalation immer wieder Reaktionen wie „Putins bester Mann in Bremen“…

Muss ich mir das eigentlich antun?

Ja, ich möchte mich auch weiterhin entschieden der Kriegspolitik entgegenstellen! Jeder Krieg ist furchtbar. Auch der Krieg in der Ukraine muss so schnell wie möglich beendet werden. Durch einen Waffenstillstand und durch Friedensverhandlungen. Jeder Mensch, der im Krieg ums Leben kommt, ist einer zu viel. „Es ist sonderbar, wenn Kriegsrhetorik als Ausdruck von Moral, aber Friedensrhetorik als Ausdruck von Unmoral bewertet wird… Es ist fatal, wenn Wörter wie Kompromiss, Waffenstillstand und Friedensverhandlungen als Sympathiekundgebungen für Putin gelten und so ausgesprochen werden, als wären sie vergiftet.“[2]

Wäre es nicht einfacher, den Erklärungen und Rechtfertigungen der Regierung, der Leitmedien und wohlmeinender Freunde zum Ukraine-Krieg zu folgen – oder den Mund zu halten, wie mir weniger höflich häufiger empfohlen wird?

Ein bisschen haben sich bei mir die Nackenhaare gesträubt, als ich den folgenden Satz in der Einladung für das Buchprojekt las: „Die Bundesregierung unterstützt die Bemühungen um ein Ende des Krieges mit finanziellen Mitteln, mit Waffenlieferungen und mit der Ausbildung ukrainischer Soldaten in Deutschland." In der Politik der Bundesregierung sehe ich leider nur wenig Bemühen, den Krieg zu stoppen, sondern eher einen Beitrag zu dessen Eskalation. Ein Ende des Krieges ist in den verantwortlichen Köpfen der deutschen Politik – wie einst bei der Obersten Heeresleitung im Ersten Weltkrieg – aufs engste mit einem „Siegfrieden" verknüpft. Der Bevölkerung – weder in der Ukraine noch in Deutschland – nützt die Politik der Bundesregierung mit ihren Waffenlieferungen, Sanktionen und dem Warten auf den Erfolg neuer militärischen Offensiven nicht. Unsere Freiheit wurde schon nicht am Hindukusch (Afghanistan) verteidigt, erst recht nicht in der Ukraine.

Eine weitere bekannte Formel, die die Kriegsschuld einseitig der russischen Seite zuordnet, lautet: „Am 24. Februar 2022 hat die Russische Föderation ihren völkerrechtswidrigen Angriffskrieg gegen die Ukraine begonnen." Das unterstützenswerte Anliegen dieses Buches, „das Verständnis für unterschiedliche Sichtweisen zu stärken", darf nicht zu einer Rechtfertigung der auf allen Ebenen geführten propagandistischen, ökonomischen, zivilgesellschaftlichen und militärischen Auseinandersetzung gegen Russland führen.

Ex-UN-Diplomat Michael von der Schulenburg erklärte in der „EMMA" vom 6. März 2023, warum nicht nur Russland, sondern auch der Westen gegen die Prinzipien der UN-Charta verstößt: „Aber gibt die UN-Charta (damit) dem Westen auch das Recht, diesen Krieg beliebig fortzusetzen, einen militärischen Sieg über Russland anzustreben und aus diesen Gründen alle Friedensbemühungen zu verweigern? Sicherlich nicht!"[3]

Den russischen Einmarsch habe ich noch am gleichen Tag und auch später mehrfach verurteilt. Mit der heuchlerischen Empörung der NATO-Staaten will ich mich aber nicht gemein machen. Bei ihren Kriegen in Vietnam, Serbien, Afghanistan, Irak etc. haben USA/NATO ebenfalls keinerlei Rücksicht auf das Völkerrecht oder die regelbasierte internationale Ordnung genommen. So hat sich der russische Präsident Putin bei der Annexion der Krim ausdrücklich auf den NATO-Krieg gegen Serbien und die Abspaltung des Kosovo bezogen.

Der bekannte Schauspieler Rolf Becker erklärte bei der Friedensdemonstration in der Militärstadt Munster/Niedersachsen am 13. Mai 2023: „Zu unseren Einsichten sollte gehören: Keine Solidarität mit der ukrainischen Regierung Selenskyj, wohl aber Hilfe und Unterstützung der leidenden Bevölkerung und uns sozial und gewerkschaftlich nahestehender Kolleginnen und Kollegen. Entsprechend auch: Keine Unterstützung für den von Russland am 24. Februar begonnenen Krieg, dessen Ursachen wir versuchen nachzugehen und, soweit uns möglich, zu erklären bemühen. Erklären aber heißt nicht rechtfertigen. Wir bleiben Internationalisten auf Seiten der arbeitenden und leidenden Bevölkerungen – wo auch immer, auch hierzulande.“[4]

In einem Interview äußerte ich: „Eine Analyse der Entwicklung, die die Vorgeschichte des Krieges mit einbezieht, bleibt notwendig und stellt keine Entschuldigung oder Parteinahme für den Aggressor dar.“ Es ist mehr als auffallend: Eine öffentliche Auseinandersetzung mit der Vorgeschichte gibt es nicht. Sie wird gleichsam unter den Teppich gekehrt, als fänden Kriege ohne vorhergehende Spannungen und Konflikte statt. Offenbar will man nicht darüber reden, weil es die weiße Weste des Westens beschmutzte?
Die Positionen des organisierten Pazifismus für Frieden, Entspannung, Diplomatie und Abrüstung sind in der Vergangenheit wichtig und richtig gewesen. „Daran hat sich nach der Eröffnung des Krieges nichts geändert.“ Im Sinne einer friedensorientierten Politik sei es wichtig, „nicht einfach mit der gegenwärtigen Mainstream-Meinungsmache in einen Gleichklang einzustimmen und der Militarisierung zu folgen“.[5]

Was macht der Krieg mit jemandem, der sich seit fünfzig Jahren der Friedensbewegung zugehörig fühlt?

Nicht erst seit dem 24. Februar 2022 leide ich – wie viele andere friedensbewegte Menschen – an der Situation in der Ukraine und bin traurig darüber, dass die mühsame deutsch-russische Versöhnungsarbeit der letzten Jahrzehnte kontinuierlich zerstört wird. „Umso wichtiger ist es, dass nicht alle Brücken abgebrochen, sondern Möglichkeiten erhalten werden, einen neuen Modus vivendi mit Russland zu finden. Die anstehenden Schließungen der russischen Konsulate in Deutschland sind dafür kontraproduktiv. Damit werden zivilgesellschaftliche Kontakte auch von deutscher Seite massiv erschwert.“[6]

Meine Grundposition entspricht der Präambel der traditionsreichen „Deutschen Friedensgesellschaft“: „Der Krieg ist ein Verbrechen an der Menschheit. Ich bin daher entschlossen, keine Art von Krieg zu unterstützen und an der Beseitigung aller Kriegsursachen mitzuarbeiten.“ Jeden Krieg empfinde ich als Niederlage. Jede bewaffnete Auseinandersetzung sorgt für Albträume – wohl bei allen humanistisch denkenden und friedenspolitisch orientierten Menschen. Anfang der 1990er Jahre gehörte ich zu denjenigen, die vor einem auch militärisch wieder erstarkten Deutschland warnten, wie sie in den „Verteidigungspolitischen Richtlinien“ von 1992 vorgezeichnet wurden.

Vor einer Eskalation in der Ukraine warnten Friedensaktivisten frühzeitig: In einem Brief vom 10. Mai 2014 an Bremer Politiker mit dem Vorschlag einer Volksabstimmung in Donezk und Luhansk baten wir, für eine friedliche Lösung des Ukraine-Konflikts und das Ende des Blutvergießens einzutreten (siehe auch den Beitrag von Walter Ruffler in diesem Buch). In dem Antwortbrief des damaligen Bundestagsabgeordneten Uwe Beckmeyer (SPD) vom 22. Mai 2014 heißt es: „Die Bundesregierung setzt sich seit Wochen dafür ein, die Krise ausschließlich mit diplomatischen Mitteln zu bewältigen. Militärische Optionen stehen für uns ausdrücklich nicht zur Debatte … Gemeinsam [mit den USA, E. L.] verfolgen wir einen Kurs ganz im Sinne einer friedlichen und nachhaltigen Lösung für die Ukraine und die Region.“[7] Sätze – wie gern würde ich sie heute hören!

Die Friedensbewegung hat – auch aufgrund interner Debatten ab 2014 – Forderungen wie Sicherheitsgarantien, keine weiteren Schritte zur NATO-Osterweiterung in Richtung der russischen Grenzen und Entspannungspolitik mit Russland nicht hinlänglich in den Fokus der Öffentlichkeit gerückt. Nur unzureichend erkannten wir, dass die Minsker Abkommen, welche die Voraussetzungen für den Frieden in der Ukraine schaffen sollten, nur unterzeichnet wurden, um Zeit zu gewinnen und die ukrainischen Streitkräfte nach NATO-Standards aufzubauen, wie der einstige ukrainische Präsident Poroschenko und die ehemalige Bundeskanzlerin Merkel inzwischen zugeben.

Vor einer Zuspitzung des Konfliktes der Lage im Osten der Ukraine – mit extremen Risiken zur Auslösung eines unkontrollierbaren Krieges zwischen Russland und der NATO – warnte der „Bundesausschuss Friedensratschlag“ am 16. April 2021: „In den hiesigen Medien erfolgt eine extrem einseitige Darstellung mit Schuldzuweisungen an Russland, wobei die Realitäten auf den

Kopf gestellt werden, etwa wenn die westliche Propaganda die illegale Bildung einer pro-westlichen Regierung vergessen zu machen versucht. Ausgeblendet wird auch, dass die Separatistenrepubliken in der Ostukraine nach nationalistischer und faschistischer Rhetorik und Gesetzen wie dem gegen die russische Sprache als Amtssprache gegen die russischsprachige Bevölkerung in diesen Regionen entstanden."[8]

Die Außenpolitik der Sowjetunion und Russlands hat jahrzehntelang keine Gerechtigkeit für die unfassbaren deutschen Verbrechen im Zweiten Weltkrieg geltend gemacht. Ohne die Sowjetunion wäre die deutsche Vereinigung nicht möglich gewesen. Sowjetische Truppen haben freiwillig das Territorium der ehemaligen DDR verlassen. Das hat offenbar in Deutschland viele in der Illusion gewiegt, mit den Russen könne man nach Belieben umgehen und hat die angemahnten Sicherheitsgarantien nicht ernst genommen. Solch Ignoranz und verletzender Umgang mit Befindlichkeiten geht nicht spurlos an den Beteiligten vorbei. Statt sich den eigenen Verfehlungen zu stellen, blüht nun (und das zeigt der Ukraine-Krieg) der alte Russen-Hass auf, euphemistisch auch „Russophobie" genannt. Bevor dieser Hass nicht überwunden ist, dürfte wahrscheinlich jeder Versöhnungsappell nur das Gemüt besänftigen.

Dem russischen Präsidenten Putin wird vorgeworfen, so viele Soldaten zu opfern. Was ist mit den ukrainischen Soldaten? Diese zu opfern, ist in Ordnung? Jede Waffenlieferung bedeutet weitere Tote auf beiden Seiten und sinnlose Zerstörungen.

Gegenvorschläge zur Verlängerung des Krieges und zu Waffenlieferungen sind notwendig! Mir schwebt folgendes Bild vor Augen: Zwei Autos rasen mit wachsender Geschwindigkeit aufeinander zu. Wer bremst oder ausweicht hat verloren. Aber auch wenn keiner von beiden anhält, endet das Ganze in einer Katastrophe, bei der beide verloren haben. Der einzige Ausweg ist: Der Klügere gibt nach und rettet sein Leben und das des anderen.

Welche Versöhnungsschritte wären dafür hilfreich und erforderlich? Im Bild der aufeinander zurasenden Autos ist klar: Fuß vom Gas = Verzicht auf alle eskalierenden Maßnahmen wie Waffenlieferungen (inzwischen auch international geächtete Streumunition) und Soldatenausbildung, Ausweichen = Schluss mit Feindbildpropaganda und stattdessen diplomatische Annäherung. Erst dann kann die eigentliche Versöhnungsarbeit beginnen, wie die jahrzehntelang gewonnenen Erfahrungswerte aus dem Balkankrieg zeigen.

Russland ringt um den Erhalt seiner strategischen Macht, die USA um deren Erledigung. Beide gehen über Leichen, handeln also ungerecht. Der Krieg ist in jedem Fall ungerecht, weil er Menschen unschuldig in den Tod reißt, denen im Interesse staatlicher Macht die Entscheidung über das eigene Leben verweigert und von ihnen verlangt wird, ihre körperliche und psychische Unversehrtheit preiszugeben. Auch für sie gilt: Versöhnung setzt Gerechtigkeit voraus.

„Frieden ist eine wesentliche Voraussetzung für mehr Gerechtigkeit. Krieg dagegen ist die höchste Stufe der Ungerechtigkeit. Kriege werden nicht für mehr Gerechtigkeit geführt. Kriege verschärfen die Ungerechtigkeit … Bereits die Militarisierung und Aufrüstung blockiert die Bemühungen in Richtung Gerechtigkeit … Mit der Militarisierungs- und Kriegspolitik ist auch eine tiefgreifende psychologische und mediale Einflussnahme verbunden, die die Mehrheit der Menschen für militärische Vorbereitungen bis hin zu militärischen Einsätzen und Kriegsmaßnahmen gefügig machen soll.“[9]

Die körperlichen und psychischen Folgen des Krieges wirken für viele Menschen noch lange nach – wenn die eigentlichen Kampfhandlungen längst beendet sind. „Obwohl sich aktuell keine klaren Kompromisslösungen für die Beendigung des Krieges abzeichnen, müssen wir jenseits des aktuellen Kriegsgeschehens Konzepte zur atomaren und konventionellen Abrüstung entwickeln und eine Debatte um kollektive Sicherheit einfordern. Wenn wir wirklich solidarisch mit den Opfern des Krieges sind, ist das unsere Aufgabe. Damit Leid und Sterben aufhören.“[10]

Die Resolution der UN-Generalversammlung vom 2. März 2022 ruft nicht nur Russland und die Ukraine, sondern alle beteiligten Staaten zu einer friedlichen Lösung des Ukrainekrieges auf und gilt weiterhin: „Die Generalversammlung fordert nachdrücklich die sofortige friedliche Beilegung des Konflikts zwischen der Russischen Föderation und der Ukraine durch politischen Dialog, Verhandlungen, Vermittlung und andere friedliche Mittel.“

Auch dafür trägt die Bundesregierung Mitverantwortung. „Verteidigungs“-minister Pistorius sagte im Mai 2023, dass ein Ende des Krieges noch nicht abzusehen sei. Umso mehr leiste Deutschland jede militärische Hilfe, die möglich und nötig sei – „as long as it takes“, so der SPD-Politiker.

Die Forderung „Keine Waffenlieferungen an kriegführende Staaten“ und die Losung der Friedensbewegung „Deutsche Waffen, deutsches Geld, morden mit in aller Welt“ bleiben aktueller denn je. Die Friedensbewegung sollte – ungeachtet aller unterschiedlichen Einschätzungen – eine Warnerin und Mahnerin bleiben und alles dafür tun, um einen Waffenstillstand und Verhandlungen im Ukraine-Krieg zu erreichen. Mögen die jüngsten Friedensinitiativen aus Südafrika, der Afrikanischen Union, aus China und Brasilien erfolgreich sein. Das sinnlose Blutvergießen muss endlich aufhören! Voraussetzung dafür wäre allerdings, dass man den Frieden gewinnen will und nicht weiter so tut, als würden die Russen morgen wieder an der Oder stehen.

Anmerkungen

1 https://twitter.com/ekkehardlentz1/status/1668519564173361158?s=20
2 Heribert Prantl, „Manifest für den Frieden" ist weder naiv noch unmoralisch. Kommentar für den NDR, 18.2.2023
3 Michael von der Schulenburg, In: EMMA, 6.3.2023
4 Rolf Becker, 13. Mai 2023
5 Ostermarsch steht im Zeichen des Krieges. In: Weser Kurier, 25.3.2022
6 Lars Pohlmeier, Wie kommen wir zu einer europäischen Friedenspolitik? In: Frankfurter Rundschau. 10.7.2023
7 Uwe Beckmeyer (SPD), Brief an Bundesregierung, 22.5.2014
8 Pressemitteilung des Bundesausschusses Friedensratschlag zur Eskalation zwischen Ukraine und Russland, 16.4.2021 – https://upgr.bv-opfer-ns-militaerjustiz.de/uploads/Dateien/PB2021/BAFrirat20210416PM-Ukraine.pdf
9 Ekkehard Lentz, Statement. In: Fotoausstellung „Gerechtigkeit" in Bremen, 16.11.2018
10 IPPNW-Co-Vorsitzender Lars Pohlmeier, Wie kommen wir zu einer europäischen Friedenspolitik? In: Frankfurter Rundschau, 10.7.2023 – https://www.fr.de/politik/wie-kommen-wir-zu-einer-europaeischen-friedenspolitik-92393544.html

Georg Rammer

Wahrhaftigkeit statt Wehrhaftigkeit – Ein Aufruf

9. Mai 2021 – Berlin, (dpa). Überraschend hat die Bundesregierung gestern, am Jahrestag der Befreiung vom Faschismus, einen Plan „Für Verständigung und Sicherung des Friedens in Europa" vorgestellt. Sie betont, damit der klaren Willensäußerung der Mehrheit der Bevölkerung Rechnung zu tragen. Kernpunkte des Friedensplanes sind

> *– das nachdrückliche Engagement für die Verwirklichung des völkerrechtlich verbindlichen Minsker Vertrages zur Beendigung des Bürgerkrieges in der Ukraine,*
> *– der Einsatz in der NATO für die Einstellung der Militärmanöver nahe der russischen Grenze, die von Russland als Bedrohung wahrgenommen werden und*
> *– die Ausarbeitung eines „Vertrages zur gemeinsamen Sicherheit" zwischen der EU und Russland einschließlich der Zusage an den Kreml, die Ukraine und Georgien nicht in die NATO aufzunehmen.*

Grundlage des geplanten Vertrages ist laut Bundesregierung die UN-Charta und damit der Wille, zur weltweiten Abrüstung beizutragen und die internationalen Beziehungen auf der Basis von Respekt und Beachtung der gegenseitigen Interessen aufzubauen. Die US-Regierung hat die Pläne bisher nicht kommentiert."

Warum blieb diese Meldung Fiktion? Der „Friedensplan" der Bundesregierung von 2021 fasst doch nur sinnvolle Schritte der historisch gebotenen Versöhnung (27 Millionen Tote im Vernichtungskrieg gegen die Sowjetunion) und der aktuell notwendigen Verständigung und Entspannung sowie völkerrechtliche und demokratische Selbstverständlichkeiten (Realisierung des Minsker Vertrages, UN-Charta und Mehrheitswille) zusammen. Die wirkungsvollste Art der Versöhnung ist doch die vor dem Krieg. Wäre ein solcher Plan nicht einen Versuch wert gewesen? – angesichts zehntausender Toter, der Zerstörung ganzer Städte und Landstriche und menschlicher Lebensgrundlagen und -perspektiven? Aber klare Analysen und Appelle zu Friedensverhandlungen von Regierungen werden auch heute nicht einmal ignoriert, um mit Karl Valentin zu sprechen.

Welch ein Widerspruch: Eltern, ErzieherInnen und PädagogInnen bringen Kindern früh bei, wie Konflikte ohne Gewalt zu lösen sind! Konzepte zu Streitschlichtung, gewaltfreier Kommunikation oder Konfliktpädagogik betonen die Rolle der sozialen und emotionalen Intelligenz in Familie und Gesellschaft.

Als grundlegende Fähigkeit für gegenseitiges Vertrauen und friedliches Zusammenleben gilt die Bereitschaft, sich in andere Menschen hineinzudenken und ihre Gefühle zu verstehen: Wie nehmen sie uns wahr, welche Bedürfnisse und Empfindungen rufen wir in ihnen hervor? Ohne Einfühlsamkeit, eine selbstkritische Haltung – wie trage ich zu den Spannungen bei? – und ein Zuhören mit Respekt und auf Augenhöhe lassen sich weder Ehekrisen lösen noch zwischenstaatliche Auseinandersetzungen stoppen. Die in Zeiten des Kalten Krieges und des Wettrüstens von Willy Brandt und Egon Bahr initiierte Entspannungpolitik beruhte auf solchen Einsichten. Ihre Politik hat dazu beigetragen, dass sich die weltpolitische Lage entkrampfte und gegenseitige Sicherheit durch Verträge garantieren ließ.

Die „Zeitenwende" strebt das Gegenteil von Verständigung und Versöhnung an. Bereits der Ruf nach Verhandlungen gilt als Putin-Propaganda und fast als Hochverrat. Eine rasante Aufrüstung, eine massive Meinungsbeeinflussung durch Medien, eine Vernachlässigung der Bedürfnisse der Bevölkerungsmehrheit nach sozialer Sicherheit, Gesundheit und Bildung prägen die Wende, die sich mehr und mehr als eine Rolle rückwärts erweist. KritikerInnen werden verleumdet, bedroht und gecancelt – und den Menschen wehrhafte Mentalität und Kriegsbereitschaft eingeimpft. Dürfte Wolfgang Borchert heute im Bundestag eine Lesung halten?

Den Preis zahlt die Mehrheit: Die soziale Ungleichheit wächst, die Profite der Konzerne auch; das Vertrauen in Politik und Medien schrumpft, der Glauben an das Funktionieren der Demokratie ebenfalls. Eine ernsthafte Analyse der Ursachen und Folgen der stets laut beklagten „Demokratieverdrossenheit" seitens politisch Verantwortlicher bleibt aus. Nach innen rüstet sich der Staat stattdessen mit einer Nationalen Sicherheitsstrategie für den permanenten Notstand, an den wir uns gewöhnen sollen. Der Präsident des Bundesamtes für Verfassungsschutz warnt vor der Destabilisierung Deutschlands etwa durch die „Erzählung", der Kreml führe den Krieg gegen die Ukraine, weil die russischen Sicherheitsinteressen durch den Westen verletzt worden seien: Kritiker der staatlichen Kriegsstrategie werden so zu Verfassungsfeinden gestempelt.

Deutschland etabliert sich mit Aufrüstung, forschem Auftreten und Militärmanövern als kriegsführende Nation bis ins südchinesische Meer. Wessen Interessen dient diese transatlantisch orientierte Politik? Nun, die westliche Vormacht macht keinen Hehl aus ihrem Anspruch auf Weltherrschaft; die Politik des Westens missachtet die Gleichwertigkeit aller Menschen. Der Jurist und Politologe Norman Paech schreibt: „Dem Ganzen liegt das Konzept unilateraler Beherrschung der Welt mittels absoluter militärischer Überlegenheit zugrunde, ein imperiales Hegemoniekonzept… Daran hatte Außenminister Powell schon 1992 keinen Zweifel gelassen: ‚Die USA benötigen militärische Machtmittel, um jede konkurrierende Macht abzuschrecken, jemals davon zu träumen, dass man uns auf der globalen Ebene herausfordern könnte.' Präsident Bush wiederholte diesen Suprematieanspruch in seiner Westpoint-Rede vom Juni des gleichen Jahres: ‚Oberstes Ziel der US-Strategie nach dem Ende des Kalten Krieges muss es sein, zu verhindern, dass irgendwo auf der Welt irgendeine Macht zum ebenbürtigen Konkurrenten wird.'"[1] 2019 lieferte dann die regierungsnahe US-Denkfabrik „Rand Corporation" praktische Handreichungen, wie man Russland überfordern und destabilisieren kann: „Overextending and Unbalancing Russia".[2]

Das Erzeugen von Feindbildern, das Züchten einer Kriegsmentalität destabilisiert Menschen hierzulande nicht nur materiell, sondern auch seelisch. Die Bundesregierung verfolgt Hand in Hand mit der EU-Kommission und der NATO das Ziel, auch moralisch aufzurüsten. Die Bundesakademie für Sicherheitspolitik, ein militärpolitischer Think Tank der Bundesregierung, will seit über einem Jahr für mehr Wehrhaftigkeit sorgen, um Deutschland die verdiente militärische Führungsposition und die erforderliche Akzeptanz in der Bevölkerung zu verschaffen: beschleunigte Militarisierung plus Mentalitätswandel! Täglich bekommen wir die Bereitschaft der Leitmedien zu hören und zu sehen, sich dafür in den Dienst der Propaganda zu stellen. Nicht nur Kriegsgegner empfinden das als Trommelfeuer von einseitigen, Kriegsmentalität schürenden Berichten und Kommentaren. MinisterInnen fordern, wir sollen „Russland ruinieren" und den Atomkrieg einkalkulieren. Die zur Frontfrau des Militarismus hochgepuschte Politikerin und Waffenlobbyistin Strack-Zimmermann hatte auch schon letztes Jahr die Parole ausgegeben: Die Politik braucht klare Feindbilder!

Manche macht es krank, die überwunden geglaubte Kriegstreiberei, den Hass und die Gleichgültigkeit gegenüber Töten und Tod zu erleben. Soldaten sind Feinde und Mörder oder Helden und Gefallene – nur keine Menschen. Das Diffamieren von Pazifismus, die Freude über Waffenlieferungen bis zum Sieg, die Blindheit gegenüber langfristigen Folgen dieser systematisch erzeugten Kriegsmentalität für uns, für unsere Kinder und Kindeskinder. Sensible Menschen reagieren wütend oder verstört auf die kriegerische Enthemmung, das Verdrängen der Kriege des Westens, der Folter, der extralegalen Tötungen, auf die blinde Gefolgschaft einem Kriegsbündnis gegenüber: Welche Heuchelei! Millionen Tote der „regelbasierten Weltordnung“? Für ihre Propagandisten gibt es nichts zu bereuen und niemanden zu betrauern. Die Nation ist wieder zur Wehrhaftigkeit zu erziehen! Habt euch nicht so mit eurer Gefühlsduselei, eurer Humanität! Im Krieg zählt der Sieg, nicht der Mensch. War Antimilitarismus nichts weiter nur als zivilisatorische Fassade, demokratische Tünche? Bricht sich deutscher Macht- und Eroberungsdrang unter veränderten Vorzeichen und in abgewandelten Formen erneut Bahn?

Manche empfinden Unverständnis und Enttäuschung: Freunde, mit denen man vor Jahren gegen Aufrüstung und NATO demonstriert hat, begrüßen jetzt jede Waffenlieferung und jede Erweiterung des Kriegsbündnisses. Warum war es nicht möglich, sich schon vor zehn Jahren auf Hilfe für die Ukraine zu einigen, für ein von Armut und Korruption und Bürgerkrieg zerfressenes Land, vom Westen nunmehr als Beute betrachtet und schon jetzt schon unter Konzernen aufgeteilt?

Ich kann mich nicht mit Kriegstreibern und -profiteuren versöhnen. Es gilt, mit einer außerparlamentarischen Opposition Friedensverhandlungen und ein Sicherheitssystem zu fordern, damit das entsetzliche Töten aufhört. Aber wer könnte gegenwärtig Adressat solcher Bestrebungen sein? Die involvierten Regierungen betreiben Kriegspolitik, fördern die Kriegsmentalität; zahlreiche Verhandlungsinitiativen und Friedensappelle von Verbänden und Persönlichkeiten blieben und bleiben in den Leitmedien unerwähnt. Eine kritische friedensbedürftige Öffentlichkeit hat sich zu organisieren, Druck auf politisch Verantwortliche auszuüben, Waffenstillstand und Friedensverhandlungen zu unterstützen.

Will die Machtelite nicht jedes Vertrauen verspielen, muss sie sich – auch in den Leitmedien – „ehrlich machen“ durch genaue, selbstkritische Analyse der Ursachen dieses Stellvertreterkrieges und der Kriege der letzten dreißig Jahre. Umso mehr, als Länder des globalen Südens, die leidvolle Erfahrungen mit Kolonialismus und Imperialismus des „Westens“ gemacht haben, beginnen, sich zu emanzipieren und die Bevormundung und Erpressung der alten Mächte abzuschütteln. Sich ehrlich zu machen, hieße aber auch, den neoliberal radikalisierten Kapitalismus zu überwinden, dessen Auswirkungen die Menschen als

Entdemokratisierung und permanente Manipulation und sich selbst als Ohnmächtige und Objekte erleben – mit der Folge von Resignation, Wut oder Rechtswendung. Die Grundlage für Frieden und Versöhnung ist also ein „System Change“: Demokratisierung und Politik für die Bedürfnisse der Bevölkerung.

> Den Herren der Welt rufen wir zu:
>
> Versöhnt euch mit den Menschen, deren Rechte
> ihr zu vertreten vorgebt!
>
> Versöhnt euch mit der Natur, die ihr rücksichtslos
> ausbeutet!
>
> Versöhnt euch mit euch selbst, die ihr eure
> Menschlichkeit weiter zu verlieren droht!

Anmerkungen

1 Norman Paech, Vor 20 Jahren: Der Krieg gegen Saddam Hussein. In: NachDenkSeiten, 22. März 2023 – 29.6.2023
2 https://www.rand.org/pubs/research_briefs/RB10014.html – 30.6.2023

Michael Steiner

Versöhnung setzt Begegnung voraus

„Versöhnung“ ist konstitutiv für meine Existenz. Ich bin – im wahrsten Sinne des Wortes – ein Kind der französisch-deutschen Aussöhnung nach dem Zweiten Weltkrieg: als Sohn einer französischen Mutter und eines deutschen Vaters im Jahr des Elysée-Vertrags geboren, mit dem die Regierungen Frankreichs und der BRD 1963 nach jahrzehntelanger „Erbfeindschaft“ den Grundstein für eine politische Kooperation legten.

Es gäbe mich nicht ohne die Bereitschaft vieler Menschen in beiden Ländern, nach furchtbaren Kriegen aufeinander zuzugehen und die lange tradierte Feindschaft zu überwinden. Das muss insbesondere für meinen französischen

Großvater eine enorme Herausforderung gewesen sein: Er tat sich zunächst sehr schwer, die Liaison seiner ältesten Tochter mit einem Deutschen gutzuheißen – gerade mal fünfzehn Jahre nachdem die gegnerischen Truppen besiegt und aus seiner Heimat zurückgedrängt worden waren.

Knapp sechzig Jahre später laufen mir als Teilnehmer einer deutsch-ukrainischen Friedenstagung im Herbst 2022 mehrfach kalte Schauer über den Rücken. UkrainerInnen (in der Mehrzahl geflüchtete Frauen) höre ich immer wieder und nahezu unisono sagen, die Ukraine müsse den Krieg gegen Russland „gewinnen" – und mit „den Russen" (sic!) könne man sowieso nicht reden. Ich frage mich nicht nur, wie ein solcher Krieg gewonnen werden kann, sondern mehr noch, wie lange es wohl bis dahin dauern müsste. Und ich erschrecke über den Hass und die Feindschaft, die, je länger der Krieg dauert, sich weiter verfestigen – was wiederum den Keim in sich trägt, dass Krieg und Gewalt in eine weitere Runde gehen und zum „perpetuum mobile" werden…

Auf der Suche nach den Gründen für mein Erschrecken und Entsetzen stoße ich auf meine biografischen Wurzeln. „Entfeindung" ist mir sowohl als persönliches wie auch politisches Anliegen in die Wiege gelegt worden. Sie ist es noch stärker und bewusster, seit ich mich als Trainer und Kursleiter für eine gewaltfreie Konfliktkultur (www.gewaltfreihandeln.org) auch beruflich u. a. mit Themen wie Krieg und Gewalt, Traumata und Versöhnung befasse. Vor diesem Hintergrund begreife ich zwar, dass und warum die UkrainerInnen bei der Tagung so reden, wie sie es tun: als Opfer einer himmelschreienden Aggression und infolge traumatischer Erlebnisse. Aber emotional schmerzt und irritiert es mich zutiefst – und wirklich verstehen und nachvollziehen kann ich es aus meiner ganz anderen Situation und Position im sicheren Deutschland nicht.

Noch weniger verstehe ich die Reaktion „meiner" deutschen Bundesregierung, die sich mit der Lieferung von Rüstungsgütern an die Ukraine bedingungslos auf deren Seite stellt und somit aus meiner Sicht eindeutig Kriegspartei wird. Ich begreife das als Tribut an ihre Rolle als NATO-Partner: Deren Führungsmacht USA kommt der Überfall Russlands auf sein Nachbarland vielleicht nicht ungelegen, um in ihrem Hegemonialstreben die einstige größte Konkurrenzmacht in die Schranken zu weisen. Friedenspolitik geht so jedenfalls nicht!

Meine Probleme mit solch mindestens kurzsichtiger, wenn nicht gar gefährlicher Politik habe ich im Mai 2022 in einem Brief an den Grünen-Bundestagsabgeordneten Anton Hofreiter folgendermaßen formuliert: „*Was ist der Sinn und das Ziel von Lieferungen schwerer Waffen an die Ukraine? Diesen entsetzlichen Krieg um wie viele Jahre genau zu verlängern? Die Wucht seiner Zerstörungen und Verheerungen bis wohin denn noch zu steigern?*"

Drei weitere Abschnitte seien aus dem Brief zitiert, enthalten sie doch wichtige Grundgedanken: „*Vermutlich werden Sie mir entgegenhalten, es sei ‚naiv' zu meinen, man könne einem kriegerischen, verbrecherischen Aggressor mit friedlichen Mitteln und gewaltfreier Haltung begegnen. Es lässt sich trefflich darüber streiten, ob und mehr noch wie das geht und gelingen kann – und es wird in interessierten Kreisen seit Jahrzehnten darüber gestritten! Aber wer in diesen Debatten wie ‚naiv' ist oder denkt, ist aus meiner Sicht nicht so eindeutig wie es in der Öffentlichkeit meist dargestellt wird. Denn wenn Herr Putin auch nur annähernd so hemmungslos kriegerisch und so rücksichtslos machtgierig ist, wie er auf ‚westlichen' Kanälen in aller Regel dargestellt wird, dann ist es mindestens grob fahrlässig, vielleicht aber doch auch gefährlich naiv zu denken, man könne ihn mit militärischen Mitteln stoppen, ohne dass er einen (vermutlich atomaren) Weltkrieg ‚vom Zaun bricht'.*

Jeder Tag Krieg ist ein Tag Krieg zu viel, denn er verursacht unendliches Leid und maßlose Zerstörungen, die Jahre oder sogar Jahrzehnte nachwirken – in einzelnen Menschen ebenso wie auf politischer Ebene. Das ist aus meiner Sicht durch nichts zu rechtfertigen. Deshalb muss und kann es nur darum gehen, (auch) diesen Krieg möglichst rasch zu beenden. Dies wird nur durch Verhandlungen geschehen können (ganz gleich ob in drei Monaten oder in drei Jahren), aber nicht durch einen wie auch immer aussehenden ‚Sieg' einer der beteiligten Seiten.

‚Gewinnen'" kann diesen Krieg niemand – dafür sind die VERLUSTE auf allen Seiten und Ebenen schon jetzt viel zu hoch. Und damit meine ich keineswegs nur die getöteten und verletzten Menschen sowie zerstörte Städte und Infrastruktur, sondern auch die beschädigten Seelen und Hirne weit über die Ukraine hinaus. Das Gift des Denkens in Feindbildern und Kriegsszenarien ist schnell injiziert – und zieht Jahrzehnte mühsamer Verständigungs- und Versöhnungsarbeit nach sich …"

Was braucht es, damit Verständigung und Versöhnung (vielleicht!) gelingen können? Es braucht Menschen, die über Frontlinien hinweg aufeinander zugehen und trotz Verletzungen, Traumata und häufig tief sitzender Feindbilder Be-

GEGNung (!) mit Leuten von der Gegenseite wagen. Das ist – zumal in Zeiten eines Krieges oder „heißer“ Konflikte – ungeheuer schwer und vielen geradezu unmöglich. Denn auf beiden Seiten setzt es die Bereitschaft und Fähigkeit voraus, eigene Ressentiments und meist auch Ängste zu überwinden. Und zusätzlich auf der Seite der „Opfer“ die Bereitschaft zur Vergebung, seitens der „TäterInnen“ den Willen und die Fähigkeit zu aufrichtiger Reue und gegebenenfalls zur Bitte um Verzeihung.

Das alles sind keine übermenschlichen Fähigkeiten, sie erscheinen aber in akuten Auseinandersetzungen und erst recht in Kriegen als solche. Sie erfordern erstens menschliche (innere) Größe, die wohl nicht bei jeder und jedem vorhanden ist, und zweitens eine Distanz zum Geschehen(en) – wenigstens zeitlich, oft auch räumlich –, um Prozesse wie etwa der Traumaverarbeitung mindestens begonnen zu haben. Allein der zweite Aspekt verdeutlicht, warum Versöhnung in der Regel nicht schon während akuter Konflikte oder (zu) kurz danach möglich ist.

Die derzeit in Deutschland und Europa vorherrschende (Kriegs-)Politik und fast mehr noch ihre Darstellung in den allermeisten Medien sind nicht geeignet, Verständigung und Versöhnung zu befördern. Im Gegenteil: Sie begünstigen Feindschaft, Hass und Gewalt. Allein die Heftigkeit und Überzeugung, mit der auch hierzulande Russland als Hort des Bösen und sein Präsident als dessen Personifizierung erscheinen, erschreckt mich. Und das ist nur *ein* besonders aktuelles Beispiel. Keine zwei Jahre ist es her, dass in Deutschland Menschen, die sich nicht gegen Covid-19 impfen lassen wollten, als größte Bedrohung der Weltgesundheit und des gesellschaftlichen Friedens durch viele große Medien gejagt wurden. Und gerade jetzt, im Sommer 2023, sehen sich die Vertreter der „Letzten Generation“ als „terroristisch“ gebrandmarkt und kriminalisiert.

So werden Feindbilder geschaffen, die sich dann in der Folge sorgsam pflegen lassen. Der alte Sündenbock-Mechanismus funktioniert immer noch! Es ist allemal erfolgversprechender, für einen Missstand Menschen oder Gruppen als Verantwortliche diskreditieren, als an der Überwindung des Missstands zu arbeiten. Das ist das Gegenteil von Entfeindung, und es ist das Gegenteil von jedweder Problemlösung. Darin sind keineswegs nur „rechte“ und populistische Strömungen wie die AFD versiert; vielmehr sind sie aus meiner Sicht selbst ein Resultat solcher politischer und journalistischer Mechanismen der zurückliegenden Jahre. Und zweifellos arbeiten die derzeitige Politik und Medienberichterstattung kräftig daran, diese Szene deutlich erstarken zu lassen – vermutlich ohne es zu wollen und ohne sich ihrer Mitverantwortung dafür bewusst zu sein …

Was könnte zu (mehr) Verständigung und Versöhnung helfen?

1. Seitens der Medien eine differenzierte und besonnene Darstellungsweise, die sich jeglichem Schwarz-Weiß-Denken widersetzt. Ein „konfliktsensitiver Journalismus" ist dringend vonnöten; das entsprechende Theoriekonzept schreit geradezu nach mehr JournalistInnen, die es praktizieren.

2. Darüber hinaus hilft es zu reden – und zwar mit ALLEN, erst recht über (ideologische) Grenzen und Gräben hinweg. Aber reden nicht im üblich gewordenen Duktus des „Zutextens" und Rechthabens, sondern im Sinne eines wirklichen Dialogs, der sich auch für die Positionen der Gegenseite interessiert und ggf. von ihr zu lernen bereit ist.

Das setzt die Fähigkeit und Bereitschaft voraus zuzuhören. Zuhören halte ich für *die* Schlüsselkompetenz, wenn es um Verständigung und Versöhnung geht. Sie lässt sich prinzipiell auch erlernen und verbessern. Insofern wünsche ich mir und der Welt mit ihren vielen Konflikten, dass in den nächsten Jahren die Zahl der Zuhörenden reichlich zunimmt – und die der (TV-)Zuschauenden entsprechend abnimmt!?

Günter Verheugen

„Das Gemetzel muss beendet werden“ – Über Friedensverhandlungen und die Debatte in Deutschland

Interview von Silke Hellwig mit Günter Verheugen.
In: Weser-Kurier, 79. Jg., Nr. 200, S. 3, 28. August 2023

Der ehemalige EU-Kommissar Günter Verheugen (SPD) gehörte zu den Erstunterzeichnern des „Manifests für den Frieden“. Er war viele Jahre Mitglied der FDP, unter anderem war er ihr Bundesgeschäftsführer und Generalsekretär. 1982 wechselte er in die SPD. Er war Bundesgeschäftsführer, Parlamentarischer Geschäftsführer der Bundestagsfraktion, stellvertretender Vorsitzender der SPD-Fraktion sowie Staatsminister im Auswärtigen Amt. Von 2004 bis 2009 war er EU-Kommissar in Brüssel und Vizepräsident der Europäischen Kommission.

Silke Hellwig: Herr Verheugen, was vermuten Sie in Zusammenhang mit dem Flugzeugabsturz, bei dem Jewgeni Prigoschin ums Leben gekommen ist?

Günter Verheugen: Ich kann da nur spekulieren wie alle anderen auch. Die üblichen Theorien kursieren: Dahinter steckt Putin, der russische Generalstab, die Ukraine, die CIA … ich weiß nicht das Geringste. Alles ist möglich, und man kann frei nach Schillers Maria Stuart feststellen: „Dieser Prigoschin starb Euch sehr gelegen.“

Davon abgesehen scheint die Vorstellung, mit Russland friedlich und kooperativ ein geeintes Europa zu formen, derzeit so weit weg wie der Mond von der Erde.

Wenn wir die großen Aufgaben betrachten, die uns als Menschheit und Staatengemeinschaft gestellt sind, ist ein Krieg das letzte, was wir brauchen. Wir müssen unsere Kräfte konzentrieren, um die großen, lebensbedrohlichen Krisen zu bewältigen. Da kann man nicht einen Staat ausschließen, weil einem die Zustände dort nicht gefallen.

Sondern?

Ich bin sehr geprägt von der frühen Entspannungspolitik. Ich habe sie nicht nur miterlebt, sondern ich war daran beteiligt. Wenn Willy Brandts Position gewesen wäre, dass man mit Breschnew nicht reden kann, wäre der Kalte Krieg bis heute nicht beendet. Wenn ich möchte, dass sich die Verhältnisse in einem autoritären Staat ändern, erreiche ich das nicht mit militärischem Druck, sondern indem ich ein Vertrauensverhältnis schaffe.

Sie sagen, dass der Krieg in Deutschland auf einen Kampf zwischen Gut und Böse reduziert wird. Es gibt eine ungeheure Solidarisierung mit dem Guten, der Ukraine, gegen das Böse, Putin und Russland. Wie erklären Sie sich das?

Der Umsturz in der Ukraine wird bei uns dargestellt als eine demokratische Revolution von begeisterten Pro-Europäern. Das war eine fabelhafte PR-Nummer, denn es ist nur ein Ausschnitt der Wahrheit. Es war ein vorbereiteter Staatsstreich. Die ersten Maßnahmen der Übergangsregierung waren gegen die russischstämmige Bevölkerung in der Ukraine gerichtet. Dann begann der Krieg, 2014 mit der sogenannten Anti-Terror-Operation, und die russische Politik von Putin wurde dämonisiert. Die Annexion der Krim hat ihn ins Unrecht gesetzt, das machte es leicht. Der Krieg in der Ukraine wird entsprechend überhöht zu einem Kampf zwischen rivalisierenden Systemen.

Zwischen Demokraten und Autokraten …

… aber das ist dieser Krieg nicht. Es geht nicht um Ihre oder meine Sicherheit. Wegen meiner Freiheit und zur Verteidigung meiner demokratischen Rechte muss kein Mensch in der Ukraine sterben. Meine Freiheit ist nicht durch Russland bedroht. Schon allein das zu sagen, bringt einen heute in den Verdacht, ein nützlicher Idiot des Kremls zu sein. Deshalb, um keine Missverständnisse aufkommen zu lassen: Es besteht kein Zweifel daran, dass Russland der Aggressor ist, Verträge und Grundsätze verletzt hat, die das friedliche Zusammenleben in Europa regeln sollen. Aber man muss die Vorgeschichte dieses Kriegs kennen, um sich ein sachliches Urteil zu bilden.

Inwiefern?

Statt einfach zu behaupten, der Zweite Weltkrieg sei allein auf einen Verrückten namens Hitler zurückzuführen, gibt es zu der Vorgeschichte eine Bibliothek mit Millionen Büchern. Das ist bei diesem Krieg nicht anders: Ein langer Weg hat dorthin geführt, wenn wir ihn nicht erkennen wollen, sind wir dazu verurteilt, die Fehler der Vergangenheit zu wiederholen.

Wie kommt es, dass die Vorgeschichte in der derzeitigen Debatte so gut wie keine Rolle spielt?

Weil es in der offiziellen westlichen Darstellung keine Vorgeschichte gibt. Zudem übt die Ukraine moralischen Druck aus, dieser Druck wird in den deutschen Medien massiv verstärkt. Die Waffen, die an die Ukraine geliefert werden, sind nie genug. Und ich frage mich, wohin das am Ende führen soll, wenn man es auf der anderen Seite mit einer Atommacht zu tun hat.

Sie fragen auch, welches Ziel Deutschland mit seiner Beteiligung am Krieg hat.

Ich habe absolut nichts dagegen, dass wir der Ukraine helfen, ihre Souveränität und territoriale Integrität zu verteidigen. Die Fragen sind nur: Wie soll der Krieg beendet werden und was kommt danach? Bleibt es bei der Idee eines geeinten Europas? Welche Rolle soll Russland darin künftig spielen? Wenn das politische Ziel des Westens ein sogenannter Siegfrieden ist, bei dem der Westen Russland die Friedensbedingungen diktieren kann, dann sage ich: Dieses Ziel ist nicht erreichbar. Wenn das Ziel Regime Change heißt, einschließlich Putin loszuwerden, dann kann ich nur vor Träumereien warnen. Wenn das Ziel ist, Russland zu ruinieren, wie Annalena Baerbock es formulierte: Auch dieses Ziel ist nicht erreichbar. Wenn das Ziel ist, Russland zu isolieren: Auch das ist nicht geschehen.

Noch einmal zurück zu der Frage von Gut und Böse: Wie erklären Sie sich, dass die Debatte in Deutschland verengt ist?

Ich kann diese Frage nicht vollends beantworten. Einen Grund sehe ich in der fundamentalistischen Außenpolitik der Grünen. Mir war unwohl, als sich die

Ampelkoalition gebildet hat. Nicht nur, weil man vorhersehen konnte, dass sich die Parteien ständig streiten würden, sondern eben wegen der grünen Außenpolitik. Sie macht unsere angeblichen hohen moralischen Ansprüche zum Maßstab für alles und ist mit Sanktionen (völkerrechtswidrig) und Pressionen schnell bei der Hand. Die Ziele, für die die Bundesaußenministerin eintritt, sind wunderbar: Wer wollte nicht mehr Freiheit, Demokratie oder Rechtsstaatlichkeit? Aber wie setzt man das in einer Welt durch, die bei uns Heuchelei erkennt und doppelte Standards beklagt?

Wie?

Jedenfalls nicht durch Repressalien und Belehrung. Die Welt ändert sich dramatisch. In der Konferenz der Brics-Staaten zeigen sich die Umrisse einer neuen Weltordnung – nicht zu unseren Gunsten. Die einflussreichsten Weltregionen der Zukunft liegen nicht in Europa oder Nordamerika, sondern in Asien, Lateinamerika und Afrika. Die Botschaft der Brics-Staaten ist: Wir haben es satt, ständig von euch belehrt, geschurigelt und bevormundet zu werden. Unsere Welt ist so beschaffen, dass man nur mit Gesprächsbereitschaft und im Dialog unter Beachtung der gegenseitigen Interessen einen Weg findet, im Frieden miteinander zu leben.

Auch die Ukraine hat eine Vorgeschichte…

Die Minsker Abkommen sollten eine Lösung für die inneren Konflikte in der Ukraine finden. Mich macht betroffen, dass der damalige Bundesaußenminister und heutige Bundespräsident diese Bemühungen inzwischen als Fehler ansieht. Noch betroffener macht mich, dass Frau Merkel heute sagt, das sei alles nicht ernst gewesen. Denn das Minsk-2-Abkommen sollte die Rechte der russischen Minderheit sicherstellen. Zur vollen Wahrheit gehört, dass die Verantwortlichen in der Ukraine nicht einen Tag lang ernsthaft daran gedacht haben, die im Abkommen vorgesehen Maßnahmen umzusetzen.

Mit den Verantwortlichen meinen Sie ukrainische Oligarchen?

Ja, und ihre Marionetten in der ukrainischen Politik. Die Ukraine ist ein Land mit ungeheurem Potenzial. Das zivile Engagement ist ungemein groß. Es gibt natürliche Reichtümer. Die Ukraine könnte ein glückliches stabiles Land sein. Aber die beiden Hauptprobleme des Landes sind seit dreißig Jahren ungelöst: endemische Korruption und Oligarchenherrschaft.

Deutschland gibt wieder deutlich mehr Geld für Rüstung aus. Hätten Sie sich das träumen lassen?

Rüstungsaufwendungen sind die unproduktivsten und umweltfeindlichsten Ausgaben, die man sich vorstellen kann. Wir finanzieren sie durch Kredite. Man könnte also von Kriegskrediten reden, und jedem Sozialdemokraten müssten sich dabei die Haare aufrichten. Der Rüstungswettlauf hat längst begonnen. Das wird nicht gut enden. Ich plädiere dafür, die Rüstungskontrollpolitik wieder aufzunehmen. Das ist die Überlebensfrage schlechthin.

Wieso stehen Ihren Parteifreunden nicht die Haare zu Berge?

Das mag damit zusammenhängen, dass eine andere Generation von Politikern am Werke ist. Mangelndes Geschichtsbewusstsein spielt sicher eine Rolle. Ich bin geprägt von der frühen Bundesrepublik. Ich erinnere mich daran, wie das Leben in einem nicht nur materiell, sondern auch moralisch zerstörten Land ausgesehen hat. Nie wieder Krieg, das ist im Bewusstsein meiner Generation und derjenigen, die den Krieg selbst noch erlebt haben, tief verankert.

Wie wird es weitergehen?

Es ist doch offensichtlich, dass die Ukraine verzweifelt versucht, dass das Engagement des Westens und der NATO die Grenze zur direkten Intervention überschreitet. Das hätte die direkte Auseinandersetzung der beiden Super-Atommächte zur Folge und wäre der Schritt in den Abgrund. Wir müssen also unsere ganze Kraft einsetzen, um Russland und die Ukraine an den Verhandlungstisch zu bekommen. Ich halte es für einen Fehler, die Strategie der Ukraine bedingungslos zu unterstützen, ohne Verhandlungsbereitschaft zu verlangen, und zwar ohne Vorbedingungen.

Warum sollte Russland verhandeln?

In der Tat, Russland haben wir nicht mehr viel anzubieten. Dennoch glaube ich, dass die Option einer engen Kooperation mit der EU für Russland immer noch attraktiv ist. Und wenn man in Deutschland sagt, dass man mit diesen Verbrechern doch nichts mehr zu tun haben kann, möchte ich in aller Bescheidenheit auf unsere Vergangenheit hinweisen wollen. Wir haben einen Krieg angefangen, der alle Maßstäbe gesprengt hat, trotzdem wurde uns nach 1945 wieder die Hand gereicht.

Sehen Sie eine Chance für Dialog und Aussöhnung?

Die gibt es immer.

Deutet irgendetwas darauf hin?

Ich habe den Eindruck, dass in allen europäischen Ländern die öffentliche Skepsis gegenüber der jetzigen Ukraine-Politik wächst. Ich habe sogar den Eindruck, dass die große Mehrheit der Deutschen zwar dafür ist, dass man der Ukraine beisteht, aber auch fordert, dass der Krieg so schnell wie möglich beendet und in Friedensverhandlungen eingetreten wird. Das Gemetzel muss beendet werden. Das zu bewirken ist die wichtigste Aufgabe der deutschen und europäischen Politik.

Mit den Ursachen und Folgen des Kriegs in der Ukraine befasst sich auch der Band „Ukrainekrieg: Warum Europa eine neue Entspannungspolitik braucht", den der Bremer Politikwissenschaftler Stefan Luft mit herausgegeben hat. Zu den Autoren zählen unter anderem der ehemalige Hamburger Bürgermeister Klaus von Dohnanyi und der Soziologe Wolfgang Streeck sowie der französische Osteuropa-Experte David Teurtrie.

Johannes Klotz/Helmut Donat

„Im Krieg gegen Russland" – Mobilisierung und Irreführung der öffentlichen Meinung durch Presse, Rundfunk und Fernsehen

Es hat sich inzwischen herumgesprochen: Wer sich dafür ausspricht, den Ukrainekrieg durch Friedensverhandlungen zu beenden, wird ausgegrenzt und verächtlich gemacht, als wirklichkeitsfremd behandelt oder sogleich als „Putinist" abgestempelt. Die fast einzig zulässige Haltung lautet: weitere und mehr Waffenlieferungen, Einsatz von neuen Waffengattungen inklusive Marschflugkörpern, Kampfjets usw. Jüngst erfolgte gar von der Rüstungslobbyistin Agnes-Marie Strack-Zimmermann der Vorschlag, Russland als Kriegsgebiet ins Visier zu nehmen.

Paradebeispiel für die Mainstream-Linie sind die „Lanz"-Sendungen. Opponenten, wenn sie schon mal zu Wort kommen, wie Klaus von Dohnanyi, Ulrike Guérot, Richard David Precht und Harald Welzer, werden so von „Meinungssoldaten" (M. Walser) bedrängt, dass es an Nötigung grenzt. In Deutschlands Medien steht die Rede- und Meinungsfreiheit auf dem Spiel.

Die Verfasser haben alle Sendungen von „Lanz", „Maybritt Illner", „Anne Will", „Hart, aber fair" sowie „Presseclub" in Erstausstrahlungen von ARD und ZDF, ohne Zweitverwertung, vom 24. Februar 2022 bis Ende Oktober 2022 untersucht. Das Ergebnis ist niederschmetternd: Über 90 Prozent der Diskussionsteilnehmer vertreten zum Ukraine-Russland-Krieg ausschließlich eine militärorientierte, auf Abschreckung durch massive Aufrüstung zielende Meinung. Die Merkmale der Argumentation sind: in Permanenz geforderte Lieferungen von immer mehr Waffen und Munition, neuen Waffenarten, oft mit dem „klaren" Ziel eines Sieges der Ukraine verbunden; kein Ausschluss weiterer Waffentypen, keine „roten Linien", stattdessen Forderungen nach Sondertribunalen, Beharren auf der Ist-Situation der NATO-Aufrüstung wie Aufrüstung überhaupt – eine etwa anzustrebende weltweite Kooperation zur Bewältigung multipler Krisen ist nicht einmal im Ansatz erkennbar –, Beschwören einer von Kriegen geprägten Geschichte und Weltordnung, Wehrhaftmachung statt Waffenstillstand und Friedensverhandlungen. Die so vorgetragenen Auffassungen plädieren allesamt für eine deutliche Erhöhung des Rüstungsetats, reden der Aufrüstung das Wort, stärken die Politik der kriegerischen Destruktion und verschärfen gleichzeitig damit die Klimakrise.

Zu den häufigen Gästen und Wortführern von Waffenlieferungen in den genannten Sendungen zählen unter den Politikern Bundestagsabgeordnete der CDU: der Vorsitzende Friedrich Merz, Oberst a.D. Roderich Kiesewetter, der Außenpolitiker Norbert Röttgen, Major a.D. Johann David Wadephul; vom Bündnis 90/Die Grünen: der Vorsitzende Omnid Nouripour, Vizekanzler Robert Habeck, Außenministerin Annalena Baerbock, Marina Weisband sowie von der Stiftung „Liberales Zentrum" Marie-Luise Beck und Ralf Fücks; von der FDP: Christian Dürr, Marie-Agnes Strack-Zimmermann und Alexander Graf Lambsdorff.

Zu Beginn des russischen Überfalls auf die Ukraine gab es in den Talkshows eine Art „Dauerpräsentation" bestimmter Bundestagsabgeordneter, einer Gruppierung von „Falken" um M.-A. Strack-Zimmermann (FDP), Michael Roth (SPD), Anton Hofreiter (Bündnis 90/Die Grünen), zu der auch der CSU-Europapolitiker Manfred Weber zählt; sie eint das Verlangen nach einer „Waffenbrüderschaft" mit der Ukraine, der so zum Sieg verholfen werden müsse. SPD-Bundestagsabgeordnete wie Kevin Kühnert, Michael Müller und Ralf Stegner vertreten mehr oder weniger die Linie des Bundeskanzlers, während der Parteivorsitzende Lars Klingbeil den „deutschen Führungsanspruch" – auch militärisch – betont. Eine lebendige, friedenspolitische Debatte in der SPD gibt es nicht, alles bleibt dem „Tatgeschehen" untergeordnet und ist konzeptionell unausgereift[1] – nicht zuletzt aufgrund der geschwächten Friedensbewegung sowie infolge der militärischen Orientierung einer Mehrheit[2] von leitenden Mitarbeiterinnen der Friedensforschungsinstitute,[3] die sich der Staatsdoktrin unterworfen hat und sich in ihren Schlussfolgerungen, was den Ukrainekrieg angeht,[4] nicht von Konzepten transatlantisch-basierter Denkfabriken unterscheidet. Dementsprechend ist das Friedensgutachten 2022 umgeschrieben worden.[5] Vertreter der „Friedensforschung" begrüßen die Leopard-Panzerlieferungen, so die Leiterin des Leibnitz-Instituts Hessische Stiftung Friedens- und Konfliktforschung Nicole Deitelhoff. Ähnlich äußert sich die Direktorin des Instituts für Friedensforschung und Sicherheitspolitik an der Universität Hamburg, Ursula Schröder.[6] Kritische Experten aus Wissenschaft, Politik und militärischen Kreisen mit ausgewiesener Fachkenntnis werden von den Medienredaktionen ignoriert,[7] so z.B. der General a.D. Harald Kujat, 2000-2002 Generalinspekteur der Bundeswehr und 2002-2005 Vorsitzender des NATO-Militärausschusses. Sie publizieren in Blättern mit geringer Reichweite oder in Querfront-Zeitungen wie der konservativ-liberalen Schweizer „Weltwoche", in der Autoren mit unterschiedlicher Profession wie der Historiker Emmanuel Todd, der US-amerikanische Ökonom Jeffrey David Sachs, das SPD-Mitglied sowie der ehemalige Vizepräsident der Europäischen Kommission Günter Verheugen und viele andere sich zu Wort melden.[8]

Wenn überhaupt, ist nur einer der Talkshow-Gäste bei Sendungen im öffentlich-rechtlichen Fernsehen der kriegskritischen Position zuzurechnen. Vor dem Hintergrund des respektlosen Umganges, den z.B. Markus Lanz gegenüber Militär-Kritikern an den Tag legt, wäre es nicht verwunderlich, wenn sich manche von ihnen der „Feigenblatt"-Funktion sowie der entwürdigenden und aufgeladenen Diskussionsführung nicht aussetzen wollen. Haltungen, die einen Waffenstillstand, Friedensgespräche, Verhandlungsbeginn ohne Vorbedingungen, Abrüstung, zivile Sicherheit und diplomatisch befähigte Persönlichkeiten fordern oder gar in der Lage wären, am Frieden orientierte Lösungen vorzustellen, sind – im Gegensatz zu allen Meinungsumfragen – stark unterrepräsentiert, oder man übergeht sie mit Totschweigen. Kritische Friedensforscher werden gar nicht erst eingeladen, im Unterschied zu den sich zum militärischen Gewalteinsatz bekennenden „Friedensforscherinnen". Während sich 43 Prozent der Bevölkerung gegen die Lieferung des Leopard-Panzers ausgesprochen haben,[9] werden Kritiker der deutschen Beteiligung am Ukrainekrieg zumeist übergangen bzw. von vorneherein marginalisiert. Die Rüstungsindustrie, ihre Interessen und Gewinne bleiben hingegen ungeschoren. Rüstungsgegner aus dem Friedensnetzwerk wie Jürgen Grässlin oder der renommierte Journalist Andreas Zumach sind bislang nicht zu sehen gewesen. Die positive Einschätzung der Redaktion „Deutschland-Trend der ARD" vom 2. Februar 2023 zu der Leopard-2-Lieferung steht im Widerspruch zu den selbst ermittelten Daten. Der „Spiegel" kritisiert mit Blick auf die Bevölkerung die mangelnde „Wehrhaftigkeit", die das elitäre „Centrum für Strategie und Höhere Führung" vom „Allensbach Institut" herausfand.[10]

Die militär- und eskalationskritische Haltung großer Teile der Bevölkerung veranlasst die Medien nicht dazu, den Hintergründen und Ursachen der Diskrepanz nachzugehen. Vielmehr benutzen sie ihre Macht und ihre Einflussmöglichkeiten dazu, dem öffentlichen Bewusstsein zu oktroyieren, es gebe nur die militärische Lösung „im Krieg gegen Putin", insbesondere unter Mitwirkung eines aufgeblähten sicherheits- und militärpolitischen Apparats von Denkfabriken, die ihre Mitarbeiter einem Medienbetrieb zur Verfügung stellen,[11] der inzwischen der „Gleichschaltung"[12] verdächtigt wird. Woher die „Militärexperten" kommen, wessen Interessen sie vertreten und was es bedeutet, Strategien des „deutsch-atlantischen" Bündnisses öffentlichkeitswirksam zu propagieren, bleibt im Dunkeln – und erfüllt damit eine der wichtigen Voraussetzungen, wie Propaganda funktioniert.

Die Studie ergibt ein einheitliches Bild: „Militär- und Sicherheitsexperten", Journalisten und Politiker fordern von der Bevölkerung „Wehr- und Kriegsbewusstsein", stellen in der Grundausrichtung eine Art „Staatsfunk" her: Lieferungen von Rüstungsgütern und Waffen werden deklamiert, vernunftgeleitete Gegen-Argumente plattgedrückt. „Besonnen" sei es, Leopard 2 einzusetzen und den Krieg zu gewinnen, so Kiesewetter an anderer Stelle.[13] Vorschläge, die sich für einen Waffenstillstand und Friedensverhandlungen aussprechen, werden abgelehnt und herabgesetzt, „weil die Zeit noch nicht gekommen sei", „Putin nicht wolle", oder die „Ukraine erst siegen"[14] müsse. Claudia Major ruft eine „neue" Konfliktordnung der Zukunft aus, die sich ständig „im" oder gerade „noch nicht" im Krieg befinde.[15] Eine Art Dauerzustand des latenten oder offenen Krieges. Was für eine „Brave New World" à la Huxley?

Im „Internationalen Frühschoppen" stacheln erregte „Journalistinnen" und „Berater" wie Cathryn Clüver Ashbrook („Analystin", von 2021 bis 2022 kurzeitig Direktorin der DAGP, heute Aufsichtsrat der Bertelsmann-Stiftung) die Kriegsdebatte an. Der Journalist und ehemalige ARD-Korrespondent Udo Lielischkies und Sergej Sumlenny, Publizist und Politik-Berater, ehemals Direktor der Heinrich-Böll-Stiftung in Kiew, rufen zu militaristischer und kriegerischer Gegenwehr auf. Kritische Analysen der Rand-Cooperation, eines der bedeutendsten amerikanischen Think-Tanks, der Rüstungsindustrie nahe stehend, wischen die „Falken" der Sendung vom Tisch. Deren Verlautbarungen stützen etwa Sabine Adler („Deutschlandfunk"), Nana Brink, Katja Gloger, Eva Quadbeck, Frederic Pleitgen, Christoph von Marshall („Tagesspiegel"), Stephan Richter („The Globalist") und weiteren, oft mit Querverbindungen zur „Sicherheitspolitischen Community",[16] die morgens, mittags und abends in Magazinen, Interviews und Nachrichten in einer Art Dauerfunk durch die Medien geistern.

Hauptstützen der militärideologisch und medienpolitisch gelenkten „Argumentation“ sind insbesondere diverse Militär- und Sicherheits-„Experten“, Militärhistoriker und Politologen, zumeist tätig als Mitarbeiter von Instituten der Sicherheitspolitik, von Denkfabriken und Bundeswehr-Universitäten und -Verbänden sowie anderen Einrichtungen.[17] Journalisten und Moderatoren agieren als parteiliche Meinungsträger. Die Art und Weise ihrer Präsentation erzeugt in der Öffentlichkeit den Anschein, dass die Auffassungen der „Experten“ allgemeingültige, nicht der Kritik auszusetzende seien, während andere Sichtweisen sich nicht als begründet und daher auch als nicht wünschenswert erwiesen. Zu ihnen zählen: „Analysten“ wie Claudia Major oder Markus Kaim von der Stiftung Wissenschaft und Politik, Jana Puglierin, ehemalige Mitarbeiterin bei Roderich Kiesewetter im Deutschen Bundestag und der Konrad-Adenauer-Stiftung (KAS) und der Offizier Gustav Gressel, beide von der Denkfabrik „European Council on Foreign Relations“. Zumeist bestehen Querverbindungen zu anderen transatlantischen Think Tanks wie bei Puglierin zur Deutsch-Atlantischen Gesellschaft, inklusive militärischer NATO-Strategie, wie bei Gressel, der mit anderen Think Tanks, für die KAS, das Zentrum „Liberale Moderne“, die Heinrich-Böll-Stiftung und die Deutsche Gesellschaft für Auswärtige Politik (DGAP) arbeitet.[18] Die militärgrundierte Denkungsart leitet auch den medial präsenten Forschungsdirektor der DAGP Christian Mölling.[19] Sein Karriereweg führte vom Hamburger Friedensforschungsinstitut eines Egon Bahr und Dieter S. Lutz zum militärpolitischen Experten, der beim DGAP dem Zentrum Sicherheit und Verteidigung vorsteht![20] Die sogenannte „Zeitenwende“ offenbart, was von langer Hand der militärisch orientierten Sicherheitslobby in den 1990er Jahren begann und zu neuen Höhenflügen aufschwang, unbeachtet von Medien und Öffentlichkeit. So überraschen z.B. die Karriere-Wege bundeswehrnaher, einst ziviler Wissenschaftler wie Carlo Masala und Sönke Neitzel, nicht: Masala, der an der Münchner Bundeswehr-Universität, Internationale Politik lehrt, und der Militärhistoriker Sönke Neitzel, der am Historischen Institut der Universität Potsdam im Studiengang „War and Conflict-Studies“ den Führungsnachwuchs ausbildet und an dem inzwischen eine „Kriegswissenschaft“ etabliert ist.[21] Beide verlangen von der Politik und vor allem auch von der Bevölkerung mehr Wehrhaftigkeit. Zur „wissenschaftlichen“ Untermauerung ihrer von Militarismus getränkten Weltsicht legen sie kriegslegitimierende Bücher vor wie „Deutsche Krieger“[22] und „Bedingt abwehrbereit“.[23] Ihr mediales und publizistisches Wirken ist geprägt von einer Befürwortung des Militärischen und Kriegerischen. Den Bruch des Völkerrechts durch Russland beantworten sie mit neoimperialen Neuordnungsvorstellungen zur Führung geostrategischer Kriege. Sie suchen die kriegsunwilligen Bevölkerungsteile Europas von der „Notwendigkeit“ zu überzeugen, mit Abschreckung, Aufrüstung und Krieg die Probleme der Welt zu lösen.

Wer nicht mitmarschiert und sich dem Kriegsgeschrei nicht unterwirft, muss damit rechnen, nicht nur ausgegrenzt, sondern auch herabgesetzt und schlechtgemacht zu werden. Dabei greift man selbst heute auf jene Methoden zurück, die von Vertretern des Gewaltdenkens schon vor mehr als hundert Jahren angewandt worden sind, um Pazifisten, Kriegsgegner und Vertreter eines Verständigungsfrieden zu diskreditieren und zu verunglimpfen. Ganz in diesem Sinne hat sich insbesondere der Autor, Publizist und Blogger Sascha Lobo hervorgetan, indem er in seiner Kolumne „Putins Krieg gegen die Ukraine – Der deutsche Lumpen-Pazifismus“ für „Spiegel Netzwelt“ am 20. April 2022 tief in die deutschnationale Mottenkiste der Verächtlichmachung von Pazifisten und Rüstungsgegners griff.[24] Er ist längst nicht der Einzige, der zum Weiterwirken einer fluchbeladenen Tradition beiträgt, aber seine Diffamierungstiraden dürften wohl bis auf weiteres unübertroffen sein.

Die deutsche Friedensbewegung teilt Lobo reichlich undifferenziert in zwei Gruppen ein: die „Vernunftorientierten“, für ihn eine Minderheit, welche einen „realistischen Pazifismus“ verfolge und die Verteidigung von „Angriffsopfern“ akzeptiere. Ihr gegenüber stehe eine große Mehrheit; sie charakterisiere „Selbstgerechtigkeit“, eine „zutiefst egozentrische Ideologie“ sowie ein „Befindlichkeitsstolz“. Das „Leid anderer Menschen“ kümmere sie nicht, und sie fröne einem „platten Antiamerikanismus“ – eine Art „Mischung aus dem Recht des Stärkeren und der Täter-Opfer-Umkehr“, wie schon von „Gandhi zusammengemantscht“, der, so Lobo, „auch eine sagenhafte Knalltüte“ gewesen sei. Unwillkürlich fragt man sich: Ist der Mann noch bei Sinnen? Hat ihm der gewaltlose Widerstand und Erfolg Gandhis den Kopf vernebelt?

Feindseligkeit und Aufgeblasenheit diktieren ihm offenbar die Worte. Von der Anerkennung des Andersdenkenden und von der Unantastbarkeit der Würde des Menschen, die Gandhi kennzeichnete, der – anders als Lobo – von Äußerlichkeiten nichts hielt, keine Spur. Hervorstechend Lobos Anwendung einfacher Strickmuster, gepaart mit eingeschränktem Urteilsvermögen. Irgendwie fühlt man sich an Aschenputtel erinnert: „Die Guten ins Töpfchen, die Schlechten ins Kröpfchen." Oder an Lobos Märchenstunde über Linsenleserei aus einer Asche, in der sich gemäß seines Textes „Gandhi-Kacheln", „enthitlerte Superpazifisten", „Pazifismus-freudige Friedensforscherinnen", der „russische Faschistenführer Putin" sowie der „selig-hilflose Bischof Kramer" finden lassen – alles in einen Topf gerührt. Im Ernst: Mir ist bislang noch nie ein solches Zerrbild über die deutsche Friedensbewegung in Geschichte und Gegenwart oder über Gandhi, dem Lobo auch noch eine „bizarro-antisemitische" Neigung unterstellt, unter die Augen gekommen. Seine Vorurteile und Abfälligkeiten sagen nicht nur mehr über ihn selbst und seine Unwissenheit aus, vor allem verdeutlichen sie, in welch traditionellem Umfeld er sich bewegt. Sein „Lumpen"-Vorwurf, an Niedertracht wohl kaum noch zu überbieten, ist weder neu noch besonders originell, wie auch ein Blick in die Vergangenheit zeigt.

Als Außenminister Gustav Stresemann in seiner Rede im September 1927 vor der Versammlung der Genfer Völkerbundtagung behauptete, Deutschland sei völlig abgerüstet, lag auf dem Pult eines jeden Delegierten die große braune Broschüre mit dem Titel „Le réarmement clandestin de l'Allemagne".[25] Verfasst von Friedrich Wilhelm Foerster und Carl Mertens, informierte sie darüber, dass Stresemann die Unwahrheit sagte. Als dieser die Schrift in die Hände bekam, geriet er in Rage, rief eilends die internationale Presse zusammen und verunglimpfte Foerster und Mertens als „Lügner und Lumpen".

Die Entgleisung des Ministers veranlasste einen Onkel Foersters, Stresemann zu schreiben und ihn mit Hinweis auf Foersters Weltruhm und Ansehen zu fragen: „Und diesen Mann schimpfen Sie einen Lumpen?" Stresemann antwortete sehr betreten und rechtfertigte sich mit dem großen Schaden, der durch die Intervention entstanden sei. Immerhin hat Stresemann sich später für die Rufschädigung entschuldigt, was sich von Sascha Lobo nicht sagen lässt. Dieser hat nicht nur Bischof Kramer an den Pranger gestellt, sondern große Teile der Friedensbewegung.

Da stellt sich nun die Frage, wer die deutsche Sache wirklich vertritt? Stresemann und Lobo mit ihren boshaften „Lumpen"-Anwürfen oder diejenigen, welche wie Foerster und Mertens vor einem erneut von deutschem Boden ausgehenden Krieg gewarnt haben oder die wie heutige Pazifisten und Rüstungsgegner in Sorge um den Weltfrieden ihre Stimme erheben gegen eine forschreitende Kriegseskalation?

Von Bedeutung dürfte es zudem sein, dass ein Polit-Magazin wie der „Spiegel“ sich für verleumderische Behauptungen zur Verfügung stellt und es für sinnvoll erachtet, die kriegspropagandistischen und antipazifistischen Verlautbarungen eines Sascha Lobo zu verbreiten. Es ist ein Schlag ins Gesicht der Menschenwürde und verstößt gegen die Grundregeln des Anstandes, das Opfer eines Hindu-Nationalisten derart durch den Dreck zu ziehen und der Herabsetzung eines unbeugsamen Wahrheitssuchers freien Lauf zu lassen. Der Vorfall verdeutlicht, in welchen Niederungen sich manche Medien inzwischen wie selbstverständlich bewegen und dass sie weit sie entfernt sind von der Mahnung Voltaires: „Den Lebenden schuldet man Respekt, den Toten die Wahrheit!“

Friedrich Wilhelm Foerster, Pädagoge, Philosoph, Professor und Politiker, ist die bedeutendste Gestalt im Kampf gegen den deutschen Militarismus und Nationalismus im 20. Jahrhundert. Er trat bereits im Ersten Weltkrieg für einen Verständigungsfrieden ein, von seinen Gegnern abschätzig als „Foerster-Friede“ bezeichnet. Wie sein Vater, Astronom, Begründer der nach ihm benannten Berliner Sternwarte sowie ein Schüler Alexander von Humboldts, repräsentierte er die Traditionen eines der Aufklärung, Humanität und übernationalen Bindungen verpflichtenden Deutschlands. Foerster hat seinem Volk und insbesondere den herrschenden Kreisen ihre politischen Fehlleistungen vor Augen geführt, ist deshalb nach 1918 als „übelstes Stinkgewächs am Giftbaum des deutschen Pazifismus“ geschmäht sowie nach 1945 von seinen Gegnern zum „blinden Hasser“ der Deutschen erklärt worden, weil er ihnen die durch den Zweiten Weltkrieg und den Holocaust noch gesteigerte Reuelosigkeit vorhielt. Dabei ist er – im Unterschied zu seinen Kontrahenten und Feinden – nie unter die Gürtellinie gegangen. Er hat ihnen reinen Wein eingeschenkt, aber statt von ihm zu kosten, warfen sie gleich das erste Glas an die Wand.

Nach 1918 setzte Foerster sich für eine Abkehr vom „Schwertglauben“ und für eine Aussöhnung und Zusammenarbeit mit Polen und Frankreich als Voraussetzung für den Wiederaufbau Europas ein. Früh erkannte er, dass die machthabenden Kreise nicht gewillt waren, von ihrer „Weltpolitik ohne Weltgewissen“ abzurücken und ihr Heil weiter in ihrem „Programm deutscher Wiederherstellung gegen Europa“ suchten.[26] Anfang November 1928 sagte Foerster in der

Wochenzeitung „Die Menschheit“ den Zweiten Weltkrieg für das Jahr 1938 voraus, beginnend gegen Polen, weil das Streben „der politisch und wirtschaftlich stärksten Kreise, … Dinge zu wollen, die nur durch Krieg erreichbar sind, so völlig unbelehrbar geblieben ist, ja, sich im Glauben auf deutsche Chemie und Technik neu gefestigt und bestärkt hat, sondern vor allem, weil die Gegenkräfte geradezu lächerlich ohnmächtig geworden sind.“[27] Eine Prognose, die vom Ablauf der Geschichte mehr als bestätig worden ist.

Foerster, der die philosophische Grundhaltung des Pazifismus als zukunftsweisend und dessen Verdienste zur Verständigung in der Welt anerkannte, unterschied den abstrakt-institutionellen und den psychologisch-realistisch ausgerichteten Pazifismus, nicht aber im Sinn der Schwarz-Weiß-Malerei Lobos.[28] Der abstrakten Richtung hielt er vor, kein Auge für die „außerordentliche Verschiedenheit der Geisteszustände und Traditionen in den einzelnen Nationen“ zu besitzen. Ihre Vertreter sähen nicht, wie sich in bestimmten Teilen Europas der Kriegswille und der Glaube verstärkt habe, notfalls mit Gewalt machtpolitische Interessen durchzusetzen und ihre aggressive Gesinnung und Rüstung zu defensiven und moralisch gerechtfertigten umzulügen. Die wirkliche Kriegsgefahr sah Foerster nicht in einem allgemeinen Imperialismus oder internationalen Militarismus, sondern in dem preußisch-deutschen Nationalismus, seiner Propaganda für die Revision des Versailler Vertrags und der in ihm festgelegten Grenzen sowie in der militärischen Bereitstellung für die Konsequenzen solcher Politik.

Die Deutsche Friedensgesellschaft mit ihrer neuen Führung seit 1929 unter Generalmajor a.D. Paul Freiherr von Schoenaich und Fritz Küster teilte die Einschätzung Foersters, während die gemäßigten Kräfte dessen Einsichten ablehnten. Daraus ergaben sich unterschiedliche Politikkonzepte. Während die einen am „Militarismus hüben und drüben“ festhielten, konstatierten die realistischen Pazifisten, dass es einen französischen Militarismus und Nationalismus in einem aggressiven deutschen Sinne nicht gebe und der Kampf gegen die Bedrohung des Friedens sich in erster Linie gegen die machthabenden Kreise Deutschlands und deren Aufrüstung und Kriegsvorbereitung zu richten habe.[29] Dazu gehörte auch die Anerkennung des französischen Sicherheitsinteresses und der damit verbundenen Militärausgaben als Defensivmaßnahmen.

Auf die heutige Lage angewandt, bedeutet das für die deutsche Friedensbewegung und Politik, das Sicherheitsinteresse Russlands, wer auch immer es repräsentiert, ernst zu nehmen, anzuerkennen und zur Grundlage von Verhandlungen zu machen. Es ist naiv zu glauben oder zu sagen, die NATO sei lediglich ein Verteidigungsbündnis und bedrohe niemanden. Russland, 1914 und 1939 von Deutschland im Bündnis mit anderen Staaten angegriffen und gewaltigen Zerstörungen und unvorstellbarem Blutzoll ausgesetzt, hat durchaus ein Recht, sich zu fürchten. Wer ihm das streitig machen will, plädiert letzten Endes dafür, überall auf der Welt, wo es Grenzen gibt, Waffen gegen andere Länder zu richten und dabei zu behaupten, das diene lediglich der eigenen Verteidigungsbereitschaft. Die vornehmliche Aufgabe des deutschen Pazifismus darf sich daher nicht darin erschöpfen, den Ukrainekrieg zu verurteilen und Russland propagandistisch in immer neuen Wendungen zu einem neuen bzw. alten Erzfeind seit zaristischen Zeiten zu erklären.

Auf dieser Grundlage ist eine Politik des Friedens in Europa – unabhängig von Moskau und Washington – zu betreiben. Als Voraussetzung dafür ist über die Ursachen und Hintergründe des Krieges aufzuklären und zu benennen, wer an der jetzigen Lage von Seiten des Westens Mitverantwortung trägt. Presse, Rundfunk und Fernsehen sind allein schon deshalb auf den Prüfstein zu stellen, um ihre Glaubwürdigkeit wieder herzustellen und sie fortan vor den Vorwürfen der Lüge und einer irreführenden Berichterstattung zu bewahren, die von Kriegspropaganda kaum noch zu unterscheiden ist.

Es gilt, die Deutungshoheit der Kriegsbefürworter und -verlängerer aufzuweichen sowie zu durchbrechen, sodann den öffentlichen Druck zu erhöhen, um zu einer Politik der Entspannung und Abrüstung zurückzukommen. Vor allem ist eine flächendeckende Aufklärung nötig, die dem deutschen Volk reinen Wein einschenkt über die Frage nach der Ursache und den Verantwortlichkeiten an dem Ukrainekrieg, über die wirklichen Motive und Hintergründe, die wirtschaftlichen Folgen politischer Fehlentscheidungen und, damit verbunden, die Herstellung einer Gegenöffentlichkeit, die ihren wachsenden Einfluss benutzt, um für einen raschen Verständigungsfrieden zu wirken. Mit Friedrich Wilhelm Foerster ist zu verdeutlichen: „Immer nur die andern anklagen und von den anderen Initiative und Beispiel erwarten, das ist weder männlich noch politisch; nein, bei sich selber anfangen, selber das Beispiel geben, selber erfinderisch in Bezug auf konstruktive Lösung internationaler Probleme werden, sich selber zum Frieden und zur Wahrheit bekehren, das ist die allein menschenwürdige Haltung.“[30]

Was wir brauchen, sind Persönlichkeiten mit der Fähigkeit, die Welt über alle Denkschablonen hinweg für Abrüstung und Deeskalation zu gewinnen. Die in den 1960er und 1970er Jahren entwickelte Entspannungspolitik kann dabei als Vorbild dienen. Angesichts des völkerrechtswidrigen NATO-Krieges gegen Jugoslawien im Jahr 1999 gelangte der Friedensforscher Dieter S. Lutz zu dem Schluss: „Eine Europäische Friedens- und Sicherheitsordnung existiert nicht… Im Gegenteil wird das Europa von heute von einer Reihe von Paradoxien geprägt, wenn nicht gar beherrscht… Die Folgen dieser Widersprüche und Paradoxien jedenfalls sind Kriege und gewaltsame Konflikte – auch mitten in Europa – mit Hunderttausenden Toten, Verwundeten und Flüchtlingen."[31] Und: „Neben wirtschaftlichem Wohlstand ist Frieden das maßgebliche Ergebnis der Integration Westeuropas", schrieb Lutz angesichts des Krieges der NATO gegen Jugoslawien. Doch das allein reicht nicht aus. Weil der Aufbau einer „funktionstüchtigen und effizienten Sicherheitsstruktur" nach 1990 in Europa verhindert worden ist, ließen sich selbst im frühestmöglichen Stadium und auf niedrigster Ebene Konflikte nicht beilegen und Gewalt nicht verhindern. „Anders formuliert: Eine Friedensordnung muss wachsen, eine Sicherheitsordnung aber lässt sich schaffen."[32] Die Prognose von Lutz hat sich bewahrheitet – ein Grund mehr, sich mit seiner Argumentation zu befassen.

In einer Welt neuer Multipolarität ist friedliche Koexistenz das Gebot der Stunde. Kooperation ist waffenunabhängig zu definieren. Dazu gehört nicht zuletzt das Überdenken eigener Positionen, was die Kritik einer staatsorientierten Politik einschließt. Dem Leitbild einer in Waffen erstarrten Welt, in das uns die alten wie neuen Kriegsbefürworter führen wollen, ist eine Absage zu erteilen. Wie sonst ist das Überleben der Menschheit zu sichern?

Anmerkungen

1 Das gilt auch im Kern für das neue programmatische Papier der SPD zur Außen- und Sicherheitspolitik. Vgl. dazu das Grundsatzprogramm der SPD vom Dezember 1989 und die programmatischen Grundsätze im Anschluss zur Friedensordnung in Europa und zur Abrüstung.

2 So Prof. Dr. Ursula Schröder, seit 2017 Wissenschaftliche Direktorin des Instituts für Friedensforschung und Sicherheitspolitik an der Universität Hamburg (IFSH) – https://www.youtube.com/watch?v=WMttQqSH-OAgl. – 4.2.2023

3 N. Deitelhoff in der Beilage „Aus Politik und Zeitgeschichte", Heft 10-11/2023

4 Siehe https://daserste.ndr.de/annewill/videos/Bedingt-abwehrbereit-schafft-Deutschland-so-die-Zeitenwende,annewill7788.html – 28.1.2023

5 Siehe U. Schröder unter https://www.youtube.com/watch?v=WMttQqSH-OA – 5.2. 2023; vgl. kritisch dazu https://wissenschaft-und-frieden.de/ausgabe/2022-3-krieg-gegen-die-ukraine/ abgerufen am 5.02.2023

6 Vgl. ebd., und //ifsh.de/news-detail/deutsche-schuetzenpanzer-fuer-die-ukraine-ifsh-direktorin-zu-gast-in-der-redezeit-auf-ndr-info, abgerufen am 28-01.2023

7 Vgl. u.a. https://wissenschaft-und-frieden.de/ausgabe/2022-3-krieg-gegen-die-ukraine/ – 5.2.2023; Publikationen des „Friedensratschlags" und anderer an „zivilen Sicherheitskonzepten" arbeitenden Forschungseinrichtungen sowie Stefanie Christmann/Dieter S. Lutz, Die Zerstörung der Vernunft in Zeiten des Krieges – Zum Demokratieverlust nach 1989, Berlin 2000

8 Vgl. u.a. https://www.morgenpost.de/politik/article237604215/sahra-wagenknecht-alice-schwarzer-manifest-ukraine-krieg-frieden.html – 11.2.2023, https://www.berliner-zeitung.de/politik-gesellschaft/aufruf-zu-demo-schwarzer-und-wagenknecht-veroeffentlichen-manifest-fuer-frieden-li.316259, https://www.faz.net/aktuell/feuilleton/debatten/manifest-von-wagenknecht-und-schwarzer-loest-kontroverse-aus-18671415.html?service=printPreview.

9 Deutsche beim Thema „Leopard" gespalten, Stand: 19.1.2023, 20 Uhr – https://www.tagesschau.de/inland/deutschlandtrend/deutschlandtrend-3277.html – 5.2. 2023

10 Vgl. Spiegel, Nr. 7, S. 6, 11.2.2023

11 Vgl. aus apologetischer Sicht Florian Stöhr, Die sicherheitspolitische Community in Deutschland, Baden-Baden 2021

12 So ein Hörer des „Presseclubs" vom 29.1.2023

13 R. Kiesewetter im Interview am 20.1.2023 – https://www.deutschlandfunk.de/kommen-jetzt-die-kampfpanzer-interview-mit-roderich-kiesewetter-cdu-dlf-ace 4621a 100.html – 5.2.2023

14 So einige Schlagworte im Streit um immer weitere Waffenlieferungen

15 Claudia Major in der ARD-Sendung „Hart, aber Fair" vom 27.9.2022

16 Vgl. F. Stöhr, Die sicherheitspolitische Community

17 So etwa bei der Deutschen Gesellschaft für Auswärtige Politik und der Deutsch-Atlantischen Gesellschaft

18 Angaben unter https://regiowiki.at/wiki/Gustav_Gressel – 11.2.2023

19 https://dgap.org/de/user/18346/christian-moelling

20 Das Zentrum Sicherheit und Verteidigung beruht auf einem umfassenden Ansatz in der Sicherheitsforschung. Die thematische Spannbreite reicht von der deutschen und europäischen Verteidigungs- und Sicherheitspolitik, der Entwicklung der Rüstungsindustrie bis zum zivilen Krisenmanagement und der Terrorismusbekämpfung – https://dgap.org/de/forschung/programme/zentrum-fuer-sicherheit-und-verteidigung – 11.2.2023

21 Siehe Homepage des Instituts an der Universität Potsdam

22 Vgl. die Besprechung des Buchs von Sönke Neitzel „Deutsche Krieger" durch den Marburger Historiker Eckart Conze – https://www.hsozkult.de/review/id/reb-95530 – 11.2.2023

23 C. Masala, Bedingt abwehrbereit. Deutschlands Schwäche in der Zeitenwende, München 2023

24 Vgl. https://www.spiegel.de/netzwelt/netzpolitik/ukraine-krieg-der-deutsche-lumpen-pazifismus-kolumne-a-77ea2788-e80f-4a51-838f-591843da8356 – Hier auch die folgenden Zitate

25 Vgl. hierzu die Schilderung „Stresemann nennt mich einen Lumpen". In: F. W. Foerster, Erlebte Welrgeschichte 1869-1953 – Memoiren, Nürnberg 1953, S. 408 f. Zu Foerster siehe jüngst die Studie von Lothar Wieland, „Übelstes Stinkgewächs am Giftbaum des deutschen Pazifismus" – Zur Bedeutung von Friedrich Wilhelm Foerster (1869-1966). In: Helmut Donat/ReinholdLütgemeier-Davin (Hrsg.), Geschichte und Frieden in Deutschland 1870-2020 – Eine Würdigung des Werkes von Wolfram Wette, Bremen 2024, S. 739-781; Helmut Donat, „Wohl der bestgehaßte Mann Deutschlands" (Hellmut von Gerlach) – Friedrich Wilhelm Foerster (1869-1966) und sein Bemühen um eine deutsch-polnische Aussöhnung. In: Christoph Koch (Hrsg.), Vom Junker zum Bürger: Hellmut von Gerlach – Demokrat und Pazifist in Kaiserreich und Republik, München 2009, S. 143-201; ders., Zum 150. Geburtstag von Friedrich Wilhelm Foerster (1869-1966) am 2. Juni 2019. In: The European – Debattenmagazin, 2. Juni 2019 (Gesellschaft & Kultur, Medien) –https://www.theeuropean.de/helmut-donat/15909-hitlers-staatsfeind-nr-1

26 Vgl. hierzu u.a. die Ausführungen von Foerster in den Kapiteln „Weltpolitik ohne Weltgewissen" und „Politik gegen Wirtschaft". In: F. W. Foerster, Die tödliche Krankheit des deutschen Volkes – Flugblatt, Luzern 1933, S. 4-7. Eine Kopie im Besitz des Verfassers; zum bedingungslosen Festhalten am „Schwertglauben" nach 1918 vgl. Wolfram Wette, Militarismus in Deutschland – Geschichte einer kriegerischen Kultur, Frankfurt am Main 2008, S. 104 f.

27 Friedrich Wilhelm Foerster, Keine Illusionen – Streiflichter zur gegenwärtigen Lage. In: Die Menschheit – Für Völkerfrieden und Volkswohlfahrt durch nationale Selbsterkenntnis, 15. Jg,, 4.11.1928

28 Vgl. hierzu F. W. Foerster, Zwei Arten von Pazifismus. In: Die Zeit – Organ für grundsätzliche Orientierung, 1. Jg., Heft 9, S. 262 f., 5.5.1930

29 F. W. Foerster, Pazifistische Grundfragen – Abstrakter und realistischer Pazifismus. In: Die Zeit, 3. Jg., Heft 7, S. 244-248, 5.4.1932

30 Ebd., S. 248

31 St. Christmann/D. S. Lutz, Zerstörung der Vernunft, S. 145 f.

32 Ebd., S. 146 f.

Jürgen Rose

Den Frieden gewinnen – nicht den Krieg!

Noch ist die Zahl derer überschaubar und leise, die ihre Stimme gegen das massenhafte Morden auf den Schlachtfeldern im Osten Europas erheben. Doch notwendiger denn je ist es in diesen Zeiten allgegenwärtigen und allumfassenden Kriegs- und Siegesgetrommels, ein Zeichen für den Frieden auf der Welt und gegen das barbarische Gemetzel zu setzen.

Heutzutage übersteigt die Zahl der willigen Koalitionäre, die sich unter Federführung der USA im Kampf gegen Russland zusammengeschlossen haben, den Umfang der Anti-Hitler-Koalition im Widerstand gegen Nazi-Deutschland. Damals nannte man dies einen Weltkrieg, den Zweiten Weltkrieg. Womit aber haben wir es heutzutage in der Ukraine zu tun? Befinden wir uns nicht längst in einem Dritten Weltkrieg, den die NATO im Verein mit zahlreichen willfährigen Helfern unter ebenso zynischer wie menschenverachtender Ausbeutung von Selbstbehauptungswillen und Opferbereitschaft der ukrainischen Männer und Frauen führt, gemäß der seitens der amtierenden Außenministerin Deutschlands propagierten, widerwärtigen Parole: „Wir werden Russland ruinieren!“? Und laufen diejenigen, die auf beiden Seiten der Front den mörderischen Krieg weiter eskalieren, nicht erhebliche Gefahr, dass dieser zuletzt in einer unkontrollierbaren nuklearen Konfrontation endet?

Gemäß der dem Publikum von NATO-treuen Politikern und Massenmedien gebetsmühlenartig wiederholten Erklärung handelt es sich bei dem Krieg in der Ukraine um einen Angriffskrieg. Und ein solcher stellt laut dem Urteilsspruch des Nürnberger Kriegsverbrechertribunals von 1946 „das größte internationale Verbrechen [dar], das sich von anderen Kriegsverbrechen nur dadurch unterscheidet, dass es in sich alle Schrecken vereinigt und anhäuft.“ Im Hinblick darauf erscheint es als äußerst bedeutsam, was ein renommierter US-amerikanischer Historiker, Politik- und Wirtschaftswissenschaftler zur Problematik der Entscheidung darüber, wer in einem Krieg denn jeweils als Angreifer und als Verteidiger zu gelten habe, geschrieben hat: Stefan T. Possony, der als österreichischer Jude nur knapp den Gestapo-Schergen Adolf Hitlers entkommen ist und nach einer spektakulären akademischen Karriere an US-amerikanischen

Spitzenuniversitäten US-Präsident Ronald Reagan als Berater in Sachen Strategische Raketenabwehr diente – ein antikommunistischer Falke und keinesfalls ein Pazifist. Zur Problematik von Angriff und Verteidigung merkt er an: „Bei der strategisch-politischen Beurteilung einer konkreten Situation ist es oft schwierig, Angriff von Verteidigung zu unterscheiden ... Der Befehl, einen vorliegenden Offensivplan durchzuführen, mag militärisch einen Angriff darstellen, die Offensive, selbst wenn es sich um einen bewaffneten Einzelfall handelt, mag jedoch strategisch-politisch rein defensiven Motiven entspringen ... Trotz der offensichtlichen Schwierigkeiten, die eine klare und rechtsverbindliche Definition ausschließen – es hängt eben alles von den Umständen ab –, lässt sich, theoretisch gesprochen, jene Regierung oder konspirative Gruppe als Angreifer kennzeichnen, die die Entscheidung trifft, Krieg zu führen, um die internationale Machtverteilung zugunsten der eigenen Seite zu verändern. Hingegen lässt sich die Regierung, die einen Krieg führt, um die eigene Schwächung oder Zerstörung oder eine wesentliche Veränderung der gegebenen internationalen Machtlage zu verhindern, als Verteidiger bezeichnen.“

Ganz ähnlich muss das vor über fünfhundert Jahren schon einer der Gründerväter der Politischen Theorie, der italienische Philosoph und Machttheoretiker Niccolò Machiavelli gesehen haben, als er konstatierte: „Nicht wer zuerst zu den Waffen greift, ist der Anstifter des Unheils, sondern wer dazu nötigt.“

Wer in der Ukraine zuerst zu den Waffen gegriffen hat, steht offenbar fest, obwohl die OSCE Special Monitoring Mission to Ukraine, die Beobachtungsmission der Organisation für Sicherheit und Zusammenarbeit in Europa, vor einem Jahr etwas Anderes aus dem Donbass berichtete: Acht Tage vor dem Beginn des russischen Einmarsches hatten die ukrainischen Streitkräfte nämlich eine großangelegte Artillerieoffensive gegen die abtrünnigen Volksrepubliken begonnen, um diese zurückzuerobern, ganz so wie von Präsident Selenskyj im März des Vorjahres bereits angeordnet – unter grober Missachtung des durch den Sicherheitsrat der Vereinten Nationen für völkerrechtlich verbindlich erklärten Minsker Abkommens, in dem unter anderem eine Autonomieregelung für den Donbass vereinbart worden war. Es geht um einen höchst bedeutsamen Umstand, der von unseren NATO-treuen Mainstream-Propagandamedien bis heute geflissentlich verschwiegen wird.

Wer also sind jene Anstifter des Unheils, die zum Krieg in der Ukraine genötigt haben? Denn folgt man Machiavellis Erkenntnis, dann begeht nicht nur, wer einen Angriffskrieg beginnt, einen Völkerrechtsbruch, sondern auch derjenige, welcher einem derartigen Verbrechen dadurch Vorschub leistet, in dem er es unterlässt, alles Menschenmögliche zur Erhaltung des Friedens, also zur Verhinderung jenes Völkerrechtsverbrechen, zu tun. Auch friedensstörende Handlungen, die einen politischen Akteur zu einer kriegerischen Aggression zu provozieren geeignet sind, wie beispielsweise die skrupellose Ausdehnung eines Militärbündnisses unter ignoranter Vernachlässigung von Sicherheitsinteressen anderer Staaten, die einseitige Aufkündigung essentieller Rüstungskontroll- und Abrüstungsverträge, die völkerrechtswidrige Intervention in die von der Satzung der Vereinten Nationen geschützten inneren Angelegenheiten souveräner Staaten oder sicherheitsdestabilisierende, maßlose Aufrüstungsmaßnahmen konstituieren (regierungs-)kriminelle Akte.

Will man sich der Beantwortung der Frage nach den Anstiftern des Desasters in der Ukraine annähern, ist es, um dem ideologiegesättigten Anwurf eines etwaigen unangebrachten Verständnisses für Russland oder – horribile dictu – gar Präsident Putin vorzubeugen, ratsam und unabdingbar, ausschließlich Beobachter heranziehen, die sich über einen derartigen Verdacht als erhaben erweisen.

Bei dem ersten „Kronzeugen" handelt es sich um den ehemaligen US-Botschafter in der Sowjetunion und Direktor für europäische Angelegenheiten im Nationalen Sicherheitsrat der USA, Jack F. Matlock. Im Hinblick auf die vielbeschworene „regelbasierte Weltordnung" konstatiert er: „Aber es war der Westen, der damit begonnen hat, dieselben internationalen Regeln zu brechen, als die NATO wegen Kosovo Serbien bombardiert hat. Unsere zweite Verletzung der Schlussakte von Helsinki – wonach Grenzen nur veränderbar sind, wenn beide Seiten zustimmen – war, als wir die Unabhängigkeit von Kosovo akzeptiert haben. Putin sagt: Ihr habt den Präzedenzfall geschaffen. Jetzt verletze ich die Regeln. Das müssen wir berücksichtigen, wenn wir über Legalität reden. So zu tun, als ob Russland etwas Einzigartiges täte und Russland zu einem besonderen Ausgestoßenen zu machen, ist unfair." Weiter führt Matlock aus: „2008 entschied die NATO, die Ukraine auf eine Spur zur Mitgliedschaft zu setzen. Ein in seinem Inneren tief gespaltenes Land, direkt vor Russlands Türe. Das alles waren sehr dumme Schachzüge des Westens. Heute haben wir die Reaktion darauf. Wenn China anfangen würde, eine Militärallianz mit Kanada und Mexiko zu organisieren, würden die USA das nicht tolerieren. Wir würden uns auch nicht auf abstrakte Prinzipien von internationalem Recht beschränken lassen. Wir würden das verhindern. Mit jedem Mittel, das wir haben. Jedes Land, das die Macht dazu hat, würde das tun … Putin handelt so, wie jeder russische politische Verantwortliche unter diesen Umständen handeln würde."

Als zweite, ernstzunehmende Persönlichkeit sei der ehemalige Verteidigungsminister und Bundeskanzler der Bundesrepublik Deutschland, Helmut Schmidt, angeführt. Obwohl ein Transatlantiker, der wegen seines unbeirrten Festhaltens am Beschluss der NATO zur nuklearen Nachrüstung sein Amt verloren hat, gab er im August 1993 zu Protokoll: „Wenn ich ein sowjetischer Marschall wäre oder ein Oberst, würde ich die Ausdehnung der NATO-Grenzen, erst von der Elbe bis an die Oder und dann über die Weichsel hinaus bis an die polnische Ostgrenze, für eine Provokation und eine Bedrohung des Heiligen Russland halten. Und dagegen würde ich mich wehren. Und wenn ich mich heute dagegen nicht wehren kann, würde ich mir vornehmen, diese morgen zu Fall zu bringen."

Als dritte warnende Stimme soll Papst Franziskus zu Wort kommen. In einem Interview zum Ukrainekrieg äußerte er: „Um diese Frage [nach dem Angriffskrieg] zu beantworten, müssen wir uns von dem üblichen Schema des ‚Rotkäppchens' lösen: Rotkäppchen war gut, und der Wolf war der Bösewicht. Hier gibt es keine metaphysisch Guten und Bösen auf abstrakte Art und Weise … Die NATO-Staaten bellen vor den Toren Russlands, und sie verstehen nicht, dass die Russen imperial sind und keiner fremden Macht erlauben, sich ihnen zu nähern … Die Situation könnte zu einem Krieg führen … Aber die Gefahr ist, dass wir nur das sehen, was ungeheuerlich ist, und nicht das ganze Drama sehen, das sich hinter diesem Krieg abspielt, der vielleicht in gewisser Weise entweder provoziert oder nicht verhindert wurde. Und ich registriere das Interesse am Testen und Verkaufen von Waffen. Das ist sehr traurig, aber darum geht es ja offensichtlich … Ich bin einfach dagegen, die Komplexität auf die Unterscheidung zwischen Guten und Bösen zu reduzieren, ohne über die Wurzeln und Interessen nachzudenken, die sehr komplex sind."

Weitere Stimmen verdeutlichen, an wen sich die Forderung nach einer umgehenden Beendigung des Krieges und einer Friedensregelung auf diplomatischem Wege zu richten hat: Zuvörderst an die NATO-Kriegsbefürworter in Washington, Brüssel, London und Warschau. In diesem Sinne hat auch Deutschlands berühmtester lebender Philosoph Jürgen Habermas erklärt: „Mir geht es um den vorbeugenden Charakter von rechtzeitigen Verhandlungen, die verhindern, dass ein langer Krieg noch mehr Menschenleben und Zerstörungen fordert und uns am Ende vor eine ausweglose Wahl stellt: Entweder aktiv in den Krieg einzugreifen oder, um nicht den ersten Weltkrieg unter nuklear bewaffneten Mächten auszulösen, die Ukraine ihrem Schicksal zu überlassen."

Für diplomatische Initiativen liegen inzwischen ernstzunehmende Vorschläge auf dem Tisch. Beispielsweise hat schon im Sommer 2022 die UN-Studiengruppe „Wissenschaft und Ethik des Glücks" in ihrer „Erklärung Frieden und Gerechtigkeit" eine Reihe von „Eckpunkten für einen Waffenstillstand und ein positives Friedensabkommen" formuliert. Sie lauten:

1. Neutralität der Ukraine, d. h. Verzicht auf die nationalen Ambitionen, der NATO beizutreten, bei gleichzeitiger Anerkennung der Freiheit der Ukraine, Abkommen mit der Europäischen Union und anderen zu schließen;

2. Sicherheitsgarantien für die Souveränität, Unabhängigkeit und territoriale Integrität der Ukraine, die von den P-5-Mitgliedern der Vereinten Nationen (China, Frankreich, Russland, Vereinigtes Königreich und Vereinigte Staaten) sowie der Europäischen Union und der Türkei gegeben werden, was militärische Transparenz und Beschränkungen der militärischen Stationierung und groß angelegter Übungen in Grenzgebieten unter internationaler Beobachtung in Verbindung mit der Aufhebung von Wirtschaftssanktionen beinhalten könnte;

3. Russische De-facto-Kontrolle der Krim für einen Zeitraum von mehreren Jahren, nach dem die Parteien auf diplomatischem Wege eine dauerhafte De-jure-Regelung anstreben würden, die einen erleichterten Zugang der lokalen Gemeinschaften sowohl zur Ukraine als auch zu Russland, eine liberale Grenzübergangspolitik für Personen und Handel, die Stationierung der russischen Schwarzmeerflotte und finanzielle Entschädigungen umfassen könnte;

4. Autonomie der Regionen Luhansk und Donezk innerhalb der Ukraine, die wirtschaftliche, politische und kulturelle Aspekte umfassen könnte, die innerhalb kurzer Zeit näher zu bestimmen sind;

5. garantierter kommerzieller Zugang sowohl der Ukraine als auch Russlands zu den Schwarzmeerhäfen der beiden Länder;

6. die schrittweise Aufhebung der westlichen Sanktionen gegen Russland in Verbindung mit dem Rückzug des russischen Militärs gemäß der Vereinbarung;

7. ein multilateraler Fonds für den Wiederaufbau und die Entwicklung der vom Krieg zerstörten Regionen der Ukraine – an dem sich auch Russland beteiligt – und sofortiger Zugang für humanitäre Hilfe;

8. eine Resolution des UN-Sicherheitsrates zur Schaffung internationaler Überwachungsmechanismen zur Unterstützung des Friedensabkommens.

Einen weit weniger ambitionierten Vorschlag für eine zumindest vorläufige Konfliktregelung hat im April 2023 Richard N. Haass, ehemaliger Präsident des einflußreichen Thinktanks „Council on Foreign Relations“ und Berater des US-Verteidigungsministers Colin Powell, zusammen mit dem Politikwissenschaftler Charles Kupchan, vormals Europa-Chefberater von US-Präsident Barack Obama, formuliert. Ausgangspunkt ihres Vorschlages bildet die Prognose: Ergebnis des Krieges sei vermutlich kein vollständiger Sieg der Ukraine, sondern ein blutiges Patt. Daher schlagen sie einen „Plan B“ vor. Dessen zentrales Element besteht in einem auf diplomatischem Wege ausgehandelten Waffenstillstand, der „faktisch einen neuen eingefrorenen Konflikt erzeugen würde“. Dadurch käme es zu einem „Status quo wie jenem auf der koreanischen Halbinsel, der seit 70 Jahren ohne einen formalen Friedensvertrag weitgehend stabil geblieben ist. Auch Zypern ist seit Jahrzehnten geteilt, aber stabil. Das wäre kein ideales Ergebnis, aber besser als ein jahrelanger Krieg von hoher Intensität“. Eine endgültige Friedensregelung wäre zunächst vertagt und bliebe diplomatischen Bemühungen vorbehalten. So verbände diese Formel „strategischen Pragmatismus mit politischen Prinzipien“ und böte anders als alles andere „den Vorzug, das Wünschenswerte mit dem Machbaren zu verbinden“.

Die nahezu täglich verlautbarten und angesichts des zermürbenden Kriegsverlaufs verantwortungslos wirkenden Begründungen zu weiteren Waffen- und Munitionslieferungen – wie beispielsweise im Verlauf des letzten NATO-Warlord-Treffens in München – geben keinerlei Anlass zu irgendwelchen Hoffnungen auf einen Wandel. Für eine Friedensregelung auf der Basis der o.g. Vorschläge lassen die Vertreter der NATO keinerlei Gesprächsbereitschaft erkennen. Sie lehnen es ab, mit der russischen Regierung überhaupt nur zu reden, während sie Russland im selben Atemzug fehlende Verhandlungsbereitschaft vorhalten.

Umso mehr sollte eine breite zivilgesellschaftliche Friedensbewegung ihren Protest gegen die bellizistische Enthemmung artikulieren. Wie schon zu Zeiten des Krieges der USA in Vietnam und wie in Zeiten der nuklearen Hochrüstung in den 1980er Jahren gilt es, sich zu besinnen und darauf zu drängen: „Aufstehen für den Frieden“, „Schwerter zu Pflugscharen“ und „Frieden schaffen mit weniger – oder besser noch – ganz ohne Waffen!“

Kathrin Vogler

Eine Ökonomie der Versöhnung

In Zeiten des Krieges über Versöhnung nachzudenken, ist ein gewagtes Unterfangen. Wer sich darauf einlässt, muss sich nicht nur mit einer politischen und medialen Kriegsöffentlichkeit auseinandersetzen, in der alle nachdenklichen Stimmen schnell als „Verräter“, „Putinfreunde“ oder „Lumpenpazifisten“ gebrandmarkt werden, sondern auch den Mut haben, sich mit den eigenen Zweifeln und Widersprüchen zu beschäftigen, was nahezu ebenso herausfordernd ist.

Der Angriff Russlands auf die Ukraine am 24. Februar 2022 markiert eine neue Ära in den internationalen Beziehungen, die sich allerdings schon lange zuvor angebahnt hatte. Hintergrund ist die Neuaufteilung der Welt in geopolitische Einflusssphären, nachdem das Ende des Kalten Kriegs mit dem Zerfall der Sowjetunion zunächst eine unipolare Weltordnung schuf, in der die USA und ihre Verbündeten weitgehend unangefochten als Ordnungsmächte des globalisierten Kapitalismus agierten. Mit der wachsenden Bedeutung Chinas, Indiens und Russlands in der globalen Ökonomie schrumpfen die Anteile der USA und der EU an der weltweiten Wertschöpfung und damit ihre Möglichkeiten, Handelsbedingungen zu ihren Gunsten zu beeinflussen oder gar zu bestimmen. China, zur Zeit des Kalten Krieges noch ein Entwicklungsland, verfolgt den Plan, bis zum Jahr 2050 zur führenden wirtschaftlichen, militärischen und politischen Macht der Welt aufzusteigen, und es gibt kaum ExpertInnen, die am Erreichen dieses Ziels zweifeln. Russland hat unter den aufstrebenden Mächten eine Sonderrolle, da seine Wirtschaftsleistung vor allem auf Landwirtschaft, Rohstoffen und Rüstungsproduktion basiert, während Indien und China sich auf Technologie und Massengüter stützen und sich auch stark im Bereich der erneuerbaren Energien engagieren. Das russische Wirtschaftsmodell ist also wenig nachhaltig und kollidiert daher mit dem politischen Anspruch der russischen Führung unter Wladimir Putin, den Status als Weltmacht zu erhalten und den eigenen Einfluss zu vergrößern. Diesen sichert sich Russland zurzeit vorwiegend über Rohstoff- und Militärexporte – die Rolle der Wagner-Gruppe etwa in Syrien und Afrika ist Teil dieser Strategie. Ideologisch untermauert es seinen Anspruch mit einer antiimperialistischen Rhetorik einerseits und einem Rückgriff auf die Geschichte des russischen Zarenreichs andererseits, dessen Erweiterungsdrang sich tatsächlich weniger auf die Gründung ferner Kolonien, sondern mehr auf die Ausdehnung und Konsolidierung des eigenen Staatsgebiets sowie die Russifizierung der Nachbarländer richtete.

Ein bemerkenswerter Effekt des russischen Nationalismus und Imperialismus ist, dass er eine Realität schafft, die seinen Zielen zuwiderläuft: Wohl kein Ereignis der letzten dreißig Jahre hat aus der ukrainischen Bevölkerung so sehr ein Volk geschmiedet wie der russische Überfall vom 24. Februar 2022. Was die Menschen in den von Russland besetzten Gebieten denken, wissen wir nicht, aber in den nicht besetzten Gebieten sprechen sich große Mehrheiten in Umfragen für eine Fortsetzung des Krieges bis zur Befreiung aller von Russland besetzten Gebiete inklusive der Krim aus und wollen den Widerstand sogar bei einem Angriff mit Atomwaffen nicht beenden. Nun sind solche Umfragen, von der Münchner „Sicherheitskonferenz" in Auftrag gegeben, mit Vorsicht zu genießen. Dennoch gibt es im Moment nur wenige UkrainerInnen, die eine Versöhnung mit dem Aggressor als vorstellbar empfinden, was nachvollziehbar ist. Dennoch müssen sich die WestukrainerInnen entscheiden, ob sie die russischsprachige Minderheit im Osten wirklich als Landsleute haben und ihre Mitbürger betrachten wollen. In diesem Falle müssten diese gleiche Rechte und eine politische Repräsentanz erhalten. Für viele UkrainerInnen, die die BewohnerInnen des Donbass und der Krim als „Terroristen" bezeichnen, ist der Gedanke eine Zumutung, doch wann immer es in der Geschichte zu Sezessionskriegen gekommen ist, endete es entweder mit der Abspaltung der umkämpften Gebiete oder mit „Terroristen" in Parlamenten und Regierungen.

Wer auch immer sich statt eskalierender Waffenlieferungen für Verhandlungen ausspricht, muss sich vorwerfen lassen, eine Illusionist zu sein. Aber ist es nicht viel wirklichkeitsfremder zu glauben, dass es einen baldigen militärischen Sieg der Ukraine gäbe und danach alles wieder so wäre wie vor 2014?

An den Fronten lassen sich zurzeit allenfalls noch kleinere Geländegewinne erzielen. Städte und Dörfer, erobert, zurückerobert und weiter beschossen, sind zerstört, entvölkert und ihrer Funktion beraubt, Äcker und Straßen vermint und nicht nutzbar. Der lange Kampf um die Stadt Bachmut, vor dem Krieg Heimat für 74.000 Menschen und nun vollständig unbewohnbar, ist beispielhaft für den Krieg: wegen ihrer strategisch wichtigen Lage und hohen symbolischen Bedeutung dem Erdboden gleichgemacht. Beide Kriegsparteien legten mehr Wert auf den Gewinn des Territoriums als auf seine Nutzbarkeit. Ähnlich sieht es in Mariupol aus, das vor dem Krieg 440 000 Einwohner zählte. Vermutlich ist jeder fünfte infolge der Kämpfe umgekommen. Luftbilder von Mariupol zeigen eine zerstörte Stadt, während die russische Propaganda mit Bildern von schnell hochgezogenen Wohnblocks im Wortsinne potemkinsche Dörfer aufbaut, um die brutale Wirklichkeit des Krieges zu verstecken.

Aber auch die politischen Fassaden in Moskau erscheinen weniger solide als zu Beginn des Krieges. Dabei sind sich auch hier nahezu alle Osteuropa- und RusslandexpertInnen einig: Was bzw. wer auch immer nach Putin kommt – die Wahrscheinlichkeit, dass Russland demokratischer, friedfertiger und weniger nationalistisch wird, ist gering, sehr gering, nach einem Krieg, der viele junge, gut gebildete Menschen aus dem Land getrieben und eine ganze Generation zu Kanonenfutter gemacht hat, wahrscheinlich noch geringer als davor.

Gleichwohl ist Westeuropa darauf angewiesen, sein Verhältnis zu Russland neu zu bestimmen, aus ökonomischen, politischen und geographischen Gründen. Was gerade geschieht, ist eben keine schlichte Neuauflage des Kalten Krieges, sondern eine völlig neue Situation. Die Methoden und Mechanismen, mit denen der Kalte Krieg sich als Systemauseinandersetzung zweier gegensätzlicher Wirtschafts- und Militärblöcke einhegen ließ, sind daher nicht mehr ausreichend. Wir erleben eine rasante Entwicklung im Bereich autonomer und halbautonomer Waffensysteme, die durch künstliche Intelligenz noch weiter beschleunigt wird. Die Automatisierung verkürzt die Vorwarnzeiten weiter und erhöht damit die Gefahr eines versehentlichen Einsatzes von Atomwaffen, zumal in einer Situation, in der Atomwaffenstaaten schon mit der Anwendung nuklearer Waffensysteme gedroht haben. Verschärfend hinzukommt die Zerschlagung der Abrüstungs- und Rüstungskontrollverträge zwischen Russland und den USA seit Beginn des 21. Jahrhunderts und die neue Aufrüstungswelle im Bereich der Atomwaffen und Trägersysteme.

Das alles geschieht in einer Zeit, in der der menschengemachte Klimawandel erste Kippunkte erreicht. Im Sinne der Arterhaltung wäre es dringend notwendig und vernünftig, alle Kräfte und Ressourcen zu bündeln, um so schnell wie möglich, unsere Art der Produktion und des Konsums den natürlichen Grenzen unseres Planeten anzupassen. Statt Konkurrenz um Rohstoffe, Märkte und Handelswege bedarf es weltweiter Kooperation und gerechter Verteilung.

Die Sache drängt. Sie kann nicht darauf warten, bis wir uns endlich dazu durchgerungen haben, das Misstrauen und die Feindseligkeit zu überwinden;

das Vertrauen muss, vor dem Hintergrund, Schlimmeres zu verhüten, im gemeinsamen Handeln entstehen. Andererseits gibt es keinen wirksameren Antrieb für Versöhnung als gemeinsame Interessen. Mit anderen Worten: Alle sind dazu aufgerufen, den Erhalt eines bewohnbaren Planeten in den Mittelpunkt zu stellen und sich zusammen dafür stark zu machen. Auch wenn Regierungen sich im Moment eher Vorteile vom Klimawandel erhoffen und vom Auftauen der Pole und des Permafrosts neue Rohstoffvorkommen und die Erschließung riesiger landwirtschaftlicher Flächen versprechen, so bleiben solche Pläne doch eine Milchmädchenrechnung. Mögliche Gewinne würden bezahlt mit unkalkulierbaren Schäden an anderer Stelle, unberechenbaren Wetterphänomenen, die Infrastruktur zerstören, und globalen Fluchtbewegungen, denen sich Länder, die keine Inseln sind, kaum entziehen könnten.

Zur Dekarbonisierung der globalen Wirtschaft gehört zwingend ein solidarisch unterstützter Umbau der Ökonomie in den bisherigen Förderländern, auch in Russland. Die Energiewende darf nicht zu einem exklusiven Projekt der führenden Wirtschaftsmächte USA, EU und China werden. Vielmehr muss sie diejenigen Länder einschließen, die deren wirtschaftliche Erfolge durch die Bereitstellung billiger Energierohstoffe ermöglicht haben. Wenn wir die Kriege nach 1990 betrachten, dürften wir vermutlich keinen finden, bei dem es nicht (auch) um Ressourcenfragen gegangen wäre – von den berüchtigten „Blutdiamanten“ in Sierra Leone bis zu den Ölquellen im Nordirak.

Eine dekarbonisierte globale Nachhaltigkeitsökonomie, die gewaltfördernde Ausbeutungsverhältnisse nicht zementiert, sondern die Bedürfnisse der Menschen und den Erhalt ihrer Existenzgrundlagen in den Mittelpunkt stellt und beide Werte miteinander in Einklang bringt, ist das Gebot der Stunde. Eine solche Ökonomie der Versöhung braucht auch internationale Vereinbarungen, zum Beispiel über den fairen Austausch von Technologien oder über deren Regulierung. Hier ist es vordringlich, den Einsatz von künstlicher Intelligenz in Waffensystemen zu begrenzen und den Verbrauch fossiler Rohstoffe massiv zu verringern. Machen wir uns keine Illusionen. Eine solche Zukunft kann ein „grüner Kapitalismus“, wie er derzeit von der Bundesregierung und der EU-Kommission vorangetrieben wird, nicht schaffen, vor allem dann nicht, wenn es sich um einen „grünen“ Kriegs- und Aufrüstungskapitalismus handelt. Eine solche Zukunft ist nur durch grenzüberschreitende Bündnisse von unten zu erreichen.

Otmar Steinbicker

Plädoyer für ein Ende des Krieges und den Beginn von Waffenstillstandsverhandlungen

Einen Artikel über einen laufenden Krieg für eine Tageszeitung zu schreiben, ist vergleichsweise einfach. Man kommentiert den aktuellen Stand der Dinge, und wenn man nicht gerade Pech hat, ist bis zum Erscheinen alles so geblieben. Treten irgendwann Veränderungen ein, so kommentiert man für eine nächste Zeitungsausgabe neu. Einen Beitrag über einen noch nicht beendeten Krieg für ein Buch zu schreiben, das womöglich noch in einigen Jahren gelesen wird, ist ungleich schwieriger, schließlich ist der Autor kein Prophet. Wie sich der Krieg weiter entwickelt und wie er irgendwann endet, kann er nicht wissen.

So lässt sich nach anderthalb Jahren Krieg in der Ukraine nur eine Zwischenbilanz ziehen. Auffällig ist dabei, dass der Kriegsverlauf eher dem Stellungskrieg des Ersten Weltkrieges ähnelt als dem weiträumig geführten Bewegungskrieg des Zweiten Weltkrieges. Beide Kriegsparteien beschießen sich gegenseitig mit Unmengen an Artilleriegeschossen, ohne dass sich die Frontlinie seit Monaten signifikant ändert. Das erinnert an die Schlacht um Verdun oder die an der Somme, wo man noch heute Markierungen auf den Straßen findet, wo damals zu welchem Zeitpunkt die Frontlinie verlief: mal einige hundert Meter vor, sodann wieder einige hundert Meter zurück. Die Anzahl von Toten und Schwerverletzten ist bei dieser Art Kriegführung besonders hoch, und die Aussicht auf eine siegreiche Beendigung des Krieges für beide Seiten zumindest kurz- und mittelfristig sehr gering. Es handelt sich um einen klassischen Abnutzungskrieg, bei dem – wenn überhaupt – nur die Seite gewinnen kann, die am Ende noch Soldaten und Waffen hat. Ein solcher Krieg kann lange dauern, womöglich jahrelang.

Letztlich gab es, so die Einschätzung von „New York Times"-Reportern von Mitte Juli 2023, ein Patt. Das heißt, dass keine Seite siegen kann. Die Beobachtungen der Journalisten vor Ort bekräftigten die Analyse der „Rand Corporation" (RC) vom Januar 2023, ein Think-Tank, der seit Jahrzehnten das Pentagon berät. In einer 32 Seiten langen Studie gelangte der RC zu dem Schluss, dass weder Russland noch die Ukraine den Krieg gewinnen könne und daher irgendwann ein Waffenstillstand vereinbart werden müsse mit einer Grenzziehung entlang der Frontlinie. Das würde bedeuten, dass die Ukraine nicht nur die Krim, sondern auch die derzeit von Russland besetzten Gebiete im Osten und Süden abzutreten habe; das wären etwa zwanzig Prozent ihres Territoriums von 1991 (siehe dazu: https://www.rand.org/pubs/perspectives/PEA2510-1.html). Seit Erscheinen der RC-Studie hat sich innerhalb des letzten halben Jahres die Frontlinie nicht bedeutsam verschoben. Nur die Zahl der Toten und Verwundeten auf beiden Seiten ist um Zehntausende gestiegen.

Auch US-Stabschef Mark Milley hat bereits im November 2022 vor dem absehbaren Scheitern einer ukrainischen Gegenoffensive gewarnt und stattdessen zu Verhandlungen geraten. Sein Vorschlag wurde von Präsident Biden in den Wind geschlagen.

Dass ein Krieg, der nicht gewonnen werden kann, ein verlorener Krieg ist, wissen wir aus zwanzig Jahren Afghanistankrieg. Dass man aus einer solchen aussichtslosen Lage Konsequenzen zur Beendigung des Krieges zieht, das wissen wir auch, kann womöglich viele Jahre dauern. Bis dahin bleiben Eskalationsrisiken, vor allem, dass der Krieg räumlich ausgeweitet wird. Selbst der Extremfall der von der RC für möglich gehaltenen direkten Konfrontation zwischen der NATO und Russland bis hin zum Atomkrieg ist nicht völlig auszuschließen, solange der Krieg andauert. Daher plädiert die RC aus einem expliziten Eigeninteresse der USA dafür, einen langen Krieg strikt zu vermeiden.

Darüber hinaus wirft der Ukrainekrieg noch einmal prinzipielle Fragen zur Kriegführung auf. Der preußische Militärtheoretiker Carl von Clausewitz hat den Krieg als Fortsetzung der Politik mit anderen Mitteln definiert und somit den politischen Charakter des Krieges betont. Er diene dazu, die Interessen eines Landes, falls andere Mittel nicht ausreichen, mit einem Krieg durchzusetzen und dem Kriegsgegner den eigenen Willen aufzuzwingen. Der politische Konsens in West und Ost am Ende des Kalten Krieges bestand in der Erkenntnis, dass auch ein konventioneller großer, weiträumig geführter Krieg in Europa nicht mehr gewinnbar ist und daher zu vermeiden sei.

Putin hat mit seinem Angriffskrieg gegen die Ukraine dieses Einvernehmen negiert und versucht, quasi im Handstreich („Spezialoperation") Kiew zu erobern, um der Ukraine seinen Willen aufzuzwingen und einen Regierungswechsel herbeizuführen, um dort ihm genehme Politiker an die Macht zu bringen und die NATO-Mitgliedschaft der Ukraine zu verhindern. Dieser Versuch war bereits nach wenigen Wochen gescheitert, und es bot sich bei Gesprächen beider Seiten in Istanbul eine Verhandlungslösung an, die sich in etwa auf der Linie des Minsk-2-Abkommens von 2015 bewegt hätte – eine von der damaligen Bundeskanzlerin Angela Merkel federführend ausgehandelten Vereinbarung.

Dieses Mal war es die Regierung der Ukraine, die eine Verhandlungslösung ablehnte und darauf vertraute, mit massiven Waffenlieferungen aus NATO-Ländern den Krieg erfolgreich weiterzuführen, um Russland seinen Willen zu oktroyieren und den Rückzug der Truppen aus allen besetzten Gebieten einschließlich der 2014 annektierten Krim zu erreichen. Doch auch dieser Plan scheiterte. Russische Truppen erkämpften in den folgenden Monaten beträchtliche Teile der Donbass-Region im Südosten der Ukraine und verminten die erreichte Frontlinie so stark, dass ein Vordringen der ukrainischen Armee praktisch unmöglich wurde.

Wie wird/soll es weitergehen? Realistisch ist der RC-Vorschlag, der einen Waffenstillstand entlang der Frontlinie vorsieht. Eine Friedenslösung ist das natürlich noch nicht. Eine solche läge eher auf der Linie des Minsk-2-Abkommens von 2015. Zu einer solchen Einigung müssten aber beide Seiten, sowohl Russland wie die Ukraine, bereit sein. Das ist derzeit und womöglich auf absehbare Zeit nicht denkbar.

Sicherlich braucht es für eine Friedenslösung auch Vermittler. Da scheidet die Bundesregierung als wichtiger Waffenlieferant der Ukraine und Befürworter eines nicht realistischen „Siegfriedens" der Ukraine aus. Hoffnungen richten sich eher in Richtung China, Brasilien, die afrikanischen Staaten und weitere Länder des globalen Südens. Was diese angesichts der schwierigen Ausgangslage erreichen können, bleibt abzuwarten. Es hilft nicht weiter, Wunschszenarien zu formulieren. Vielmehr haben die Vermittler auf beiden Seiten nach einer realistischen und einvernehmlichen Lösung zu suchen. Sicherlich können diese Staaten auch ihre eigenen Interessen engagiert einbringen und versuchen, mit Druck und guten Argumenten auf die Krieg führenden Parteien einzuwirken. Für die Zivilgesellschaft in Deutschland bleibt die Möglichkeit, auf ein Ende von Waffenlieferungen ins Kriegsgebiet zu drängen, die Aufnahme von Deserteuren und Flüchtlingen beider Seiten zu unterstützen und humanitäre Hilfe zu leisten.

Walter Ruffler

Volksentscheid statt Kriegsgeschrei! – Für eine basisdemokratische Lösung des Ukraine-Konflikts

Eine frappante Friedensidee…

Am 4. März 2014 veröffentlichte Joerg Helge Wagner im Bremer „Weser-Kurier“ den Kommentar „Einheit um jeden Preis? – Warum eine Volksabstimmung für die Ukraine die beste Lösung wäre“ und schlug vor, den territorialen Konflikt um die Krim und den Donbass mithilfe eines international kontrollierten Volksentscheids zu lösen. Die Idee hat nach der achtjährigen „Anti-Terror-Operation“ der Kiewer Regierung gegen die Separatistengebiete mit mehr als 14000 Toten und nach der Eskalation des Konflikts durch den russischen Angriff am 24. Februar 2022 mit vermutlich bislang mehr als 100 000 Toten und Verwundeten und Millionen Kriegsflüchtlingen noch an Aktualität gewonnen.

Wagner wollte den Konflikt nicht den Berufspolitikern in Kiew und Moskau, in Washington, London, Berlin, Brüssel usw. überlassen, sondern die Konfliktlösung in die Hände der betroffenen Bevölkerung legen: Der Westen „sollte dem Kreml ein Referendum auf der Krim – selbstverständlich unter internationaler Aufsicht – anbieten.“ Wagner vermutet: „Zwei Drittel werden sich Putin in die Arme werfen – na und? Braucht Kiew die Krim? Nein, aber es braucht Russlands Erdöl, Russlands Gas“. Wagner weiter: „Das Mantra von der ‚territorialen Integrität‘ und Einheit der Ukraine“ sei „wenig hilfreich“. Die EU sollte sich für einen solchen Volksentscheid einsetzen: „Denn das Letzte, was die Union braucht, ist die mehr oder weniger erzwungene Annäherung von Millionen Menschen, die sich partout in die entgegengesetzte Richtung orientieren wollen. Wenn also auch der russophile Osten der Ukraine mehrheitlich sein Glück in Russland suchen will, sollte man ihn ziehen lassen.“

Wagner hält es offensichtlich für möglich, dass eine Mehrheit der Bewohner von Krim und Donbass sich staatsbürgerlich falsch platziert fühlten und lieber zu Russland gehören möchte. Um das herauszufinden, wären die von ihm vorgeschlagenen international überwachten Referenden ein probates Mittel. Ähnlich sieht es aktuell auch Noam Chomsky, der im Interview mit der Züricher

„Weltwoche" vom 2. März 2023 vorschlug: „Prüfen sollte man auch die Möglichkeit, ein international überwachtes Referendum über die sogenannten umstrittenen Regionen durchzuführen, die Russland illegal annektiert hat, inklusive Donbass. Damit ließe sich feststellen, was die Bevölkerung wirklich will."[1] Auch Henry Kissinger, Amerikas Elder Statesman, spricht sich für international überwachte Volksentscheide aus: „Wenn der Vorkriegsgrenzverlauf zwischen der Ukraine und Russland nicht militärisch oder durch Verhandlungen erreicht werden kann, könnte auf den völkerrechtlichen Grundsatz des Selbstbestimmungsrechts zurückgegriffen werden. In besonders strittigen Gebieten, die im Laufe der Jahrhunderte wiederholt den Besitzer gewechselt haben, könnten international überwachte Referenden abgehalten werden."[2]

Am 19. April 2023 hat sich die Bundestagsabgeordnete der „Linken" Sahra Wagenknecht im Rahmen eines Podiumsinterviews zum Thema „Frieden und Gerechtigkeit – aber wie?" mit Torsten Kleditsch, Chefredakteur der „Freien Presse Chemnitz", für Volksentscheide in der Ukraine ausgesprochen: „Bei den besetzten Gebieten wäre in meinen Augen die Ideallösung, zunächst mal die Waffen schweigen zu lassen, UN-Beobachter in die Gebiete zu schicken, dass dort keine Übergriffe, keine Verbrechen, keine Repression passiert, und dann, nach einer gewissen Zeit, wenn sich das alles etwas normalisiert hat, wirklich die Bevölkerung einfach zu fragen. Und bei der Krim, würde ich sagen, ist relativ klar, wie das ausgeht, aber das ist dann halt so. Und im Donbass muss man eben sehen, wie es ausgeht, sollen doch die Leute entscheiden, die vor Ort leben, zu welchem Land sie gehören wollen."[3] Mittlerweile hat Indonesien einen Friedensplan-Vorschlag vorgelegt, der ebenfalls eine Volksabstimmung vorsieht, „um die Wünsche der Mehrheit der Bewohner der Regionen der Süd- und Ostukraine zu ermitteln".[4]

Die Beispiele zeigen, wie die Friedensfrage mit dem Aspekt der direkten Demokratie verbunden worden ist, um den Krieg in der Ukraine zu beenden, dem Töten Einhalt zu gebieten und eine Versöhnung zwischen den Konfliktparteien zu ermöglichen. Die bundesrepublikanische Friedensbewegung sollte die Vorschläge von Joerg Helge Wagner, Noam Chomsky, Henry Kissinger, Sahra Wagenknecht und der indonesischen Regierung aufgreifen und die deutsche Politik auffordern, sich bei ihren NATO-Partnern und EU-Kollegen sowie bei den streitenden Konfliktparteien für die Aushandlung von international überwachten Volksentscheiden in den umstrittenen Gebieten der Ukraine einzusetzen.

Um Politiker aller Schattierungen für eine derartige Initiative zu gewinnen, dürften wohlmeinende Briefe nicht ausreichen, was natürlich nicht dagegen spricht, solche zu verschicken. Insbesondere wird es notwendig sein, in der Bevölkerung für die Friedensperspektive auf der Basis von Volksentscheiden zu werben. Je mehr Menschen ihre Stimme erheben und die Idee unterstützen, umso weniger lassen sich die Vorschläge von den hartleibigsten Politikern ignorieren. Doch welche Chance hätte eine Initiative, die darauf drängt, dass die betroffene Bevölkerung in der Ukraine selber entscheiden soll, welcher Nation sie zugehörig sein und in welchem Staat sie leben will?

...und Schritte zu ihrer Realisierung

Zunächst sollten sich die heterogenen Gruppen der Friedensbewegung für die Idee einer Volksentscheid-Lösung des Ukraine-Konflikts öffnen, sie zu einem zentralen Punkt ihrer Öffentlichkeitsarbeit machen und sie auf die Straße tragen. Das eröffnete zudem die Möglichkeit, die Initiative zu erweitern und auf – so die Kräfte ausreichen – eine Ergänzung des repräsentativen politischen Systems der Bundesrepublik Deutschland, wie in Artikel 20 des Grundgesetzes durchaus angelegt, durch basisdemokratische Elemente wie Volksbegehren und Volksentscheid zu dringen. Dort heißt es in Absatz 2, die Staatsgewalt werde vom Volke „in Wahlen und Abstimmungen" ausgeübt. Die Realisierung einer solchen Volksteilhabe auf Bundesebene harrt weiterhin der Einführung. Sie böte neue Perspektiven der friedenspolitischen Arbeit. So ließen sich z.B. traditionelle Forderungen wie Begrenzung der Rüstungsausgaben, Verbot von Rüstungsexporten sowie von Auslandseinsätzen der Bundeswehr durch Volksbegehren und Volksentscheide eher durchsetzen.

Anzustreben ist es, möglichst viele Mitbürger zu gewinnen und die Politik in ihrem Sinne zum Handeln zu bewegen. Es geht darum, reichlich Bündnispartner zu überzeugen wie Vertreter von Gewerkschaften, Sozialverbänden, Kirchen. Ebenso wichtig wäre es, bekannte Persönlichkeiten aus Politik, Wirtschaft und Wissenschaft, Kunst und Kultur sowie Offiziere und Generäle als Multiplikatoren zu gewinnen. Des Weiteren sind die „Leithammel" und „Allesversteher" der Medien aufzurufen und zu ermuntern, die derzeit von ihnen vertretene und unterstützte kriegerische Linie der Bundesregierung aufzugeben bzw. in Frage zu stellen. Als hilfreich erwiese sich zugleich eine europäische Vernetzung nebst dem Aufbau friedensfördernder transatlantischer Kontakte und Maßnahmen. Letztlich sollte ein „Ruf wie Donnerhall“ – nein, nicht „zum Rhein, zum deutschen Rhein“ –, sondern um den Globus brausen mit dem Ruf nach Frieden in der Ukraine und dem Vorschlag, die Entscheidung der Bevölkerung in die Hände zu legen. Das Völkerrecht steht einem Volksentscheid über eine Sezession nicht entgegen.

Es mag sein, dass der Vorschlag bereits im Vorfeld zerredet oder an den divergierenden Interessen der „Siegfrieden“-Parteien, ihrem Ringen um Machterweiterung und -erhalt mit kriegerischen Mitteln scheitern wird. Aber noch stets war und ist es ein Gebot, das Unmögliche zu denken, bevor es Wirklichkeit werden kann. Bert Brecht gibt seiner Friedenshoffnung im Solidaritätslied Ausdruck:

„Schwarzer, Weißer, Brauner, Gelber,
enden ihre Schlächterei'n
reden erst die Völker selber,
werden sie schnell einig sein.“

Anmerkungen

1 „Wir nähern uns dem gefährlichsten Punkt in der Geschichte der Menscheit“ – Interview von Pierre Heumann mit Noam Chomsky. In: Die Weltwoche, Nr. 9, S. 26 ff., 2.3.2023

2 Henry Kissinger: Mein Friedensplan für die Ukraine. In: Die Weltwoche, Spezial, S. 9, 23.2.2023

3 Sahra Wagenknecht, Frieden und Gerechtigkeit – aber wie? In: Chemnitzer Salon – https://www.google.com/search?client=firefox-b-d&q=Chemnitzer+Salon#fpstate=ive&vld=cid:293b4238,vid:3RhVOYKsyME – 8.6.2023

4 Sahra Wagenknechts Newsletter – https://mail.aol.com/webmail-std/de-de/suite – 8.6.2023

Paul Russmann

Krieg, Frieden, Versöhnung

Jeder weitere Tag, den der Krieg in der Ukraine andauert, bedeutet mehr Tote, Verletzte und Vertriebene sowie mehr Zerstörung von Städten und Infrastruktur. Weltweit gibt es gravierende wirtschaftliche Folgen für Millionen von Menschen und weitere Rückschläge im Kampf gegen die Klimakatastrophe. Wir erleben eine ständige Eskalation des Krieges. Es drohen der Einsatz von Atomwaffen und die Zerstörung von Atomkraftwerken.

Auch die Ausdehnung der NATO nach Osten, Verstöße gegen das Minsker Abkommen und Versprechen seitens westlicher Staaten gegenüber Russland können den völkerrechtswidrigen Angriff Putins auf die Ukraine nicht rechtfertigen. Bei allem Verständnis für historische Abläufe: Wer militärische Interventionen in die Enge getriebener Regierungen in Nachbarstaaten als legitime Handlungsweisen akzeptiert, öffnet willkürlichem, blutigem Handeln der sich unterlegen fühlenden Akteuren Tür und Tor. Die politische Führung in Moskau kann und muss den Krieg sofort beenden, dass Völkerrecht achten und alle Truppen aus der Ukraine abziehen!

Ich halte es für selbstverständlich, die Ukrainer, die vor dem Krieg fliehen, in Deutschland aufzunehmen. Das sollte ebenso für die Zufluchtsuchenden aus Kriegsbieten wie z.B. Afghanistan oder Syrien gelten. Auch allen politisch Verfolgten, Kriegsdiensverweigernden oder Desertierenden aus Belarus, Russland und der Ukraine ist uneingeschränkt und unbürokratisch Schutz und Asyl zu gewähren.

Die Forderung der Ukraine nach deutschen Waffen stellt(e) viele Menschen – darunter auch viele Friedensengagierte – vor ein Dilemma: Die Waffen unterstützen die Ukraine, sich gegen den Überfall auf ihr Land und die Gräueltaten zu verteidigen. Dennoch hat jede Entscheidung – ob für oder gegen Waffenlieferungen – Konsequenzen. Waffen nicht zu liefern, ist für mich keine unterlassene Hilfeleistung und auch kein „Schuldigwerden", denn Waffen sind keine Waren wie jede andere. Mit ihrem Einsatz werden Menschen getötet.

Nur diejenigen haben sich zu rechtfertigen, die Waffen liefern wollen. Unter Berücksichtigung u. a. folgender Kriterien: Ist die Lieferung verhältnismäßig?

Trägt die Lieferung zu einer Verbesserung der Situation der angegriffenen Menschen bei? Was geschieht mit den Waffen nach dem Ende der Kampfhandlungen? Können Waffenlieferungen die Spirale der Gewalt durchbrechen? Zweifel sind mehr als angebracht.

Waffenlieferungen und ein milliardenschweres Aufrüstungspaket betrachten viele als die einzig möglichen Reaktionen auf den Krieg. Waffengattungen, militärische Strategien und Bündnisfragen dominieren bis heute die Debatte. Erschreckend einseitig verbreiten zahlreiche Politiker und ein Teil der Medien Kriegslogik und fordern militärische Aufrüstung. Verantwortungslos wird ein Sieg über die weltgrößte Atommacht stets ins Spiel gebracht. Statt auf die Stärke des Rechtes zu setzen, wird das Recht des Stärkeren propagiert.

Die anderer Meinung sind, werden oft diskreditiert oder aus öffentlichen Diskursen an den Rand gedrängt. Öffentliche Auftritte Andersdenkender finden in den Leitmedien kaum statt. Kritik an der Doppelmoral, einerseits die Einhaltung des Völkerrechts von Russland fordern, selbst aber z. B. zu den völkerrechtswidrigen extralegalen Hinrichtungen per Drohnen der USA schweigen, hinterlässt allenfalls betretenes Schweigen.

Ist es möglich, in Kriegszeiten Schritte zur Versöhnung zu gehen? Versöhnung als Aufhebung der Widersprüche und Teil der Konfliktregelung? Entweder eskaliert der Krieg bis zum bitteren (nuklearen) Untergang weiter. Oder er wird am Verhandlungstisch beendet. Wenn am Ende eines Krieges Verhandlungen folgen, dann lassen sich Verhandlungen auch jetzt herbeiverhandeln.

Daher werden Russland und die Ukraine auf Augenhöhe miteinander sprechen müssen – unter internationaler Vermittlung und auf Basis des Völkerrechtes. Je früher das geschieht, umso mehr Leid und Tod wird verhindert.

Das Ziel müssen zunächst Gespräche über eine Feuerpause, eine Waffenruhe und einen Waffenstillstand sein. Sind die Kriegshandlungen eingefroren, können die Grundlagen für weitere Verhandlungen geschaffen und auf Dauer ein Friedensplan auf dem Boden des Völkerrechtes entwickelt werden. Autonomie, Identität und Sicherheit der Konfliktparteien sind zu garantieren. Widersprüche und Gegensätze bleiben bestehen.

Bestenfalls ermöglichen übereinstimmende Interessen, wie der Schutz der gemeinsamen Lebensgrundlagen, zweckorientierte Kooperationen. Versöhnung setzt mindestens die Anerkennung der Leiden der Opfer voraus und die Bereitschaft der Täter zur Wiedergutmachung. Das braucht viel Zeit.

Guido Grünewald

Kriegsdienstverweigerung, Desertion und Militärdienstentziehung in Russland, Belarus und der Ukraine

Seit knapp eineinhalb Jahren dauert der blutige Angriffskrieg Russlands gegen die Ukraine nun an. Die offiziellen Stellen beider Parteien bemühen sich, das Bild geeinter Gesellschaften zu zeichnen, die einmütig hinter ihren Kriegsanstrengungen stehen. Das liegt in der Logik jeden Krieges, denn eine möglichst geschlossene Heimatfront gilt als wichtiger Kriegsfaktor. Laut Umfragen des unabhängigen Meinungsforschungsinstituts „Levada Center", in Russland als „ausländischer Agent" eingestuft, unterstützen knapp drei Viertel der RussInnen Putins Vorgehen in der Ukraine generell oder mit Vorbehalten. Viele versuchen offenbar, den Krieg im Alltag schlicht zu ignorieren. In der Ukraine dürfte die Zustimmung zur Verteidigung noch höher sein. Dennoch gibt es in beiden Ländern – auch in der Ukraine – eine beachtliche Minderheit, die entweder Protest äußert oder sich der Kriegsmaschinerie entzieht. Und auch in Russlands engem Verbündeten Belarus, der trotz der Zurückhaltung des regierenden Diktators Lukaschenko aktiv in den Krieg hineingezogen werden könnte, haben Tausende den Streitkräften den Rücken gekehrt.

Im Folgenden geht es nicht um laute und offene bzw. stille Kriegsproteste, sondern um jene Menschen, die sich dem Krieg verweigern. Genaue Zahlenangaben gibt es nicht. Wie in jedem Krieg wird Vieles geheim gehalten. Außerdem zielen beide Seiten propagandistisch darauf ab, die Moral der eigenen Truppen und der Heimatfront zu stärken und die der Gegenseite möglichst zu schwächen. Laut einer konservativen Schätzung der Hilfsorganisation „Connection e.V." von Februar 2023 haben 150 000 potentiell militärdienstpflichtige Männer aus Russland, 175 000 aus der Ukraine und 22 000 aus Belarus ihr Land verlassen.[1] Andere Quellen schätzen die Zahl der geflüchteten russischen Männer auf mehrere Hunderttausend. Viele Belarussen haben in Polen und den baltischen Staaten Zuflucht gesucht. Hauptfluchtländer für Russen sind Kasachstan, Georgien, Armenien und die Türkei. Die Grenzen der EU sind beiden Gruppen weitgehend verschlossen, während Ukrainer in der EU aufgrund der Aktivierung der Richtlinie 2001/55/EG (sogenannte „Massenzustromrichtlinie“) vorübergehenden Schutz genießen und sich überwiegend in Deutschland, Polen und Tschechien aufhalten.

Desertion, Kriegsdienstverweigerung und Militärdienstentziehung

Die Hunderttausende, die sich dem Krieg entzogen haben, fallen in drei Gruppen. Wer bereits einen Einberufungsbescheid bekommen hat oder schon in der Armee dient, gilt als *Deserteur* und muss mit strafrechtlicher Verfolgung rechnen. Eine Ausreise ist für diese Männer nur auf illegalem Weg möglich; als Armeeangehörige dürfen sie ihr Land nicht verlassen. Wer gegenüber den Einberufungsbehörden seine Ablehnung erklärt, ist ein *Kriegsdienstverweigerer.* Sie sind auf ein faires Anerkennungsverfahren und einen angemessenen Ersatzdienst angewiesen, doch beides gibt es in den Konfliktländern nicht. Die große Masse der flüchtigen Männer aus den drei Staaten hat präventiv die Möglichkeit der legalen Ausreise genutzt, um der Kriegsmaschinerie zu entgehen. Da sie als *Militärdienstentzieher* nicht einberufbar waren, was ihnen allerdings bei einer Rückkehr drohen würde, verfügen sie über keinen Fluchtnachweis.

Kriegsdienstverweigerung und Desertion in Russland

Laut der Verfassung von 1993 hat jeder Bürger „das Recht, falls die Ableistung des Militärdienstes seinen Überzeugungen oder seinem Glaubensbekenntnis widerspricht“, einen „zivilen Ersatzdienst zu leisten“ (Artikel 59, 3). Allerdings war dieses Recht bereits vor Kriegsbeginn eingeschränkt: Der Ersatzdienst dauerte wesentlich länger als die Militärzeit, er steht bereits Eingezogenen nicht offen, und über den Antrag entscheiden Ausschüsse der Militärkommissariate.

Seit Kriegsbeginn und vor allem seit Verkündung der „Teilmobilisierung“ der russischen Reserve am 21.9.2022 hat sich die Lage für Wehpflichtige deutlich verschärft: Einberufungen sind bis zum 65. Lebensjahr möglich, Ersatzdienstleistende zu einem unbewaffneten Dienst in den Streitkräften abkommandierbar; wer ihn geleistet hat, zählt zur Reserve, und es besteht die Möglichkeit, ihn erneut zu rekrutieren. Seit April 2023 gilt ein Einberufungsbescheid als zugestellt, wenn er auf dem elektronischen Portal der russischen Regierung (Gosuslugi) veröffentlicht ist. Wer ihm nicht nachkommt, riskiert u.a. einen Führerscheinentzug, ein Verbot der Eröffnung eines Gewerbes oder des Kaufes einer Wohnung.

Für die Organisation des Ersatzdienstes während der Mobilisierung existiert keine gesetzliche Regelung. Am 25. September 2022 hieß es im Informationsportal der Regierung lediglich: „Wir erklären, dass ein Ersatzdienst in Zeiten der Mobilisierung nicht möglich ist.“ Die russische „Bewegung der Kriegsdienstverweigerer“ (MOC) weist allerdings auf jährlich 1 000 bis 1 500 Verweigerungsanträge hin, von denen etwa die Hälfte abgelehnt werde. Konkret berichtet sie von Kirill Berezin und Mikhail Ashichev, von denen letzterer Ersatzdienst zu leisten hat. Auf dem Gebiet der besetzten Regionen Luhansk und Donezk wurden laut der Jugendbeweguung „Vesna“ dreizehn vom russischen Militärkommando eingerichtete illegale Gefängnisse entdeckt. Dort wurden/werden unter schlimmen Bedingungen mehr als 600 russische Soldaten wegen ihrer Weigerung, im Krieg zu kämpfen, und weil sie ihr Recht auf einen zivilen Ersatzdienst gefordert haben, gefangen gehalten. Zu den Fällen von eigenmächtiger Abwesenheit und Desertion (drohende Haftstrafen zwei bis zehn Jahre) berichtet MOC von knapp 1 500 Verfahren vor russischen Militärgerichten zwischen Herbst 2022 und Mai 2023. MOC gilt seit dem 23. Juni 2023 offiziell als „ausländischer Agent“. In den Separatistengebieten gehört Zwangsrekrutierung zum Alltag, ein Recht auf Kriegsdienstverweigerung gibt es nicht. Wer es in Anspruch nehmen will, muss mit Inhaftierung oder Fronteinsatz rechnen.

Ukraine und Belarus

Die ukrainische Verfassung enthält ein Recht auf Kriegsdienstverweigerung (Artikel 35, 3), das jedoch bereits vor der russischen Aggression stark eingeschränkt war: Begrenzung auf Angehörige zehn kleiner Konfessionen, nicht möglich für Soldaten und Reservisten, ein deutlich längerer Ersatzdienst. Auf die russische Invasion folgte eine allgemeine Mobilmachung, das Recht auf Kriegsdienstverweigerung wurde ausgesetzt[2] und allen Männern unter sechzig Jahren verboten, das Land zu verlassen.

Obwohl Kriegsdienstverweigerung und Militärdienstentziehung schon vor der Invasion in der ukrainischen Gesellschaft tabuisiert waren, wurden laut einem Bericht der ukrainischen Grenztruppen 2022 knapp 12 000 Wehrpflichtige beim Versuch des Grenzübertritts gefasst. Zahlungskräftigen gelang es, zumindest bis vor kurzem auf dem Schwarzmarkt, Bescheinigungen zu erwerben, die eine Ausreise erlauben. Nach Angaben der “Ukrainischen Pazifistischen Bewegung" (UPB) gab es 617 Verweigerer, die 2022 auf Grundlage der alten Gesetzeslage einen Ersatzdienst leisteten. Die Militärverwaltungen in den Bezirken gehen mit ihnen offensichtlich unterschiedlich um: In manchen Fällen ließen sie die Verweigerer ihren Dienst fortsetzen oder verlängerten ihn sogar bis zum Ende der Mobilmachung, um den Verweigerern eine neue Einberufung zur Armee zu ersparen. Zumeist beendeten sie allerdings den Dienst und lehnten Kriegsdienstverweigerungsanträge ab.

Verweigerer werden aktuell aufgrund von Artikel 336 des Strafgesetzbuchs (Umgehung der Wehrpflicht während der Mobilmachung, Strafmaß 3-5 Jahre) verurteilt. Die UPB berichtet von zehn Fällen, die fast alle eine religiöse Motivation haben. Andrii Kucher ist zu vier Jahren Gefängnis verurteilt worden, Dmytro Kucherov, Andrii Martiniuk, Oleksandr Korobko, Maryan Kapats und Hennadii Tomniuk erhielten dreijährige Haftstrafen, jeweils auf Bewährung. Einjährige Haftstrafen ohne Bewährung erlitten Vitaly Alekseenko und Mykhailo Yavorsky, während Andrii Vyshnevetsky trotz erklärter Verweigerung seit Monaten in einer Armeeeinheit an der Front festgehalten wird. Bereits seit 2015 laufen Prozesse gegen den inzwischen in die USA emigrierten Journalisten Ruslan Kotsaba, der von dort per Video an den Verhandlungen teilnimmt. Zuvor hatte ihm eine Gruppe bewaffneter Rechtsextremer auf dem Weg zum Gericht eine bleibende Augenverletzung zugefügt. Die Tat blieb ohne Strafverfolgung.

Die UPB ist sehr rührig, sie hat zahlreiche Petitionen verfasst und eingereicht. Am 27. Oktober 2022 bezeichnete der Direktor der Abteilung für die Überwachung der Einhaltung der Rechte im Verteidigungssektor, Jurii Kovbasa, in einem offiziellen Schreiben die Petitionen als „eine Bedrohung für die Existenz der ukrainischen Staatlichkeit und ihrer Bürger". Da die Aktivitäten der UPB „die Sphäre der Staatssicherheit der Ukraine " beträfen, habe er die Petitionen an den Sicherheitsdienst der Ukraine geschickt, um „eine qualifizierte Bewertung des Inhalts" zu erhalten. Im August 2023 fand bei dem sehr aktiven UPB-Generalsekretär Yurii Sheliazhenko eine Hausdurchsuchung statt, bei der die Behörden Dokumente und die elektronische Ausrüstung beschlagnahmten. Sheliazhenko musste vor Gericht erscheinen; es verurteilte ihn am 15. August zu einer sechzigtägigen nächtlichen Ausgangssperre und zu Meldeauflagen.

In Belarus gilt für alle Männer zwischen 18 und 27 Jahren die Wehrpflicht. Ein ziviler Ersatzdienst ist nur religiösen Verweigerern möglich, nicht Soldaten und Reservisten; die Entscheidung treffen Militärkommissionen. Unmittelbar nach Kriegsbeginn verfasste die Zivilorganisation „Nash Dom" („Unser Haus", inzwischen in Litauen ansässig) den Appell „Nein heißt Nein!", der die belarussischen Männer aufforderte, sich der Rekrutierung zu verweigern bzw. die Armee zu verlassen. Der Aufruf fand weite Verbreitung. „Nash Dom" wertet es als Erfolg, dass der Einberufung im Frühjahr 2022 von 43 000 Wehrpflichtigen nur etwa 6 000 folgten. Seitdem haben die Behörden ihr Vorgehen effizienter gestaltet. Im März 2023 wurde per Gesetz die Möglichkeit der Todesstrafe für Militärangehörige bei „Hochverrat" und der Strafe von fünf Jahren Haft für die Unterstützung von Deserteuren eingeführt. 2022 hat es, so „Nash Dom", etwa 400 Strafverfahren wegen Wehrdienstentziehung gegeben. Der belarussische Geheimdienst bespitzelte die Vereinigung selbst auf litauischem Gebiet, und Regierungsvertreter drohten der Leiterin Olga Karratch öffentlich den Tod an. Kürzlich wurden 1 700 belarussische Emigranten als Gefahr für die nationale Sicherheit eingestuft, 910 müssen mit der Abschiebung nach Belarus rechnen. Litauens Sicherheitsbehörden argumentieren nicht mit einer konkreten, sondern mit einer künftigen Bedrohung, die von den Männern ausgehe; selbst der Besuch einer Kadettenschule, für den nicht sie, sondern die Eltern verantwortlich waren, gilt als aussagekräftiges Indiz.

Wer sich der Kriegsmaschinerie entzogen hat oder entziehen will, benötigt Schutz!

Nicht nur Belarussen in Litauen, auch russische Geflüchtete in Armenien, Georgien, Kasachstan und der Türkei fühlen sich unsicher und befürchten eine Abschiebung. Michael Wiener vom Büro des UN-Hochkommissars für Menschenrechte bekräftigte am 2. Februar 2023 in einer Anhörung des Unterausschusses für Menschenrechte des Europäischen Parlaments, Militärdienstverweigerung aus Gewissensgründen sei als legitime Ausübung des Rechts auf Gedanken-, Gewissens- und Religionsfreiheit anerkannt, wie in Artikel 18 der Allgemeinen Menschenrechtserklärung und auch in Artikel 18 des Internationalen Paktes über bürgerliche und politische Rechte niedergelegt. Der UN-Menschenrechtsausschuss habe daran erinnert, dass dieses Recht auch in Zeiten des öffentlichen Notstands nicht außer Kraft zu setzen ist, auch dann nicht, wenn ein Land mobilisiere.

Das Bundesinnenministerium hatte im Mai 2022 erklärt, russische Deserteure sollten als Flüchtlinge anerkannt werden, da ihr Handeln in Russland als politische Opposition gedeutet werde und ihnen hohe Strafen drohten. EU-Ratspräsident Charles Michel sprach russische Soldaten am 6. April 2022 explizit an: „Lassen Sie die Waffen fallen! Hören Sie auf zu kämpfen!" Nach der russischen Teilmobilmachung forderten hochrangige ParlamentarierInnen aller Bundestagsparteien im September 2022 für russische Deserteure und Kriegsdienstverweigerer rasches Asyl. Tatsächlich hat Deutschland als bisher einziges EU-Land an einige Menschen aus dieser Personengruppe humanitäre Visa (diese beinhalten eine Arbeitserlaubnis) vergeben. Generell beharrt das Innenministerium allerdings auf einer Einzelfallprüfung, das Bundesamt für Migration entscheidet nach wie vor restriktiv. Im Januar 2023 lehnte es den Asylantenantrag eines Russen ab, da „nicht mit beachtlicher Wahrscheinlichkeit" davon auszugehen sei, dass er „zwangsweise zu den Streitkräften eingezogen" werde, dies vor dem Hintergrund der russischen Teilmobilisierung, die willkürlich verlief und auch nicht gediente Personen erfasste. Die deutsche Botschaft wiederum lehnt Visaanträge junger russischer Männer mit der Begründung ab, sie zählten zu dem in Russland von der Teilmobilisierung betroffenen Personenkreis, weshalb nicht von einer Rückkehrbereitschaft auszugehen sei. In anderen EU-Ländern sieht es nicht besser aus. So urteilte der Nationale Asylgerichtshof Frankreichs vor kurzem, Deserteure müssten Beweise für ihre tatsächliche Einberufung vorlegen.

Solche Nachweise können längst nicht alle Militärflüchtigen erbringen, Militärdienstentzieher sind damit generell ausgeschlossen. Präventiv vor einer Einberufung geflohen, stellen sie die weitaus größte Gruppe dar. Darüber hinaus besteht für russische Männer seit der Abschottung der EU-Länder gegenüber russischen Bürgern im September 2022 das größte Problem darin, einen Ort zu erreichen, der es ihnen ermöglicht, einen EU-Asylantrag zu stellen. Ukrainische Militärflüchtige sind vorerst in der EU sicher. Nach Auslaufen des humanitären Schutzstatus sind sie aber auch auf Schutz angewiesen, da ihnen bei einer Rückkehr in die Ukraine neben sozialer Ächtung empfindliche Strafen drohen.

Am 21. September 2022 („Internationaler Friedenstag") haben „Connection e.V", das „Europäische Büro für Kriegsdienstverweigerung", der „Internationale Versöhnungsbund" und die „War Resisters' International" die inzwischen von zahlreichen zivilgesellschaftlichen Organisationen unterstützte „Object War

Campaign" begonnen. Im Zentrum steht eine Unterschriftenkampagne für einen Appell an die PräsidentInnen von EU-Kommision, des Europäischen Rats und des Europäischen Parlaments mit folgenden Forderungen: Deserteuren und Verweigerern aus Belarus und Russland Schutz und Asyl zu gewähren; die ukrainische Regierung aufzufordern, die Verfolgung von Kriegsdienstverweigerern einzustellen und das Recht auf Kriegsdienstverweigerung zu garantieren; die Grenzen für alle zu öffnen, die sich unter hohem persönlichem Risiko in ihrem Land gegen den Krieg stellen. Knapp 50 000 Unterschriften wurden im Mai 2023 den EU-Institutionen übergeben. Mit dem Spendengeld von etwa 200 000 Euro hat man ein europäisches Netzwerk zur Beratung und Unterstützung von Betroffenen aufgebaut, eine Beratungsstelle in Georgien gefördert sowie Veranstaltungen und Zeitungsbeilagen finanziert; seit Sommer 2023 gibt es auch einen Telegramkanal und eine Beratungshotline auf russisch, englisch und deutsch.

„Jeder Rekrut kann ein Verweigerer sein, jeder Soldat ein Deserteur" – so ein Slogan der „Object War Campaign". Die Realität spiegelt einen solchen Optimismus nicht wider. Trotz beachtlicher Zahlen von Militärflüchtigen ist nicht absehbar, dass dadurch der Krieg zu einem Ende zu bringen ist. Auch historisch entzog sich fast immer nur eine Minderheit der Kriegsmaschinerie. Denn so zu handeln, erfordert nicht nur großen Mut angesichts der Drohung harter Strafen, sondern vor allem die Verletzung des Prinzips von Befehl und Gehorsam, einen Akt persönlicher Unabhängigkeit. Und die öffentliche Verweigerung von Kriegsdiensten mitten im Krieg stellt die Ziele von Regierung und Militär und das Militär selbst in Frage. Verweigerer, Deserteure und Militärdienstentzieher verneinen die Kriegslogik, die Dichotomie von „wir" und „sie"; sie zeigen auf, dass es andere Wege gibt. Das verdient jede Unterstützung, auch um persönliche Tragödien möglichst zu verhindern. (Stand Juli 2023)

Anmerkungen

1 Beschreibung der Berechnungsmethode im Rundbrief „Kriegsdienstverweigerung im Krieg", Nr. 4/2022, S. 18-23

2 Schreiben des ukrainischen Verteidigungsministeriums an die Ukrainische Pazifistische Bewegung (UPB) vom 21.8.2022

Peter Bürger

„Nicht Frieden zu bringen, sondern Streit …“

„Ich bin nicht gekommen, um Frieden zu bringen, sondern das Schwert zu werfen …, um den Sohn mit seinem Vater zu entzweien und die Tochter mit ihrer Mutter … und die Hausgenossen eines Menschen werden seine Feinde sein.“ (Matthäus-Evangelium 10, 34-36)

Als „vorkonstantinischer“ Christ, Pazifist und Linker bin ich daran gewöhnt, in Begegnungen und Diskursen eine Minderheitenrolle einzunehmen. Viele Dissonanzen, Herausforderungen und Zumutungen unter dem Vorzeichen des russischen Einmarschs in die Ukraine gehören gleichwohl zu einer neuen Erfahrung. Die Entfremdung von gesellschaftlichen, politischen und kirchlichen Milieus, die ich ehedem als Herbergen auf einem offenen Lebensweg für unverzichtbar hielt, fällt mir schwer. Noch schmerzlicher ist es, wenn die Risse sich – infolge von Medienfront und Pazifistenhetze – bis in das nahe persönliche Umfeld fortsetzen.

Die Friedenstaube, die seit Ende 2001 immer an meiner Kleidung sichtbar ist, signalisiert eine Einladung zu Rückfragen jeglicher Art. Doch im letzten Jahr bescherte sie mir vor allem Bekehrungspredigten. Bei einem Freundesabend Anfang 2022 wurde ich unvermittelt über das Ende des Pazifismus belehrt, denn jetzt müsse mittels Waffen die rote Karte gezeigt werden. Mein Gegenüber geriet in die höchste Erregungsstufe, obwohl ich zum Thema noch gar nichts gesagt hatte. Eine mir sehr nahestehende Person nutzte regelmäßige Telefonate auf einmal dazu, mich in schrillen Tönen über die Bösartigkeit von Wladimir Putin aufzuklären. Allerdings habe ich in der Vergangenheit nie jemals irgendeine Sympathie für den gegenwärtigen russischen Präsidenten zum Ausdruck gebracht. Das seit über zwei Jahrzehnten gepflegte Frühlingssingen in meiner Küche – mit einem pluralen Repertoire vom frommen Gospel bis hin zum sozialistischen Arbeiterlied – wurde sodann Schauplatz eines leidenschaftlichen Plädoyers gegen die Botschaft der Ostermarschlieder; der Abend war nur noch durch ein „Politikverbot“ zu retten.

Kaum erfreulicher gestalteten sich die Verhältnisse in Bewegungen und öffentlichen Diskursräumen. Die Physikerin Dr. Ursula Paulus (Köln), eine Gefährtin aus der pax christi-Bewegung, musste 2022 auf einer Veranstaltung der Heinrich Böll-Stiftung in Düsseldorf als eigens eingeladene Referentin ihr Rederecht gegenüber einem aufgebrachten Disputanten verteidigen. Schon im Vorfeld der letzten Eskalation des russisch-ukrainischen Konfliktes war eine früher basiskirchliche orientierte Zeitschrift, die seit 1980 zu meiner Lektüre gehört hatte, weitgehend auf eine „olivgrüne Linie" gebracht worden. Sogar im Organ der „Deutschen Friedensgesellschaft" konnte ich vereinzelt Voten lesen, die nicht mehr in Einklang standen mit der von jedem Mitglied unterschriebenen Grundsatzerklärung: „Der Krieg ist ein Verbrechen an der Menschheit. Ich bin daher entschlossen, keine Art von Krieg zu unterstützen und an der Beseitigung aller Kriegsursachen mitzuarbeiten." Die seit einem Jahrzehnt stetig gewachsene Hoffnung, die großen Kirchen würden sich endlich von jeglicher Kriegsapologie verabschieden und als Fürsprecher einer aktiven Gewaltfreiheit in Erscheinung treten, war im Nu erledigt.

Auf hiesigen Kirchentagen wird die Forderung nach Waffenlieferungen ins Kriegsgebiet vor laufenden Kameras wie ein „neues Evangelium" vorgetragen. Der Papst gilt manchen bürgerlichen Zeitungen aber fast als „Putinist", weil er das westliche „Narrativ" zum Ukrainekrieg nicht hinreichend stützt. In der Friedensbewegung, die nirgendwo in Europa besonders stark ist, dominieren Ohnmachtsgefühle und Entzweiung. Es gibt rechtsoffene „Querfront"-Verirrungen, doch gewichtiger noch ist die Strategie der Herrschenden, jede unbequeme Kritik als „Querfront-Wahn" zu diffamieren. Das sehr zurückhaltende „Wagenknecht-Schwarzer"-Manifest für den Frieden vom Februar 2023 wurde z.B. in den Medien mit großer Reichweite wie eine rechtslastige Kriegsdienstleistung für den russischen Präsidenten präsentiert. Innerhalb der letzten noch im Parlament verbliebenen linken Partei sorgen unterschiedliche Ausscherungen nach Rechts für Verwerfungen. Einzelne staatstragende Kräfte üben sich sogar in NATO-freundlichen Voten und begrüßen Waffenexporte. Unmissverständliche Kritik am Kriegsbeteiligungskurs der Regierung kommt ausgerechnet aus jenem mir ebenso fern liegenden Lager, das den Internationalismus zugunsten eines nationalen bzw. „sozialkonservativen" Paradigmas beerdigt. Um ein letztes Beispiel anzuführen: Als Schwuler muss ich es im Sommer 2023 nolens volens erdulden, dass die Düsseldorfer Veranstalter des „Christopher-Street-Day" zwei besonders bellizistische Bundespolitikerinnen (FDP, Grüne) auf der Bühne hofieren, während linke bzw. militärkritische Akteure gar nicht in Erscheinung treten. Manche Angehörige der im Neoliberalismus sozialisierten Generation betrachten heute das westliche Militärbündnis gleichsam als Schutzmacht für die Freiheitsrechte sexueller Minderheiten.

Bis zum Herbst des ersten Kriegsjahres habe ich mir redlich Mühe gegeben, die Inhalte der großen – z.T. öffentlich-rechtlichen – Medienanbieter zu sichten und hierbei die Hoffnung aufrechtzuerhalten, es könnten sich wirklich plurale Diskurse entwickeln. Die Allgegenwart der Sendungen nur zum selektiv ausgewählten Kriegsschauplatz Ukraine – unter Vernachlässigung vieler Überlebensfragen der menschlichen Familie – und der Grad der Militarisierung in zahlreichen Formaten sind aus meiner Sicht erschreckend. Die Vermittlung der Geschichte des russisch-ukrainischen Konfliktes vollzieht sich in frappanten Verkürzungen bzw. Amnesien. Unentwegte Reportagen über Offensiven, Strategien, Frontverläufe, Waffengattungen, neue Rüstungslieferungen u.v.m. lassen ebenso wenig wie das eskalationsfreudige Geplätscher in einschlägigen Talkrunden über Kriegsziele („Siegfrieden") und die angebliche Unmöglichkeit von Kompromissen erkennen, dass gleichzeitig Tag für Tag hunderte, gar tausende Menschen aus Fleisch und Blut, welche die Mächtigen in eine Uniform stecken, zerfetzt werden. Die Risikobereitschaft von sogenannten Experten, die in sicherer Entfernung zu den blutgetränkten Niederungen der Menschenschlächterei ihre Kommentare abgeben, legt den Schluss nahe, dass die Mediensortimente des „virtuellen Krieges" schon eine ganze Generation geprägt haben, die im fortgeschrittenen Wirklichkeitsverlust selbst mögliche Reaktorbombardierungen, Atombombeneinsätze und Weltkriegsszenarien vor allem nach Art eines Videospiels betrachtet. Selten kommt es zu nachdenklichen Betrachtungen über die totalitäre Potenz der revolutionierten Militärtechnologien. An Moralpredigten und Freiheitspathos ist kein Mangel. Als Zuschauer soll ich jedoch Nationalismus, Kriegsliturgien, Heldengeschichten des rechten Sektors und Repressionen gegen Verweigerer (Pazifisten) nebst anderen Demokratiedefiziten gutheißen oder tolerieren, wenn es um die „gute Sache" geht. Die Uniformität der Kriegsmedienangebote, die auch von erfahrenen Vertretern des linksliberalen Bürgertums wie dem ehemaligen EU-Kommissar Günther Verheugen (SPD) beklagt wird, lässt sich nicht monokausal erklären. Groß ist die Zahl der Medienschaffenden, die ohne jeden äußeren Zwang aus eigenem Antrieb an der militärgläubigen Erzählung mitschreiben. Es gehört jedoch nicht zum Feld eines geheimen Wissens, dass „geeignetes Material" auch von beauftragten Instituten und Agenturen bereitgestellt wird. Hinzu tritt das Feld der vorauseilenden Selbstzensur. Ein Redakteur, der sich aus Selbstachtung nicht anpasst, hat mich unlängst bei einem Interview zu zwei Friedensthemen vorab um Einverständnis für sein Vorgehen gebeten: Sollte eine übergeordnete Stelle Änderungen der inhaltlichen Linie verlangen, wird der Beitrag nicht erscheinen.

Wer am demokratischen Ideal festhält, kann die zunehmende Demagogie, mit der auch hierzulande „öffentliche Meinung" gemacht werden soll, nicht stillschweigend hinnehmen. Ich beschränke mich auf ein neueres Beispiel: Am 17. Juli 2023 veröffentlicht der Redakteur Michael Ströbel auf dem Portal „t-online.de" den Bericht „Friedenspreis für Gabriele Krone-Schmalz stößt auf Unverständnis". Der Historiker Ilko-Sascha Kowalczuk wird darin mit der Aussage zitiert, die angehende Löwenherz-Friedenspreis-Trägerin und der vorgesehene Laudator Eugen Drewermann stünden „ganz eindeutig auf der Seite des Kremls" und verbreiteten „offensiv Kreml-Narrative". Drewermann werde auch von Professor Klaus Gestwa, dem Direktor des Instituts für Osteuropäische Geschichte an der Uni Tübingen, „als ‚irrer Opa" betrachtet, „der seinen politischen Kompass endgültig verloren und sich im ‚Querdenken'-Verschwörungssumpf hilflos verheddert hat". Weder die Publikationen von Gabriele Krone-Schmalz noch das jüngste Drewermann-Werk („Nur durch Frieden bewahren wir uns selber") werden erwähnt. Die Leserschaft hört aggressive Vernichtungsurteile von Dritten, erfährt aber rein gar nichts von den Positionen der Verfemten. Die breitenwirksame Diffamierung durch einen enthemmten Journalismus trifft vorzugsweise Personen, die den NATO-Komplex kritisieren und z. B. über Vorträge noch ein nennenswertes Publikum erreichen. Sie hat Methode, wie u.a. Nobert Wohlfahrt und Johannes Schillo in ihrem Buch „Deutsche Kriegsmoral auf dem Vormarsch" (2023) belegen.

Man kann philosophisch den Standpunkt vertreten, dass es keine äußere Wirklichkeit gibt, sondern nur unsere eigenen Phantasmen oder die Vorspiegelungen eines Dämons. In diesem Fall ist es nicht nötig, etwa nach den Urhebern oder Auftraggebern eines Medienbeitrages, der pluralen Auswahl von Diskussionsteilnehmenden oder der Möglichkeit von „fake news" zu fragen. Völlig hinreichend kann sich ein „Ich", das die ganze Weltgeschichte stets nach Belieben aus sich selbst erbaut, z. B. auch mittels eines unterhaltsamen neunzigminütigen Dokumentarfilms, der gerade in der Mediathek verfügbar ist, über drei

Jahrzehnte eines historischen Konfliktschauplatzes informieren. Alles ist möglich und am Ende womöglich nur ein großer Spaß.

Sofern wir aber vermuten, dass die „Welt da draußen" wirklich da ist, und an Errungenschaften der Aufklärung festhalten, müssen wir im Verbund mit anderen die Zeugnisse der Geschichte kritisch und ohne Zensur sichten: Es erfolgten 1990 nachweislich – wenn auch ohne rechtsverbindliche vertragliche Fixierung – Zusagen an die Sowjetunion, die Einflusssphäre des westlichen Interessensbündnisses nach Ende des „Kalten Krieges" nicht in Richtung Osten zu verschieben. Die Idee von Vereinten Nationen und das für jede Friedensordnung unverzichtbare Konzept einer gemeinsamen Sicherheit durften nach Ende der Blockkonfrontation nicht Wirklichkeit werden, weil es selbsternannten „Siegern der Geschichte" gefiel, den Erdkreis weiterhin nach der Maßgabe von „Münze, Macht und Militär" zu ordnen. Bezogen auf den Plan der NATO-Osterweiterung gab es schon vor einem Vierteljahrhundert ein ausgeprägtes Problembewusstsein, so dass der dem „klassischen Realismus" verpflichtete US-Diplomat und Historiker George F. Kennan (1904-2005) am 5. Februar 1997 in der „New York Times" hierüber schreiben konnte: „Es ist zu erwarten, dass eine solche Entscheidung die nationalistischen, antiwestlichen und militaristischen Tendenzen in der russischen Öffentlichkeit anheizen, sich negativ auf die Entwicklung der russischen Demokratie auswirken, die Atmosphäre des Kalten Krieges in den Ost-West-Beziehungen wiederherstellen und die russische Außenpolitik in eine Richtung lenken wird, die uns entschieden missfallen wird." Was nützt es da, die Zugehörigkeit eines Landes zu einem militärischen Machtblock im luftleeren Raum abzuhandeln, gar analog zum Recht eines Individuums auf freie Lebensgestaltung?

Die NATO stellte 2008 der Ukraine und Georgien eine Anwartschaft auf Mitgliedschaft in Aussicht, wobei die USA im Verein mit osteuropäischen Länder sogar zunächst ein „Schnellverfahren" gewünscht hatten. Der russische NATO-Botschafter Dmitrij Rogosin befürchtete einer Rückkehr zum Blockbildungsmuster des „Kalten Krieges" und schlug vergeblich Beratungen über eine neue internationale Sicherheitsstruktur vor. Sechs Jahre später gab es sehr wohl das Begehren einer „auswärtigen Macht", auf die politische Entwicklung in der Ukraine Einfluss zu nehmen; ein Blick in die einschlägigen Medienarchive vom Februar 2014 sorgt für Aufklärung. Spekulationen über vorangegangene Milliarden-Investitionen der USA gehen nicht auf Verschwörungstheoretiker zurück, sondern auf eine Selbstaussage der damaligen US-Staatssekretärin Victoria Nuland vom 28. Januar 2014 („Zeit online“, 17. Mai 2015). Wieso sollte es einer Rechtfertigung für Völkerrechtsbruch und Kriegsverbrechen der russischen Administration gleichkommen, an all dies zu erinnern, von einer unter Umständen möglichen Verhinderung des russischen Angriffs durch eine hörbereite Diplomatie noch Ende 2021 zu sprechen oder dem ehemaligen israelischen Premierminister Naftali Bennett zu glauben, dass es im März 2022 gute Aussichten für die Aushandlung eines Waffenstillstandes gab, welche im Westen aber nicht überall begrüßt wurden?

Ich finde es besorgniserregend, wenn in sogenannten Leitmedien das Hinweisen auf überprüfbare historische oder politische Kontexte als ein „Nachbeten von Kreml-Narrativen“ klassifiziert wird. Noch beängstigender sind das Verstummen einer Grundsatzkritik des Programms „Krieg“ im öffentlichen Raum und der „Verzicht“ auf eine Evaluation der Heilsversprechen des militärischen Komplexes.

Auf der Rückreise vom 6. Ökumenischen Aktionstag gegen die Atomwaffen in Büchel am 24. Juni 2023 war an meinem Hemd das Bekenntnis „Ich bin ein Lumpenpazifist“ zu lesen. Deshalb wurde ich im Zug von einer jungen Frau angesprochen, die sich als Mitglied der FDP und Befürworterin der Regierungspolitik zu erkennen gab. Nach unserem Austausch kam von einem unbeteiligten Zeitschriftenleser im Abteil die Rückmeldung, so respektvoll wünsche er sich im ganzen Land den Dialog zwischen den gegensätzlichen Lagern.

Ich fürchte nun allerdings, dass dieses Lob mit dem Wunsch verbunden war, dass Pazifisten – zugunsten des staatlichen bzw. nationalen Kollektivs – zu einem Ausgleich der Standpunkte beitragen und ihre Minderheitenpositionen irgendwie in den vorherrschenden Diskurs integrieren bzw. integrieren lassen. Einen Dienst am Frieden vollbringen Pazifistinnen oder Pazifisten jedoch aus meiner Sicht nicht mit Hilfe von Harmonisierungsbestrebungen, sondern nur durch Widerspruch und gewaltfreie Störungen der Hegemonie.

Unerlässlich ist zuvorderst die innere Versöhnung mit der eigenen Minderheitenrolle. Erst dann wird es uns möglich, das von Ohnmacht zeugende laute Schreien in Friedensreden zu verlernen und wider das Lehramt der maßgeblichen Massenmedien den Zweifel zu säen. Viele Menschen, die – oft aufgrund großer Alltagsbelastungen – nur begrenzte Möglichkeiten haben, sich zu informieren, teilen mitnichten blind die „Staatsdoktrin“. Es gibt hierzulande jedenfalls keine Mehrheiten mehr für das Inkaufnehmen weiterer Eskalations-Stufen im Rahmen eines „Weltkriegs auf Raten“.

Meinen grundlegenden Ansatz zum „Pazifismus im Ernstfall der Zivilisation“ („Telepolis“, 29. August 2022) versuche ich allerdings, in Veranstaltungen und Gesprächen unabhängig von den erregten Tagesdebatten zu vermitteln. Es ist möglich, rational darüber aufzuklären, dass ein erneuter globaler Militarisierungskurs der menschlichen Gattung jede Chance nimmt, gemeinsam die drängenden Überlebensfragen zu lösen und die nach uns Kommenden vor einer Barbarei zu bewahren, die alle Abgründe der Vergangenheit in den Schatten stellt: „No peace – no future!“ Eine Friedensbewegung, die das Leben liebt, wird hierzu auch die wirksamen Bildbotschaften finden.

Der weltweit bekannteste Friedensbote zu Beginn des 20. Jahrhunderts war der Russe Leo N. Tolstoi (1828-1910). Wir widmen diesem Aufklärer, der so viele Menschen zur Verweigerung des Tötens inspiriert und ermutigt hat, seit über einem Jahr ein aufwändiges pazifistisches Editionsprojekt (www.tolstoi-friedensbibliothek.de). Vielleicht ist die Wahrnehmung dieser „Geste“ bedeutsamer als die Rezeption der mehr als zwanzig Bände, die bislang noch bescheiden ausfällt.

Auf dem Weg zum Brückenbau wäre noch vieles freizulegen. Wie wenig wissen wir etwa vom wirklichen Leben der Menschen in der Ukraine und in Russland, von ihren Leiden, Hoffnungen und Widerständen gegen die Religion des Krieges.

Günter Knebel

Gewissensfreiheit zur Militärdienstverweigerung – Persönlicher und kollektiver Gewaltverzicht als Beitrag zu einer Politik der Versöhnung

Im Gedenken an Gerd Greune (1949-2012), zunächst ehrenamtlicher Referent für Internationales, später langjähriger (Co-)Vorsitzender der DFG-VK und inspirierender Wegbereiter für das Menschenrecht Kriegsdienstverweigerung, 1979 Mitgründer des Europäischen Büros für Kriegsdienstverweigerung in Brüssel

„Gewaltanwendung ist Ausdruck und Zuflucht der Unfähigkeit" – Ob dieses Zitat, das dem Science-Fiction Autor Stanisław Lem zugeschrieben wird, wirklich von ihm ist, sei dahingestellt. Mit dem Zusatz, die Unfähigkeit, „Konflikte gewaltarm oder gewaltfrei zu regeln", wird die Aussage unabweisbar richtig. Wird „Unfähigkeit" durch „Unwilligkeit" ersetzt, wäre das eine politische Feststellung, die ebenfalls zutreffend ist. Die mit dem Buchtitel gesetzte These, in Kriegszeiten seien Schritte zur Versöhnung nötig und wichtig, möchte ich unterstützen und bestärken. Gerade in Kriegen, wenn es um Bedrohung, Gefährdung und Vernichtung von Menschenleben geht, dürften Schritte zur Versöhnung zwischen Feinden besonders gefragt und wichtig sein. Versöhnung verstehe ich dabei weniger in religiöser Hinsicht als Bemühen um Vergebung oder Sühne von Schuld, sondern mehr im philosophischen Sinne als Bemühen, Konflikte auf zivile, friedliche Weise zu regeln.

Das setzt persönlichen Gewaltverzicht voraus und schließt den Wunsch und das Streben nach friedlicher Streitbeilegung ein. Mein Beitrag soll das verdeutlichen, indem er an die Geschichte des noch sehr jungen Menschenrechts auf Militärdienstverweigerung erinnert. Als legitimer Bestandteil des Menschenrechts der Gewissensfreiheit ist es deutlich jünger als die UN-Charta, mit deren Annahme nach dem Zweiten Weltkrieg 1945 ein neues Kapitel des Völkerrechts beginnen sollte.

Tradition der Gewalt in Köpfen präsent – Tradition der Gewaltfreiheit (noch) nicht

Über die Geschichte der Gewalt ist mehr als genug bekannt. Ihre Anwendung in Kriegen, gegen Menschen und Natur – ob zu Lande, in der Luft und auf dem Wasser – oder in Form des Raubs von Ländern und Territorien zwecks Bildung von Staaten wird uns nahezu täglich vor Augen geführt. Staaten definieren sich oft über ihren Militärapparat, der sie repräsentiert und verkörpert – im Guten wie im Bösen. Staatsgewalt oder -macht wird oft ausführlich beschrieben, dargestellt und medial vorgestellt, nicht selten ist sie ein Hauptgegenstand in Lehrbüchern wie im Unterricht an Schulen. Als geschichtsprägender Faktor hat Gewalt Tradition und ist in vielen Köpfen präsent.

Demgegenüber ist die Geschichte der Verweigerung von Gewalt nahezu unbekannt. Persönliche Ablehnung von Gewalt dürfte genauso alt sein wie die Gewalt selbst. Aber weder die Verweigerung noch der Protest gegen ihre Anwendung haben eine wahrnehmbare oder leicht zugängliche Geschichte, geschweige denn eine Tradition, die massenwirksam in Köpfen vorhanden wäre. An Aufzeichnung, Darstellung und Wiedergabe von Verweigerung oder gewaltfreiem Widerstand bestand bis in die jüngste Zeit kaum oder nur marginales Interesse. Die Beschäftigung mit Geschichte und Geschichtsschreibung war eine sehr lange Zeit von Inhabern der (staatlichen, wirtschaftlichen, kirchlichen) Macht bestimmt. Darstellungen über Verweigerung oder Widerständigkeit vermeintlich Machtloser waren jahrhundertelang verpönt; wer dem politisch gewünschten (militärischen oder zivilen) Gleichschritt widersprach, wurde verfolgt, bestraft, ausgegrenzt, nicht selten getötet. Mit politischer und gesellschaftlicher Isolierung derjenigen, die sich militärischer Gewalt entzogen oder widersetzten, gingen Vereinzelung und das Empfinden von Ohnmacht einher. Beides erschwerte das Zusammenfinden von Gleichgesinnten, das zudem kommunikativer Voraussetzungen bedurfte.

Seit Menschengedenken – von der Antike über das Mittelalter bis in die Neuzeit – waren Verständigungsmittel zwar vorhanden und sind auch für widerständige Zwecke genutzt worden, aber persönlicher und kollektiver *Verzicht* auf Gewalt spielte dabei nur eine untergeordnete Rolle. Ein Beispiel aus dem religiösen Leben mag das veranschaulichen. Nicht wenige Gemeinschaften christlichen Glaubens haben die Weisungen Jesu zur Nächstenliebe, zur Überwindung von Feindschaft und zum Gewaltverzicht aufgenommen und praktiziert. Aus guten Gründen betrachtet man sie als historische Friedenskirchen (z.B. Quäker, Mennoniten und andere freikirchliche Gemeinschaften), aber sie sind kaum bekannt und werden im öffentlichen Leben selten beachtet. Im Vergleich zu den „großen“ christlichen Kirchen gelten sie – so diskriminierend wie bezeichnend – umgangssprachlich nicht selten als „Sekten“, obwohl sie überzeugende Arbeit leisten und starke, oft einzigartige Impulse für Frieden durch Gewaltfreiheit in die ökumenische Zusammenarbeit der Kirchen einbringen. Der Einsatz für Militärdienstverweigerung aus Gewissensgründen gehört dazu, politische Fürsprache und diplomatisches Engagement für entsprechende gesetzliche Regelungen eingeschlossen. Im Unterschied zu den „Volkskirchen“', die oft nationalstaatlich-militärfreundlich orientiert sind und sich nicht selten durch Staatsverträge zur Seelsorge an Soldaten verpflichtet haben, unterhalten z.B. die Quäker bei zivilen Internationalen Organisationen (an den UN-Standorten New York und Genf) Büros, deren besondere Aufmerksamkeit und Zuwendung der Menschenrechtslage für Minderheiten gilt.

Weil Frieden durch Gewaltverzicht und Abrüstung zum inhaltlichen Schwerpunkt der Quäker gehört, stellt auch deren Einsatz für das Menschenrecht zur Militärdienstverweigerung eine zentrale Aufgabe dar. Bei den „Volkskirchen“ bedarf es in der Regel besonders glücklicher personeller und struktureller Umstände, wenn es dort gelingt, dem Thema die von Fürsprechern des Freiheitsrechts gewünschte Aufmerksamkeit zu geben, eventuell aus gegebenem Anlass z.B. durch einen besonders gravierenden Verstoß, eine bevorstehende gesetzliche Änderung, eine herausgehobene Bestandsaufnahme oder Berichterstattung. Oder anders und zugespitzt: Obwohl der Verzicht auf Gewalt im zivilen Leben vorherrschend und normal ist, schrumpft die politische Aufmerksamkeit und Zuwendung für die Durchsetzung des Menschenrechts auf Militärdienstverweigerung zu einer Minderheitsposition, sobald militärische Interessen tangiert sind. Solange Kriege zwischen Staaten als erlaubt und rechtmäßig galten, solange Militärdienst als „vaterländische Pflicht“ oder gar als „heilige“ Pflicht stilisiert wurde, war die Gewissensfreiheit, vom Waffendienst freigestellt zu werden, ein schwieriges bis unmögliches Unterfangen. Bis zum Zweiten Weltkrieg konnte von einem Verweigerungsrecht keine Rede sein, weil nur wenige Staaten, wie z.B. England 1916, das Recht in Einzelfällen ausnahmsweise zuließen. Wer es in Anspruch nehmen durfte, musste entweder waffenlosen Militärdienst oder einen zivilen Ersatzdienst leisten, der mit hohen Auflagen versehen war.

UN-Charta schafft Völkerrecht – Zivilpakt regelt Gedanken-, Gewissens-, Religionsfreiheit

Nach dem Zweiten Weltkrieg, dem Inkrafttreten der UN-Charta und zunehmender Akzeptanz der Vereinten Nationen dauerte es bis Ende 1966, bis der völkerrechtliche Vertrag über zivile und politische Rechte folgte. Der Zivilpakt regelt inhaltlich das Gelten der in der UN-Charta enthaltenen Menschenrechte, zu denen in erster Linie die Gedanken-, Gewissens- und Religionsfreiheit gehört. In Zeiten des Kalten Krieges kam dem Menschenrecht hohe Brisanz zu. Besonders kritisch wurde es überall auf der Welt immer dann, wenn die Freiheit des Gewissens mit militärischen Interessen in Konflikt geriet. So hat z. B. in Westdeutschland der Gesetzgeber das garantierte Grundrecht zur Kriegsdienstverweigerung nach Artikel 4 Abs. 3 GG über restriktive Verfahrensregelungen zu einer Art Ausnahmerecht herabgestuft und jahrzehntelang der Wehrpflicht faktisch nachgeordnet.

In Osteuropa wurde die Gewissensfreiheit zur Militärdienstverweigerung geradezu tabuisiert. Eine Ausnahme war allein die DDR, die aufgrund kirchlicher Forderungen 1964 einen Ersatzdienst für „Bausoldaten" einführte, der als militärnaher Strafdienst für Wehrunwillige organisiert war. Er lief ziviler Intention so zuwider, dass viele – zunehmend gegen Ende der DDR – sich für eine „Totalverweigerung" entschieden. Die staatlichen Restriktionen führten nicht selten zu Protesten der Betroffenen, die zum Teil sogar internationale Aufmerksamkeit und Resonanz fanden. Die für Menschenrechte zuständigen UN-Gremien wurden durch Fürsprecher und Verbände, die für das Recht auf Militärdienstverweigerung eintraten und sich um Kriegsdienstverweigerer kümmerten, über deren Situation und Lage in einzelnen Ländern informiert.

Die UN-Kommission für Menschenrechte setzte Anfang der 1980er Jahre das Thema auf die Tagesordnung, zunächst als „Unterpunkt" ihrer Beschäftigung mit Fragen der Jugend und deren Rechte. Die Befassung führte 1985 zu einem impulsgebenden Bericht, der über die Lage der Kriegsdienstverweigerer in den Mitgliedsstaaten der Vereinten Nationen Auskunft gab.[1] Damit war nicht nur eine erste zusammenfassende „globale" Übersicht zum Thema erstellt, sondern zugleich ein verbindliches Verfahren angeregt, alle zwei Jahre erneut die Frage der Militärdienstverweigerung zu behandeln. Auf diesem Weg biennaler Entschließungen verfolgte die UN-Menschenrechtskommission das Thema weiter und beobachtete die Entwicklung zur Lage der Gewissensfreiheit unter den Bedingungen militärischer Dienstpflicht.

Bis Ende des 20. Jahrhunderts war verpflichtender Militärdienst („compulsory military service") politisch noch weit verbreitet. Fast 100 Staaten von den über 150 Mitgliedsstaaten der Vereinten Nationen, die nach wie vor nationale Armeen unterhielten, haben sich der militärischen Zwangsrekrutierung als eines politischen Mittels bedient. Deutschland gehörte bis 2011 zum Kreis jener Länder, die nicht selten Militärdiktaturen waren oder noch sind. Mit dem Zusammenschluss Deutschlands 1990 wurde der Militärdienstzwang durch eine relativ freiheitliche Regelung des Anerkennungsverfahrens für die ungedienten Wehrpflichtigen leicht gemildert. Gediente Wehrpflichtige, Soldaten und Reservisten mussten aber noch bis 2003 ein mündliches „Prüfungsverfahren" über sich ergehen lassen. Es hat bis dahin ungute Erinnerungen an frühere Restriktionen wachgehalten: Wer keinen Waffendienst leisten, sondern Gewaltverzicht praktizieren wollte, war dafür begründungspflichtig – eine aufschlussreiche Feststellung. Für zivil denkende Menschen und ihr Anliegen, Frieden durch Gewaltverzicht zu fördern, läge die Umkehrung näher. Aber Friedensförderung durch Gewaltverzicht kollidiert hierzulande – wie auch in vielen anderen Staaten – offensichtlich mit militärischen Interessen und gilt als unerwünscht.

Gewissensfreiheit, Militärdienst abzulehnen – zur Genese eines Menschenrechts

Nach dem Ende des Kalten Krieges setzte in vielen europäischen Staaten eine Lockerung des Militärdienstzwangs ein. Teils zögerlich und mit Vorbehalten wurden Militärapparate umstrukturiert und durch Abschaffen oder Aussetzen der Wehrpflicht personell reduziert und professionalisiert. Ob diese Faktoren oder die Erweiterung und zivilgesellschaftliche Ausdehnung der Europäischen Union zu einer stärkeren Aufmerksamkeit für das früher eher randständige Thema Gewissensfreiheit für Militärdienstverweigerer beigetragen haben, wäre im Einzelnen noch zu ermitteln. Beides dürfte jedoch nicht wenige Betroffene ermutigt und motiviert haben, das ihnen auf nationaler Ebene auf dem Rechtsweg vorenthaltene Recht auf Militärdienstverweigerung bei der Europäischen Union zu suchen – durch politische Eingaben an die Menschenrechtsgremien und/oder auf dem Weg einer Klage beim Europäischen Gerichtshof.[2] Aufmerksamkeit und Unterstützung durch fachkundige Begleitung finden Betroffene in fast allen Ländern Europas bei pazifistischen Organisationen und Verbänden, insbesondere, wenn diese Mitglied des „Europäischen Büros für Kriegsdienstverweigerung" sind.[3] Dabei darf die verdienstvolle komplementäre Arbeit der „Internationale der Kriegsdienstgegner" (War Resisters' International) nicht unerwähnt bleiben, setzt sie sich doch seit ihrer Gründung 1921 zusammen mit ihren antimilitaristischen Mitgliedsverbänden in vielen Ländern und international unermüdlich für persönlichen Gewaltverzicht, Frieden durch Gewaltfreiheit und zivile Konfliktbearbeitung ein.[4]

Doch zurück zum Menschenrecht Militärdienstverweigerung als Ausdruck persönlichen Gewaltverzichts und Beitrag zur Versöhnung und zu friedlicher Streitbeilegung. In den grundlegenden völkerrechtlichen Verträgen ist das formale Recht (schon) zeitbedingt nicht explizit enthalten, aber unter Bezugnahme auf Artikel 18 des Internationalen Vertrags über zivile und politische Rechte ist das Recht seit 1987 mit der Entschließung der UN-Kommission für Menschenrechte als Bestandteil der Gedanken-, Gewissens- und Religionsfreiheit unmittelbar verbunden.[5] 1993 unterstrich das Komitee für Menschenrechte, das die Arbeit der UN-Menschenrechtskommission unterstützt und begleitet, den Charakter der Militärdienstverweigerung aus Gewissensgründen als Menschenrecht durch Auslegung des Allgemeinen Kommentars zu Artikel 18 des Internationalen Paktes über zivile und politische Rechte.[6] Diese Interpretation ist fortan völkerrechtlich zu beachten gewesen.

2011 hat die Große Kammer des Europäischen Gerichtshofs das Recht auf Kriegsdienstverweigerung direkt unter den Schutz der Europäischen Menschenrechtskonvention gestellt.[7] Der frühere Menschenrechtsbeauftragte des Europarats, Thomas Hammarberg, erinnerte 2012 im letzten Menschenrechtskommentar seiner Amtszeit alle Mitgliedstaaten eindringlich daran, dass das Recht auf Militärdienstverweigerung aus Gewissensgründen dringend einer effektiven und freiheitlichen Anerkennung und Verwirklichung bedarf. Ebenfalls im Rahmen des Europarats, dem – nach dem Ausschluss Russlands im März 2022 – die Ukraine weiterhin angehört, hat eine Tagung des Lenkungsausschusses für Menschenrechte jüngst daran angeknüpft und eine entsprechende Einhaltung und Realisierung, nicht zuletzt auch im Blick auf Berufssoldaten, angemahnt.[8]

Spätestens damit ist Albert Einsteins Feststellung von 1932 zutreffend: „Der legale Kampf gegen Kriegsgefahr ist in allen wirklichen Kulturländern gestattet, überall als ein verdienstliches Beginnen. Verfolgung von Kriegsgegnern ist für einen modernen Staat eine Schande und eine Art Geständnis der öffentlichen Gewalt, kriegerische Ziele zu begünstigen."[9] Daran anknüpfend, ist die Verfolgung und Bestrafung von PazifistInnen in Russland, aber auch in der überfallenen Ukraine, als kriegsbegünstigend anzusehen. Staaten, die heute persönlichen Gewaltverzicht nicht tolerieren, sondern verfolgen und bestrafen, zeigen damit, dass sie keine Kulturstaaten, sondern eingedenk ihrer Menschenrechtsdefizite schlicht „Schurkenstaaten" sind.

Gewissensfreiheit für persönlichen Gewaltverzicht einzuräumen, ist ein friedensförderliches Zeichen – für Betroffene, wie gesellschaftlich und international. Initiativen wie der „Bund für soziale Verteidigung"[10] und das „Forum Ziviler Friedensdienst"[11], in denen sich Militärdienstverweigerer national wie grenzüberschreitend für Überwindung von Feindbildern und Versöhnung engagieren, sind seit Jahrzehnten aktiv. Viele Projekte zur Überwindung von Hass und Gewalt finden statt in Deutschland wie international; zum Beispiel tragen sie im Nah-Ost-Konflikt zwischen Israel und Palästina, in Russland, Belarus und der Ukraine, aber auch anderenorts weltweit zum Abbau von Feindbildern und zum sozialen Frieden Bemerkenswertes bei. Dass ihre zivile Friedensarbeit kaum staatliche Anerkennung und Unterstützung findet, sondern Gefahr läuft, im neuen Wettrüsten noch stärker als bisher Restriktionen unterworfen zu werden, wäre ein eigenes Thema für sich.

Menschen und Gewissen sind wandelbar. Eine in einer bestimmten Situation getroffene (Gewissens-) Entscheidung ist unter anderen Umständen neu zu bewerten. Auch große Zahlen von Kriegsdienstverweigerern, die z.B. zuerst in Spanien, später bis 2011 auch in Deutschland, haben solche Staaten vielleicht etwas ziviler, nicht aber unbedingt friedlicher gemacht. Festzuhalten bleibt daher gleichwohl: Gewissensfreiheit zur Militärdienstverweigerung ist eine kulturstaatliche Errungenschaft, die zu den Standards freiheitlicher Demokratie gehört. Die Entscheidung, sich dem Militärdienst zu verweigern und zu entziehen, stellt einen Beitrag zu kollektivem Gewaltverzicht dar. Die persönliche

Absage an Krieg und Gewalt ist eine Handlung, die auf Abrüstung und Entmilitarisierung abzielt. Sie ist als richtungsweisender Beitrag zum Auf- und Ausbau einer lebensfreundlichen Kultur der Gewaltfreiheit zu verstehen und zu betonen. Erst recht, wenn sie biografisch stabil durchgehalten wird und mit friedenspolitischem Engagement dauerhaft verbunden bleibt. Sie trägt zu einer Politik der Versöhnung bei.

Anmerkungen

1 https://digitallibrary.un.org/record/107315
2 https://www.echr.coe.int/documents/d/echr/Guide_Art_9_ENG nebst Fact-sheet https://upgr.bv-opfer-ns-militaerjustiz.de/uploads/Dateien/Links/EUMRGH202107-Conscientious-objection-ENG%20(1).pdf
3 https://ebco-beoc.org/aboutebco
4 https://wri-irg.org/en
5 https://digitallibrary.un.org/record/130166
6 https://www.refworld.org/docid/453883fb22.html
7 https://upgr.bv-opfer-ns-militaerjustiz.de/uploads/Dateien/Links/COintlStds2011-German.pdf
8 https://rm.coe.int/schneider-the-right-to-conscientious-objection-to-military-service-whe/1680abce6c
9 Albert Einstein, Über den Frieden, Bern 1975, S. 145
10 https://www.soziale-verteidigung.de/
11 https://www.forumzfd.de/en

Andreas Zumach

Vom Stellungskrieg zum Waffenstillstand?

Während der russische Angriffskrieg in der Ukraine militärisch in einem Patt steckt, geht das Leiden in der Bevölkerung weiter und die Eskalationsgefahr bleibt ungebannt. Es ist höchste Zeit über Wege an den Verhandlungstisch nachzudenken. Die nachfolgenden, Anfang September 2023 verfassten Ausführungen zu möglichen Auswegen aus dem Ukrainekrieg beruhen auf Einschätzungen, die spätestens seit November 2022 so oder ähnlich auch von führenden Militärs westlicher Staaten vorgetragen werden sowie von unabhängigen Militärexperten, die nicht im Sold regierungsnaher Denkfabriken stehen.

Unklare Ziele der Waffenlieferungen

Weder Russland noch die Ukraine sind in der Lage, den Krieg mit militärischen Mitteln für sich zu entscheiden und die seit Februar 2022 von den Regierungen in Moskau und Kiew öffentlich deklarierten Ziele zu erreichen. Dennoch werden entsprechende Illusionen weiterhin von allen direkt oder indirekt kriegsbeteiligten Seiten geschürt. In Moskau durch die Propaganda der Regierung Putin, in Kiew und in den Hauptstädten der NATO-und EU-Mitgliedsstaaten durch die Waffenlieferungen an die Ukraine. Dabei sind die Ziele, mit denen die Regierung Selenskyj und die westlichen Regierungen die Forderung nach militärischer Unterstützung und deren Lieferung öffentlich begründen, völlig unklar. Die Erwartung, wenn keine Seite relevante Fortschritte auf dem Schlachtfeld mache, werde es zu einem militärischen Erschöpfungspatt und zumindest lokalen oder regionalen Waffenruhen kommen, erwies sich in Bachmut auf grausame Weise als gravierende Fehleinschätzung. Nach achteinhalb Monaten brutalem Stellungskrieg mit horrenden Menschenopfern, Waffen- und Munitionsverbrauch, ist die Stadt zu über 90 Prozent zerstört und sind 95 Prozent seiner einstmals rund 74000 Einwohner geflohen. Dennoch ist kein „militärisches Erschöpfungspatt" eingetreten. Stattdessen werden die Kämpfe um die menschenleere Ruinenstadt fortgesetzt. Das Ziel der ukrainischen Regierung, ihre Streitkräfte mit Hilfe der militärischen Unterstützung aus den NATO-Staaten in die Lage zu versetzen, die russischen Aggressionstruppen hinter die Linien vom 24.

Februar 2022 zurückdrängen, ist zwar völkerrechtlich legitim, aber angesichts der Kräfteverhältnisse militärisch und damit auch politisch unrealistisch. Noch wirklichkeitsfremder sind die beiden von Kiew per Regierungsdekret festgeschriebenen Kriegsziele einer Rückeroberung des gesamten Donbas, inklusive jener Gebiete, die schon vor dem 24. Februar letzten Jahres von russischstämmigen Milizen kontrolliert wurden, sowie der Krim. An ihrer Kriegszielpolitik orientiert die Regierung Selenskyj aber die Zahl und Menge der Panzer, Artilleriegeschütze, Munitionen, Kampfflugzeuge, Raketen Luftabwehrgeräte und anderer Waffensysteme, die sie von den westlichen Staaten fordert. Doch selbst wenn alle bislang von westlichen Regierungen zugesagten oder in Aussicht gestellten Waffenlieferungen an die Ukraine tatsächlich erfolgen, wäre das etwa nur ein Drittel der von Kiew für notwendig erklärten Rüstungsgüter. Soweit zur Einschätzung der militärischen Lage.

Bundesaußenministerin Annalena Baerbock ging bei der Begründung westlicher Waffenlieferungen noch weiter als die ukrainische Regierung. Es gehe darum, Russland „niederzuringen" und zu „ruinieren". Und laut Pentagon-Chef Lloyd Austin müsse der Krieg solange weitergeführt werden, bis Russland zu einem militärischen Vorgehen gegen andere Staaten nicht mehr in der Lage ist. Im Vergleich dazu wird Bundeskanzler Olaf Scholz als gemäßigter wahrgenommen mit seinen beiden vagen Formulierungen „Russland darf nicht gewinnen, die Ukraine darf nicht verlieren" sowie „die Ukraine wird bekommen, was sie benötigt". Damit vermeidet der Bundeskanzler aber bislang jede konkrete Festlegung auf ein Ziel der militärischen Unterstützung für die Ukraine. Solange aber die westlichen Regierungen sich nicht auf das militärische und politische Ziel ihrer Waffenlieferungen einigen und es dann auch deutlich kommunizieren, bestimmt die Regierung Selenskyj mit ihren immer weiterreichenden Forderungen die internationale Debatte. Alle anderen hecheln hinterher – und stets wird eine angeblich „rote Linie" nach der anderen überschritten. Bleibt es bei der Dynamik, dürften schon sehr bald westliche Bodentruppen zur Unterstützung der ukrainischen Streitkräfte erbeten werden. Denn bei der Zahl der verfügbaren Kämpfer ist Russland der Ukraine um das mindestens Zehnfache überlegen. Die Regierung Selenskyj kann rund 350 000 Soldaten in den Krieg schicken, die Regierung Putin mindestens 3,5 Millionen, selbst wenn die Mobilisierung zusätzlicher Soldaten sich für W. Putin innenpolitisch zunehmend schwieriger erweisen dürfte. Bereits anlässlich des NATO-Gipfels im Juli in

Vilnius plädierte der estländische Außenminister Margus Tsahkna als erster Regierungsvertreter eines Mitgliedslandes der Militärallianz für die Entsendung von Bodentruppen in die Ukraine: „Die Nato und alle Staaten, wir müssen bereit sein, auch unsere Söhne in Zukunft in den Krieg für die Ukraine zu schicken“, erklärte Tsahkna in einem Interview mit der „tageszeitung“ vom 15. Juli 2023.

Politischer Druck von außen nötig

Es wird nur zu einem Waffenstillstand kommen, der dann auch die Chance von Friedensverhandlungen zwischen den Regierungen in Kiew und Moskau eröffnet, wenn äußere Akteure ihre Einfluss- und Druckmöglichkeiten auf die beiden Kriegsparteien ausüben. Mit Blick auf die Regierung Putin sind das China und die von schwerwiegenden weltweiten Auswirkungen des Krieges (Ernährungskrise, Energiepreiserhöhungen etc.) hauptbetroffenen Staaten des globalen Südens. Letztere müssten Putin gemeinsam auffordern, den Krieg zu beenden. In der Führung in Peking müssten sich diejenigen durchsetzen, die das Interesse des Exportweltmeisters China an wieder funktionierenden internationalen Handelsbeziehungen und Lieferketten sowie am Erhalt der beiden für chinesische Produkte wichtigsten Absatzmärkte Nordamerika und Europa höher gewichten als ein noch engeres Bündnis mit dem Juniorpartner Russland. Das derzeit in den Hauptstädten und Medien der NATO- und EU-Staaten vorherrschende Narrativ, beim Ukrainekonflikt und möglicherweise für viele künftige Jahrzehnte gehe es um einen „globalen Konflikt zwischen westlichen liberalen Demokratien“ und „der Allianz der Autokratien/Diktaturen Russland und China“ ist nicht nur arrogant, sondern auch undifferenziert, analytisch falsch und vor allem kontraproduktiv. Denn es stärkt die Hardliner-Fraktion in Peking, die für einen konfrontativen Kurs gegen den Westen plädiert. Selbstverständlich sind Russland und China keine Demokratien. Aber davon abgesehen gibt es zahlreiche gewichtigere Unterschiede zwischen beiden Staaten mit Blick auf ihre innere Verfasstheit, ihre Geschichte, ihre Interessenlage, ökonomische Bedeutung, Ressourcen etc. Es gilt, diese Differenzen zu erkennen und für eine Beendigung des Ukrainekrieges zu nutzen.

Vorbedingungen zu Verhandlungen prüfen

Die Unterstützerstaaten der Ukraine in NATO und EU sollten der Regierung Selenskyj zwei Dinge klarmachen: Er hat seine bisherige Vorbedingung für die Aufnahme von Verhandlungen, nämlich den vollständigen Rückzug der russischen Truppen von sämtlichen derzeit völkerrechtswidrig eroberten oder annektierten Territorien der Ukraine (Krim, Teile des Donbas, Küstenstreifen am Asowschen Meer) fallen zu lassen. Selbstverständlich soll die Forderung nach vollständigem Rückzug und Wiederherstellung der territorialen Integrität der Ukraine in ihren seit 1991 international (auch von der Regierung in Moskau) anerkannten Grenzen auf dem Tisch künftiger Verhandlungen bleiben, aber nicht als Vorbedingung. Dieses Verlangen sollte auch am Anfang jeden Aufrufs aus der Friedensbewegung stehen. Damit macht man sich keineswegs die Vorbedingung Selenskyjs zu eigen, wie einige in der Friedensbewegung behaupten. Zum Zweiten hat Selenskyj seine per Regierungsdekret festgeschriebene Weigerung, direkt mit Putin zu verhandeln, aufzugeben. Der ukrainische Präsident rechtfertigt seine Weigerung mit dem Verbrechen des von Putin befohlenen russischen Angriffskrieges sowie mit den zahlreichen Kriegsverbrechen, die russische Soldaten und Söldner seit Kriegsbeginn an der ukrainischen Bevölkerung verübt haben. Emotional ist Selenskyjs Haltung sehr gut nachzuvollziehen. Aber politisch ist sie nicht haltbar. Das sollten die Regierungen der NATO- und EU-Staaten dem ukrainischen Präsidenten klarmachen. In der Geschichte von Verhandlungen zwischen Kriegsgegnern gibt es keinen Fall, bei dem eine Seite der anderen Seite vorschreiben konnte, wer ihre Verhandlungen führt. Hätte die Regierung in Hanoi 1967, als bereits über eine Million Nordvietnamesen dem US-amerikanischen Aggressionskrieg zum Opfer gefallen waren, erklärt „Wir verhandeln nicht mit den Kriegsverbrechern und Völkermörder Henry Kissinger", so wäre der Vietnamkrieg nicht sechs Jahre später durch das Abkommen von Paris beendet worden. Ähnliches gilt für die innerjugoslawischen Zerfallskriege 1991-1995: Wenn sich der muslimische Präsident Bosnien-Herzegowinas, Alija Izetbegović, im Oktober 1992 dem Appell von UNO und EU zu den Genfer Verhandlungen mit den Führern der bosnisch-serbischen Nationalisten widersetzt hätte, die bis dahin bereits zehntausende bosnische Muslime vertrieben, in Internierungslager gesperrt oder ermordet hatten.

Sicherheitsgarantien

Wer in den vergangenen anderthalb Jahren seit Beginn des russischen Angriffskrieges im Februar 2022 für einen Waffenstillstand und Verhandlungen plädierte, wurde häufig mit dem Vorwurf überzogen, er sei für eine Kapitulation der Ukraine. Das ist Unsinn. Für ein Schweigen der Waffens und für Gespräche einzutreten, um das Töten und die Zerstörungen zu beenden, heißt überhaupt nicht, dass man sich anmaßt, der ukrainischen Regierung vorzugeben, worüber sie zu verhandeln, welche Angebote oder gar welche Konzessionen sie zu machen hätte. Die relevanten Themen sind spätestens seit dem letzten Treffen von Regierungsdelegationen aus Kiew und Moskau am 29. März 2022 in Istanbul bekannt. Damals erklärte die Regierung Selenskyj in einem 10-Punkte-Dokument schriftlich ihren Verzicht auf eine NATO-Mitgliedschaft und sprach sich für einen Neutralitätsstatus der Ukraine aus – ohne ausländische Militärstützpunkte auf ihrem Territorium und mit verbindlichen Sicherheitsgarantien durch die Staaten USA, Großbritannien, Kanada, Russland, Polen, Israel und Deutschland. Mit Blick auf den Territorialkonflikt über die von Russland im März 2014 völkerrechtswidrig annektierte Krim schlug Kiew ein bis zu 15jähriges Moratorium vor, um die Zeit für eine Einigung mit Moskau über eine endgültige Lösung zu nutzen. Und über die Zukunft der umstrittenen Donbas-Gebiete wollte Selenskyj laut dem in Istanbul vorgelegten 10-Punkte-Dokument direkt mit Putin verhandeln. Die Vorschläge der Regierung Selenskyj vom März 2022 sind alle nach wie vor relevant für künftige Verhandlungen. Ohne Verzicht auf eine künftige Mitgliedschaft der Ukraine in der NATO werden etwaige Gespräche nicht zu einer Verständigung führen. Denn dieser Punkt ist aus Sicht Moskaus von zentraler Bedeutung, spätestens seitdem die Militärallianz auf ihrem Gipfeltreffen 2008 auf Drängen der USA erstmals die Absicht zur Aufnahme der Ukraine (und Georgiens) bekundete. Dass Präsident Putin auch andere Motive für den Überfall auf die Ukraine hatte und dass er in seiner Rede zur Rechtfertigung des Überfalls am 24. Februar 2022 die NATO-Frage nicht erwähnte, ist kein Gegenbeweis. Die zentrale Bedeutung der NATO-Frage für Moskau verdeutlichten auch die Vorschläge und Forderungen, die er am 16. Dezember 2021 der NATO und der US-Regierung vorgelegt hat. Wären nicht nur Bundeskanzler Olaf Scholz und der französische Präsident Emmanuel Macron bei ihren Gesprächen mit Putin im Kreml am 15. und 7. Februar 2022 bereit gewesen, zumindest ein mehrjähriges Moratorium in der NATO-Frage zu signalisieren, sondern ebenso die Biden-Administration und damit auch die NATO, dann hätte der russische Überfall möglicherweise nicht stattgefunden. Beweisen lässt sich das natürlich nicht. Doch ist die Haltung der US-Regierung, sich nicht auf ein Moratorium einzulassen und damit eventuell den drohenden Krieg in Kauf zu nehmen, scharf zu kritisieren.

Mit den politischen Bekenntnissen des NATO-Gipfels 2023 in Vilnius zu einer künftigen Mitgliedschaft der Ukraine ist eine Kurskorrektur in diesem Punkt noch schwieriger geworden, da die Sorge vor einem Gesichtsverlust der Regierungen in Kiew und in den Hauptstädten der NATO-Staaten gewachsen sein dürfte. Möglicherweise wird die Regierung Putin überhaupt erst zu einem Waffenstillstand und zu anschließenden Verhandlungen bereit sein, nachdem die NATO und die Regierung Selenskyj ihr die Bereitschaft zu dem Verzicht auf eine Mitgliedschaft der Ukraine vorab in geheimen Sondierungen signalisiert haben.

Ähnlich verhält es sich mit den Sicherheitsgarantien, die Kiew in Istanbul im März letzten Jahres verlangt hatte. Auch sie müssten der Regierung Selenskyj möglicherweise vorab signalisiert werden, um ihre Bereitschaft zu einem Waffenstillstand und zu Verhandlungen herbeizuführen. Dabei gibt es noch eine Reihe offener Fragen. Müssen die Garantien, um für die Ukraine verlässlich zu sein, einen Beistandsautomatismus enthalten entsprechend Artikel 5 des NATO-Vertrages, wie es die Regierung Selenskyj verlangt hat? Bedeuten Sicherheitsgarantien – wie bislang von Kiew erwartet und von NATO-Regierungen sowie von westlichen Rüstungskonzernen in Aussicht gestellt – zwangläufig eine massive Aufrüstung der Ukraine zur Abschreckung auch über das Ende des Krieges hinaus? Oder ist ein friedenspolitisches Modell wechselseitiger Sicherheit im Rahmen der OSZE mit Russland als Teilnehmer wieder vorstellbar? Das dürfte auch davon abhängen, wie weit die NATO-Staaten bereit sind, die legitimen Sicherheitsinteressen Russlands anzuerkennen. Ein wichtiges Signal an Moskau wäre zum Beispiel der garantierte Stationierungsverzicht für Marschflugkörper in der Ukraine. In diese Richtung argumentierte Jens Plötner, der außenpolitische Chefberater von Bundeskanzler Scholz, Ende Juni dieses Jahres am Rande der informellen Ukraine-Konferenz zwischen G 7- und BRICS-Staaten in Kopenhagen.

Die Rückkehr beziehungsweise Aktualisierung und Neuvereinbarung wichtiger Rüstungskontrollabkommen (ABM, INF, KSE, Open Skies), die in den letzten zwanzig Jahren zunächst von den USA und danach zum Teil auch von Russland aufgekündigt oder suspendiert wurden, wäre ebenfalls ein wichtiger Schritt zu einer neuen gemeinsamen europäischen Sicherheitsordnung mit Russland. Bereits im Mai letzten Jahres hat der Vatikan erste Vorschläge zur Überwachung und Durchsetzung eines Waffenstillstands durch eine internationale Präsenz (z.B. UNO-Militärbeobachter oder Blauhelmtruppen), zu vertrauensbildenden Maßnahmen (durch die Schaffung von Pufferzonen, den Abzug schwerer Waffen etc.), humanitärer Hilfe für die vom Krieg betroffene Bevölkerung sowie ersten Wiederaufbaumaßnahmen vorgelegt. Noch detailliertere Empfehlungen zum Anbahnen eines Waffenstillstandes und von Verhandlungen veröffentlichten Ende August 2023 der frühere Generalinspekteur der Bundeswehr Harald Kujat gemeinsam mit dem ehemaligen außenpolitischen Berater von Bundeskanzler Helmut Kohl und langjährigen Direktor der Münchner Sicherheitskonferenz, Horst Teltschik, sowie dem Historiker Peter Brandt und dem Politologen Hajo Funke.[1]

Behandlung der territorialen Streitfragen

Die territorialen Streitfragen zwischen Moskau und Kiew (Krim, Donbas) werden im günstigsten Fall zunächst einmal eingefroren, um sich danach auf ein Verfahren über ihre Lösung zu verständigen. Das beste Verfahren wären von der UNO und/oder der OSZE organisierte, überwachte und ausgezählte Referenden auf der Krim und in den Donbas-Provinzen. Unter der wichtigen Voraussetzung, dass seit März 2014 bzw. seit Februar 2022 aus diesen Regionen vertriebene oder geflohene Menschen an diesen Referenden teilnehmen können. Und anders als bei dem 2014 von Moskau organisierten Referendum auf der Krim müsste bei künftigen Abstimmungen auch die Option für einen weitreichenden Autonomiestatus (Sprache, Kultur, Finanzen/Steuern etc.) der Krim und des Donbas innerhalb der Ukraine auf dem Stimmzettel stehen. Das Zeitfenster für eine solche Lösung könnte schmal sein: Kommt es bis zum Beginn der Vorwahlkämpfe in den USA im Frühjahr 2024 nicht zu einem Waffenstillstand und dem Beginn von Verhandlungen, besteht die Gefahr, dass die Biden-Administration aus Sorge vor einer Niederlage bei den Präsidentschafts- und

Kongresswahlen im November umschwenkt und Putin signalisiert, dass er die Krim oder auch Teile des Donbas behalten kann. Mit derartigen territorialen Konzessionen würde die Pandorabüchse mit militärischer Gewalt erzwungener Grenzveränderungen in Europa, die die NATO im Jahr 1999 mit ihrem völkerrechtswidrigen Luftkrieg gegen Serbien und der nachfolgenden Abspaltung des Kosovo aufgebrochen hat, noch weiter geöffnet – ein fatales Ergebnis für die hauptbetroffene Zivilbevölkerung der Ukraine und ein fatales Signal mit Blick auf Konflikte in anderen Teilen der Welt.

Anmerkungen

1 Brandt, Peter/Funke, Hajo/Kujat, Harald/Teltschik, Horst, 2023: Den Krieg mit einem Verhandlungsfrieden beenden. Legitime Selbstverteidigung und das Streben nach einem gerechten und dauerhaften Frieden sind kein Widerspruch. In: Zeitgeschehen im Fokus – https://zeitgeschehen-im-fokus.ch/de/newspaper-ausgabe/sonderausgabe-vom-28-august-2023.html

Heribert Prantl

Friedenstüchtig*

Verteidigungsminister Boris Pistorius fordert, Deutschland müsse „kriegstüchtig" werden. Das ist nicht nur falsch, sondern gefährlich

Boris Pistorius ist ein sehr beliebter Politiker. Ihm ist in den zehn Monaten seit seinem Amtsantritt etwas gelungen, was auf diesem Posten schon lange niemandem mehr gelungen ist: Er konnte sich Achtung und Respekt erwerben. Er ist also ein tüchtiger Verteidigungsminister – genauer gesagt, er war es, bis er sich soeben mit genau diesem Wort vergaloppiert hat. „Wir müssen kriegstüchtig werden", hat er gefordert. Das ist eine gefährliche Forderung. Und sie wird

* *Erschienen in der „Süddeutschen Zeitung", Nr. 259, S. 5, 10. November 2023*

nicht dadurch besser, dass der Minister erklärt, dass „wir die Bundeswehr und die Gesellschaft dafür aufstellen" müssen.

Carsten Breuer, der Generalinspekteur der Bundeswehr, hat vor ein paar Monaten schon etwas Ähnliches propagiert und von einem großen „Mindset-Wechsel" gesprochen. Er meinte damit: Die Denkweisen und Verhaltensmuster der Menschen, ja ihre innere Haltung zum Krieg müssten sich ändern. Deutschland solle sich, das war sein Anliegen, wieder an den Krieg gewöhnen, zumindest daran, dass Krieg droht. Das sei doch schließlich der Sinn der Wehrverfassung im Grundgesetz. Wirklich? Wirklich nicht! Zwar heißt es dort: „Der Bund stellt Streitkräfte zur Verteidigung auf." Auf dieser Basis wurde das Soldatengesetz formuliert. Aber dort stand und steht das Wort Verteidigung, nicht das Wort Krieg.

Der Gehalt der deutschen Verfassung und deutsche Staatsräson sind Völkerverständigung und Friedensdenken. Das soll so bleiben, das muss so bleiben; und eine Kriegstüchtigkeitsdiskussion ausgerechnet zum Beginn des 75. Grundgesetzjubiläums anzuzetteln, ist eine Beleidigung für die Mütter und Väter des Grundgesetzes. Sie würden sich bei diesem Wort an die irre Kriegsbegeisterung der Deutschen am Anfang des Ersten Weltkriegs erinnern und an die brutale Ernüchterung, die dann folgte.

Die Militaristen a. D. und die Pazifisten a. D.

In Meinungsumfragen stehen sich, wenn es um den Krieg in der Ukraine geht, zwei Positionen etwa gleich stark gegenüber – „Waffenlieferungen ja" und „Waffenlieferungen nein". Pistorius ist es in seinen ersten Monaten gelungen, sich Achtung auf beiden Seiten zu erwerben: Da sind ehemalige Bundeswehrgeneräle, die Militaristen a. D., die sagen, dass Waffenlieferungen diesen Krieg nur verlängern, und deshalb für einen Verhandlungsfrieden werben. Und da sind junge Grüne als Pazifisten a. D., die Zurückhaltung bei der Lieferung des von der Ukraine bestellten Geräts als „Gewürge" bezeichnen. Zwischen diesen grundkonträren Positionen steht Pistorius da als ein Minister, der seine eigenen Unsicherheiten durch habituelles Selbstbewusstsein verdecken kann. Als Innenminister in Niedersachsen hatte er sich so einen Vertrauensvorschuss erworben, weil es ihm zu zeigen gelang, dass innere Sicherheit und eine liberale Einwanderungs- und Einbürgerungspolitik zusammenpassen können. Er warb für eine humane Flüchtlingspolitik und profilierte sich zugleich als markanter Sicherheitspolitiker. Das waren seine Lehrjahre als Politiker zwischen Baum und Borke. Diesen Platz hat er jetzt verlassen.

Mit seiner Kriegstüchtigkeits-Forderung hat er einen schweren Fehler gemacht. Dieses Wort „Krieg" ist nicht einfach ehrlich, es ist einfach gefährlich. Tüchtigkeit – das ist kein Wort, das man mit Krieg verbinden darf. Vielleicht ist ihm das Wort im rhetorischen Eifer entsprungen. Er sollte es korrigieren. Er ist nicht dann ein tüchtiger Verteidigungsminister, wenn und weil er möglichst markant das Wort „Krieg" wagt. Ein Verteidigungsminister muss nicht den Krieg wagen, sondern den Frieden, und er muss alles dafür tun, ihn zu erhalten; dazu gehören natürlich militärische Mittel; er muss daher dafür sorgen, dass die Verteidigungskraft ausreichend groß ist.

Welche Denkmuster das Wort aktiviert

Kriegstüchtigkeit ist etwas anderes als Verteidigungstüchtigkeit. Es geht dabei nicht nur um einen semantischen Unterschied; es geht um den Unterschied ums Ganze. Das Wort Krieg programmiert das Hirn anders als das Wort Verteidigung. Das Wort Kriegstüchtigkeit aktiviert und optimiert alte Denk- und Verhaltensmuster, es führt zu einem positiven Bild vom Krieg, es bricht der ständigen Aufrüstung Bahn und behauptet, das sei „tüchtig". Deutschland und Europa brauchen nicht Kriegs-, sondern Friedenstüchtigkeit; das ist die Lehre aus der europäischen Geschichte. Die Europäische Union hat den Friedensnobelpreis 2012 nicht erhalten, weil sie kriegstüchtig werden, sondern weil sie friedensmächtig sein will und sein soll – und weil sie auf Vertrauen, Austausch und Begegnung gesetzt hat.

Boris Pistorius ist ein geschichtsbewusster Mensch. Er weiß, dass der „Mindset" dieser Bundesrepublik die Demokratie und die Rechtsstaatlichkeit sind. Daran soll und darf sich nichts ändern. Das ist wichtig für die Verteidigungskraft eines demokratischen Rechtsstaats. Wenn diese Werte infrage gestellt werden, leidet diese Verteidigungskraft. Israel hat das kürzlich, vor dem Terror der Hamas, erlebt: Als die Regierung Netanjahu die Gewaltenteilung aufheben wollte, verloren aktive Soldaten und Reservisten die Lust, ihren Staat noch zu verteidigen. Die Verteidigungsbereitschaft hängt also daran, wie sehr die Bürgerinnen und Bürger sich mit dem Gemeinwesen identifizieren. Die Bundesrepublik braucht keinen nationalistischen Stolz, sondern demokratischen Stolz.

Boris Pistorius war viele Jahre lang Oberbürgermeister von Osnabrück, der Stadt des westfälischen Friedens. Er war stolz darauf, alle zwei Jahre einen Friedenspreis zu verleihen, der nach Erich Maria Remarque benannt ist, einem Sohn der Stadt, dessen 125. Geburtstag vor kurzem gefeiert wurde. Remarque war ein Schriftsteller, dem es um Friedenstüchtigkeit ging. Zur Friedenstüchtigkeit gehört heute die Betonung von Diplomatie und ihr mit militärischer Unterstützung gepaarter Wille, dem Krieg in der Ukraine und damit dem Flüchtlingselend ein rasches Ende zu setzen. Zur Kriegstüchtigkeit gehört die Verteufelung von Nachdenklichkeit und Besonnenheit; zu ihr gehört es, diejenigen, die vor einer Eskalationsspirale warnen, als Putin-Freunde zu denunzieren. Pistorius sollte nicht für Kriegstüchtigkeit, sondern für Friedenstüchtigkeit werben.

Angelika Wilmen

Waffenstillstand und Frieden für die Ukraine

Bisher haben weder das Warten auf ein militärisches Patt noch Waffenlieferungen oder Sanktionen ein Zeitfenster für Waffenstillstandsgespräche zwischen den Kriegsparteien eröffnet. Die Warnungen der ärztlichen Friedensorganisation IPPNW, dass die Gewalt durch Waffenlieferungen weitere Gewalt hervorrufen, den Krieg verlängern und in eine Eskalationsspirale führen wird, die in einem Atomkrieg enden könnte, haben sich aus meiner Sicht leider bestätigt.

Gegen die Eskalationsgefahr zu einem Atomkrieg hilft aus Sicht der IPPNW nur Prävention. Sie fordert daher auch von der Bundesregierung größere Anstrengungen für diplomatische Lösungen. Darin unterstützt sie laut einer Umfrage des Meinungsforschungsinstituts „Yougov“ vom September 2023 jeder zweite Bundesbürger.[1] Mit einer Sammlung von Vorschlägen und möglichen diplomatischen Schritten, den Krieg in der Ukraine durch Diplomatie zu beenden, macht die IPPNW auf Lösungsvorschläge jenseits von Waffenlieferungen aufmerksam. Der seit dem völkerrechtswidrigen Angriff Russlands in der Ukraine anhaltende Krieg verursacht Leid, Tod und Verwüstung. Das UN-Hochkommissariat für Menschenrechte hat seit dem Einmarsch russischer Truppen am 24. Februar 2022 den Tod von knapp 10 000 Zivilisten in der Ukraine dokumentiert, knapp 18 000 wurden verletzt (Stand Oktober 2023). Laut der „New York Times" wurden auf beiden Seiten etwa 500 000 Soldaten getötet oder verwundet. Im November 2023 fanden in mehreren ukrainischen Städten Demonstrationen statt, bei denen die Menschen forderten, die Dauer der militärischen Mobilisierung auf achtzehn Monate zu begrenzen und jene, die bereits in der Armee gedient haben, nach Hause zurückzuholen.[2]

Mit jedem Tag, den der Krieg länger dauert, kommen mehr Menschen ums Leben, werden verletzt oder psychisch traumatisiert. Auch Unzählige der Millionen vertriebenen Menschen leiden an Schäden, die nach dem Ende der Kampfhandlungen längst nicht vorbei sind. Hass und Gewalt erschweren friedliches Zusammenleben zwischen Nachbarn immer mehr. Nach Ansicht der IPPNW ist der Fokus daher endlich auf eine Verhandlungslösung zu richten statt auf militärische Maßnahmen. Die Vorschläge dazu beinhalten verschiedene Konzepte auf bilateraler, multilateraler, wissenschaftlicher und zivilgesellschaftlicher Ebene. Die IPPNW hat sie veröffentlicht und leistet damit einen Beitrag zu einer konsequenten Suche nach friedlichen Mitteln zur Konflikttransformation.[3]

Friedensinitiativen

In diesem Jahr haben sich die internationalen Vermittlungsaktivitäten intensiviert. Der brasilianische Präsident Lula da Silva setzt sich vehement für einen Waffenstillstand und eine friedliche Lösung ein. Bei seinem Besuch in Spanien im April 2023 erklärte er, dass es eine „G20 des Friedens" brauche.[4] Zudem wirbt eine afrikanische Delegation für Frieden in der Ukraine. Südafrikas Präsident Cyril Ramaphosa nannte zehn Hauptpunkte des Friedensplans. Dazu gehören die gegenseitige Deeskalation des Konflikts, diplomatische Verhandlungen und die Anerkennung der Souveränität der beteiligten Staaten gemäß den Prinzipien der UN-Charta. Ebenso betonte er die Notwendigkeit der Wiedereröffnung des Schwarzen Meeres für den Getreideexport, den Austausch von Kriegsgefangenen und den Wiederaufbau nach dem Krieg.[5]

Indonesien hat Anfang Juni 2023 auf einem Sicherheitstreffen in Singapur einen Friedensplan für die Ukraine vorgelegt, der u.a. einen Waffenstillstand und die Errichtung einer entmilitarisierten Zone beinhaltet. Sowohl Russland als auch die Ukraine sollen sich um fünfzehn Kilometer von ihren derzeitigen Stellungen zurückziehen und eine UN-Friedenstruppe die Überwachung der Region übernehmen. Es sei ein Referendum abzuhalten, um die Wünsche der Mehrheit der Bewohner*innen in den Regionen zu ermitteln.[6]

In Kopenhagen fand am 25. Juli 2023 ein informelles Treffen von Repräsentanten der G7-Staaten, der Ukraine und mehreren Ländern des Globalen Südens statt. Dabei waren fünf Staaten, die auf unterschiedlicher Ebene bereits als Vermittler tätig waren bzw. sind – die BRICS-Staaten Brasilien, Indien und Südafrika sowie die Türkei und Saudi-Arabien, das einen Gefangenenaustausch organisiert hatte. Die Gespräche wurden am 5. und 6. August 2023 in Saudi-Arabien fortgesetzt. Ziel des Treffens in Dschidda sei die „Konsolidierung verschiedener Friedenspläne", etwa aus China, Afrika und Brasilien mit dem von der Ukraine aufgestellten Zehn-Punkte-Plan gewesen.

Auf Malta kamen Ende Oktober 2023 65 Länder zusammen, um über den Ukrainekrieg zu beraten. Die Ukraine erklärte im Anschluss, sie sähe Fortschritte für ihre Friedensformel. „Die Beendigung von Europas größtem Krieg seit dem Zweiten Weltkrieg mit einem gerechten, dauerhaften und umfassenden Frieden wird einen großen positiven Einfluss haben auf andere explosive Konflikte, die sich in der Welt entfalten", sagte der Leiter des ukrainischen Präsidentenamtes Andrij Jermak. „Wir bringen den Frieden näher."[7] Ein globaler „Friedensgipfel" für die Ukraine könnte im Februar 2024 stattfinden, so ein hoher Beamter in Kiew gegenüber der Deutschen Welle.

Auffällig ist, dass die diplomatischen Initiativen vor allem auf Länder des sogenannten „Globalen Südens" zurückgehen. Die westliche Staatengemeinschaft scheint ihre diplomatischen Bemühungen darauf zu konzentrieren, Unterstützer für die Waffenlieferungen und Sanktionen gegen Russland zu gewinnen. „Was wäre, wenn zum ersten Mal der Frieden in Europa außerhalb seiner eigenen Grenzen geschmiedet würde", fragt der französische Geopolitiker Pascal Boniface, Gründer des Pariser Instituts für internationale und strategische Beziehungen.[8]

Im März 2022 haben sich die russischen und ukrainischen Unterhändler einem Friedensabkommen bereits sehr angenähert. Die „Financial Times" berichtete am 16. März 2022, die beiden Verhandlungsteams hätten „bedeutende Fortschritte bei einem vorläufigen Friedensplan" gemacht, der einen Waffenstillstand und einen russischen Rückzug vorsah, „wenn Kiew seine Neutralität erklärt und eine Begrenzung seiner Streitkräfte akzeptiert". Der weitere Kriegsverlauf mit den militärischen Erfolgen der Ukraine, den Zusagen westlicher Staaten für umfangreiche Waffenlieferungen und die Erwartung, dass die Ukraine siegen würde, sowie das Bekanntwerden von Kriegsverbrechen in Butscha trugen aber dazu bei, dass der Verhandlungsprozess zum Erliegen kam.

Beschlüsse der UN-Generalversammlung

Gestützt wird die Forderung nach Verhandlungen auch durch die Beschlüsse der UN-Generalversammlung. Nach dem Scheitern der Verurteilung Russlands im Sicherheitsrat durch dessen Veto tagte am 2. März 2022 die UN-Generalversammlung. Die Resolution zur Ächtung des russischen Angriffs nahm eine großen Mehrheit von 141 Ja- zu 5 Nein-Stimmen bei 35 Enthaltungen an. Die UN-Generalversammlung spricht sich darin „nachdrücklich [für] die sofortige friedliche Beilegung des Konflikts zwischen der Russischen Föderation und der Ukraine durch politischen Dialog, Verhandlungen, Vermittlung und andere friedliche Mittel" aus (UNGA 2022) (Punkt 14).[9]

Am 12. Oktober 2022 hat die UN-Vollversammlung die Annexionen Russlands in der Ukraine mit großer Mehrheit verurteilt. 143 der 193 Mitgliedsstaaten stimmten für eine entsprechende Resolution – fünf Länder votierten dagegen, 35 enthielten sich. In Punkt 7 der Resolution wird an die Mitgliedstaaten und internationalen Organisationen, einschließlich der für Sicherheit und Zusammenarbeit in Europa und anderer internationaler und regionaler Institutionen, appelliert, eine Deeskalation der derzeitigen Situation und eine friedliche Beilegung des Konflikts durch politischen Dialog, Verhandlungen, Vermittlung und andere friedliche Mittel zu unterstützen, unter Achtung der Souveränität und territorialen Unversehrtheit der Ukraine innerhalb ihrer international anerkannten Grenzen und im Einklang mit den Grundsätzen der UN-Charta.[10]

Am 23. Februar 2023 stimmte die UN-Generalversammlung mit großer Mehrheit (141 Stimmen) für eine Entschließung, die zum gerechten Frieden nach den Kriterien der UN-Charta aufruft und Russland zum Abzug auffordert. Es gab sieben Gegenstimmen und 32 Enthaltungen. In der Resolution äußern die Staaten ihre große Besorgnis über die negativen Auswirkungen des Krieges auf die weltweite Ernährungssicherheit, Energie, die nukleare Sicherheit und den Schutz der Umwelt. Sie unterstreichen zudem die Notwendigkeit, so bald wie möglich einen umfassenden, gerechten und dauerhaften Frieden in der Ukraine zu erreichen und tragen den Mitgliedstaaten und internationalen Organisationen auf, in diesem Sinne ihre Bemühungen zu verdoppeln.[11]

Wolfgang Sporrer, der zahlreiche Verhandlungen im Rahmen der Organisation für Sicherheit und Zusammenarbeit in Europa und der Europäischen Union begleitet hat, spricht sich dafür aus, zum Vertrauensaufbau kleine Schritte zu vereinbaren, die für beide Seiten annehmbar sind. Weitere Verhandlungsthemen könnten eine „entmilitarisierte Zone um das Atomkraftwerk Saporischschja", „lokale Waffenstillstände" oder „humanitäre Korridore" sein. Er weist auch darauf hin, dass Verhandlungen zwischen den Kriegsparteien in einzelnen Bereichen ständig stattfinden – z. B. über das Getreideabkommen und den Austausch von Gefangenen.[12]

Die Verfasser einer Studie des Schweizer Think Tanks „Inclusive Peace" mit dem Titel „Verhandlungen über ein Ende des Krieges in der Ukraine: Ideen und Optionen zur Vorbereitung und Gestaltung eines Verhandlungsprozesses" sprechen sich für die Vorbereitung und Planung von Verhandlungen aus und präzisieren notwendige Schritte. Dazu gehören die Schaffung diplomatischer Koordinationsmechanismen, die Bildung ziviler Allianzen, die inhaltliche Vorbereitung von Verhandlungen sowie die Entwicklung entsprechender Kommunikationsstrategien. Vergleichende Untersuchungen offenbarten, dass Verhandlungen statistisch gesehen die wahrscheinlichste Chance auf eine dauerhafte Beendigung des Krieges darstellen. Sie betonen, dass die Vorbereitung von Verhandlungen, während die Kampfhandlungen noch andauern, dazu nicht im Gegensatz stehen.[13] Umso mehr ist zu hoffen, dass der Krieg so bald wie möglich endet und die Menschen in der Ukraine wieder in Frieden leben können.

Anmerkungen

1 https://www.friedenskooperative.de/aktuelles/mehrheit-findet-bundesregierung-sollte-mehr-diplomatie-im

2 https://www.aa.com.tr/en/russia-ukraine-war/ukrainians-rally-to-demand-cap-on-military-service-return-of-those-who-serve-18-months/3052137

3 https://www.ippnw.de/bit/waffenstillstand – Der Text wird fortlaufend aktualisiert und ergänzt und ist bereits in einer 5. überarbeiteten Auflage erschienen.

4 https://www.berliner-zeitung.de/news/friedensgespraeche-mit-russland-ukraine-brasiliens-praesident-lula-da-silva-will-g20-des-friedens-und-verstaendnis-gegenueber-china-li.342192
5 https://www.tagesschau.de/ausland/europa/afrika-ukraine-friedensplan-krieg-100.htm
6 https://www.deutschlandfunk.de/indonesien-legt-friedensplan-vor-kiew-lehnt-umgehend-ab-100.html
7 https://www.welt.de/politik/ausland/article248256114/Ukraine-Krieg-Friedensgipfel-auf-Malta-Angriff-auf-russische-Raffinerie.html
8 https://www.welt.de/politik/ausland/article245059244/Krieg-Ein-Friedensplan-koennte-von-den-Schwellenlaendern-kommen.html
9 https://www.aljazeera.com/news/2022/3/3/unga-resolution-against-ukraine-invasion-full-text
10 https://www.un.org/Depts/german/gv-notsondert/ares-es-11-4.pdf
11 https://digitallibrary.un.org/record/4004933?ln=en
12 https://te.ma/art/x7yp78/verhandlungswege-frieden-sporrer-interview
13 https://www.inclusivepeace.org/wp-content/uploads/2023/09/UKR-negotiations-prep-BN-German-2023-Final.pdf

Michael Müller

Krieg und Klima – die doppelte Gefahr der Selbstvernichtung

I.

Kriege fallen nicht vom Himmel. Ihre Ursachen liegen in internationalen, militärischen und politischen Machtverhältnissen, in wirtschaftlichen Interessen und hegemonialen Expansionsideologien, in sozialen Ungleichheiten, kulturellen Konflikten und heute insbesondere in den ökologischen Gefahren, die vom Kampf um Öl und Konflikten um andere knapp werdende Ressourcen bis hin zu der vom Menschen verursachten Klimakrise und Zerstörung der biologischen Vielfalt reichen. Und sie breiten sich zusehends aus. Mögliche Kriege haben zahlreiche Ursachen und eine längere, oft komplexe und komplizierte Vorgeschichte. Derzeit gibt es 21 Kriege in der Welt und noch weit mehr kriegerische Konflikte. Die ökologische Zerstörung dürfte immer öfter zu einer der Hauptursachen werden und ihre Zahl noch weiter erhöhen.

Die kurze Zeit der *Pax Americana* ist vorbei. Sie löste 1990 nach dem Ende des Ost-West-Konflikts die *Pax Atomica* des Kalten Krieges ab, der seit der Kuba-Krise von 1962 die Entwicklung der Welt dominiert hat. Nunmehr drängen vor allem China und Indien – auch in der Kooperation mit den anderen BRICS-Staaten – auf eine Neuordnung der Welt, der Westen sieht sich dadurch unter Druck gesetzt. Nicht nur zwischen Washington und Moskau, sondern auch zwischen den USA und China stehen die Zeichen auf Konfrontation. Deshalb strebt die NATO mit ihrem Konzept NATO 2030 eine Ausweitung des Militärbündnisses in Richtung Asien an. Ein Weltordnungsstreit findet statt, der deutliche Formen annimmt.

Die USA drängen die Europäische Union (EU), ihre Sicherheit auf dem alten Kontinent selbst zu übernehmen. Zugleich soll es zu einer „globalen NATO" kommen. Auf jeden Fall sollen die EU-Staaten die Rüstungsausgaben drastisch erhöhen auf mehr als das auf der NATO-Ratstagung 2014 beschlossene Zwei-Prozent-Ziel am Bruttoinlandsprodukt. Die EU wie die USA zeigen sich zudem innerhalb ihrer Gesellschaften uneins und zerstritten, nationalistische Bewegungen gewinnen in sehr vielen Ländern an Boden.

Die Sicherheit der Menschen, genauer das Überleben unserer Zivilisation, hat der zentrale Ausgangspunkt der Politik zu sein. Die Forderung nach Abrüstung, Kooperation und Entspannung als naiv zu diffamieren, verkennt den Ernst der Lage unserer Welt, die auf Gegenseitigkeit und auf Gemeinsamkeit angewiesen ist. Nur so lassen sich die großen globalen Herausforderungen bewältigen. In unserer Zeit, in der die gegenseitigen Verflechtungen und Abhängigkeiten ständig zunehmen, in der sich Krisen grenzüberschreitend auswirken, in der Waffensysteme jeden Punkt der Erde erreichen, stellt die internationale Sicherheit weniger denn je eine militärische Frage dar, die schon gar nicht einseitig realisierbar ist.

Notwendig ist ein System gegenseitiger Sicherheit, das nicht nur auf Verständigung und Vertrauensbildung ausgerichtet ist, sondern auch auf Nachhaltigkeit und Solidarität. Das Ziel ist eine soziale und ökologische Weltinnenpolitik nach dem Prinzip Verantwortung, das Hans Jonas als unabdingbar für den Erhalt eines menschenwürdigen Lebens angesehen hat. Das ist die „Zeitenwende", vor der wir heute stehen.

Die Unabhängigen Kommissionen der Vereinten Nationen sind in den 1980er Jahren von dem engen Zusammenhang ihrer drei Berichte zur Nord-Süd-Solidarität, Gemeinsamen Sicherheit und einer nachhaltigen Entwicklung ausgegangen. Sie sind als eine Einheit zu verstehen. Konfrontation und Aufrüstungsspirale sind hingegen perspektivlos. Egon Bahr mahnte schon Anfang der 1990-er Jahre an: „Insofern stehen wir vor einer Lage, die qualitativ anders ist und mit keiner geschichtlichen Erfahrung des voratomaren Zeitalters verglichen werden darf… Wir sind heute in einen Abschnitt der Menschheitsgeschichte eingetreten, in dem Wissen und Fähigkeiten der Menschheit explosiv wachsen, aber Vernunft oder Klugheit, diese Kräfte zu beherrschen, eben nicht.“

II.

Vor uns baut sich ein „Jahrzehnt der Extreme“ auf, wie wir es seit Ende des Zweiten Weltkrieges in Europa, wahrscheinlich sogar weltweit, noch nicht erlebt haben. Es begann 2020 mit der Corona-Pandemie, die mit ihren „Lockdowns“ tiefe Spuren hinterlassen und die Spaltung der Welt in arm und reich vertieft hat. Der russische Überfall 2022 auf die Ukraine droht ein Ausblutungskrieg bis hin zur Erschöpfung der Kriegsparteien zu werden, dessen Eskalationsdynamik unberechenbar ist. Im Jahr 2023 erodierte der jahrelange Konflikt zwischen Israel und Palästina nach einem brutalen Überfall auf jugendliche Israelis in dem blutigen Gaza-Krieg.

Und Ende des Jahres 2024 erreicht die untere Lufthülle der Erde, die Troposphäre, eine Konzentration von Treibhausgasen, die, so die traurige Wahrheit, nach der Anpassungsfrist des Klimasystems unabweislich zu einer globalen Erwärmung um 1,5 Grad Celsius führen wird. Selbst bei einem sofortigen Stopp der Treibhausgase ist eine weitere Erwärmung von 0,1° C pro Dekade über lange Zeit nicht zu verhindern. Der „Human Development Report“ warnt, dass es „in der Geschichte der Menschheit keine Situation gab, die sich mit der Dringlichkeit der mit der Klimakrise ausgelösten Probleme vergleichen ließe.“ Der erste globale Versuch zum Schutz des Klimas, das „Kyoto-Protokoll“, ist gescheitert.

Die vom Menschen gemachte Erderwärmung und ihre Folgen wird das zentrale gesellschaftspolitische Thema der Zukunft sein. Derzeit beträgt die am „Mauna Loa“ (Hawai) gemessene Kohlenstoffkonzentration in der reinen Luft auf 3 297 Meter Höhe 419 ppm (Teile auf eine Million Luftteile). Der Datensatz ist die „Keeling-Kurve“, die den Zusammenhang zwischen den Kohlenstoffemissionen und den Klimaschwankungen bestätigt. Der Zuwachs beträgt derzeit 2,23 ppm pro Jahr. Wir erreichen also noch in diesem Jahr den kritischen Wert von 420 ppm.

Als Folge der anthropogenen Erwärmung kommt es zu den kritischen Kipppunkten („Tipping-Points") im Erdsystem, die bei etwa 1,8 Grad Celsius beginnt. Großskalige Änderungen im Erdsystem gehen damit einher. Dazu zählen das Austrocknen des Regenwalds im Amazonas, die Ausdehnung des Monsuns, das Absterben der Korallenriffe, die Verschiebung der thermohalinen Windbänder über dem Atlantik oder die Freisetzung von Kohlenstoff und Methan aus den sibirischen und kanadischen Permafrost-Zonen. Das hat nicht nur gravierende Folgen, sondern wird auch die Erderwärmung beschleunigen, so dass weitere kritische Grenzen überschritten werden. Kurz: Die Lage ist ernst.

Die regionalen Unterschiede der dabei ausgelösten Folgen dürften eine längere Zeit erheblich sein. Die Klimakrise wird noch über Jahrzehnte in ihren regionalen, zeitlichen und sozialen Auswirkungen auf eine höchst ungerechte Weise verteilt bleiben und vor allem die armen Weltregionen treffen. Sie übersteigt in den nächsten Jahren die Anpassungsfähigkeit vieler Gesellschaften. Daraus werden Destabilisierung des Erdsystems und neue Gewalt durch immer stärker zunehmende Verteilungskämpfe erwachsen, die die nationale und internationale Sicherheit in einem bisher unbekannten Ausmaß gefährdet.

Vor allem schwache und fragile Staaten sind überfordert, der Entwicklung wirkungsvoll entgegenzutreten. Die Temperaturerhöhungen stellen die Existenzgrundlagen vieler Menschen in Frage, die Anfälligkeit für Armut und soziale Verelendung erhöhen sich und bedrohen die menschliche Sicherheit in einem bisher unbekannten Maße. Probleme des Staatenzerfalls, erodierende gesellschaftliche Ordnungen und steigende Gewaltneigung dürften sich damit verbinden. Doch noch immer ist die Dimension der Herausforderung nicht verstanden. Klimaschutz ist aber keine Ergänzung dessen, was besteht, sondern hat eine viel weiterreichende Dimension. Sie verlangt ein radikales Umdenken in Wirtschaft und Gesellschaft. Es reicht eben nicht, den Plastikmüll zu beseitigen, ein E-Auto zu fahren und Wasser zu sparen. Das Erdsystem ist vollends überlastet; seit der industriellen Revolution Ende des 18. Jahrhunderts hat sich die Weltbevölkerung verzehnfacht, die Ressourcenentnahme pro Kopf in den Industriestaaten verzwanzigfacht und die Eingriffe in die Öko-Systeme bis zu vertausendfacht.

Der Schutz des Klimas erfordert nicht weniger als eine sozial eingebettete ökologische Revolution und eine Abkehr von dem Glauben an die Linearität des Schneller, Höher und Weiter hin zur Begrenzung und zum Umbau von Wirtschaft und Gesellschaft. Andernfalls riecht es nach Krieg und Zerstörung. Die Klimakrise ist das größte Sicherheitsrisiko unserer Zeit. Sie wird Spaltungskonflikte hervorrufen und damit letztlich auch die Gefahr von Kriegen. Insbesondere in den ökologisch instabilen Regionen dürfte sie aufgrund der sozialen und ethnischen Konflikte nahezu unvorstellbare Synergien hervorrufen.

Unsere Zeit scheint aber überfordert zu sein, die Tragweite des ökologischen Umbruchs zu begreifen. Nicht etwa die großen sozial-ökologischen Herausforderungen gelten als „Zeitenwende" beschrieben, sondern die „Militarisierung" der Welt. Und dazu gehört die Entsorgung der Friedens- und Entspannungspolitik, die nach der Kuba-Krise von 1962 begann und vor allem Europa trotz der atomaren Hochrüstung im Kalten Krieg mehr Stabilität und eine Sicherung des Friedens brachte. Abrüstung, Rüstungskontrolle und Rüstungsbegrenzung gewannen an Bedeutung, sind aber heute weitgehend aufgekündigt. Die Militärausgaben schnellen in Rekordhöhen, die Atomwaffenarsenale wachsen, und weitere Länder versuchen, in den Club der Nuklearmächte zu gelangen. Die Zukunft steuert in Richtung einer Militarisierung der Welt, nicht aber in eine sozial-ökologische Gestaltung der Transformation der globalen Märkte.

III.

Die Alarmsignale nehmen zu: Wetterextreme, Dürren, Hitze, Wasserknappheit und Starkregen, Überflutungen. Wüstenbildung, Verluste der Küstenlandschaften, die Zerstörung der Biodiversität. Im Pazifik verschwinden erste Inselstaaten. Wir sind auf dem Weg zu einer globalen Erwärmung um drei Grad Celsius. Viel zu hoch und nicht zu verantworten. Die Krisen der Welt haben künftig in erster Linie meteorologische Ursachen. Immer deutlicher kündigt sich die neue Erdepoche an, das Anthropozän, weil die Menschheit zum stärksten Treiber der Erdentwicklung aufgestiegen ist. Sie zerstört die Natur, aber es ist die Natur, auf die wir Menschen angewiesen sind; anders als der Mensch hat die Natur in neuer Form eine Zukunft.

In den nächsten Jahrzehnten ist für das südliche und westliche Nordamerika ein Trinkwassermangel zu befürchten. In vielen Regionen wird die Ernte stark zurückgehen. Hurrikans nehmen zu. Florida ist vom steigenden Meeresspiegel betroffen. In Lateinamerika schmelzen die Andengletscher. Bis zu 77 Millionen Menschen sind von Wassermangel bedroht. Bereits etwa dreißig Prozent von der 2 042 Quadratkilometer großen Gletscherfläche in den Kordilleren sind verloren gegangen. Vier Fünftel der peruanischen Energieversorgung hängt von Wasserkraftwerken ab. Besonders düster ist die Aussicht für Lima. Die Wasserversorgung der mehr als 7,5 Millionen Einwohner geht auf die Anden zurück. Die Reserven verringern sich drastisch. Die Luftfeuchtigkeit nimmt ab, und die Hitze schädigt die Biosphäre. An die Stelle tropischer Wälder treten trockene Savannen.

Große Teile Afrikas lassen sich künftig noch weniger als heute bewässern. Darunter werden künftig rund eine halbe Milliarde Menschen leiden. Bereits heute sind 46 Prozent der afrikanischen Landfläche mit 465 Millionen Menschen Wüste. Eine Versalzung landwirtschaftlicher Gebiete trifft besonders das bevölkerungsreiche Nildelta. Allein im südlich der Sahara gelegenen Teil Afrikas sind 15 bis 20 Prozent der Menschen unterernährt. Durch die Erderwärmung drohen dem Armenhaus der Erde in einigen Regionen bis zu 50 Prozent Ernteausfälle. Schon bei einer globalen Erwärmung um 1,8° C gehen in einigen Ländern die Erträge um 20 Prozent zurück. Am härtesten betroffen sind im Süden Mosambik, Malawi und Sambia, die zu den ärmsten Gesellschaften der Welt gehören, ebenso große Teile Ostafrikas – Nordkenia, Äthiopien, Eritrea und Dschibuti sowie Sudan und Somalia. In den Mündungsgebieten großer Flüsse sind Millionenstädte wie Lagos in Nigeria von Überschwemmungen gefährdet.

In Asien ist damit zu rechnen, dass das Schmelzwasser des Himalayas zahlreiche Überschwemmungen verursacht. Die Himalaya-Gletscher sind die Wasserspeicher Asiens und machen fünfzehn Prozent der globalen Eismasse aus, große Flüsse wie der Indus, Mekong oder Jangtse speisen sich daraus. Wenn es so weiter geht, werden in 100 Jahren alle chinesischen Gletscher verschwunden sein. China hat schon heute mit Wasserknappheit und Wasserverseuchung zu kämpfen. Bevölkerungsreiche Großstädte wie Mumbai oder Shanghai liegen im Mündungsbereich von Flüssen. Insgesamt leben 635 Millionen Menschen an Küsten, die nur bis zu zehn Meter über dem Meeresspiegel liegen. Schon eine Erwärmung um 2° C macht für Millionen von Menschen in Bangladesh das Leben unmöglich. Geologisch ist das Land eine einzige Flussniederung. Sollte der Meeresspiegel um 45 cm ansteigen, müssten sich bis zu 5,5 Millionen Menschen eine neue Heimat suchen.

Kleine Inseln im Pazifik, deren höchster Punkt nur fünf Meter über dem Meeresspiegel liegt, werden vom Wasser abgetragen und überschwemmt. Die Regierung des Inselstaates Tuvalu hat sich bereits vorsorglich darum gekümmert, für ihre Bevölkerung in Neuseeland oder Australien Asyl zu erhalten.

Auch für Europa gibt es alarmierende Befunde. Wissenschaftler befürchten, dass bei einem Abbrechen der arktischen Eisschilde Holland nicht zu retten sein dürfte. Nach Angaben des Bundesamtes für Meereskunde ist in der Nordsee seit 1993 ein kontinuierlicher Temperaturanstieg im Oberflächenwasser von rd. 2° C registriert worden. Der pH-Wert nimmt ab. Seit Beginn der Industrialisierung ist er um ca. 0,11 Einheiten niedriger, ein weiteres Absinken bis zu 0,35 pH-Einheiten bis 2100 ist zu erwarten – mit erheblichen Auswirkungen auf Muscheln, Schnecken und Korallen. Die Alpen verlieren in rasantem Tempo ihre Eiszonen und Gletscher. Starkregen, Überschwemmungen, Erosion und Gletscherschmelze mehren sich, im Süden Europas ist mit Dürren und Ernteausfällen zu rechnen. Trockenheit entwickelt sich zum Hauptproblem. In Südspanien und Portugal, aber auch in Griechenland entstehen neue Wüstengebiete.

Bedrohlich ist die Freisetzung von Methan aus der auftauenden Tiefkühltruhe Sibiriens, eine gewaltige Treibhausbombe. Die Permafrostgebiete liegen überwiegend in Russland, China und Kanada. Die Methan-Emissionen dürften für einen zusätzlichen Wärmeschub in der Atmosphäre sorgen, sie sind fast dreißig Mal wirksamer als Kohlendioxid.

IV.

Bei Immanuel Kant heißt es: „Habe Mut, Dich Deines eigenen Verstandes zu bedienen." Beides müssen wir haben, denn es riecht nach Krieg. Heute geht es um nicht weniger als die doppelte Gefahr der Selbstvernichtung der menschlichen Zivilisation, sowohl durch die Militarisierung der Welt als auch durch die ökologischen Verwüstungen.

Helmut Donat

Ukrainekrieg und historische Friedensbewegung*

Du. Mann auf dem Dorf und Mann in der Stadt. Wenn sie morgen kommen und dir den Gestellungsbefehl bringen, dann gibt es nur eins: Sag NEIN! Wolfgang Borchert

Vor dem Hintergrund des Ukrainekrieges macht es Sinn, sich die historisch-politischen Einsichten der deutschen Friedensbewegung aus dem Zeitraum von 1914 bis 1933 vor Augen zu führen – vor allem aus zwei Gründen:

1. Der organisierte Pazifismus in Deutschland war der profundeste Gegner des militaristisch-nationalistischen Komplexes, deren Vertreter die Geschicke des Volkes bestimmt haben.

2. Die Analysen, Prognosen und Warnungen von führenden Pazifisten sind dem Diskurs über Krieg und Frieden in Vergangenheit und Gegenwart weitgehend entzogen und unbekannt. Die Erinnerung an sie ist von denen systematisch asusgelöscht worden, die von ihnen kraft der ungeschminkten Wahrheit, die sie aussprachen, als Täter, Mitschuldige und Mitläufer entlarvt wurden, und die nicht ruchbar lassen wollten, welche Verantwortung ihnen an dem Irrweg zukommt, der über den Ersten Weltkrieg und Zweiten Weltkrieg zum Holocaust geführt hat.

Dominanz des Militärischen über das zivile Denken

Ludwig Quidde, Friedensnobelpreisträger (1927) aus Bremen, stellte bereits 1898 als Besonderheit des preußisch-deutschen Militarismus fest – im Unterschied zum britischen oder französischen –, dass mit ihm eine Dominanz des militärischen über das zivile Denken verbunden war, also die Vorrangstellung von Macht und Gewalt vor dem Rechts- und Friedensgedanken.[1] Damit einher ging eine Geringschätzung von Moral und Ethik einher. Der Krieg als „Vater

** Vortrag, gehalten bei der Nordwestdeutschen Friedenskonferenz am 25. Februar 2023 in der St. Andreas-Kirche zu Bremen, für den vorliegenden Band stark erweitert im November 2023*

aller Dinge“ galt als Kulturerrungenschaft. Pazifisten wurden diffamiert, lächerlich und – wie Friedrich Wilhelm Foerster in den 1920er Jahren – als „übelstes Stinkgewächs am Giftbaum des deutschen Pazifismus“ verächtlich gemacht.[2]

Falsch verstandene Größe hat auf dem Irrweg der deutschen Politik seit 1871 eine erhebliche Rolle gespielt.[3] In wenigen Jahrzehnten erstarrte das durch „Blut und Eisen“ geschaffene preußisch-deutsche Kaiserreich in Waffen und verfügte über die stärkste Armee auf dem Kontinent. Statt das Angebot auf den Haager Friedenskonferenzen (1899 und 1907) anzunehmen und zwischenstaatliche Konflikte künftig durch internationale Schiedsgerichte zu regeln, griff es zu einer Welt-, Flotten-, Macht-, Kriegs- und Realpolitik, die einen bis dahin nicht gesehenen Rüstungswettlauf nach sich zog und in eklatantem Widerspruch zu der vorbismarckschen deutschen Geschichte stand. Damit hatte sich das Hohenzollernreich endgültig von der einstigen Rolle Deutschlands, Mittler zwischen Ost und West, Nord und Süd zu sein, entfernt. Nicht mehr friedlicher Ausgleich und Verständigung innerhalb der europäischen Völkergemeinschaft steuerte die Entwicklung, sondern der Wille, in Europa und der Welt eine führende Rolle einzunehmen, einen „Platz an der Sonne“ zu erstreiten.

Seit dem 24. Februar 2022 tun die alten wie neuen militärfrommen Kreise alles, um ihre Deutung der Geschichte voranzutreiben und dem Denken in Gewaltkategorien erneut eine überragende Stellung zu geben. Es geht dabei um nichts weniger als die Frage, welche Rolle die Gewalt, die Bundeswehr und Deutschland künftig in Europa und der Welt einnehmen werden. Die Haltung der Bundesregierungen und der übergroßen Mehrheit der Bundestagsabgeordneten aus CDU/CSU, SPD, FDP und Bündnis 90/Die Grünen seit der Wiedervereinigung erinnert an jenes Machtstaatsdenken, das der preußische Kriegsminister Albrecht von Roon im Februar 1862 mit seinem Ausspruch, wo es „Händel“ gebe, da müsse Preußen als „Parvenu unter den Großmächten“ dabei sein.[4] Wenig anders redete die einstige Verteidigungsministerin Ursula von der Leyen im Rahmen der Debatte 2013/14 „Neue Macht – Neue Verantwortung“, als sie im Zusammenhang mit Waffenlieferungen an die Kurden in Kriegsgebieten im Norden des Irak für deren Kampf gegen den „Islamischen Staat“ zum Tabubruch aufforderte und behauptete: „Wer sich raushält, hat keinen Einfluss.“[5]

Die fortschreitende Militarisierung der deutschen Außenpolitik und ihre innenpolitische Rechtfertigung sind in den folgenden Jahren unübersehbar gewesen. Es fällt daher schwer, von einer „Zeitenwende" zu sprechen. Die Rede von Bundeskanzler Scholz vom 27.2.2022 im Bundestag wirkt deshalb eher wie ein inszeniertes Spektakel, das an die Sitzung des Reichstages vom 4. August 1914 und die Bewilligung der Kriegskredite durch eine zuvor nicht für möglich gehaltene „nationale Einheitsfront" erinnert.

Wie 1914 machte sich in Friedenskreisen angesichts der „geistigen Massenerkrankung" zunächst eine Lähmung breit. Sinn für Kritik schien abhandengekommen zu sein, selbst viele ernsthafte, skeptische Menschen ließen sich mitreißen. Gegner des Krieges wandelten sich über Nacht zu Kriegsbefürwortern. Viele begannen abzuwarten und hofften, dass die Epidemie sich mildern und abschwächen würde. Auffallend war nach wenigen Wochen: Den einstigen Nimbus der Unbesiegbarkeit der deutschen Armee übertrugen die Medien und viele Politiker, als befänden sie selbst sich im Krieg, zusehends auf die Ukraine. Je weniger Erfolge es aber gibt, umso mehr klammern sie sich an die Vorstellung, Russland mittels des Ukrainekrieges eine schwere Niederlage zuzufügen und in den Ruin zu treiben. Sie rechnen nicht – wie schon im Ersten und im Zweiten Weltkrieg – mit den Unwägbarkeiten des Kriegsverlaufs. Ein Plan B existiert auch heute nicht. Alles ist auf Sieg getrimmt.

In mancherlei Beziehung erinnert die vor allem von den Militärbehörden systematisch betriebene Lahmlegung des organisierten Pazifismus im Ersten Weltkrieg an die Gegenwart.[6] Wer sich heute für eine rasche diplomatische Lösung des Konfliktes ausspricht, wird gemieden, unter Druck gesetzt, ausgeladen oder gar nichts erst eingeladen bzw. verdächtigt, im Interesse Putins zu handeln. Die ablehnende Haltung von politisch Verantwortlichen und eines großen Teils der Presse und Medien gegenüber Menschen, die für Friedensverhandlungen eintreten, speist sich aus Traditionen, die deutschnationaler Herkunft sind und pazifistischen Vorschlägen gegenüber schon immer feindlich gesinnt waren. Wenn etwa Sascha Lobo von einem „Lumpen-Pazifismus" spricht, so befindet er sich damit in guter Nachbarschaft zu althergebrachten Mustern militaristischer Denkungsart.[7]

Ebenso verhält es sich mit Ralf Fücks, der in den „Tagesthemen" der ARD am 4. Mai 2022 in der Ausgabe von 22.30 Uhr verkündete: „Der Friede ist nicht der höchste aller Werte!" Darüber stünden „Gerechtigkeit und Freiheit". Auch das ein alter Hut, der Pazifisten schon im Ersten Weltkrieg vor die Füße geworfen wurde. Mit solchen Reden – „Friede ist … weder das höchste Gut noch auch unbedingt und in jedem Falle ein Gut, er kann auch ein Übel sein" – hat sich schon der evangelische Theologe und rheinische Pfarrer Hermann Kremers (1860-1934) gegen „pazifistisches Lämmerhüpfen" gewandt.[8] Nicht der Pazifismus schaffe den Frieden, so der Kriegsenthusiast Kremers weiter, sondern das Recht gründe sich auf das Schwert. Fücks ist nicht klar, dass, wenn überhaupt etwas über dem Frieden steht, es allein die Wahrheit ist.

In die Sudelküche von Kremers Gedankengängen hat sich auch Bundeskanzler Scholz begeben, als er in seiner Rede in München am 18. August 2023 Gegner von Waffenlieferungen für die Ukraine als „Engel aus der Hölle" stigmatisierte und damit nach über hundert Jahren ein von Kremers verbreitetes Vorurteil wiederbelebte. Wie Olaf Scholz jedweden Respekt vor Andersdenkenden vermissen ließ, sprach Kremers von „jenem fanatisch-heuchlerischen Pazifismus, dessen Propheten ‚in Schafskleidern kommen, inwendig aber sind sie wie reißende Wölfe'."[9] Wer Friedensstreiter mit Teufeln und Dämonen vergleicht, muss sich sagen lassen, dass er einem Freund-Feind-Denken und dem Krieg das Wort redet – anstatt Frieden zu stiften und zu argumentieren.

Solche Diffamierungsmethoden gehören längst zum Alltag. Die Kriegsbefürworter wollen nicht gelten lassen, dass auch andere Auffassungen legitim sind. Wer vom gouvernementalen Standpunkt abweichende Standpunkte äußert, muss vom Gegner gesteuert sein und stößt auf schroffe Ablehnung. Das war besonders schlimm in den ersten Tagen und Wochen nach dem 24. Februar 2022, als die Kriegszustimmung höchste Wellen schlug. Hingegen spielte die Tatsache, dass der Krieg etwas überaus Grauenvolles ist, kaum eine Rolle.

Daran erschreckend ist, so Eugen Drewermann, „das Typische, das immer Wiederkehrende im Raum der Sozialpsychologie, sobald es um Frieden, um Macht und Geltung, Geltung und Einfluss geht: stets drängen die immer gleichen Reaktionsweisen sich in den Vordergrund."[10] In Talkrunden sind fast immer die gleichen Leute zu sehen, kein Schritt vorwärts im Erkennen von Problemen, Ursachen, Wirkungen, Verstehen der Geschichte etc. Karussellartig dreht sich alles um die deutsche Seele und Befindlichkeit sowie um die „Lehren", die aus der Erfahrung mit Putin zu ziehen seien – langweilig, unangenehm und propagandistisch: Stereotype, ohne die geringste Mühe, das Geflecht von Ursache und Wirkung in Betracht zu ziehen. Es geht nicht um die Erhellung von Zusammenhängen, sondern um Bekenntnisse, die oft nicht mehr sind als verdünnte Parolen aus der Zeit des Kalten Krieges. Da heißt es: Die Ukrainer kämpfen für unsere Freiheit – wie es schon am Hindukusch nicht der Fall gewesen ist –, es handle sich um die Einhaltung der Normen des internationalen Zusammenlebens, und es gebe keine andere Lösung des Problems als die Fortführung des Krieges bis zu einem „Siegfrieden".

An dem Erfolg durfte schon im Ersten Weltkrieg kein Zweifel aufkommen. Erwies sich der Feind ungeachtet der Voraussagen und Anstrengungen als nicht bezwingbar – dem Endsieg tat es keinen Abbruch. Doch wie der U-Boot-Krieg und die Ausrufung des „Heiligen Krieges" des Islams nicht zum Aushungern und zur Schwächung des Gegners führte, so auch nicht die Sommeroffensive 2023 der Ukraine. Her also mit weiteren Waffenlieferungen und -systemen! Wie schon in Afghanistan „erweist das Militär sich einmal mehr als unfähig zur Konfliktlösung".[11]

Die Kriegsziele sind zugleich immer weiter verschoben und – offenbar auf Betreiben der USA – selbst auf die Rückeroberung der Krim erweitert worden. Mit anderen Worten: Russen raus aus dem Stützpunkt Sewastopol, über den sie seit 1783 verfügen – eine Schwächung im Interesse der USA. Mehr noch. Da die Krim weitgehend von Menschen bewohnt ist, die sich der Russischen Föderation zurechnen, wäre die Bevölkerung gegen deren Willen in das ukrainische Staatsgebiet einzuverleiben, was einen dauernden Konfliktherd schüfe.

Für Alfred Hermann Fried, Friedensnobelpreisträger von 1911, verwandelte sich die Welt, wie er seinem Tagebuch vom 7. August 1914 anvertraute, „mit einem Schlag in ein großes Heerlager" und – um mit dem Hamburger Pazifisten, Pädagogen und Schriftsteller Wilhelm Lamszus zu sprechen – in ein „Menschenschlachthaus".[12] Doch Fried wie andere Pazifisten erholten sich bald von dem Schock und setzten sich für einen raschen Verständigungsfrieden ein. Doch sie wurden noch mehr als zuvor verhöhnt, ausgegrenzt, überwacht, verfolgt, sogar inhaftiert sowie als „Flaumacher" und „Verräter" beschimpft.[13]

Die militärische Lage im Ukraine-Krieg gleicht der im Ersten Weltkrieg, wenn auch der atomare Aspekt fehlt. Große Geländegewinne gibt es nicht, statt dessen ein zermürbender Abnutzungskrieg. Und selbst der US-Generalstabschef spricht von einer Patt-Situation. Doch statt aufzuhören und nach einer Verständigungslösung zu suchen, um weiteren Zerstörungen vorzubeugen und Menschenleben zu retten, verschärft man den Ton, macht sich weiter für einen „Siegfrieden" stark. Das erinnert an die militaristisch-nationalistische Propaganda im Ersten Weltkrieg, als es darum ging, vom Volk weitere Opfer zu verlangen. Wer sich dagegen oder gar gegen die maßlosen Annexionsforderungen wandte, wurde gebrandmarkt, für einen „faulen Frieden" einzutreten.[14] In diesem Sinne haben sich am 24. Februar 2023 Robert Habeck und drei Tage danach auch Kevin Kühnert im Fernsehen geäußert. Letzterer plädierte mit folgenden Worten für einen „Siegfrieden": „Man kann nur aus einer Position der Stärke verhandeln." Eine Verständigung ist mit einer solchen Faustpfand-Strategie ausgeschlossen.

Als Kurt von Tepper-Laski, bekannter Rennreiter und Vorsitzender des pazifistischen „Bundes Neues Vaterland",[15] sich im Frühjahr 1915 für Friedensverhandlungen mit England einsetzte, stempelte man ihn zu einem „ganz gemeingefährlichen Menschen".[16] Wer Zweifel an der Regierungs- und Kriegspolitik äußerte, dem hielten die Kriegsenthusiasten vor, den deutschen Interessen zu schaden und vor dem Feind zu Kreuze zu kriechen. Selbst die leiseste Kritik wurde als verwerflich angesehen. Wer gar die Wahrheit sagte über die Mitverantwortung oder – mehr noch – die Schuld der zivilen und militärischen Leitung des Hohenzollernreiches an der Entfesselung des Weltkrieges, galt als „mehr oder weniger verrückt".[17]

Wie einst im Sommer 1917 Benedikt XV., hat Anfang März 2022 wieder ein Papst eindringlich dazu aufgerufen, den Krieg durch einen Waffenstillstand und Verhandlungen zu beenden. Ebenso fand sein Angebot, als Friedensvermittler zu wirken, wenig Gehör – insbesondere in deutschen Landen. Als er gar noch erklärte, dass der Westen bzw. die NATO eine Mitverantwortung am Krieg trage, titelte die „BILD" am 7.5.2022 sogleich: „Papst schlecht beraten: Putin-Komplott im Vatikan!" Papst Franziskus also ein Vertreter der Hölle?

Kriegshysterie statt Ursachenforschung

Wer sich nicht von der Kriegshysterie und -propaganda blenden lässt, kommt nicht umhin, nach den tieferen Ursachen des Krieges zu fragen und ob die Diplomatie des Westens versagt hat.[18] Russland hat viele Jahre lang verdeutlicht, dass es sich in seiner Sicherheit bedroht fühlt. Bereits Helmut Schmidt hat eindringlich davor gewarnt, diesen Weg zu beschreiten oder gar zu forcieren.[19] Was hat der Westen, haben die USA, die EU, die Franzosen, Briten und Deutschen getan, um der russischen Seite die Angst zu nehmen? Dass diese Angst nicht als unbegründet oder als ideologischer Vorwand für schiere Eroberungsabsichten zu betrachten ist, offenbart ein Blick in die Geschichte. Sowohl das Zarenreich als auch die Sowjetunion sind durch zwei von deutschem Boden ausgehende Weltkriege in Elend und Not, Leiden und Schrecken hineingestoßen worden – mit unvorstellbaren Opfern. Das russische Sicherheitsinteresse hat, ähnlich wie einst das französische, tiefgreifende historische Wurzeln, egal, ob ein Putin oder wer auch immer die russische Staatsführung repräsentiert, ob er ein Verrückter, Verbrecher oder ein Dämon ist. Wie kann man, so notierte ich am 24. März 2022, „einem anderen immer mehr auf den Pelz rücken und glauben, er nähme das einfach hin? Wer so handelt, ist eine politische Schlafmütze – oder weiß genau, was er tut."

Sicherheit ist ein hohes Gut und steht vor Abrüstung. Die Organisation der Sicherheit ist das einzige Mittel, um Abrüstung zu ermöglichen. Das bloße Ablegen von Kriegsinstrumenten schafft keine Sicherheit. Diese ist ein viel größeres Problem, als man es sich gemeinhin vorstellt. Insofern hat die Aufrüstung der Ukraine seit 2014 dazu beigetragen, das russische Sicherheitsbedürfnis zu verstärken als es abzuschwächen.

Es ist nahezu unaufhörlich behauptet worden, allein die Ukraine dürfe darüber entscheiden, ob sie der NATO angehören und sich verteidigen wolle oder nicht. Allein sie habe das Recht dazu. Aber das ist bei näherem Hinsehen nur die halbe Wahrheit. Denn allein und nur auf sich gestellt, wäre es der Ukraine nicht möglich gewesen, gegen Russland zu bestehen und über einen so langen Zeitraum Gegenwehr zu leisten. Ohne die Hilfe des Westens, der USA und anderer Staaten sowie die bereits zuvor erfolgte Aufrüstung wäre sie nicht in der Lage, sich zur Wehr zu setzen. Insofern war sie keineswegs souverän in ihren Entscheidungen, sondern abhängig von der Unterstützung, den Einflüssen und Zusagen Dritter. Ohne vorhergehende Konsultationen, Absprachen und Festlegungen hätte sich die Ukraine nicht behaupten können.

Wie im Ersten Weltkrieg sind die meisten Menschen politisch das Produkt ihrer regelmäßigen Zeitungslektüre und – heute – der Rundfunk- und Fernsehberichterstattung. Da die meisten Zeitungen die Haltung der Ukraine rechtfertigen und unterstützen, darf man sich nicht wundern, wenn viele Deutsche mit ihren Zielen mitgehen. Zur Irreführung der Öffentlichkeit gehört es, den Gegner zum Inbegriff der Niedrigkeit zu machen. War im Ersten Weltkrieg vor allem der England-Hass weit verbreitet, so ist es heute die Russophobie.[20] Dem Feinddenken entspricht die leichtfertig erhobene Zurechnung von schwerwiegenden Untaten, die dazu angetan sind, den Gegner zum Inbegriff der Niedrigkeit machen. So sprach Marie-Agnes Strack-Zimmermann am 3.4.2022 von einem „Völkermord“ und Johann Wadephul am 22.4.2022 im Bundestag von einem „Zivilisationsbruch ohnegleichen“ und dass die Ukraine einem „schrecklichen Vernichtungskrieg“ ausgesetzt sei. Solch fälschlicher Gebrauch von Begriffen sowie die damit verbundenen Bewertungen stimmen weitgehend mit der ukrainischen Kriegspropaganda überein bzw. folgen dieser unkritisch.[21]

Vertreter der historischen Friedensbewegung haben aus dem Ersten Weltkrieg die Lehre gezogen, zwischen dem Anlass und den Ursachen eines Krieges zu unterscheiden.[22] Insbesondere sei herauszufinden, wo der *Kriegswille* sitzt, in welchem Land und in welchen Kreisen er sich ausgeprägt hat. Wer verfolgt Interessen und Ziele, die sich nicht auf friedlichem Wege – wie etwa durch Verhandlungen – verwirklichen lassen?

Dass Russland den Krieg in der Ukraine entfesselt hat, ist unbestreitbar. Waren aber die anderen Beteiligten grundsätzlich friedensgeneigt? Sind sie zu Verhandlungen und zu Gesprächen über den Konflikt bereit gewesen? Was haben die USA, die Ukraine, der Westen getan, um gegenüber Russland ihren Friedenswillen zum Ausdruck zu bringen und Verständnis für dessen Ängste zu zeigen? Wir wissen längst, in welchem Maße vor allem die USA und Großbritannien die Ukraine kriegsmäßig ausgestattet haben.[23] Handelte die US-Regierung vielleicht ähnlich wie die kaiserliche Regierung in der Julikrise 1914, als diese so tat, mit dem Konflikt nichts zu tun zu haben, sie jede Verhandlungslösung von sich wies und im Geheimen die Vertreter der österreich-ungarischen Regierung antrieb, den Krieg unausweichlich zu machen?[21] Die USA lehnten Verhandlungen ab, nahmen den Krieg billigend in Kauf und bereiteten sich und ihre Verbündeten offenbar in geheimen Schaltkonferenzen darauf vor.

Es ist bezeichnend, dass die Frage nach den Ursachen des Konfliktes in der westlichen Berichterstattung keine Rolle spielt. Im Vordergrund steht nicht, was man vielleicht selbst in der Vergangenheit falsch gemacht hat – was der Erklärung einer Mitverantwortung gleichkäme –, sondern nur das Jetzt. Putin gilt als Schreckgespenst, dem das Handwerk zu legen sei. Man kann es auf eine Kurzformel bringen: Der Westen ist gut, Russland ist schlecht. Dessen wichtigster Exportschlager sei die Gewalt. Überall wimmelt es von Kriegsverbrechen, Massengräbern, Vergewaltigungen, Kinderverschleppungen, Vernichtungskrieg, Völkermord, Zivilisationsbruch, Abschlachtungen etc. Ziel Putins sei es, ein Land nach dem anderen zu überfallen etc. Dass mit solchem Feinddenken eine ungeheure Militarisierung der Köpfe in unserem Land einhergeht, steht außer Frage.

Rückbesinnung auf Deutschlands Stärke: Mittler zwischen Ost und West, Nord und Süd

Russland wird aus dem Konflikt vermutlich als Geschädigter hervorgehen und über Jahre hinaus mit einem schwer auszulöschenden Makel behaftet sein. Die Rufe nach einem einigen Europa unter deutscher Führung dürften noch lauter werden. Manche aus den regierenden und nationalen Kreisen reden darüber, wie der SPD-Vorsitzende Lars Klingbeil, schon ganz offen. Gegen ein Europa und Deutschland, das sich auf seine historischen Werte besinnt, ist wenig einzuwenden. Vor allem wird es darauf ankommen, worauf es beruhen soll: auf einer Macht- und Gewaltpolitik, die aufs engste mit der preußischen Wende der deutschen Geschichte seit 1870/71 verbunden gewesen ist, oder auf die Rolle, die es in den Jahrhunderten zuvor gespielt und eingenommen hat.

Der Kriegsfaktor par excellence im Europa der ersten Hälfte des 20. Jahrhunderts war Deutschland – und nicht Russland. Erst nach 1945 kehrte wieder Ruhe auf dem Kontinent ein, weil von deutschem Boden kein Krieg mehr ausging. Frankreich, Belgien, Luxemburg, die Niederlande etc. waren sicher, nicht erneut überfallen zu werden. Anders die Lage im Osten. Vor dem Hintergrund des Kalten Krieges, der Konfrontation zwischen den USA und der Sowjetunion, hielten nahezu alle westdeutschen Politiker daran fest, die durch den Krieg geschaffenen Realitäten zu negieren und zu den Grenzen von 1937 zurückzukehren. Erst die Ostpolitik unter Willy Brandt, Egon Bahr und Walter Scheel nahm Abschied von solch revanchistischen, illusionären und gefährlichen Bestrebungen. Seitdem Deutschland ohne Besatzungsstatut und souverän ist, hat es begonnen, sich nach und nach weltpolitisch zu engagieren. An seiner Lage inmitten Europas indes hat sich nichts geändert. Wie vor 1870/71 ist es mit seinen Nachbarn befreundet und von ihnen geschätzt, nur kleiner ist es geworden – und eine große Mehrheit der Deutschen hat gelernt, dass es sich auch ohne Krieg und selbst auf kleinerem Raum gut leben lässt.[24]

Nach über 150 Jahren befindet sich Deutschland wieder in der Situation, in der es einst gewesen ist. Doch wie geht es mit seiner eigentlichen Aufgabe um, ausgleichend zwischen Ost und West, Nord und Süd zu wirken? Wird es einer dem Frieden dienenden Staatskunst gerecht? Hat es sich wirklich von alten, in der Tiefe schlummernden Politikkonzepten gelöst, die sich auf Macht und Stärke, Feinddenken, Gewalt und Krieg gründen?

Wir stehen an einer Wegscheide. Will Deutschland wiederum Weltpolitik betreiben, dabei erneut in Waffen erstarren und im Innern jedwede Opposition dagegen ausgrenzen? Will es sich als Führungsmacht im mitteleuropäischen Raum gegen den Feind im Osten etablieren und an die Stelle der USA in den Kampf gegen Russland treten? Benutzt es den Ukrainekrieg, um – wie schon seit längerem angestrebt – eine größere machtpolitische Rolle, genannt „mehr Verantwortung", in der Welt zu übernehmen?[25] Oder betrachtet es den russischen Angriffskrieg auf die Ukraine als einen Irrweg, in den es selbst eingewoben ist, und sucht es auf dieser Basis nach einer Lösung, die es allen Beteiligten ermöglicht, zu einer Politik der Verständigung, Wiedergutmachung, Entspannung und Abrüstung zurückzukehren?

Das Wiedererstehen und die Neuverfolgung deutscher Welt- und Wehrpolitik sind nur erklärlich aus der bewussten Nichtbearbeitung der Vergangenheit. Das Unverarbeitete aber unterliegt der Gefahr der Wiederholung. Das Ziel eines einigen Europas darf nicht darauf hinauslaufen, eine deutsche Art der Integration zu vollziehen und den anderen Ländern den deutschen Willen aufzuerlegen. Davor ist ernsthaft zu warnen. Es würde zur Auflösung des europäischen Gedankens statt zu seiner Verwirklichung führen. Das sollten sich nicht nur die Deutschen selbst, sondern auch die nichtdeutschen Völker vor Augen führen, um vor gefährlichen Überraschungen und Enttäuschungen sicher zu sein.

Was bedeutet es in diesem Zusammenhang, wenn Verteidigungsminister Boris Pistorius im Oktober 2023 einen „Mentalitätswechsel" fordert und erklärt, die „Zeit der Friedensdividende" sei vorbei und Deutschland müsse „wehrhaft", „kriegstüchtig", ja sogar „kriegsbereit" und „kriegsfähig" werden? Damit geht er weit über die Diktion der CDU hinaus, die sich vorsichtiger mit „verteidigungsfähig" und „-bereit" begnügt. Offenbar redet er damit den Traditionalisten und Scharfmachern in der Bundeswehr das Wort und orientiert sich dabei an deren Einschätzung, dass wir uns bereits in einer Vorkriegsperiode oder mitten auf dem Weg in eine kriegerische Zukunft befänden – einer Zeit vor dem Dritten, den Zweiten tausendfach übertreffenden Weltkrieg! Statt darüber nachzudenken, was zu tun ist, um auch mit Russland auf den Weg zu einer Entspannung zurückzukommen, wird der Krieg erneut zur ultima ratio erklärt. Dazu passt das Bestreben, mit der Einführung eines „Veteranentages“ dem Militär gegenüber allen anderen Veteranen eine höhere Wertschätzung entgegenzubringen und gesetzlich zu verankern. Sind z. B. Veteranen, die in Krankenhäusern und Arztpraxen ein Leben lang tätig waren und Menschen pflegten, heilten und Leben retteten, weniger zu ehren als jene, die im Verteidigungsbereich Gewehr bei Fuß stehen? Offenbar soll das Primat des Militärs vor dem Zivilen erneut zur obersten Staatsräson erhoben werden. Früher nannte man das „Militarismus“, den der Sozialökonom und Pazifist Oskar Stillich einmal so charakterisiert hat: „Militarismus ist nicht das Vorhandensein von der Verteidigung des Landes dienenden Soldaten, sondern ein System der Vorherrschaft und Überbewertung des Militärischen.“[26]

Wohin das in zwei Weltkriegen geführt hat, ist bekannt. Die Uniform, das Prinzip von Befehl und Gehorsam, die Ausbildung zum Töten, die Wehrertüchtigung und der Weg in verordnete Unmenschlichkeit sollen mehr als je zuvor zu Leitbildern erhoben werden. Das erinnert an den gescheiterten Versuch Mitte der 1990er Jahre, Soldaten vor dem Vorwurf, Mörder zu sein, mit einem „Ehrenschutzparagraphen“ vor sogenannter „Verunglimpfung“ zu bewahren.[27]

Offenbar ist die Feststellung von Friedrich Wilhelm Foerster, der bereits im November 1928 vor dem von deutschem Boden ausgehenden Zweiten Weltkrieg warnte, aus dem Jahr 1932 im Kern aktuell geblieben: „Es gab außerhalb Deutschlands kein Volk, in dem weithin der Krieg als die große unentbehrliche moralische Hygiene des menschlichen Charakters und der menschlichen Gesellschaft verherrlicht worden wäre und wo anlässlich der Einberufung der Haager Konferenzen führende Gelehrte, so wie es bei uns geschehen, vom ‚feigen Friedensdusel‘ zu sprechen gewagt hätten. Es ist ein ungeheurer Unterschied, ob in einem Volke der Völkermord als entsetzliche, letzte ‚ratio regum‘ betrachtet wird, so dass auch der Offizier nicht gern in Uniform in Gesellschaft erscheint und aus den politischen Entscheidungen der Nation völlig ausgeschaltet ist, oder ob er mit lautem Zynismus als höchste regenerierende Äußerung der nationalen Vitalität gefeiert und das Militär als oberste Kaste und leitende Berufsschicht gilt, deren Anschauungen, Ehrbegriffe und Manieren als maßgebend für alle andern Schichten, ja auch für das weltpolitische Auftreten der Nation verehrt werden.“[28] Anders ausgedrückt und auf die Gegenwart bezogen: Die viel beschworene Hinwendung zur „Normalität“ geht mehr denn je mit einer „Renaissance des Militärischen“ und Rückkehr zum Weltmachtdenken einher[29] – ein Gemisch aus Biederkeit, nationaler Eitelkeit und Überheblichkeit, Angst- und Scharfmacherei, Abschreckungswahn und moralisierendem Krieggeschrei. Und – als hätte es keine zwei Weltkriege gegeben, treten hinzu: Militärfrömmigkeit und Überlegenheitsdünkel, Schwertglauben und Militärexpertentum mit Phrasenschwall, begleitet von der Paranoia eines Verfolgungswahns, der andere verfolgt, auf die er projiziert, was er selber tut.

Dem Kern des Problems weicht auch B. Pistorius aus: dass Soldaten in der „Kunst“ des Tötens unterwiesen und insbesondere heute zum Massenmord ausgebildet werden, dass Krieg und Grausamkeit unauflöslich miteinander verknüpft sind. Sehr treffend sagt der Pazifist Hans Fülster dazu: „Die Barbarei lässt sich nicht idealisieren; das Unmenschliche lässt sich nicht humanisieren. Der Krieg zwingt zur Unmenschlichkeit, zur Unmoral, zur Barbarei. Die Blutarbeit erstickt das Gefühl der Menschlichkeit; der Krieger wird unempfindlich gegen fremde Leiden … Der Krieg bringt eine grundsätzliche Umwertung aller sittlichen Begriffe. Er zerbricht alle ethischen Werte in ihr Gegenteil … Im Frieden gilt das Gesetz: Wer tötet, den trifft lebenslange Strafe. Im Kriege lautet das Gebot: Du sollst töten … Ein unversöhnlicher Gegensatz klafft zwischen der Moral des Friedens und der Moral des Krieges.“[30]

Wie weit das Denken in Militär- und Kriegskategorien fortgeschritten ist, mag ein Rückgriff auf die frühen 1990er Jahre verdeutlichen. Damals schrieb Graf Kielmannsegg, als Bundeswehrgeneral schon zuvor Generalstabsoffizier der Wehrmacht, in einem Aufsatz, dass „nicht der Frieden“, wie es Gustav Heinemann einmal ausgedrückt hat, „der Ernstfall ist, sondern der Krieg“. Es gebe Krieg, fährt der General fort. „weil die Welt ein für alle Mal ist, wie sie ist, Gut und Böse, friedfertig und gewalttätig, gerecht und ungerecht“. Das bleibe für alle Zeiten so: „Denn Krieg, Gewalt, Tod und Ungerechtigkeit können eben nicht in einer moralischen Anstrengung für immer aus der Welt geschafft werden.“ Und dann heißt es – und man fragt sich, hat B. Pistorius von dem General abgeschrieben? –: „Auf die Kriegstüchtigkeit der Bundeswehr hin ist also alles auszurichten, Ausbildung, Ausrüstung und Struktur, Ethos, Erziehung, Sinnvermittlung und Motivation müssen sie mit einschließen“.[31] Mit „out of area“ fing es an, inzwischen sind wir bei den Vorbereitungen auf einen Krieg in Europa – gegen Russland – gelandet. Bezeichnend ist: Was einst Empörung und Kritik hervorrief, gilt heute als nahezu „normal“.

Das Denken von Kielmannsegg und Pistorius ist mehr als besorgniserregend. Wenn die Geschichte und das Wesen des Menschen auf Gewalt und Krieg konzentriert und reduziert werden, welche Mittel der Konfliktbewältigung bleiben dann eigentlich noch außer denen, die Tod und Zerstörung bedeuten? Und lehrt nicht gerade das deutsche Beispiel, dass Politiker und Militärs die Welt so behandeln, wie sie sich die Geschichte vorstellen: als ein Schlachtfeld, auf dem es sich zu behaupten gilt – und herauskommt dabei am Schluss ein riesengroßer, unüberschaubarer Friedhof.

Zivile Haltungen, die sich auf Frieden und Recht, Verständigung und Sicherheit berufen, sind hingegen zu verwerfen. Es spricht für sich, dass der Journalist, Autor und Nichtmilitär Hajo Schumacher am 14.11.2023 in der ARD-Talkrunde bei Sandra Maischberger für den Fall, dass die USA sich aus Europa zurückzögen, nahegelegt hat, Atomwaffen anderer Länder in Deutschland zu lagern und darüber nachzudenken, dass es selbst Atommacht werden sollte – und das vor dem Hintergrund, dass der Wahnsinn des modernen Krieg nichts weiter als „Mord" und „Selbstmord" zu bezeichnen ist.

Dass man Russland zum Alleinschuldigen und Feindbild erklärt und nicht im Geringsten bereit ist, über eine Mitverantwortung des Westens zu sprechen, hat bewusst oder unbewusst etwas damit zu tun, dass sich mit dieser Haltung eine kompensatorische Neigung Geltung verschafft. Nicht die Deutschen allein haben Kriege entfesselt und Schreckliches angerichtet, auch die Russen machen es! Wie gut ist es doch zu wissen, dass dies keine Eigenschaft allein der Deutschen ist, sondern, wie man sehen kann, etwas doch sehr ausgesprochen Menschliches, was wir infolge unserer einzig dastehenden „Vergangenheitsbewältigung" aber überwunden haben! Dabei ist zu bedenken, dass die Russen nach 1989 Frieden, Abrüstung, Rüstungskonversion, eine Wirtschaftsgemeinschaft von Lissabon bis Wladiwostok angeboten und „wir" die ausgestreckte Hand nicht ergriffen und so die Chance, eine dauerhafte Friedensordnung in Europa zu etablieren, vertan haben. Die Verdrängung und Verleugnung der Tatsache, dass die Möglichkeit bestand, Waffen- und Raketenarsenale als Mittel der Massenvernichtung sowie Sicherheitsbedenken weiter zu begrenzen, weist darauf hin, wie wenig die Deutschen mit ihrer Vergangenheit – nicht zuletzt was Russland betrifft – wirklich ins Reine gekommen sind. Die Warnung Theodor W. Adornos, „aufgearbeitet wäre Vergangenheit erst dann, wenn die Ursachen des Vergangenen beseitigt wären", bleibt berechtigt. Und, heißt es bei Adorno weiter: „Nur weil die Ursachen fortbestehen, ward ihr Bann bis heute nicht gebrochen.“[32]

Von der Notwendigkeit einer ökonomischen Zusammenarbeit

Eine weitere Lehre aus den zwei Weltkriegen, die in den Wind geschlagen worden ist, stellt die Tatsache dar, dass Deutschland sich aus politischen Gründen oft gegen eine sinnvolle ökonomische Zusammenarbeit mit als feindlich geltenden Mächten ausgesprochen hat. In diesem Fahrwasser bewegt sich die Haltung der Bundesregierung im Ukrainekrieg, die in auffallendem Widerspruch zu den wirtschaftlichen Interessen des Industriestandortes Deutschlands und dessen hoher Exportabhängigkeit steht. Aus politischen und ideologisch-moralischen Gründen sowie aus einem Gefühl der Überlegenheit und Stärke versucht man, Russland zu ruinieren – und merkt nicht, dass man sich damit selbst großen Schaden, möglicherweise sogar einen größeren zufügt. Politik steht gegen Wirtschaft mit der Folge, dass durch die Missachtung der Grundlagen der ökonomischen Gegebenheiten und Entwicklungen die Lebensbedingungen breiter Bevölkerungskreise in einer unvorstellbaren Weise in Mitleidenschaft gezogen werden. Die gestiegenen Energiekosten sprechen eine klare Sprache. Der Ausbau erneuerbarer Energien krankt darunter ebenso wie die damit verbundene Transformation der Wirtschaft. Und trotz der Sanktionen ist Russland nicht geschwächt worden. Vielmehr ist der Wirtschaftsstandort Deutschland bedroht. Bundesaußenministerin Annalena Baerbock, die Russland nicht einmal als Teil Europas betrachtet, hat sich im August 2023, so nach einem Bericht der „tageszeitung“ vom 17. November 2023, enttäuscht über die EU-Maßnahmen gezeigt und geäußert: „Eigentlich hätten wirtschaftliche Sanktionen wirtschaftliche Auswirkungen … Das ist aber nicht so. Die russische Wirtschaft wächst, und auch die russische Kriegsmaschine läuft weiter wie geschmiert. Demgegenüber ist Deutschland in die Rezession gerutscht.“ Warum das so ist und was sie selbst damit zu tun haben könnte, kommt ihr nicht in den Sinn.

Wieder einmal hat eine deutsche Regierung in einer wichtigen Frage eine weitreichende Entscheidung getroffen und die damit verbundenen Imponderabilien nicht bedacht bzw. ignoriert. Ähnlich wie schon in früheren Zeiten geht eine Geringschätzung bzw. Verachtung der praktischen Welt einher mit hohen Idealen, insbesondere hohen ethischen Idealen. Letztere sind an sich nichts

Schlechtes, aber wie viele Menschen in Deutschland repräsentieren sie wirklich? Statt andere mit den eigenen und über alles erhabenen Ansprüchen zu konfrontieren und von ihnen Besserung zu fordern, sollte man vielleicht eher daran denken, sich selbst zu bessern. Das würde letzten Endes auch der weltwirtschaftlichen Bedeutung Deutschlands zugutekommen.

Anmerkungen

1 L. Quidde, Der Militarismus im heutigen Deutschen Reich. Eine Anklageschrift. Von einem deutschen Historiker, 1893. Neu abgedruckt in: Hans-Ulrich Wehler (Hrsg.), Ludwig Quidde: Caligula – Schriften über Militarismus und Pazifismus, Frankfurt am Main 1977

2 Lothar Wieland, „Übelstes Stinkgewächs am Giftbaum des deutschen Pazifismus" – Zur Bedeutung von Friedrich Wilhelm Foerster. In: Helmut Donat/Reinhold Lütgemeier-Davin (Hrsg.), Geschichte und Frieden in Deutschland 1870-2020 – Eine Würdigung des Werkes von Wolfram Wette, Bremen 2024, S. 738-781; Helmut Donat, „Wohl der bestgehaßte Mann Deutschlands" (Hellmut von Gerlach) – Friedrich Wilhelm Foerster (1869-1966) und sein Bemühen um eine deutsch-polnische Aussöhnung. In: Christoph Koch (Hrsg.), Vom Junker zum Bürger: Hellmut von Gerlach – Demokrat und Pazifist in Kaiserreich und Republik, München 2009, S. 143-201; ders., Zum 150. Geburtstag von Friedrich Wilhelm Foerster (1869-1966) am 2. Juni 2019. In: The European – Debattenmagazin, 2. Juni 2019 (Gesellschaft & Kultur, Medien) – https://www.theeuropean.de/helmut-donat/15909-hitlers-staatsfeind-nr-1

3 Vgl. hierzu insbesondere Wolfram Wette, Militarismus in Deutschland – Geschichte einer kriegerischen Kultur, Frankfurt am Main 2008; Volker Ullrich, Die nervöse Großmacht 1871-1918 – Aufstieg und Untergang des deutschen Kaiserreichs, Frankfurt am Main 1997; Gerd Fesser, Der Traum vom Platz an der Sonne – Deutsche „Weltpolitik" 1897-1914, Bremen 1996; Stanislaw Salmonowicz, Preußen – Geschichte von Staat und Gesellschaft, Herne 1995; August Siemsen, Preußen – Die Gefahr Europas [zuerst erschienen Paris 1937]. Neu hrsg. und mit einer Einleitung versehen von H. Donat und Arno Klönne, Berlin 1981; Hartwin Spenkuch, Preußen – eine besondere Geschichte. Staat, Wirtschaft, Gesellschaft und Kultur 1648–1947, Göttingen 2019

4 H. Donat, Zur preußischen Wende der deutschen Geschichte: Die Unterredung Bernhardi und Roon im Februar 1862. In: Von der freien Gemeinde zum föderalistischen Europa. Festschrift für Adolf Gasser zum 80. Geburtstag. Hrsg. von Fried Esterbauer, Helmut Kalkbrenner, Markus Mattmüller und Lutz Roemheld, Berlin 1983, S. 187-221, hier: S. 203

5 Verteidigungsministerin Ursula von der Leyen (CDU) sieht Deutschland wegen seiner Vergangenheit in der Pflicht – „Deutschland darf sich nicht mehr raushalten".

In: Redaktionsnetzwerk Deutschland, 21.8.2017 – nd.de/politik/deutschland-darf-sich-nicht-mehr-raushalten-TNXNRXEJRL4J5VTT776BFQRGSM.html

6 Vgl. hierzu insbesondere Ludwig Quidde, Der deutsche Pazifismus während des Weltkrieges 1914-1918. Hrsg. von Karl Holl unter Mitwirkung von Helmut Donat [= Schriften des Bundesarchivs, Bd. 23], Boppard am Rhein 1979

7 Vgl hierzu meine Ausführungen über Sascha Lobos diffamierende Äußerungen über Gandhi und die deutsche Friedensbewegung in diesem Band, S. 261-265

8 H. Kremers, Pazifismus, Papsttum und Evangelium, Berlin 1918, S. 35

9 Ebd., S. 36. Am Rande sei vermerkt, dass Kremers schon vor 1933 den Nationalsozialismus in Reden und Schriften als „Volksbewegung" begrüßte, von der sich erhoffte, sie würde als „integrale Ordnungsmacht" den kirchlichen Einfluss stärken.

10 Eugen Drewermann, Nur durch Frieden bewahren wir uns selber – Die Bergpredigt als Zeitenwende, Ostfildern 2023, S. 243

11 Wolfram Wette, Der General und die Bischöfin – eine exemplarische Kontroverse (2010). In: Ders., Ernstfall Frieden – Lehren aus der deutschen Geschichte seit 1914 [= Schriftenreihe Geschichte & Frieden, Bd. 38], Bremen 2017, S. 509 ff., hier: S. 511

12 A.H. Fried, Mein Kriegstagebuch – 7. August 1914 bis 30. Juni 1919. Hrsg., eingeleitet und ausgewählt von Gisela und Dieter Riesenberger [= Schriftenreihe Geschichte & Frieden, Bd, 13], Bremen 2005, S. 24; H. Donat, „Organisiert die Welt!" [Zum 100. Todestag des Friedensnobelpreisträgers Alfred Hermann Fried]. In: junge Welt, 4. Mai 2021, S. 12 f. – https://www.jungewelt.de/artikel/401778.kriegsgegner-organisiert-die-welt.html – Abgedruckt auch in: Ein Leben für den Frieden im „Menschenschlachthaus". In: Seemoz, 25., 26. und 27. August 2021 – https://www.seemoz.de/politik/ein-leben-fuer-den-frieden-im-menschenschlachthaus-i/; W. Lamszus, Das Menschenschlachthaus: Visionen vom Krieg- Erster und Zweiter Teil [= Schriftenreihe Geschichte & Frieden, Bd. 23], Bremen 2014

13 Vgl: hierzu Pazifismus und Belagerungszustand – Eine Eingabe an den Deutschen Reichstag, mit einer Denkschrift „Die Handhabung des Gesetzes über den Belagerungszustand gegenüber den deutschen Pazifisten" und einem Anhang von Beilagen, enthaltend Dokumente des Pazifismus, Berlin 1917

14 Vgl. Helmut Donat, Deutschlands „guter Friede" – Bemerkungen und Quellen zur Kriegszieldiskussion von 1914 bis 1918. In: Salomon Grumbach, Das annexionistische Deutschland – Eine Sammlung von Dokumenten, die seit dem 4. August 1914 in Deutschland öffentlich oder geheim verbreitet wurden. Mit einem Anhang: Antiannexionische Kundgebungen. Neu herausgegeben von Helmut Donat [= Schriftenreihe Geschichte & Frieden, Bd. 30], Bremen 2018, S. 531-657

15 Vgl. Reinhold Lütgemeier-Davin, Vom Helden zum Händler – Der Kavallerieoffizier Kurt von Tepper-Laski (1850-1931). In: Wolfram Wette (Hrsg. unter Mitwirkung von H. Donat), Weiße Raben – Pazifistische Offizieren in Deutschland vor 1933 [= Schriftenreihe Geschichte Frieden, Bd. 45, S. 64-83; H. Donat, Kurt von Tepper-Laski. In: Ders../Karl Holl (Hrsg,), Die Friedensbewegung – Organisierter Pazifismus in Deutschland, Österreich und der Schweiz, Düsseldorf 1983, S. 384 f.; zum „Bund Neues Vaterland" (BNV) vgl. Lothar Wieland, Die Deutsche Liga für Menschenrechte (bis 1922 unter dem Namen BNV). In: Ebd., S. 76-80

16 Hellmut von Gerlach, Die große Zeit der Lüge – Der Erste Weltkrieg und die deutsche Mentalität 1871-1933), Neu hrsg. von Helmut Donat und Adolf Wild. Mit einem Nachwort von Walter Fabian [= Schriftenreihe Geschichte & Frieden, Bd. 6,], Bremen 1994, S. 139

17 Ebd.

18 Wolfram Wette, Ukraine-Krieg und Diplomatie. Kriegslogik versperrt den Weg. In: KONTEXT Wochenzeitung (Stuttgart), Ausgabe 591, 27.7.2022 – https://www.kontextwochenzeitung.de/; ders., Der vermeidbare Ukraine-Krieg und die politischen Interessen. In: vorgänge – Zeitschrift für Bürgerrechte und Gesellschaftspolitik. Themenschwerpunkt: „Keine Chance für den Frieden?“ 61. Jg., Heft 3-4/2022, Nr. 239/240, S. 31-43, Juli 2023; ebenso Günter Verheugen, Ab wann nahm das Verhängnis seinen Lauf? In: Ebd., S. 7

19 Vgl. Thomas Karlauf, Was würde Helmut Schmidt dazu sagen? Ein Versuch, den Krieg aus der Sicht des Altkanzlers zu begreifen. In: DIE ZEIT, Nr. 22, S. 57, 25. 5.2022

20 Vgl. H. von Gerlach, Die große Zeit der Lüge, S. 111 ff.; Lothar Wieland, Der deutsche Englandhass im Ersten Weltkrieg und seine Vorgeschichte: In: Wilhelm Alff (Hrsg.), Deutschlands Sonderung von Europa 1862-1945, Frankfurt am Main/Bern/New York 1984, S. 317-353; H. Donat, Haltlose Vergleiche – Der Angriff auf die Ukraine hat zu einem Aufschwung der Russophobie geführt – Ein offener Brief. In: junge Welt, Nr. 71, S. 12 f., 25.3.2022 – https://www.jungewelt.de/artikel/423330.pazifismus-haltlose-vergleiche.html

21 Zur ukrainischen und deutschen Kriegspropaganda sowie dem leichtfertigen und fahrlässigen Umgang mit Begriffen wie „Völkermord“, „Kriegsverbrechen“ etc. vgl. den Brief von Tessa Hofmann und mir an die Bundesaußenministerin A. Baerbock vom 11.4.2022 sowie meine Schreiben an Bundeswirtschaftsminister R. Habeck vom 10.5.2022, am 17.4.2022 an Anton Hofreiter und am 24.4.2022 an Marina Weisband. Einer Auseinandersetzung mit der Kritik an ihnen gingen die Empfänger aus dem Weg, indem sie nicht antworteten. Die Briefe inzwischen einsehbar unter https://oskarstillich.de/category/unbekanntesicht/

22 Die Auseinandersetzung über die Kriegsschuld von 1914, die Haltung zum Versailler Vertrag und den Kampf gegen den sich in den 1920er und beginnenden 1930er Jahren weiter verbreitenden Militarismus und Nationalismus spielten in der Weimarer Friedensbewegung eine überragende Rolle. Vgl. H. Donat, Die radikalpazifistische Richtung in der Deutschen Friedensgesellschaft (1918-1933). In: K. Holl/W. Wette (Hrsg.), Pazifismus in der Weimarer Republik. Beiträge zur historischen Friedensforschung, Paderborn 1981, S. 27-45; nach wie vor gültig ist die von den Nazis verbotene Schrift von Friedrich Wilhelm Foerster, Die Dominanten der Kriegsschuld, Berlin 1932. Die von Regierungsstellen nach 1918 massiv geförderte Unschuldspropaganda feierte 2014 mit der dümmlich wirkenden, von vielen Deutschen aber gern geglaubten und aufgesogenen Erklärung des Historikers Christopher Clark, der Erste Weltkrieg sei von „Schlafwandlern“ herbeigeführt worden, eine neuerliche Auflage und Breitenwirkung. Vgl. hierzu u. a. Camille Bloch, Die Ursachen des Ersten Weltkrieges. Neu hrsg. und eingeleitet nach der deutschen Ausgabe aus dem Jahre 1935 von H. Donat [= Schriftenreihe Geschichte & Frieden, Bd. 28], Bremen

2014; Hermann Fernau, Paris 1914 – Tagebuch eines deutschen Republikaners und Pazifisten (25. Juli-22. September 1914). Hrsg. und kommentiert von H. Donat und L. Wieland [= Schriftenreihe Geschichte & Frieden, Bd. 26], Bremen 2014

23 Vgl. dazu den Beitrag von Hans-Eberhard Scherer in diesem Band, S. 31-41, sowie den von Maria Buchwitz, S. 119-123

24 Vgl. hierzu sowie zum „Kern des deutschen Problems“ und den „Primat des Politischen“ István Bibó, Die deutsche Hysterie – Ursachen und Geschichte, Frankfurt am Main/Leipzig 1991

25 Vgl. Corinna Hauswedel, Sind wir Mit-Krieger? Deutschlands Verantwortung für den Frieden. In: Friedensgutachten 2015. Hrsg. von Janet Kursawe, Margret Johannsen, Claudia Baumgart-Ochse, Marc von Boemcken, Ines-Jacqueline Werkner, Berlin 2015, S. 32-44

26 Oskar Stillich, Militarismus, Pazifismus und Völkerverständigung [unveröffentlichtes Manuskript]. Zitiert nach H. Donat/Karl Holl (Hrsg.), Die Friedenbewegung – Organisierter Pazifismus in Deutschland. Österreich und in dr Schweiz, Düsseldorf 1983. S. 373

27 Vgl. H. Donat, „Ehre, wem Ehre gebührt!“ – Erwiderung auf die Laudatio [= Rede vom 4. Mai 1996 anlässlich der Verleihung des Carl-von-Ossietzky-Preises]. In: Dokumentation zur Verleihung des Carl-von-Ossietzky-Preises der Stadt Oldenburg (Oldb) für Zeitgeschichte und Politik 1996 an Elke Suhr, Werner Boldt, Dirk Grathoff, Gerhard Kraiker für die Hrsg. der Ausgabe „Carl von Ossietzky – Sämtliche Schriften“ und Helmut Donat für seine herausragende verlegerische Leistung. Hrsg. von der Stadt Oldenburg, Kulturdezernat, Dr. Ekkehard Seeber, Oldenburg 1997, S. 45-54; „Militarisierung der Außenpolitik“. Die Rede des Verlegers H. Donat zur Verleihung des Ossietzky-Preises der Stadt Oldenburg im Wortlaut. In: Nordwest-Zeitung, 25. Mai 1996; Dumm, gefährlich, deutschnational. Ossietzkypreisträger Helmut Donat in einem LOP-Interview über die Militarisierung Deutschlands und das Verhalten der CDU. In: LOP – Zeitung der linken Listen im StuPa, FachschafterInnen, Arbeitsgruppen und anderer aktiver Menschen, Nr. 1, S. 4 ff., Juni 1996

28 F..W. Foerster, Die Dominanten der Kriegsschuld, Kapitel „Der Kernpunkt der deutschen Schuldfrage“

29 Vgl. W. Wette, Von neuer „militärischer Normalität“ und „gewachsener Verantwortung“ Deutschlands. Ein Essay. In: Jahrbuch Frieden 1994, München 1993, S. 21-33: ders., Rückkehr zur „Normalität“ und Weltmachtdenken. Die Renaissance des Militärischen im neuen Deutschland. In: Blätter für deutsche und internationale Politik, Heft 8/1994, S. 981-990

30 Hans Fülster, Die treibenden Kräfte der überstaatlichen Organisation, Leipzig o.J. [1924], S. 93 f.

31 Adolf Graf von Kielmannsegg (Brigadegeneral), Der Krieg ist der Ernstfall. In: Truppenpraxis, Nr. 3/1991, S. 304-307; vgl. dazu vor allem W. Wette, Militarismus in Deutschland, S. 229; jüngst dazu auch Bremer Friedensforum (Hrsg.), Friedenspolitik contra Einübung in den Krieg. Die „Nationale Sicherheits?trategie´“ der Bundesregierung [= Rote Reihe_6], Bremen 2023

32 Theodor W. Adorno, Was bedeutet Aufarbeitung der Vergangenheit? In: die tageszeitung, 19.3.1990

Gabriele Krone-Schmalz

Frieden! – Es ist an der Zeit ...*

Normalerweise würde ich nicht auf einer Kundgebung sprechen. Als Journalist empfiehlt sich eine gewisse Zurückhaltung. Aber in diesen Zeiten käme mir Zurückhaltung so vor, als wolle man sich vor der Verantwortung drücken. Das ungenierte Kriegsgeschrei kann ich so nicht hinnehmen. Und ich habe den Eindruck, dass sich die Mehrheit in unserer Gesellschaft – und schon gar die schweigende – weniger Kriegsrhetorik wünscht und dafür mehr ernstzunehmende diplomatische Ansätze. Das ist das Kerngeschäft von Politik. Waffenlieferungen sind eher eine Bankrotterklärung derselben.

Es reicht nicht einen militärischen Plan zu haben. Ein politischer Plan ist das Entscheidende. Und der fehlt, sowohl mit Blick auf Russland und die Ukraine als auch mit Blick auf Israel und den Nahen Osten. Es wird in Kategorien von Sieg und Niederlage gedacht und argumentiert.

Es wird von wertegeleiteter Außenpolitik gesprochen, die offenbar kein Problem damit hat, die zivilen Opfer je nach Täter als Kriegsverbrechen oder Kollateralschaden zu verbuchen. Mir geht die Heuchelei gehörig auf die Nerven und auch, immer Bekenntnisse abgeben zu sollen, bevor man zum Punkt kommt. Natürlich ist der russische Angriff auf die Ukraine völkerrechtswidrig. Aber was folgt denn daraus? Rache, Vergeltung, wie Du mir so ich Dir? Kampf bis zum letzten Blutstropfen? Das lässt sich leicht fordern, wenn man nicht selbst an die Front muss.

Dieser fatale Bekenntniszwang, der sowohl in der Politik als auch in den Medien üblich geworden ist, verhindert eine sachorientierte Auseinandersetzung über die besten Wege, wie wir da wieder rauskommen. Ein „Ja, aber…“ oder „Nein, obwohl…“ – das hat doch nichts mit Relativierung zu tun oder gar mit Rechtfertigung, sondern spricht dafür, dass derjenige zur Differenzierung fähig ist und sich nicht mit plattem Gut-Böse-Schemata zufriedengibt, die der Realität im Übrigen selten standhalten. Weder in der Ukraine noch in Israel.

* *Rede, gehalten bei der Friedensdemonstration „Nein zu Kriegen – Rüstungswahnsinn stoppen – Zukunft friedlich und gerecht gestalten“ am 25. November 2023 in Berlin am Brandenburger Tor*

Eines der überzeugendsten „Ja, aber…“ stammt von Klaus von Dohnanyi, diesem besonnenen SPD-Politiker, der in den 1980er Jahren Erster Bürgermeister in Hamburg war. Er hat sinngemäß gesagt: Ja, der Krieg, den die Russen angefangen haben, ist ein Verbrechen, aber dass der Westen ihn nicht verhindert hat, ist eine Sünde.

Es geht im Moment gar nicht darum, Schuldzuweisungen hin und her zu schieben – waren es die Entspannungspolitiker, die den russischen Überfall erst möglich gemacht haben, oder doch eher diejenigen, die den Entspannungspolitikern immer wieder Knüppel zwischen die Füße geschmissen haben – es geht jetzt darum, die Ausweitung von Kriegen zu verhindern bzw. laufende Kriege zu beenden. Dass das nicht einfach ist, weiß ich auch. Aber es wird ja gar nicht erst versucht. Der politische Wille fehlt. Die politische Analyse sowieso. Stattdessen gibt's Ideologie und Moral, und Gedankenspiele sogenannter Experten wie jetzt in der „ZEIT“, in denen Horrorszenarien ausgebreitet werden, für den Fall, dass Russland nicht besiegt wird. Verantwortungslose Angstmacherei von Leuten, die behaupten, ganz genau zu wissen, was Putin will und denkt und die sich in einer grenzenlosen Arroganz hinstellen und einen Mentalitätswechsel in der deutschen Gesellschaft fordern.

Unsere Demokratie wird nicht in der Ukraine verteidigt, genauso wenig wie damals am Hindukusch. Das ist nur eine besonders hinterhältige Form, Kriegseinsätze zu rechtfertigen und moralischen Druck aufzubauen. Der Kampf um unsere Demokratie findet nicht im Ausland statt, sondern innerhalb unserer Landesgrenzen. Und deshalb braucht es wieder so etwas wie eine Friedensbewegung. Die Menschen sollten sich nicht ins Bockshorn jagen lassen, von den Salon-Intellektuellen, die von „Lumpen-Pazifisten“ reden, und auch nicht davon, als gefallene Engel bezeichnet zu werden.

Es gibt in der Geschichte genug Figuren, die bewiesen haben, dass Gewaltfreiheit, intelligentes Selberdenken und Mut sich dem entgegenzustellen, was man nicht mit seinem Gewissen vereinbaren kann, dass das letztlich zu besseren Lösungen geführt hat als das Kriegsgeschrei von denjenigen, die sich stets auf der „moralisch richtigen“ Seite wähnen.

Ich hätte nie gedacht, dass ausgerechnet in unserem Land die Hardliner und Scharfmacher so viel Gehör finden. Vielleicht liegt ein Grund darin, dass vielen von denen aufgrund ihres Alters oder besser gesagt ihrer Jugend die eigene Erfahrung fehlt, was Krieg bedeutet. Das ist keine aseptische Joystick Operation, die punktgenau militärische Ziele ohne Menschen trifft. Krieg – ganz gleich welcher – ist Barbarei. Krieg ist das Kriegsverbrechen.

Ich würde mir wünschen, dass junge Menschen, die mit ihrem Engagement im Kampf gegen den Klimawandel Gesellschaften weltweit aufgerüttelt haben, das Thema Frieden entdecken und sich dafür mit der gleichen Kraft einsetzen. Über die Meinungen, wie man das konkret am besten macht, darf und muss gestritten werden. Aber angstfrei und respektvoll und natürlich faktenbasiert. Denn Propaganda können sie alle, das ist kein Privileg Moskaus.

Ich weiß nicht, wer hier alles auf dem Platz steht. Ich kann mir gut vorstellen, dass einige darunter sind, mit deren politischen Überzeugungen ich nicht einverstanden bin. Aber soll ich mich deswegen davon abhalten lassen, hier zu sprechen? Wie dumm wäre das denn?

Der Kabarettist Andreas Rebers hat mal gesagt: Wenn ich etwas Richtiges sage, was den falschen Leuten gefällt, dann wird das Richtige dadurch nicht automatisch falsch. – Menschen, die sich wehren, müssen mutiger werden. Mutig in dem Sinne, dass sie gegen all das argumentieren können, was in unserem demokratischen System nichts zu suchen hat.

Es wird Zeit, dass der Kampf um Frieden und *politische* Pläne – nicht *militärtaktische* – in die Mitte der Gesellschaft zurückkehrt und nicht an irgendwelche Ränder abgedrängt wird. Was die Bürger der DDR damals geschafft haben, das sollten wir im vereinten Deutschland jetzt vielleicht doch auch hinkriegen: auf friedliche Weise den politisch Verantwortlichen klar machen, dass dieses Konfrontationsdenken in die Sackgasse führt. Das hatten wir doch alles schon mal. Und ich möchte mich nicht auf das Glück verlassen, das wir im Kalten Krieg hatten, das Glück, mit dem uns ein heißer Krieg erspart geblieben ist.

Den Druck von unten sollte man nicht geringschätzen. Michail Gorbatschow, der Architekt von Entspannung und Abrüstung und der Mann, dem wir im Wesentlichen die deutsche Vereinigung zu verdanken haben – man vergisst diese Dinge so schnell – Michail Gorbatschow hat immer wieder die Rolle der Öffentlichkeit betont. Die Stimme der Friedensbewegung gegen Krieg und Atomwaffen war eine starke. Diese Stimme wurde gehört. Und dann ist alles zu selbstverständlich geworden. Das muss nicht so bleiben.

Das Brandenburger Tor ist ein guter Ort, sich der Verantwortung bewusst zu sein oder zu werden, die man als sogenannter mündiger Bürger in einem demokratisch verfassten Staat hat. Mündige Bürger sind nämlich systemrelevant. Sie müssen so gut wie möglich Bescheid wissen, sie müssen Stellung beziehen, also entscheiden, die Konsequenzen ihrer Entscheidung überblicken und dafür dann die Verantwortung übernehmen. Eigentlich simpel, aber irgendwie aus dem Blickfeld geraten.

Es ist an der Zeit, dass die schweigende Mehrheit sieht, wie wichtig es ist, sich zu Wort zu melden, sich nicht mundtot machen zu lassen und sich mit aller Kraft dafür einzusetzen, was bislang bei uns selbstverständlich schien: Frieden.

*

Anna Hielscher

Leben spricht*

Was kann ich sagen
zu Orten, an denen ich nicht lebe,
zu Menschen, die ich nicht kenne,
zu Situationen, die ich nicht erlebe,

zu einer Welt, in der ich lebe?

Was muss ich sagen
zu Fragen, die für mich zu groß sind,
zu Theorien, die für mich zu kompliziert sind,
zu Antworten, die für mich zu einfach sind,

zu Worten, die ich benutze?

Was will ich sagen
zu Ungerechtigkeit, die mich erschüttert,
zu Leid, das mich bewegt,
zu Angst, die mich lähmt,

zu Hoffnung, die mich trägt?

** Der Ukrainekrieg hat viele veranlasst, ihre Gefühle, Betroffenheit und Fassungslosigkeit, ihre Ohnmacht und Fragen in Gedichten zu beschreiben. So auch Anna Hielscher, von der wir hier einige wiedergeben.*

Immer
Wieder
Verbunden im Schmerz
Verbunden in Unsicherheit
Verbunden in Zweifel

Immer
Wieder
Verbunden im Sein
Verbunden in Stille
Verbunden im Licht

Tu,
was die Liebe

zu dir selbst
zur Welt
zum Licht

von dir
von euch
von uns

wünscht
hofft
fordert.

Halte es für möglich, dass du dich irrst.
Halte es möglich, dass du dich irrst.
Halte es möglich, dass du irrst.
Halte möglich, dass du irrst.
möglich, dass du irrst.
möglich, du irrst.
du irrst.
du.
ich.

Stille schwebt
Atem schenkt
Licht schimmert

Liebe sieht
Herz hört
Seele versteht

Leben spricht

Wenn
Weil
Wo

dein inneres Licht
mein inneres Licht
das innere Licht

ist

würde ich

dich geringschätzen
dich angreifen
dich verletzen

dürfen
wollen
können?

der Maulwurf
die Distel
das Eis

allen bin ich
alle sind mir
vertraut

verbunden
verpflichtet

alle sind wir

Personenregister

Das Register wird Erika Nannen, Bremen, verdankt.

Autorinnen und Autoren

Dr. Franz Alt, Jg. 1938, Journalist und früherer Leiter des Politmagazins „Report" für den SWR, Autor zahlreicher Bücher u. a. gemeinsam mit Michail Gorbatschow und dem Dalai Lama, vielfältige Auszeichnungen, u. a. Adolf-Grimme-Preis, Goldene Kamera, Deutscher Solarpreis, Europäischer Solarpreis, Umwelt-Online-Award, Menschenrechtspreis AWARD und Umweltpreis der Deutschen Wirtschaft

Dr. Martin Arnold, Jg. 1946, Friedensforscher und Theologe, bis 2010 Pfarrer bei der Evangelischen Kirche im Rheinland, Lehrbeauftragter und Mitglied im Marburger Zentrum für Konfliktforschung mit Seminaren zur gewaltfreien Streitkunst Gütekraft im Studiengang Friedens- und Konfliktforschung an der Universität Marburg, Mitarbeiter des Instituts für Friedensarbeit und Gewaltfreie Konfliktaustragung und im Vorstand der Stiftung Kraft der Gewaltfreiheit

Dr. Detlef Bald, Jg. 1941, Studium der Geschichte und Politikwissenschaft in Freiburg i. Br., nach Tätigkeiten am Arnold-Bergsträsser-Institut und an der Universität Frankfurt am Main, Übernahme der Leitung des Bereichs Militär und Gesellschaft des Sozialwissenschaftlichen Instituts der Bundeswehr in München, seit 1996 freier wissenschaftlicher Publizist mit den Schwerpunkten moderne Militärgeschichte, Internationale Politik; zahlreiche Veröffentlichungen zur Friedens- und Konfliktforschung, Zeitgeschichte und Erinnerungskultur

Dr. Peter Brandt, Jg. 1948, Professor i.R. für Neuere und Neueste Geschichte an der Fernuniversität in Hagen, Schwerpunkte seiner wissenschaftlichen Arbeit: Nationalismus und bürgerlicher Wandel sowie vergleichende europäische Verfassungsgeschichte seit dem 18. Jahrhundert, Geschichte der Arbeiterbewegung und des Sozialismus sowie die Deutsche Frage, besonders nach 1945; neben der wissenschaftlichen Arbeit politisches Engagement und Publizistik, vor allem zur Problematik der Teilung und Wiedervereinigung Deutschlands

Maria Buchwitz, Jg. 1955, Mitglied im Bundesvorstand von „pax christi" Deutsche Sektion und Sprecherin der pax christi-Kommission Solidarität mit Zentralafrika

Peter Bürger, 1961, Theologe und freier Publizist, seit 1980 Mitglied der Internationalen katholischen Friedensbewegung „pax christi", Mitbegründer des Ökumenischen Instituts für Friedenstheologie, zahlreiche Veröffentlichungen zu historischen Kriegs- und Friedensdiskursen; seit 2020 Bearbeiter des Editionsprojektes „Kirche & Weltkrieg", 2022/23 Herausgeber der „Tolstoi-Friedensbibliothek" (www.tolstoi-friedens bibliothek.de), u.a. Träger des Bertha von Suttner-Preises 2016 (Kunst und Medien)

Dr. Christoph Butterwegge, Jg. 1951, Professor für Politikwissenschaft und Autor; aktuelle Buchveröffentlichungen: „Die zerrissene Republik – Wirtschaftliche, soziale und politische Ungleichheit in Deutschland", „Ungleichheit in der Klassengesellschaft", „Kinder der Ungleichheit – Wie sich die Gesellschaft ihrer Zukunft beraubt", „Die polarisierende Pandemie – Deutschland nach Corona"; 2017 Kandidat der Partei „Die Linke" für das Bundespräsidentenamt

Dr. Jochen Cornelius-Bundschuh, Jg. 1957, Professor für Evangelische Theologie und ehemaliger Landesbischof der Evangelischen Landeskirche in Baden, 2015-2018 Herausgeber der Reihe „Mit der Bibel durch das Jahr"; Vorsitzender des Ausschusses „Entwicklungsdienst und Humanitäre Hilfe" (begleitet in der EKD die Arbeit von „Brot für die Welt") und Vorsitzender im Studienzentrums der EKD für Genderfragen in Theologie und Kirche

Dr. Wolfgang Däubler, Jg. 1939, Professor für Rechtswissenschaften mit Forschungsschwerpunkt Arbeitsrecht; langjährige Lehrtätigkeit an der Universität Bremen und Gastprofessuren an der Universität Paris-Nanterre („Paris X"), der University of Texas at Austin, der Universität Antwerpen, der Universität Bordeaux, der Università degli Studi di Trento, der Tongji-Universität und der China-EU School of Law in Beijing; Mitarbeit bei der Friedrich-Ebert-Stiftung und Mitglied im Wissenschaftlichen Beirat von ATTAC

Helmut Donat, Jg. 1947, Bankkaufmann, Lehrer, Historiker, Verleger und freier Autor, Mitbegründer des „Arbeitskreises Historische Friedensforschung", zahlreiche Publikationen zum Militarismus und Pazifismus, zum Ersten Weltkrieg und Völkermord an den Armeniern sowie zu Historikerdebatten über die Ursachen und Folgen von 1933, diverse Auszeichnungen, u. a. mit dem Carl von Ossietzky-Preis der Stadt Oldenburg

Dr. Eugen Drewermann, Jg. 1949, Theologe, Psychoanalytiker und Schriftsteller mit internationaler Reichweite; einer der erfolgreichsten theologischen Autoren, diverse Auszeichnungen, u. a. mit dem Erich-Fromm-Preis, dem Albert-Schweitzer-Preis (2019), dem Preis der Internationalen Hermann-Hesse-Gesellschaft und zuletzt dem Habenhausener Friedenspreis; nimmt als Referent immer wieder Stellung zu aktuellen gesellschaftspolitischen Fragen

Dr. Olivier Elmer, Jg. 1961, Psychologischer Psychotherapeut, Organisationsentwickler und Diakoniewissenschaftler, Veröffentlichungen zu affektiven Störungen; zusammen mit Dr. Kerstin Schimmel (Online-)Beiträge zu gesellschaftlichen Konsequenzen der Corona-Pandemie, aktiv in der SPD und in der Evangelischen Landeskirche in Baden

Dr. Leo Ensel, Jg. 1954 („Look at the other side!"), Konfliktforscher und interkultureller Trainer mit Schwerpunkt „Postsowjetischer Raum und Mittel-/Ost-Europa", diverse Veröffentlichungen zu den Themen „Angst und atomare Aufrüstung", zur Sozialpsychologie der Wiedervereinigung sowie Studien über die Deutschlandbilder im postsowjetischen Raum; Hauptanliegen im Neuen West-Ost-Konflikt: Überwindung falscher Narrative, der Deeskalation und der Rekonstruktion des Vertrauens

Ute Finckh-Krämer, Jg. 1956, Politikerin (SPD) und Pazifistin, März 2005-März 2015 eine von zwei gleichberechtigten Vorsitzenden des „Bundes für Soziale Verteidigung" und derzeit kooptiertes Vorstandsmitglied; 2013 Wahl in den Deutschen Bundestag über die Berliner Landesliste, Abgeordnete bis zum Ende dieser Legislaturperiode

Stephan Gorol, Jg. 1957, Sozialwissenschaftler und Kulturmanager (u.a. BAP, WDR, Gewerkschaften), seit den 1980er Jahren der Friedensbewegung freundschaftlich und kritisch verbunden, 1981 Gestaltung des Kulturprogramms bei der großen Friedensdemonstration auf dem Bonner Hofgarten

Dr. Guido Grünewald, Jg. 1952, selbstständiger Finanzberater, Gründungsmitglied des „Arbeitskreises Historische Friedensforschung", Veröffentlichungen zur Geschichte des Pazifismus und Kriegsdienstverweigerung sowie zum Widerstand gegen den Nationalsozialismus in Köln

Anna Hielscher, Jg. 1985, Künstlerin und Pädagogin, Engagement für nachhaltige Entwicklung in Kunst und Bildung, u.a. Begründerin der „Harmlosen Kunst"; Mitglied der „Religiösen Gesellschaft der Freunde (Quäker)" und der „European and Middle East Young Friends"

Dr. Tessa Hofmann, Jg. 1949, Studium der Slawistik, Armenistik und Soziologie, Sachbuchautorin und Herausgeberin zahlreicher Publikationen zur Geschichte, Kultur und Gegenwartslage Armeniens und der armenischen Diaspora, zur Genozidforschung, zu Minderheiten in der Türkei und im Südkaukasus; 2019 Veröffentlichung von „Tauben und Raben: Ein historischer Roman aus dem alten Irland"

Dr. Margot Käßmann, Jg. 1958, Evangelische Theologin, Pfarrerin und Autorin, ehemalige Generalsekretärin des Deutschen Evangelischen Kirchentages und ehemalige Landesbischöfin der Evangelisch-Lutherischen Landeskirche Hannovers, 2009-2010 Vorsitzende des Rates der EKD, danach Gastprofessuren an der Emory-Universität in Atlanta (USA) und an der Ruhr-Universität Bochum (Max Imdahl-Gastprofessur)

Jutta Kausch-Henken, Jg. 1952, Schauspielerin, Kabarettistin und Theaterpädagogin, Mitbegründerin der Initiative „Künstler für den Frieden" 1980 in Westberlin, seitdem aktiv bei der Vorbereitung und Durchführung sowie als Moderatorin zahlreicher Veranstaltungen, Demonstrationen und Kundgebungen der Friedenskoordination Berlin

Elmar Klink, Jg. 1953, freier Autor; Kriegsdienstverweigerer seit 1971, Zivildienst beim Verein Sozialer Friedensdienst in Bremen, Studium der Sozialarbeit und Sozialwissenschaften, jahrelang berufstätig in der kirchlichen Friedensarbeit, seit 1972 aktiv in der Friedens- und Antikriegsbewegung

Dr. Johannes Klotz, Jg. 1952, Politologe und Historiker, Lehrer und freier Autor, Publikationen zur Bildung für nachhaltige Entwicklung, zur Geschichtspolitik (Ausstellung „Vernichtungskrieg – Verbrechen der Wehrmacht" und „Gerechter Krieg?"), zuletzt über das Netzwerk der „Militär- und Sicherheitspolitik" arbeitend

Günter Knebel, Jg. 1949, Chemielaborant und Studienassessor, 1982-2010 Geschäftsführer der Evangelischen Arbeitsgemeinschaft für Kriegsdienstverweigerer in der EKD; seit 1998 ehrenamtlicher Schriftführer im Vorstand der Bundesvereinigung Opfer der NS-Militärjustiz e.V., Bremen; Publikationen und Beiträge zu Frieden durch persönlichen Gewaltverzicht, Menschenrecht auf Kriegsdienstverweigerung, Anerkennung und Rehabilitierung der Opfer der Wehrmachtjustiz

Dr. Dietmar Köster, Jg. 1957, Professor, Soziologe und Politiker (SPD), seit 2019 Mitglied des Europäischen Parlaments, gehört dem linken Flügel der SPD an, engagiert im Bundesvorstand des „Forum DL.21"; vehementer Kritiker der Freihandelsabkommen TTIP und CETA, im Europäischen Parlament schwerpunktmäßige Tätigkeit im Bereich Diskriminierung, Antiziganismus und Antisemitismus

Siegfried Kratzer, Jg. 1947, Lehrer und Studienseminarleiter, Ausbilder aller staatlichen Religionskräfte an Grund-, Haupt- und Förderschulen in der Oberpfalz, als Vorsitzender des Ev. Bildungswerkes Oberpfalz jahrzehntelang engagiert in der konfessionellen und ökumenischen Erwachsenenbildung, seit 1991 im Auftrag der Ev. Landeskirche Bayern Redaktionsmitglied der ökumenischen Verbandsbeilage „Begegnung & Gespräch" (www.begegnung-online.de), 2023 Autor des Buches „Dietrich Bonhoeffer, Hans von Dohnanyi und die anderen Widerstandskämpfer der Deutschen Abwehr unter Admiral Canaris"

Gabriele Krone-Schmalz, Jg. 1949, Journalistin, Publizistin und Autorin von Büchern zum Verständnis der deutsch-russischen Beziehungen, 1976-1992 für diverse Hörfunk- und Fernsehsendungen des WDR tätig, 1987-2011 Moskau-Korrespondentin der ARD, 1992-1997 Moderation des „Kulturweltspiegels" der ARD, 2011-2021 Professorin an der Fachhochschule „Business and Informatiom Technology Scgool" in Iserlohn, ausgezeichnet mit diversen Preisen, u.a. mit dem Adolf-Grimme-Preis, dem Bundesverdienstkreuz Erster Klasse und der Puschkin-Medaille

Ekkehard Lentz, 1955-2023, Kriegsdienstverweigerer, Erzieher, 1983 Mitbegründer und seitdem Sprecher des Bremer Friedensforums, 1975-1990 Landes- und Bundesvorstand Deutsche Friedens-Union (DFU), diverse Buch- und Zeitschriftenveröffentlichungen zu aktuellen Themen der Friedensbewegung

Markus Meckel, Jg. 1952, Theologe und Politiker (SDP und SPD), 1990-2009 Mitglied des Deutschen Bundestages, zuvor April-Oktober 1990 der einzigen frei gewählten Volkskammer und April-August 1990 Minister für Auswärtige Angelegenheiten der DDR; ehemaliger Ratsvorsitzender der von ihm initiierten Bundesstiftung zur Aufarbeitung der SED-Diktatur und bis 2013 Mitglied des Beirats des Bundesbeauftragten für die Stasi-Unterlagen

Dr. Klaus Moegling, Jg. 1952, apl. Professor, Lehrer, Politikdidaktiker, Sportwissenschaftler und Autor, engagiert in den Bereichen Entwicklungspolitik, Nachhaltigkeit und Frieden; aus Anlass des Krieges um die Ukraine Initiierung eines „Appells für den Frieden" und Forderung von Friedensverhandlungen durch die UNO in Anlehnung an den Zwei-plus-Vier-Vertrag zur Deutschen Einheit

Michael Müller, Jg. 1948, Stahlbetonbauer, Studium des Ingenieurwesens, der Betriebswirtschaftslehre und Sozialwissenschaften, ehemaliger stellvertretender Bundesvorsitzender der Jungsozialisten und langjähriger SPD-Bundestagsabgeordneter, 2005-2009 Parlamentarischer Staatssekretär beim Bundesminister für Umwelt, Naturschutz und Reaktorsicherheit; seit 1995 Bundesvorsitzender der „NaturFreunde Deutschlands"

Karsten Packeiser, Jg. 1974, Redakteur der Nachrichtenagentur „Evangelischer Pressedienst“, hat über zehn Jahre in Moskau gelebt, von dort Berichte für deutschsprachige Medien über Russlands Entwicklung, träumt und flucht noch heute oft auf Russisch, betreibt in seiner Freizeit den Blog „Rhein-Wolga-Kanal“

Dr. Heribert Prantl, Jg. 1953, Journalist, Autor und Jurist, Honorarprofessor für Rechtswissenschaft an der Universität Bielefeld, bis März 2019 Mitglied der Chefredaktion und Leiter des Ressorts „Meinung“ der „Süddeutschen Zeitung“, seitdem ständiger Kolumnist der SZ und Kommentator und Essayist von „Sueddeutsche.de“, vielfach ausgezeichnet und Verfasser zahlreicher politischer Bücher (zuletzt „Mensch Prantl – Ein autobiographisches Kalendarium“, 2023)

Georg Rammer, Jg. 1946, beruflich und publizistisch mit den Ursachen und Folgen von Armut und sozialer Ungleichheit befasst, weitere Themenschwerpunkte als Autor: Militarismus, Entdemokratisierung und Propaganda – Folgen für die Menschen und die Gesellschaft

Clemens Ronnefeldt, Jg. 1960, Studium an der Johannes-Gutenberg-Universität in Mainz und an der Philosophisch-Theologischen Hochschule St. Georgen in Frankfurt am Main, nach dem Abitur Zivildienst, Anfang der 1980er Jahre studienbegleitende Ausbildung zur Friedensarbeit an der Heimvolkshochschule Internationales Freundschaftsheim in Bückeburg, langjähriges Engagement in der Friedensbewegung um den Cruise-Missile Stationierungsort Bell/Hasselbach im Hunsrück; seit 1992 Referent für Friedensfragen beim deutschen Zweig des „Internationalen Versöhnungsbundes“

Jürgen Rose, Jg. 1958, Diplom-Pädagoge, Oberstleutnant a.D. und Publizist, Wissenschaftlicher Mitarbeiter am „Institut für Internationale Politik und Völkerrecht“ an der Universität der Bundeswehr München sowie am „George C. Marshall European Center for Security Studies“ in Garmisch-Partenkirchen, zahlreiche Publikationen zu Themen der Sicherheits- und Verteidigungspolitik, des Völkerrechts und der Inneren Führung in wissenschaftlichen, sicherheits- und friedenspolitischen sowie militärischen Fachbüchern und in in- und ausländischen Fachzeitschriften, Zeitungen und Magazinen; Vorsitzender des „Förderkreises Darmstädter Signal e.V.“

Walter Ruffler, Jg. 1949, Studium für das Lehramt in Frankfurt am Main und Mainz, Lehrer an einer gewerkschaftlichen Weiterbildungsstätte, Mitglied der neu entstandenen Partei „Die Grünen“ und von 1991 bis 1995 Abgeordneter in der Bremischen Bürgerschaft, langjähriges Mitglied einer Bürgerinitiative mit dem Ziel des Erhalts von Teilen des alten, vom Abriss bedrohten Wasserkraftwerks in Bremen für ein Industriemuseum

Paul Russmann, Jg. 1955, Bankkaufmann und Diplomtheologe, Beirat der ökumenischen Aktion „Ohne Rüstung Leben e. V.“, 2011-2017 Sprecher der „Aktion Aufschrei – Stoppt den Waffenhandel“, langjähriges Vorstandsmitglied des Dachverbandes der „Kritischen AktionärInnen“, Mitinitiator des Stuttgarter „Fachkreises für Konfliktbewältigung und Mediation“); Artikel, Broschüren, Pressemitteilungen und Vorträge zu friedenspolitischen Themen, Träger u.a. des Kirchheimbolander Friedenstagepreises 2017 und des Henry-Mathews-Preises für Konzernkritik 2020

Dr. Hans-Eberhard Scherer, Jg. 1947, Kardiologe, langjähriges Interessengebiet Geschichte der Neuzeit, aktiv in der Friedensbewegung in Bremen

Michael Schmid, Jg. 1951, Sozialwissenschaftler (M.A.) und Pädagoge, Geschäftsführer von „Lebenshaus Schwäbische Alb e.V." sowie als „Referent für Friedensfragen" angestellt; lebt und arbeitet im „Lebenshaus" in Gammertingen; seit Mitte der 1970er Jahre in der „Eine-Welt-Bewegung", Ökologie- und Friedensbewegung engagiert; Teilnahme an zahlreichen gewaltfreien Aktionen zivilen Ungehorsams mit daraus folgenden Gerichtsverhandlungen; verantwortlicher Redakteur eines vierteljährlich erscheinenden gedruckten Rundbriefs und des Newsletters von „Lebenshaus Schwäbische Alb" sowie der Website www.lebenshaus-alb.de

Dr. Joachim Schuster, Jg. 1962, Politikwissenschaftler und Politiker (SPD), seit 2014 Mitglied des Europäischen Parlaments, 1999-2006 Abgeordneter der Bremischen Bürgerschaft und 2006-2012 Bremer Staatsrat, zunächst für Arbeit, Jugend und Soziales, zuletzt für Wissenschaft und Gesundheit

Peter Sörgel, Jg. 1942, Politiker (SPD), ehemaliger Betriebsratsvorsitzender und Mitglied der Bremischen Bürgerschaft, Studium in Berlin und Vertreter der linken Studentenbewegung, 1973 Umzug nach Bremen und Beschäftigungsbeginn beim Stahlwerk Bremen, dort ab Mitte der 1980er Jahre bis Oktober 1996 Mitglied des Betriebsrates und zeitweise bis Anfang 1996 Betriebsratsvorsitzender; Mitglied der 14. Bremischen Bürgerschaft sowie verschiedener Deputationen, u.a. für Arbeit (Sprecher) und Bau

Dr. Heike Springhart, Jg. 1975, Professorin für Evangelische Theologie (Systematische Theologie), seit 2022 Landesbischöfin der Evangelischen Landeskirche in Baden; Systematische Theologin mit Schwerpunkt Religion in gesellschaftlichen Transformationsprozessen, Ekklesiologie und Karl Barth sowie der Verhältnisbestimmung der Fächer Systematische und Praktische Theologie

Otmar Steinbicker, Jg. 1952, Journalist und Herausgeber des Aachener Friedensmagazins „aixpaix.de", Redakteur der Zeitschrift „Friedensforum" und Mitglied des Beirates der Deutschen Initiative für den Nahen Osten (DINO), vielfältige Veröffentlichungen u. a Kolumnen in den „Aachener Nachrichten" und anderen Medien, 2003-2009 Vorsitzender des Aachener Friedenspreis e.V., 2006-2009 einer der Sprecher der Kooperation für den Frieden und bis November 2014 Mitglied des Kooperationsrates

Michael Steiner, Jg. 1963, Studium der Geschichte und Politikwissenschaften, Systemischer Coach für Persönlichkeitsentwicklung, Teamsupervisor, Krisen- und Gewaltberater, seit 2002 freiberuflich Trainer bei „gewaltfrei handeln e.V.", dort Leitung u.a. von Einführungen in die Gewaltfreie Kommunikation sowie von Grund- und Aufbaukursen zur Aus- und Fortbildung von Fachkräften der Friedensarbei

Johano Strasser, Jg. 1939, Politologe, Publizist und Schriftsteller, ab 1995 Generalsekretär des PEN-Zentrums Deutschland und deren Präsident 2002-2013, in den 1970er

Jahren programmatischer Vordenker bei den Jungsozialisten und 1970-1975 stellvertretender Bundesvorsitzender, seit 1975 Mitglied der Grundwertekommission der SPD; 1980 bis zu ihrer Einstellung 1988 Redakteur und (mit Heinrich Böll, Günter Grass und Carola Stern) Herausgeber der politisch-literarischen Zeitschrift „L 80"; in politischen Schriften Kritiker des ökonomisch zentrierten Denkens, seit Anfang der 1980er Jahre freier Schriftsteller

Hermann Theisen, Jg. 1964, Master of Social Work, Systemischer Berater und Fachkraft für Friedensarbeit; seit den 1980er Jahren Mitglied der Deutschen Friedensgesellschaft – Vereinigte KriegsdienstgegnerInnen und seitdem aktiv in der Friedensbewegung, Teilnahme an vielfältigen gewaltfreien Aktionen zivilen Ungehorsams mit drei daraus folgenden Inhaftierungen in der ehemaligen Justizvollzugsanstalt Mainz, 2001 Träger des Fritz-Bauer-Preises der Humanistischen Union, regelmäßige Veröffentlichungen über friedenspolitische Themen; seit 1995 tätig im Sozialdienst auf einer geschlossenen Intensivstation eines Psychiatrischen Landeskrankenhauses

Bernhard Trautvetter, Jg. 1954, Studiendirektor in Pension, GEW und ver.di-Mitglied, seit 1972 in der Ökologiebewegung aktiv, dabei seit den 1980er Jahren mit dem Schwerpunkt der Friedensökologie, Publizist u.a. für Online-Plattformen („Nachdenkseiten") und Printmedien wie „Ossietzky", Träger des Düsseldorfer Friedenspreises, Sprecher des Essener Friedensforums, aktiv im Bundesausschuss „Friedensratschlag", Bildgestalter und Lyriker

Hermann Vinke, Jg. 1940, Rundfunk-Journalist und Sachbuchautor, 1981-1986 Fernost-Korrespondent der ARD in Tokio und 1986-1990 deren Nordamerika-Korrespondent in Washington; preisgekrönter Sachbuchautor, insbesondere schriftstellerische Hinwendung an jugendliche Leser mit dem Ziel, ihnen die NS-Vergangenheit und den Widerstand dagegen nahezubringen

Michael von der Schulenburg, Jg. 1948, Diplomat, ehemaliger Assistant Secretary-General der Vereinten Nationen, 1969 Flucht aus der DDR, Studium in Berlin, London und Paris, über 34 Jahre Arbeit in Friedens- und Entwicklungsmissionen der Vereinten Nationen und der OSZE in vielen durch Kriege, Konflikte mit bewaffneten nichtstaatlichen Akteuren oder durch ausländische Militärinterventionen geschwächte und zerrissene Länder (u.a. langfristige Einsätze in Haiti, Pakistan, Afghanistan, Iran, Irak und Sierra Leone sowie kürzere Aufenthalte in Syrien, in Somalia, auf dem Balkan, in der Sahelzone und in Zentralasien); seit der Pensionierung viele Artikel zu Themen wie UN-Reformen, nicht-staatliche bewaffnete Akteure, Kriege innerhalb von Staaten, aber auch über die in Afghanistan, Irak und Ukraine; 2017 Publikation des Buches „On Building Peace – Rescuing the Nation-State and Saving the United Nations, AUP", www.michael-von-der-schulenburg.com

Günter Verheugen, Jg. 1944, Studium der Politikwissenschaften und Geschichte; ehemaliger SPD-Politiker, bis 1983 Generalsekretär der FDP, ab 1999 als EU-Kommissar unter Romano Prodi zuständig für die EU-Erweiterung und anschließend ab 2004 in der

EU-Kommission Barroso I zuständig für Unternehmen und Industrie sowie Vizepräsident der Europäischen Kommission; Mitglied des Kuratoriums des Deutsch-Aserbaidschanischen Forums

Kathrin Vogler, Jahrgang 1963, seit 1979 aktiv in der Friedensbewegung und ehemalige Bundesgeschäftsführerin des antimilitaristischen „Bundes für Soziale Verteidigung", seit 2009 Mitglied des Deutschen Bundestages und Landessprecherin der Partei „Die Linke" in Nordrhein-Westfalen sowie Co-Vorsitzende der internationalen Kommission ihrer Partei

Dr. Sahra Wagenknecht, Jg. 1969, Politikerin und Publizistin, 2004-2009 Mitglied des Europäischen Parlaments und seit 2009 Abgeordnete des Deutschen Bundestags, ab 2011 stellvertretende Vorsitzende der Linksfraktion und 2015-2019 mit Dietmar Bartsch Fraktionsvorsitzende, im Oktober 2023 Austritt aus der Partei „Die Linke" und Gründung des „Vereins BSW – Für Vernunft und Gerechtigkeit" als Vorbereitung für eine neue politische Partei

Max Weber, Jg. 1990, M.A., freiberuflicher Projektmanager und Referent, arbeitet in der Schnittstelle kirchlicher Institutionen und (friedens-)politischer NGOs, Veröffentlichungen im Bereich der Friedensethik, im Kontext von Rüstungsexporten aus Deutschland und Migration sowie zum Thema Globale Gerechtigkeit mit Blick auf andere Wirtschaftssysteme (Economy of Life)

Dr. Wolfram Wette, Jg. 1949, Professor für Geschichte, Militärhistoriker und Friedensforscher, Mitbegründer des „Arbeitskreises Historische Friedensforschung" und Mitherausgeber der Schriftenreihe „Geschichte & Frieden" sowie des „Jahrbuchs für Historische Friedensforschung" (2001 umbenannt in „Frieden und Krieg"), Mitglied des Förderkreises des pazifistischen Arbeitskreises „Darmstädter Signal" und Ehrenprofessor der russischen Universität in Lipezk, Beiratsmitglied im Verein „Kontakte-Контакты e.V. – Verein für Kontakte zu Ländern der ehemaligen Sowjetunion" (Berlin)

Angelika Wilmen, Jg. 1969, Studium der Germanistik, Kunstgeschichte und Rechtswissenschaften, ehemalige Presse- und Öffentlichkeitsreferentin des Landesverbands „Bündnis 90/Die Grünen" Rheinland-Pfalz und Wissenschaftliche Mitarbeiterin im Deutschen Bundestag; seit 2009 Friedensreferentin und Geschäftsstellenleiterin der deutschen Sektion der internationalen Ärzt*innen für die Verhütung des Atomkrieges (IPPNW)

Andreas Zumach, Jg. 1954, Journalist und Publizist, Experte für internationale Beziehungen und Konflikte, freier Korrespondent für Print- und Rundfunkmedien, 1988-2020 Schweiz- und UN-Korrespondent für die taz, dezidierter Pazifist mit dem Schwerpunkt Sicherheits- und Friedenspolitik, UNO, OSZE, Rüstungskontrolle und Menschenrechte